福建师范大学中国史研究丛书

清末民初职业教育研究

吴国荣 著

中国社会科学出版社

图书在版编目（CIP）数据

清末民初职业教育研究/吴国荣著. 北京：中国社会科学出版社，2015.12

（福建师范大学中国史研究丛书）

ISBN 978-7-5161-5173-0

Ⅰ.①清… Ⅱ.①吴… Ⅲ.①职业教育—教育史—研究—中国—清后期~民国 Ⅳ.①G719.29

中国版本图书馆 CIP 数据核字（2014）第 275275 号

出 版 人	赵剑英
选题策划	郭沂纹
责任编辑	刘志兵　安　芳
责任校对	闫　萃
责任印制	李寡寡

出　　版	中国社会科学出版社
社　　址	北京鼓楼西大街甲 158 号
邮　　编	100720
网　　址	http://www.csspw.cn
发 行 部	010-84083685
门 市 部	010-84029450
经　　销	新华书店及其他书店

印　　刷	北京君升印刷有限公司
装　　订	廊坊市广阳区广增装订厂
版　　次	2015 年 12 月第 1 版
印　　次	2015 年 12 月第 1 次印刷

开　　本	710×1000　1/16
印　　张	19.25
插　　页	4
字　　数	325 千字
定　　价	58.00 元

凡购买中国社会科学出版社图书，如有质量问题请与本社营销中心联系调换
电话：010-84083683
版权所有　侵权必究

目 录

绪论 ………………………………………………………………… (1)

第一章 清末民初职业教育的发展 ………………………………… (16)
 第一节 洋务运动与职业教育的发端(1866—1904) ………… (16)
 第二节 清末新政与职业教育的发展(1904—1911) ………… (32)
 第三节 辛亥革命后职业教育制度初步确立(1912—1922) … (56)

第二章 清末民初职业教育思想 …………………………………… (77)
 第一节 左宗棠的实业教育思想 ……………………………… (77)
 第二节 张之洞的实业教育思想 ……………………………… (81)
 第三节 郑观应的实业教育思想 ……………………………… (85)
 第四节 张百熙的实业教育思想 ……………………………… (89)
 第五节 康有为的实业教育思想 ……………………………… (93)
 第六节 梁启超的实业教育思想 ……………………………… (97)
 第七节 严复的实业教育思想 ………………………………… (101)
 第八节 张謇的职业教育思想 ………………………………… (106)
 第九节 盛宣怀的实业教育思想 ……………………………… (113)
 第十节 蔡元培的职业教育思想 ……………………………… (119)
 第十一节 黄炎培的职业教育思想 …………………………… (123)
 第十二节 陶行知的职业教育思想 …………………………… (134)

第三章 职业教育体系 ……………………………………………… (140)
 第一节 职业教育的法制化 …………………………………… (140)
 第二节 职业教育的课程模式 ………………………………… (178)

第三节　职业教育的教学管理 …………………………………（196）

第四章　民国时期职业教育团体 ………………………………（206）
　　第一节　清末民初教育团体发展概况 …………………………（206）
　　第二节　中华职业教育社与中国近代职业教育的发展 ………（231）

第五章　清末民初女子职业教育 ………………………………（241）
　　第一节　女子职业教育的历史发展 ……………………………（241）
　　第二节　清末民初女子职业教育思想之嬗变 …………………（256）
　　第三节　清末民初女子职业教育的历史评价 …………………（266）

结语 …………………………………………………………………（274）

参考文献 ……………………………………………………………（292）

绪　论

一　学术史回顾

所谓职业教育，就是一种有目的、有组织、有计划地向学生传授其将来所要从事的某种特定职业所必需的知识、技能、态度以及职业意识和职业道德等的学校教育。① 其作为现代教育的重要组成部分，是在普通教育的基础上，通过对潜在劳动力进行专业知识、专业技能和操作的职前、职后培训，使之具有一定的职业道德、职业纪律和熟练的专业技能，以适应个人就业和社会对人才的要求，满足国民经济各领域和社会发展诸行业的需要，最终推动生产力的发展。因此，职业教育可以说是工业化和生产社会化、现代化的重要支柱。中国的职业教育是个历史的概念，它是伴随着近代中国半殖民地化程度不断加深、民族资本主义与近代民族工业逐步发展而产生的。其滥觞于清末洋务运动，是由清末民初的实业教育演变而来的。从晚清的实业教育到民国的职业教育，不论是从发展的时间顺序、教育宗旨、内涵与外延等各个方面看来，二者之间都有着千丝万缕的联系。整体上看来二者应该是一种发展继承性的关系。

近年来，随着职业教育日渐成为中国教育改革与发展的热点之一，有关这一问题的研究也在中国学术界日渐升温，备受学者们的青睐，其中对实业教育与职业教育的关系、职业教育思想的演变及其与职业教育的发展之间的关系、教育社团与近代职业教育、职业教育法制（或职业教育制度化）、职教人物的职业教育思想等方面的探索尤其受到关注。成果斐然。

综论方面最具代表性的著作有：

---

① 顾明远、梁忠义主编：《世界教育大系·职业教育》，吉林教育出版社2000年版，第7页。

刘桂林的《中国近代职业教育思想研究》（高等教育出版社1997年版）以近代职业教育思想的发生发展变化的历程为研究对象，论述前后相续的三次职业教育思潮的演变，揭示职业教育思潮与职业教育发展之间的辩证关系，认为职业教育思潮的现实目标是促成职业教育制度的建立或完善，而职业教育实践反过来通过检验和修正职业教育思想，推动职业教育思想的深入发展。

吴玉琦的《中国职业教育史》（吉林教育出版社1991年版）以丰富的史料为依据，运用马克思主义的立场、观点和方法，从古代社会的职业教育、近现代职业学校的产生和发展、黄炎培的职业教育思想、实施职业教育的学校模型、农村改进事业的实验、职业指导的实践与理论、中华职业教育社及其历史作用、职业教育的重要法令与规程八个方面介绍了中国职业教育的产生与发展的历史。

李蔺田主编、王萍副主编的《中国职业技术教育史》（高等教育出版社1994年版）将1862年京师同文馆之创设作为中国近代职业教育萌芽的起点，通过翔实的史料，系统叙述了1862年至1988年的中国近现代职业技术教育的发展史，探讨其发展过程和规律，总结经验，反映其伟大成就。

各研究专题的相关论文主要有：

霍益萍《中国近代实业教育和职业教育》（《教育与职业》1988年第3期）一文认为：实业教育和职业教育不完全是一回事。它们之间在具体的内涵及所要解决的问题以及所反映的经济发展阶段均存在区别。董江华《从"实业教育"到"职业教育"——从名称的转变看清末民初我国职业教育的发展》[《职业技术教育》（教育科学版）2006年第4期]的文章亦认为：1922年，《壬戌学制》正式以"职业教育"一词来取代"实业教育"。从"实业教育"到"职业教育"，并非名称的简单转变，两者在教育宗旨、教育目的（人才培养规格）、课程开设、办学中出现的困难和问题等方面有显著差异，体现出中国职业教育在发展中面临的不同历史使命和不同的发展特色。

刘桂林《论中国近代职业教育思想》[《华东师范大学学报》（教育科学版）1996年第4期]一文认为：近百年间，职业教育思想表现为三次思潮的起伏更替，即鸦片战争至民国初年的实业教育思潮、民初至20年代的职业教育思潮、20年代末至30年代重新崛起的职业教育思潮,而每次思潮都导向制度的建立或修正,即癸卯实业教育、壬戌职业教育及30年代多形式多内容的职业教育制度。三次思潮和三次制度的互动关系,构成了近代中国职业教育发展的范式,即思潮——制度范式。

谢长法《中华职业教育社与近代中国职业教育》(《教育与职业》2002年第5期)一文通过对中华职业教育社开展的引入、介绍职业教育经验,职业教育理论的探讨,以及开展的主要实践工作的梳理,认为中华职业教育社极大地推动了中国职业教育的发展,因而在近代中国教育史上具有异乎寻常的地位。

王成涛的《中华职业教育社与中国职业教育近代化》(硕士学位论文,西南大学,2008年)亦对中华职业教育社在近代开展的主要的职业教育实践活动如宣传职业教育思想、研究职业教育发展中的问题、探索职业教育理论和开展职业教育试验等进行了系统的梳理与客观的分析。

王为东的博士学位论文《中国近代职业教育法制研究》(博士学位论文,中国政法大学,2006年)以实证性研究从纵向和横向、静态和动态分别对中国近代职业教育法制进行分析,并以规范性研究对中国近代职业教育法制进行评论。

关于实业家、职教人物的职业教育思想研究自20世纪90年代以来取得丰硕成果尤为集中于郑观应、张謇、蔡元培、黄炎培、陶行知等人。代表作有:王琳的《郑观应的职业教育思想及启示》(《职教通讯》2011年第3期)、刘振宇的《郑观应职业教育思想简论》(《辽宁教育行政学院学报》2007年10月)、张兰馨的《张謇教育思想研究》(辽宁教育出版社1995年)、张廷栖与王观龙的《张謇职业教育思想及其特点》(《教育与职业》1998年)、程绍珍的《张謇与中国近代职业教育》(《中国职业技术教育》1997年第9期)、程斯辉的《张謇的职业技术教育思想》(《湖北大学成人教育学院学报》2003年2月)和《企业家兴办职业教育的先驱》(《中国职业技术教育》2004年第8期)、章涵的《张謇职业教育思想研究》(硕士学位论文,西南大学,2009年)、代伟的《蔡元培的职业教育思想及现实启示》(《教育与职业》2012年5月)、牛金成的《蔡元培职业教育思想及其当代意蕴》(《高教发展与评估》2012年7月)、陈九如的《黄炎培职业教育思想探究》(《安徽商贸职业技术学院学报》

2004年第2期)、高奇的《黄炎培职业教育思想研究》(《中国职业技术教育》2006年2月11日)、刘祥平的《黄炎培职业教育思想研究》(硕士学位论文，西南师范大学，2002年)、高峰的《黄炎培职业教育思想研究》(硕士学位论文，山东大学，2008年)，等等。

上述所有研究成果，对我们进一步研究中国近代以来职业教育的发展、推动当代中国教育体制改革无疑都具有重要的参考价值和借鉴意义。

二 清末民初职业教育的基本特征

清末民初是中国社会由传统向近代转型的历史时期。这一时期中国职业教育的发展不可避免地被打上了时代烙印，主要表现为职业教育以实业教育的形式发展并由附设在洋务实业到逐渐独立设置；职业教育体系初步确立；职业教育的观念逐渐深入人心，以宣传、研究、试验、推广职业教育为职志的全国性教育机构正式成立；女子职业教育是这一时期的新生事物，发展较快。这一时期的职业教育在中国职业教育史上具有筚路蓝缕之功。

1. 职业教育由附设于洋务实业到独立设置

鸦片战争以后，中国人遭受了前所未有的奇耻大辱，几千年来"天朝上国"的迷梦开始消散。面对"千古之创局"，一些先进的中国人率先对中国战败的原因进行深刻反省，逐步认识到了解西方、学习西方的紧迫性和必要性。近代中国"睁眼看世界"的先行者之一、经世派代表魏源在《海国图志》中，第一次明确、系统地提出了"师夷长技以制夷"的思想，受到洋务派推崇。以奕䜣、曾国藩、左宗棠、李鸿章为代表的王公贵胄和封疆大吏在第二次鸦片战争的惨败和勾结西方列强对太平天国的"华洋会剿"中，目睹了西方军工火器之"长技"，也意识到了西方进逼的历史转折的含义，预感到一种潜在的长远威胁。1874年，李鸿章在《筹议海防折》中所言："江海各口，门户洞开，已为我与敌人公共之地。……东南海疆万余里，各国通商传教，来往自如，麇集京师及各省腹地，阳托和好之名，阴怀吞噬之计，一国生事，诸国构煽，实为数千年来未有之变局。轮船电报之速，瞬息千里；军器机事之精，工力百倍；炮弹所到，无坚不摧，水陆关隘，不足限制，又为数千年来未有之强敌。外患之乘，变幻如此，而我犹欲以成法制之，譬如医者疗疾不问何症，概投之以古方，诚未见其效也。"① 基于这种认识，一股"采西学"以"自强"的社会思潮沛然而兴，以"自强""求富"为目的的洋务运动随之揭开序幕。19世纪60年代至90年代的洋务运动，是由军工企业向工、矿、交通等各相关民用企业不断扩展的过程。所有的这些军事的、民用的企业，都采用机器生产。为管理机器生产，为对外交涉的需要，学习西方科学技术与培养各种专门人才成为洋务运动深化的必然结果，洋务派对西方文化的认识也从"技"上升到"学"的层次。1866年12月，奕䜣在同文馆开设天文算学馆的奏折中说："开馆求才，古无成格。惟延揽之方能广，斯聪明之士争来。……因思洋人制造机器火器等件，以及行船行军，无一不自天文、算学中来。现在上海、浙江等处，讲求轮船各项，若不从根本上用着实功夫，即学习皮毛，仍无裨实用。"② 《清史稿》卷107《选举志二·学校下》亦云："西人制器之法，无不由度数而生。中国欲讲求制造轮船、机器诸法，苟不藉西士为先导，师心自用，无裨实际。"以"尚实"为宗旨的洋务教育应运而生。洋务派本着"变器不变道"的原则，在"中学为体，西学为用"的思想指导下，从19世纪60年代开始，先后创办了30多所学习"西文"（外国语言文学）和学习"西艺"（西方近代军事和科学技术）的新式学堂，附设在洋务企业内的近代中国第一批职业学校诞生了。1866年，附设在由左宗棠创办的马尾造船厂中的福州船政学堂是为中国职业教育机构之发轫。此后，类似的职业学堂续有增加。如上海机器学堂、天津水师学堂、天津电报学堂、福州电气学塾、江南制造局附设工艺学堂、湖北矿务局工程学堂等。

甲午战败宣告洋务运动的破产，《马关条约》的签订使朝野哗然。面对空前的民族危机，清政府被迫放弃洋务运动时期由国家直接控制的、以发展军事工业为主的经济政策，采取官商合办、官督商办以及纯粹商办的管理形式以鼓励私人资本的发展，从而推动了民族资本主义工商业发展。据统计，1894—1902年，投资总额达到3720多万元，新开厂矿110个；而1872—1893年的投资总额仅1700多万元，厂矿总数63个。③ 民族资本主义的发展带动了实业教育的高涨，催生了一批实业学堂。加之，以康有

---

① 李鸿章：《筹议海防折》，吴汝纶编《李文忠公全集·奏稿》卷24，光绪三十一年金陵刊本。
② 贾桢等纂：《筹办夷务始末》，同治朝卷46，中华书局1979年版，第3页。
③ 严中平等：《中国近代经济史统计资料选辑》，科学出版社1955年版，第93页。

为、梁启超、严复等为代表的资产阶级维新派提出"工战不如学战"的主张，认为一个国家的强弱与其教育的发达与否密切相关，"才智之民多则国强，才智之民少则国弱"，极力倡导"教育救国"，强调振兴中国"归本于学校""其体在于学"。康有为认为，"泰西之所以富强，不在炮械军兵，而在穷理劝学"。① "日本胜我，亦非其将相兵士能胜我也。其国遍设各学，才艺足用，实能胜我也。"② 中国之贫弱，正弱于教育不发达，民智不开，因此，"欲任天下之事，开中国之新世界，莫亟于教育"。③ 梁启超在其《学校总论》中亦指出："中国之衰弱，由于教之未善。"④ 严复则通过对中国败于甲午战争之原因分析，提出："根本救济，端在教育。"⑤ 他在1905年就任复旦公学校长之前，为该校拟写的《复旦公学募捐公启》中说："以中国处今日时势，有所谓生死问题者，其惟兴学乎？问吾种之何由强立，曰惟兴学。问民生之何以发舒，曰惟兴学。"⑥ 正是在民族资本主义发展与教育救国思潮勃兴的历史条件下，专门性的、独立的职业学堂应运而生。1896年，张之洞据江西绅士蔡金台等呈请，奏准于江西高安创设蚕桑学堂，成为中国职业教育进入单独设校阶段的标志。自此之后，类似的职业学校如雨后春笋般在全国各地出现。如蚕业类的有杭州浙江蚕学馆（1897年）、福建蚕桑公学（1900年）、江南桑蚕学堂（1901年）、四川蚕业公社（1902年）等；农务类的有湖北农务工艺学堂（1898年）、江宁农务工艺学堂（1898年）、广西农务学堂（1899年）、湖南农务工艺学堂（1902年）、山西农务学堂（1902年）等；工商类的有直隶矿务学堂（1897年）、广东商务学堂（1901年）、汉阳钢铁学堂（1902年）等。⑦

中华民国成立后，蔡元培出掌教育部，他根据当时实业教育的发展状况，参考各国教育经验，提出了实利主义教育的主张。他说："以人民生

---

① 汤志钧编：《康有为政论集》（上册），中华书局1981年版，第130页。
② 同上书，第306页。
③ 璩鑫圭等编：《中国近代教育史资料汇编·教育思想卷》，上海教育出版社2007年版，第172页。
④ 陈学恂编：《中国近代教育文选》，人民教育出版社1983年版，第130页。
⑤ 王栻主编：《严复集》第3册，中华书局1986年版，第674页。
⑥ 1905年8月24日《时报》，转引自皮后锋《严复大传》，福建人民出版社2003年版，第280页。
⑦ 熊贤君：《清末职业教育述评》，《教育研究与实验》1994年第4期。

计为普通教育之中坚,其主张最力者,至于普通学术,悉寓于林艺、烹饪、裁缝及金、木、土工之中。……我国地宝不发,实业界之组织尚幼稚,人民失业者至多,而国甚贫。实利主义之教育,固亦当务之急者也。"① 在其主持下,1912年9月—1913年8月,陆续颁布了一系列学校规程,对此前的职业教育进行了一些改革,废除了清末教育宗旨中与民主潮流不相适应的"忠君""尊孔"等内容,突出职业教育与当时迅速发展的资本主义相适应的特点,使得民初的职业教育较之晚清有了一定的发展。具体表现为职业教育的范围较晚清有所拓宽,专业设置更加社会化、多样化。此外,职业学校的课程设置具有地方特色,如江苏省的经济发展主要是蚕桑及纺织,因而,职业学校也多开设蚕桑类、纺织类的课程。又如江西景德镇地区由于制瓷业发达,职业学校的课程中则多有制瓷业及绘画等科目。

总之,中国近代职业教育经历了自19世纪五六十年代以来的发展,至民初已初具规模,为以后的职业教育发展奠定了坚实的基础。

2. 职业教育体系初步确立

中国近代职业教育体系是与清末近代新学制一起诞生的。随着职业教育的开展,建立职业教育制度的问题便被提上了议事日程,在中国建立一个近代的职业教育体系成为时代的呼唤。于是,清政府从1901年起开始实行"新政",改革教育,逐渐确立了以《壬寅学制》《癸卯学制》为代表的具有近代特征的新学制。

《壬寅学制》,即光绪二十八年(1902年)七月清政府公布的、由管学大臣张百熙拟定的《钦定学堂章程》,是年为壬寅年,故该章程又称《壬寅学制》。其基本内容是将学校划分为三段七级:第一阶段的初等教育为三级,即蒙学堂四年、寻常小学堂三年、高等小学堂三年;第二阶段的中等教育为一级,即中学堂四年;第三阶段的高等教育为三级,即高等学堂或大学预科三年、大学堂三年、大学院(年限不定)。整个学制长达20年。此外,该学制注意到了实业教育,提出设置与高等小学堂平行的简易实业学堂,与中学堂平行的中等实业学堂以及与高等学堂平行的高等实业学堂。该学制还明确规定:小学堂的宗旨是"授以道德知识及一切有益身体之事",中等学堂的是"高等专门之始基",而大学的宗旨是

---

① 高平叔编:《蔡元培全集》第2卷,中华书局1984年版,第131页。

"激发忠爱、开通智慧、振兴实学"。《壬寅学制》是中国近代第一个法定学制，它的出台，标志着中国新式的、完整的学校体制正式形成。但是，由于其体制上不够完备，内容上具有明显的封建性，如轻视女子教育，受科举制的影响和制约亦深，因此，该学制虽经公布，却并未正式实施。

将实业教育纳入学制系统并作为一种独立的教育制度推行是在1904年1月。鉴于《壬寅学制》的不足，张百熙、张之洞、荣庆重新拟定了一个全国各级学堂章程，即《奏定学堂章程》，于光绪二十九年十一月（1904年1月）公布，是年为癸卯年，故该章程又称《癸卯学制》。

在学制的制定者张之洞看来："国民生计，莫要于农、工、商实业；兴办实业学掌，有百益而无一弊，最宜注重。"又说："实业学堂，意在使全国人民具有各种谋生之才智技艺，以为富民富国之本"，是关系到国计民生的大事，故要求"各省宜速设实业学堂，农工商各项实业学堂，以学成后各得治生之计为主，最有益于邦本"。为此，《癸卯学制》突出了实业教育的重要地位。其对学校各级教育的规定仍为三段七级，具体如下：初等教育，设蒙养院4年，初等小学堂5年，高等小学堂4年；中等教育，设中学堂5年；高等教育，设高等学堂或大学预科3年，大学堂3—4年，通儒院5年。整个学制长达29—30年。此外，与高等小学堂平行的有实业补习学堂、初级农工商实业学堂和艺徒学堂；与中学堂平行的有初级师范学堂、中等农工商实业学堂；与高等学堂平行的有优级师范学堂、实业教员讲习所、高等农工商实业学堂。其中，初等实业学堂分农业、商业、商船三种，中等实业学堂分为农业、工业、商业、商船四种，高等实业学堂亦分为农业、工业、商业、商船四种。补习实业学堂分为实业补习普通学堂和艺徒学堂两种。实业教员讲习所以"养成该实业学堂及实业补习普通学堂、艺徒学堂之教员为宗旨"，分农业、商业、工业教员讲习所三种。至此，中国近代第一个比较系统、完备的学校教育制度正式确立并在全国推广执行，从而打破了儒家经典一统天下的局面，为科举制的废除创造了有利条件，为中国现代教育制度的建立奠定了良好基础。与此同时，实业教育也被正式纳入中国的学制体系，建立起从初级到高级的独立的职业教育体系。

新学制颁布后，各级各类实业学堂有较大发展。据清政府学部于1907年、1908年、1909年三年所发表的统计数字看，实业学堂和学生数逐年增加。1907年实业学堂137个，学生数8693人；1908年实业学堂

189个,学生数13616人;1909年实业学堂254所,学生数16649人。①

不过,总体上看,这一时期实业学堂在整个教育体系中所占的比例仍然偏低,以1909年为例,实业学堂在全国新式教育机构中仅占0.4%,学生占1%左右。②

1912年"中华民国"建立,临时政府在教育总长蔡元培的主持下,对此前的学制进行改革。1912年9月3日公布了民"中华民国"一个《学校系统令》,因该年为壬子年,故称《壬子学制》。随后,教育部又陆续颁布了小学、中学、专门学校、实业学校、师范学校及大学的有关法令规程。农历癸丑年(1913年),将《壬子学制》与这些法令规程的内容相互补充,综合起来形成了《壬子癸丑学制》。作为"中华民国"颁布的第一部学制,《壬子癸丑学制》在教育宗旨、学校系统、课程设置等方面均代表了时代发展的方向,实现了由传统教育向近代教育的本质转化,惟其如此,其基本框架一直延续至1922年。

该学制中的《实业学校令》(共11条)和《实业学校规程》(七章60条),对实业教育作了初步改革。按照这两个文件规定,清末实业学堂改称为实业学校,原初、中、高三级实业学堂改为甲、乙两种实业学校。甲种实业学校实施完全之普通实业教育,相当于清末中等实业学堂;乙种实业学校实施简易之普通实业教育,相当于清末初等实业学堂;另设专门学校,分农业、工业、商业、医学等科,相当于清末高等实业学堂。实业学校的修业年限较此前的《癸卯学制》缩短3—4年,各类甲种实业学校为预科一年、本科三年,亦可根据具体情况延长一年;各类乙种实业学校为本科三年,专门学校与甲种实业学校同。在学校设置方面,允许私人或私法人创设私立实业学校,甚至还规定了可以根据地方情形和性质,开办女子职业学校,女子教育在学制中占有了一定地位。在经费的筹措方面,有省经费、县经费以及乡镇、农工商会的捐款以及学生交纳的学费等多种渠道。在专业设置上,除农业、工业、商业外,还包括政法、音乐、美术、外语等共九类,到1922年,职业教育几乎已经包括了社会上所有门类。至此,独立而完整的实业教育系统最终确立。

---

① 中华职业教育社编:《职业教育之理论与实际》,中华职业教育出版社1933年版,第14—16页。
② 陈学恂主编:《中国教育史研究·近代分卷》,华东师范大学出版社2009年版,第138页。

为了推进实业教育的发展，教育部于1913年8月12日、18日又分别通过了《实业学校须按照规程设置本科预科方准立案》及《教育部训令各省甲种乙种实业学校迅速照章呈报》等多条通电公告，敦促各地尽快按照条令发展职业教育从而为民初实业教育的发展创造了有利条件，实业学校和学生数量都有一定的增加。尤其是乙种实业学校，从1912年的346所发展到1916年的441所，五年间增加了近100所，在校学生人数也从1912年的14469人发展到1916年的19765人，五年间增加了5300余人（见下表）。

1912—1916年全国实业学校发展一览表

数量\类别\年份	1912年		1913年		1914年		1915年		1916年	
	甲种	乙种	甲种	乙种	甲种	乙种	甲种	乙种	甲种	乙种
学校数量	79	346	82	359	82	443	96	489	84	441
学生人数	14469	17247	10256	19534	9600	22072	10551	21662	10524	19765

资料来源：刘英杰主编：《中国教育大事典（1840—1949）》，浙江教育出版社2001年版。

3. 职业教育思潮的萌蘖

职业教育思潮是近代中国教育思潮中持续时间较长、影响层次较宽、与经济生产最为紧密的教育思潮之一。其理论建构的主导思想，就是通过教育的途径，使人人依其个性获得生活的供给和乐趣，于己掌握谋求生计的能力，于群能尽造福社会的义务。[①] 其萌生于晚清洋务派、改良派、维新派的实业教育思想，伴随清末民初实业教育的开展、新学制的探索与实践以及职业教育的发展，于1917年中华职教社成立后达至高潮，成为20世纪20年代中国教育界颇具影响力的教育思潮。舒新城评论说："中国近代各种教育思想在实际上之影响，无有出乎职业教育思想之外者。"[②]

最早提出"职业教育"这一概念的是山西农林学堂总办姚文栋。[③] 他

[①] 余子侠：《近代中国职教思潮的形成演进与意义》，《华中师范大学学报》（人文社会科学版）1995年第3期。

[②] 舒新城编：《近代中国教育思想史》，吉林人民出版社2013年版，第151页。

[③] 洪宇：《谁在近代中国最早使用"职业教育"一词》，《教育与职业》1990年第9期。

在 1904 年的《添聘普通教习详文》中首次提到"职业教育":"论教育原理,与国民最有关系者,一为普通教育,一为职业教育,二者相成而不相背。……本学堂兼授农林两专门,即是以职业教育为主义。"① 以后又在《保送游学文》和《送农林学生崔潮等游学日本文》中提到该词。从姚氏的行文及其所处时代看,他所谓的"职业教育"实际上是职业教育的先导——"实业教育"。有学者视此为倡职业教育之始。② 但是,其思想在当时并未引起社会重视。

辛亥革命后,提倡职业教育大有其人,职业教育思潮开始风行。

《教育杂志》主编陆费逵率先撰文提倡职业教育。1911 年,他在《世界教育现状序》一文中提出:"吾国今日亟宜注意者有三:国民教育,一也;职业教育,二也;人才教育,三也";认为:"国计民生之赢绌,恃职业教育"。③ 1913 年,他在《论人才教育、职业教育当与国民教育并重》一文中再度提出职业教育的重要性。他说:"职业教育,则一技之长,可谋生活为主,所以使中人之资者,各尽所长,以期地无弃利,国富民裕也。……而非职业教育兴盛,实业必不能发达,民生必不能富裕。"④

陆氏之后,职业教育备受教育家们的青睐,陈独秀、蔡元培、黄炎培可谓其中最力者。

新文化运动的政治领导人、思想家陈独秀亦从解决社会经济问题着手,于 1915 年在《新青年》上著文将职业教育列为四大教育方针之一,认为"今之教育,倘不以尊重职业为方针","盖个人以此失其独立自营之美德,社会经济以此陷于不克自存之悲境也"。⑤

蔡元培则针对当时许多高小毕业生不能升入中学的现状,在 1916 年 12 月,应江苏教育会邀请的演讲《教育界之恐慌及其救济方法》中提出"为中学生筹救济,当注重职业教育"。⑥

最为职业教育殚精竭虑者当推黄炎培。可以说,黄炎培的职业教育思想就是从实用主义教育脱胎而来的。早在 20 世纪初,黄炎培与乃师蔡元

---

① 中华职业教育社编:《黄炎培教育文集》第 3 卷,中国文史出版社 1994 年版,第 128 页。
② 刘桂林:《中国近代职业教育思想研究》,高等教育出版社 1997 年版,第 136 页。
③ 《教育杂志》19 卷 3 号。
④ 吕达:《陆费逵教育论著选》,人民教育出版社 2000 年版,第 147 页。
⑤ 戚谢美、邵祖德:《陈独秀教育论著选》,人民教育出版社 1995 年版,第 35 页。
⑥ 高平叔编:《蔡元培教育论集》,湖南教育出版社 1987 年版,第 143 页。

培同道，针对中国的社会现实，提出"实利主义教育"（实用主义教育）的口号，极力促成教育与经济之间的联姻，强调中国现实的学校教育，应该使受教育者"于己具有自立之能力，于人能为适宜之应付"①，成为其时兴创实业教育的积极倡导者。1915年4月，黄炎培随同游美实业团访问美国。两个月的访美之行，成为黄炎培教育思想从实业教育向职业教育转变的契机。他目睹了美国职业教育所取得的成绩，意识到："语以抽象的实业教育，不若语以具体的职业教育之警心动目"②，"回念吾国不能不认识职业教育为方今之急务"③。他还将职业教育与实业教育进行比较，指出职业教育的优越性。他说："实业教育与职业教育，二者皆以解决生计为目的，然其范围不同。实业教育之高焉者，高等专门实业亦属之，其下焉仅为职业预备者亦属之，故论其长可谓过于职业教育。英语 Industrial Education 之名词，依其本义仅限于工业教育。东方译为实业教育，亦仅于农工商三种。而医生教师等不与焉。职业教育 Vocational Education 则凡学成后可以直接谋生者皆是，故论其阔又可认为不及职业教育。"又曰："职业教育，以广义言之，曰教育皆含职业之意味。盖教育云者，固授人以学识、技能而使之能生存于世界也。若以狭义言，则仅以讲求实用之知识者为限，亦犹实业教育也。惟实业教育，兼含研究学说之意味，而职业教育，则专重实用，纯为生活起见。实业教育所养成之人物，则一部分主用思想；而职业教育所养成之人物，则完全主用艺术。盖自欧洲18世纪工业革命以来，乃有所谓实业教育。至晚近，实业益发达，而生计问题亦日以急迫，于是复有所谓职业教育，专以职业上的学识、技能教授不能久学之青年，而一方面亦使实业前途进步无限量。……故职业教育者，在学说上为后起之名词，在社会上为切要之问题，而在教育上实为最新最良之制度。"④归国后，黄炎培开始着力宣传职业教育，成为中国职业教育的先驱和中国职业教育现代化的奠基人。

通过上述教育家的鼓动、宣传，职业教育开始受到社会各界的关注并成为当时耳熟能详的大众术语，很快形成一股教育思潮。1917年5月，在黄炎培的倡导下，中国第一个以宣传、研究、试验、推广职业教育为职

---

① 中华职业教育社编：《黄炎培教育文集》第1卷，中国文史出版社1994年版，第26页。
② 田正平、李笑贤编：《黄炎培教育论著选》，人民教育出版社1993年版，第17页。
③ 《黄炎培教育文集》第2卷，中国文史出版社1994年版，第108页。
④ 中华职业教育社编：《黄炎培教育文选》，上海教育出版社1985年版，第44、58页。

志的全国性教育机构——中华职业教育社在上海正式成立。两个月后，中华职教社就发表了《中华职业教育社宣言书》，正式向社会宣告："吾侪所深知确信而敢断言者，曰今吾中国至重要至困难问题，厥惟生计。曰求根本上解决生计问题，厥惟教育。曰吾中国现时之教育，决无能解决生计问题之希望。曰吾中国现时之教育，不惟不能解决生计问题，且将重予关于解决生计问题之莫大障碍。……同人于此，既不胜其殷忧大惧，研究复研究，假立救济之主旨三端：曰推广职业教育；曰改良职业教育；曰改良普通教育为适于职业之准备。"[①] 1917年11月，职教社创办了中国第一家宣传职业教育的专门刊物——《教育与职业》月刊，作为宣传和研讨职业教育的思想理论基地。1918年又创立了中国第一所正规的职业学校——中华职业学校，大力推广职业教育。中华职教社成立及其《宣言书》的发表，在社会上引起了极大反响，推动了职业教育队伍的组建，拓展了职业教育的活动范围，为职业教育理论的发展以及中国现代职业教育体系的形成奠定了坚实的基础。1922年教育部颁布的《学校系统改革案》，标志着中国现代职业教育体系的正式确立。

4. 女子职业教育的滥觞

在中国两千多年的封建社会里，女性处于社会底层，在"男尊女卑""女子无才便是德"的封建礼教束缚下，女子被禁锢在家庭闺阁中，被剥夺了受教育的权利，也就无所谓女子教育。近代意义上的中国女子学校教育滥觞于鸦片战争后在华传教士创办的教会女塾。学术界普遍认为，1844年英国伦敦"东方妇女教育促进会"传教士阿尔德赛女士（Miss Aldersay）在宁波创办的女塾是中国女子学校教育的开端。教会女学的创办，在很大程度上冲击着中国传统女教，突破了封建传统禁锢，催生了近代中国自办的女子学校教育。

女子学堂肇始于维新运动时期。1898年，在维新思潮的影响和维新派人士的倡导下，经康广仁、梁启超、郑观应等人的积极筹备，由经元善主持的上海女学堂（亦称经正女学）正式创办，标志着中国近代女子教育的开端。1904年，娄县人史家修创办的上海女子蚕丝学校，则是中国女子专科职业教育的开端。同年9月，张竹君女士在蔡元培等人的支持

---

① 中华职业教育社编：《黄炎培教育文集》第2卷，中国文史出版社1994年版，第179—180页。

下，在上海创办的爱国女校中附设了女子手工传习所。该传习所以"为同胞女子谋自立之基础"为宗旨，教授手工、编制等内容，教材分"手工编织""机械缝衣之初级"和"机械扣法"三级。此后女子职业学校逐渐增多。不过，直到1904年前，女子学校教育一直处于民间自发的状态，中国的职业教育体系中也没有女子职业教育。如清政府1904年颁布的《奏定学堂章程》中有《奏定蒙养院章程及家庭教育法章程》，规定"以蒙养院辅助家庭教育，以家庭教育包括女学"。按照张之洞的说法是"中西礼俗不同，不便设立女学及女师范学堂"。①

但是，1906年，在兴学的浪潮的推动下，清政府不得不考虑女子受教育的问题。1907年3月，学部同时公布《奏定女子小学堂章程》和《奏定女子师范学堂章程》，承认"详征古籍，博访通人，益知开办女学，在时政为必要之图，在古制亦实有吻合之据"，指出女子学堂"以启发知识、保存礼教两不相妨为宗旨"。② 女子受教育的权利从此以法律的形式确定下来。1908年，全国有女学堂29所，学生1384人；1909年，女子学堂激增至308所，学生达14054人。仅一年时间，学堂数、学生数均增长近10倍。③ 不过，当时女子所接受的职业教育主要是桑蚕、美工、缝纫、编织、家事等与家庭生活密切相关的内容，劳动强度较低，学科程度也不高，多为居家的、简单的手工劳动。

民国建立后，在教育总长蔡元培的大力推进下，教育部颁发了一系列有利于发展女子教育的法令，女子职业教育在清末女子实业教育的基础上有较大发展。1913年8月公布的《实业学校令》规定："女子职业学校得就地方情形与其性质所宜，参照各项实业学校规程办理。"是为女子职业教育从法律上取得合法地位之始。随后，全国不少省份开始遵照此令创设女子职业学校。1917年职教社成立后，大力提倡女子职业教育。如1917年10月，全国教育会联合会通过的《职业教育进行计划案》第四条即是主张"促进女子职业学校"。其中规定："查部定《实业学校令》，有女子职业学校，得就地方情形与其性质所宜，参照各项实业学校规程办理之规

---

① 陈学恂：《中国近代教育史教学参考资料》（上），人民教育出版社1986年版，第532页。
② 陈学恂：《中国近代教育史教学参考资料》（下），人民教育出版社1987年版，第792页。
③ 陈学恂主编：《中国教育史研究·近代分卷》，华东师范大学出版社2009年版，第141页。

定。但现在各省女子职业学校多未设立,应令各省区从速筹设。"① 1918年年底,全国中学校长会议又通过《女子中学应附设简易职业科并须扩充女子职业案》,其中提出各省区应借鉴日本高等女学校中附设实科的办法,在中学校中设立简易技艺科、蚕业科、园艺科、商业科等。1922年7月,全国职业学校联合会在济南召开了第一届年会,会议决定"女子职业学校学科设置标准",为女子职业教育的发展奠定了基础。同年《壬戌学制》颁布,标志中国近代职业教育制度正式确立,也宣告中国近代女子职业教育体系的形成。

在政府的提倡下,女子职业教育获得了较大发展,女子职业学校和学生的数量均有较快增长。1914年,江苏、湖北、四川、云南等地率先创设女子职业学校、女子工艺传习所、女子蚕业讲习所等,共6所。1915年,山东、福建等省也创办了女子职业学校,而且有许多不同的科,如蚕业讲习所、蚕丝科、家政科等,女子职业学校增至17所,学生1418人。1916年达21所,学生1719人。② 较有影响的学校有奉天铁岭县立女子乙种蚕业学校、山东省立女子职业学校、福建省立女子职业学校、江苏松江县立松筠女校、江苏无锡县私立女子职业学校等。据教育部第五次统计,1916年8月至1917年7月全国女子职业学校学生数为1866人,女生占学生总数的6.2%,当时全国实业学校男生数为28223人,男生数大于女生数15倍强。③ 1921年女子职业学校达44所,1922年发展到76所。④ 据中华教育改进社调查,1922—1923年度全国甲种实业学校女生占学生总数的比例为7.13%,乙种实业学校女生占学生总数的比例为8.58%,较1916—1917年度均有所提高。⑤

清末民初女子职业教育的成效是突出的,在促进女子自主意识、职业意识的觉醒以及民国后期女子职业教育的进一步发展等方面功不可没。

总括上述,清末民初职业教育尚处在初发阶段,职业教育由依附清末实业转型而来,职业教育体制初步确立,职业教育观念逐渐成形,女子职业教育有一定程度发展,在中国职业教育史上具有破斧开冰、筚路蓝缕之功。

---

① 杜学元:《中国女子教育通史》,贵州教育出版社1995年版,第446—447页。
② 谢长法:《民国初年女子职业学校的发展》,《教育与职业》1998年第3期。
③ 程谪凡:《中国现代女子教育史》,中华书局1936年版,第215页。
④ 中华职业教育社编:《黄炎培教育文选》,上海教育出版社1985年版,第143页。
⑤ 中华教育改进社编:《中国教育统计概览》,商务印书馆1924年版,第35、53页。

第 一 章

清末民初职业教育的发展

清末民初是中国由传统的农业社会向近代工业社会的转型时期，也是中国职业教育发展的重要时期。伴随着中国近代工业产生与发展，迫切需要有专门技术、知识的人才，传统的教育已不能再适应时代发展之需要，于是，以专门培养技术人员和熟练工人的近代职业教育应运而生。从19世纪60年代到20世纪初，中国职业教育的发展经历了洋务学堂、实业学堂（学校）到职业学校三个阶段，正是在长达半个多世纪的发展过程中，中国近代意义上的职业教育制度正式确立起来。

第一节 洋务运动与职业教育的发端（1866—1904）

一 中国古代的职业技术教育

人类为了生存，必须从事生产劳动，在劳动中不断地创造技能、总结经验、积累知识，并把这些技能、经验和知识传授给下一代。在这种传授的过程中，产生了古代的职业教育，亦即技艺教育，其以世袭相传的生产经验和劳动技能为主要内容。对此，早期古籍中多有记载。《尸子·君治》篇记载："燧人之世，天下多水，故教民以渔；宓羲氏（伏羲氏）之世，天下多兽，故教民以猎。"① 原始社会晚期，生产力的发展导致第一次社会大分工，原始畜牧业和原始农业发生分离，教民农作的农业教育相应发展，史籍中就有"神农……制耒耜，教民农耕"②"后稷教民稼穑"③等记载。第二次社会大分工后，手工业从农业中分离出来，随之产生了与

---

① 《二十二子》，上海古籍出版社1986年版，第371页。
② （清）陈立撰：《白虎通疏证》，中华书局1994年版，第51页。
③ 杨伯峻：《孟子译注》，中华书局1988年版，第125页。

纺织、酿造、金属加工、武器制造等业的工艺技术教育。《通鉴外纪》中就有"嫘祖始教民育蚕,治丝茧以供衣服"的记载。很显然,原始社会的职业教育是贯穿于生产生活之中,并未从生产劳动中分化出来成为专门的教育活动,因此,有学者把这种生产劳动教育称为"原始的职业性教育"。[①]

夏商周时期社会生产力进一步提高,手工业有了新的发展,因而需要大量的技术劳动力,大批奴隶被驱入官营的手工业作坊接受强制性的技术培训,"于是形成了一种特殊的职业性教育形式"。此外,这一时期出现了设官分职的现象,有了专门掌管文化、农业、建造业和手工业的官吏。由于奴隶社会是官守学业,所以为官之父兼而为师,传其学;为官之子则就其父学,习其所业,于是又在官吏中产生了"具有专业分工的官职性教育"。《周礼·考工记》记载了西周许多行业、工种的技术规范,例如金属冶炼、玉器加工、皮革加工、水器制作、车舆兵甲制造、寓室城郭建筑等,堪称先秦百工技艺总汇,也是官方编撰的职业教育读本。不过,奴隶制社会中无论是对奴隶实行的强制性职业训练,还是在官吏中实行的子习父学的职官教育,都不是因为教育内部的结构变化与任务分工引起的,因此,我们只能称之为"职业性的教育",即是中国古代职业教育的萌芽。[②]

春秋战国时期,"学在四夷"为职业技术教育带来了一定的发展机遇。这一时期科学技术更加繁荣,手工业进一步发展。而个体经济的确立、私人手工业者的出现以及随着教育文化的下移而出现的私学的发展,促成了几种职业技术教育形式的出现。在文化下移、百家争鸣的社会氛围中,墨家对职业教育情有独钟,在几何学、光学、力学、机械制造学等方面均有建树。有学者认为,"墨家私学带有工业专科学校的萌芽性质"[③],其教育宗旨和内容是诸子百家中与现代意义上的职业技术教育最相近的一家。农家对职业技术教育的重视仅次于墨家,《汉书·艺文志》说,"农家者流,盖出于农稷之官。播百谷、劝耕桑,以足衣食"。农家编纂的《神农》《野老》等总结农业生产经验的专著,对中国古代农业生产技术的传播有突出贡献。墨子创办的私学传授木工与器械制造等手工业技能、

---

① 吴玉琦:《中国职业教育史》,吉林教育出版社1991年版,第2页。
② 同上书,第4页。
③ 毛礼锐、沈灌群主编:《中国教育通史》第1卷,山东教育出版社1985年版,第308页。

许行创立的农家学派传授与农业生产相关的知识和技能等，实际上就是私学的职业性教育，即在私学中传授某种专业技能。春秋战国时期，还有一种职业性教育形式是个体家业父传，即农、工、商各业的专业技术技能的传授是在家庭中通过父子相传的形式进行。春秋初年的大政治家和改革家管仲，极力倡导技术教育，其在《管子》中设计的"同业聚居，父子相承"的职业技术教育模式，就是这种形式。除了这两种职业性教育形式外，还有一种是以师带徒的职业性教育方式。扁鹊学医即是这种类型。如《史记·扁鹊仓公》里记载："扁鹊者，勃海郡郑人也，姓秦氏，名越人。少时为人舍长。舍客长桑君过，扁鹊独奇之，常谨遇之。长桑君亦知扁鹊非常人也。出入十余年，乃呼扁鹊私坐，间与语曰：'我有禁方，年老，欲传与公，公毋泄。'扁鹊曰：'敬诺。'乃出其怀中药予扁鹊：'饮是以上池之水，三十日当知物矣。'乃悉取其禁方书，尽与扁鹊。忽然不见，殆非人也。扁鹊以其言饮药三十日，视见垣一方人。以此视病，尽见五藏症结，特以诊脉为名耳。为医或在齐，或在赵。在赵者名扁鹊。"① 此段记载虽然有着神话的色彩，但长桑君传授医术给扁鹊也反映了当时存在着师傅传授徒弟的职业教育方式。

秦汉以后，随着政治经济和科学文化的发展，社会分工进一步扩大，职业教育除了继承前代的传统外，又有了新的发展。汉武帝为推行赵过的"代田法"，"遣令长三老力田及里父老善田者受田器，学耕种……教民相与以挽犁"，是为汉代政府注重职业技术教育之明证。② 此外，又出现了学徒制这种职业教育的方式。学徒制又叫"艺徒制""师徒制"。中国古代工艺技术的传承，尤其是制造、冶炼、纺织、建筑等应用性科学技术的传承主要都是靠学徒制的方式进行的。南朝梁代医药学家陶弘景，学识十分广博，兼通天文、医药等，著有《帝代全历》《本草集注》《效验方》《图像集要》等，但"皆秘密不传"，"唯弟子得之"③，即是典型的古代师徒式技术教育的方法和观念。隋唐时期，随着官营手工作坊的发展，政府设置了"掌百工技巧之政"的"少府监"、"掌土木工匠之政"的"将作"。每年十月，从刑部都官司的官奴婢和官户中挑选一部分人为工户，

---

① （汉）司马迁撰：《史记》卷105，《扁鹊仓公传》，中华书局1999年版，第2143页。
② 转引自张恒寿《中国社会与思想文化》，人民出版社1989年版，第15页。
③ （唐）李延寿撰：《南史》卷76《隐逸传下》，中华书局1999年版，第1269页。

送到少府监学习细镂、车辂、乐器制造等精细手艺。少府监还对不同工种的学徒年限作了明确的规定："细镂之工，教以四年；车路乐器之工，三年；平漫刀稍之工，二年，矢镞竹漆屈柳之工半焉；冠冕弁帻之工，九月。教作者传家技，四季以令丞试之，岁终以监试之，皆物勒工名。"①从中可以看出唐代的官营手工作坊里，已经有了关于学徒职业培训的规定。这种学徒制是中国古代社会最重要的职业教育方式，它不仅存在于唐代及其以后朝代的官营手工作坊里，还普遍存在于私人的手工作坊之中。特别是明清以后，随着资本主义萌芽的发展，学徒制也获得了普遍的发展。华中师范大学教授彭南生认为："在普遍缺乏职业技术教育制度的环境下，学徒制就有显而易见的双重好处：一是减轻了家庭的经济负担，二是训练了未来得以谋生的职业能力。"②可以说，同手工业生产相适应的学徒制在中国古代职业教育的历史中发挥了重要的作用，其作为一种职业教育的教学模式，其若干合理性方面不仅影响到清末实业教育，对今天的职业教育仍有借鉴价值。③

总体上看，中国古代职业分化程度较低，主要是农牧业，虽然也有官吏、教师、僧侣、手工业者、商贩等职业，但这些职业数量少且多为世袭或半世袭，农民进入这些职业的社会需要少。各社会职业流动十分有限，因此在中国古代没有建立起开放的社会化的职业教育体系，职业教育仅局限在各个职业圈内进行就能满足社会的需要。中国古代职业教育作为一种专门的传授途径，包括官职世袭、设官教民、科技私学、技艺家传、私人授徒、职官教育、专门学校、艺徒教育、技艺普及等多种形式。④有学者从中国古代职业化的角度把中国古代的职业教育的方式总结为四种，即以吏为师的职官教育、以医案为本的职医教育、师徒传承的艺徒制教育和农器与法术相结合的农业技术教育。⑤但是，这些古代的职业技术教育跟中国近代职业教育有着本质的不同。中国古代的职业教育是跟分散的个体经济联系在一起的，它不依赖学校教育，没有形成一种制度，没有形成从上到下的一个体系。而中国近代意义上的职业教育，是与近代大工业生产方

---

① （宋）欧阳修等撰：《新唐书》卷48《百官志三》，中华书局1999年版，第832页。
② 彭南生：《行会制度的近代命运》，人民出版社2003年版，第196页。
③ 吴玉伦：《清末实业教育制度研究》，博士学位论文，华中师范大学，2006年。
④ 吴玉琦：《中国职业教育史》，吉林教育出版社1991年版，第19—23页。
⑤ 谢广山：《中国古代职业与技术教育范式》，《教育与职业》2007年第8期。

式联系在一起的，它以各级学校为依托，逐步形成了一个较为完整的职业教育体系。中国近代的职业教育中虽然包含着中国传统职业教育的因素，但并不是由中国古代职业教育直接发展而来，它在很大程度上是受到外力的作用产生的。

二 洋务运动与职业教育的萌芽

1840年，英国殖民主义者用鸦片和坚船利炮撞开了古老中国的大门。随着1842年中英《南京条约》的签订，西方资本主义列强蜂拥而至，中国开始沦为半殖民地半封建社会。在这一历史条件下，传统的封建教育模式迅速解体和崩溃，新型的资本主义近代教育开始兴起，伴随着中国近代工业的产生与发展，中国职业教育开始了由传统向近代的转型。

鸦片战争后不久，西方列强就开始在通商口岸开办近代企业。19世纪60年代以前，外商在华开办的近代工业企业，大部分是船舶修造厂。1843年在香港出现第一家船舶修造厂，最早出现在中国内地的是由英国人柯拜于1845年在广州设置的柯拜船坞。此后，西方列强相继在上海等通商口岸建立船舶修理厂或修造厂，到1860年先后开办过25家。[①]

除了船舶修造厂，外国资本还在中国开办了一些小型的加工工业，这是在中国出现最早的近代工业。但是，这些企业都开办在少数的几个通商口岸，它们所服务的对象也往往是外国人。因此，它们被淹没在中国小农经济与家庭手工业经济的汪洋大海中，对中国的影响是非常有限的。

中国人自己开办的近代工业始于洋务运动创办的军事工业和民用工业。洋务运动是近代中国第一次大规模模仿、实施西式工业化的运动，该运动自19世纪60年代开始到90年代结束。

两次鸦片战争的失败，极大地震撼了清朝统治者，以奕䜣、曾国藩、左宗棠、李鸿章为代表的王公贵胄和封疆大吏在第二次鸦片战争的惨败和勾结西方列强对太平天国的"华洋会剿"中，目睹了西方军工火器之"长技"，开始意识到西方进逼的历史转折的含义，预感到一种潜在的长远威胁。早在1862年李鸿章率领淮军到达上海与英法联军和华尔的"常胜军"进攻太平军时，就对西方近代火器的威力赞不绝口，曰："洋兵数

---

① 黄逸平：《近代中国经济变迁》，上海人民出版社1992年版，第122页。

千枪炮并发，所当辄靡，其落地开花炸弹真神技也!"① 又说：外国军队"大炮之精纯，子药之细巧，器械之鲜明，队伍之雄整，实非中国所能及。其陆军虽非所长，而每攻城劫营，各项军火皆中国所无。即浮桥、云梯、炮台，别具精工妙用，亦未曾见。"相比之下，"中国向用之弓矛、小枪、火炮，不敌彼后门进子来福枪炮；向用之帆蓬舟楫、艇船、炮划，不敌彼轮机兵船，是以受制于西人"。② 为此，他"深以中国军器远逊外洋为耻"。③ 同时，他还不无忧虑地说："外国利器强兵，百倍中国，内则狎处辇毂之下，外则布满江湖之间"，"外国猖獗至此，不亟亟焉求富强，中国将何以自立耶?"④ 敏感的士大夫们用"变动""变端""创事""创局""变局"等各种词汇来表达对1860年以后中国时局的认识，而将"变局"表述得最透彻的是李鸿章在1874年《筹议海防折》中所言："江海各口，门户洞开，已为我与敌人公共之地。……东南海疆万余里，各国通商传教，来往自如，麇集京师及各省腹地，阳托和好之名，阴怀吞噬之计，一国生事，诸国构煽，实为数千年来未有之变局。轮船电报之速，瞬息千里；军器机事之精，工力百倍；炮弹所到，无坚不摧，水陆关隘，不足限制，又为数千年来未有之强敌。外患之乘，变幻如此，而我犹欲以成法制之，譬如医者疗疾不问何症，概投之以古方，诚未见其效也。"⑤ 此类议论在曾国藩、左宗棠、沈葆桢、丁日昌等人的言论中，都有不同程度的表现。

基于上述认识和忧虑，在清朝统治者内部形成了奕䜣、曾国藩、李鸿章、左宗棠、张之洞等人为代表的主张学习西方先进工业技术和商业模式，尤其是军事技术，以达到富国强兵之目的的洋务派，他们利用官办、官督商办、官商合办等模式，积极投身于创办新式军事工业的实践中，以期获得强大的军事装备、增加国库收入、增强国力，维护清廷统治。

---

① 李鸿章：《上曾相》，吴汝纶编：《李文忠公全集·朋僚函集》卷1，第20页，光绪三十一年金陵刊本。
② 李鸿章：《奏陈筹议制造轮船未可裁撤折》，吴汝纶编：《李文忠公全集·奏稿》卷19，第45页，光绪三十一年金陵刊本。
③ 李鸿章：《上曾相》，吴汝纶编：《李文忠公全集·朋僚函集》卷2，第46页，光绪三十一年金陵刊本。
④ 李鸿章：《上曾相》，吴汝纶编：《李文忠公全集·朋僚函集》卷5，第34页；卷6，第37页，光绪三十一年金陵刊本。
⑤ 李鸿章：《筹议海防折》，吴汝纶编：《李文忠公全集·奏稿》卷24。

1861年，曾国藩在安庆创设的制造近代武器的军事工业，也是洋务派创办的仿制西式武器的第一个军事工业，即安庆内军械所。主要制造子弹、火药、炸炮等。"内"，表示这个军械所属于安庆军内的设置。1864年，清军攻陷南京后，该厂由安庆迁到南京，改名为金陵机械制造局。随后，洋务派相继在各地建立起一批近代军工企业，主要有李鸿章在上海建立的江南制造总局（1865年）、左宗棠在福州建立的福州船政局（1866年）、崇厚在天津创建的天津机器制造局（1867年）等。这些军事工业突破了中国传统的手工生产方式，已经采用了机器生产，并且已经采用了雇佣劳动，培养了一大批使用机器生产的工人和中国第一批近代科学家及技术人员。

为了解决军事工业所需要的运输、原料、燃料和资金问题，在19世纪七八十年代，洋务派又以"求富"为口号兴办了一批民用工业，其中包括采矿、冶炼、纺织等工矿企业以及航运、铁路等交通运输企业和近代通信企业，主要有轮船招商局（1872年）、开平矿务局（1878年）、电报总局（1880年）、上海机器织布局（1880年）等。

在洋务企业方兴未艾的同时，中国一部分官僚、地主、商人或受近代企业利润的刺激，或出于抵制外国经济侵略的爱国热情，开始投资机器工业。他们的资本有限，主要投资于需要资金少、见效快的轻纺工业。中国的民族资本主义产生了，虽然数量少，实力不强，但它却是顽强的新生的社会经济力量。其中比较重要的企业有铁匠作坊主方举赞在上海创办的发昌机器厂（1869年）、华侨商人陈启源在广东南海县设立的继昌隆机器丝厂（1872年）、轮船招商局会办朱其昂在天津设立的贻来牟机器磨坊（1878年）等。

据统计，洋务运动期间，外国资本在中国经营的近代工业资本达19724000元，投资总额27914000元；清政府创办的洋务企业近40个，创办资本约4500万两，雇佣工人达13000—20000人。民族资本企业共有136家，创办资本约有500万两，雇佣工人30000人。[①]

外国资本在华企业、洋务企业和中国民族资本主义企业都是近代机器工业，采用机器生产。这些企业需要许多技术人员和能够熟练操作机器的

---

① 孙毓棠：《中国近代工业史资料（1840—1895年）》第1辑（下），科学出版社1957年版，第556—566页。

工人，而中国传统的以读"四书""五经"为内容的学校教育以及家庭手工作坊一对一的学徒制教育，根本满足不了这些企业对人才的需要，唯一能够解决问题的办法就是发展近代职业教育。于是，以"尚实"为宗旨的洋务教育应运而生。

洋务教育，顾名思义，是指19世纪60—90年代洋务运动期间洋务派举办的教育，以兴办新式学堂（或称洋务学堂）、派遣留学生、翻译出版西学书籍为主要内容。它的产生与发展与中国社会的变迁和特定的时代主题息息相关。洋务派本着"变器不变道"的原则，在"中学为体，西学为用"的思想指导下，从19世纪60年代开始，先后创办了30多所学习"西文"（外国语言文学）和学习"西艺"（西方近代军事和科学技术）的新式学堂。正是这些洋务派在开办的军用或民用的企业中附设培养技术人员和熟练工人的专业技术学堂，揭开了中国创办具有近代性质的职业教育的序幕。

总括上述，中国近代职业教育的产生有着复杂的历史背景。中国古代职业技术教育的实践为它提供了深厚的历史渊源，西方近代职业教育的成熟发展为它提供了先进的经验，近代工业在中国的产生和发展及其对技术人员和熟练工人的迫切需要，直接催生了中国近代职业教育。近代中国早期的职业教育——实业教育就成了洋务派兴办的洋务教育的重要组成部分。

三　洋务学堂的创办

为了培养洋务活动所需要的科学技术人才，洋务派于19世纪80年代中期至90年代初先后办起了中国最早的一批专业技术学校和军事学校。1866年，附设在由左宗棠创办的马尾造船厂中的福建（福州）船政学堂是为中国职业教育机构之发轫。此后，类似的职业学堂续有增加。如江南制造局附设的操炮学校（1874年）、福州电报学堂（1876年）、天津电报学堂（1880年）、天津水师学堂（1880年）、广东实学馆（1880年）、上海电报学堂（1882年）、金陵同文电学馆（1883年）、广东黄埔鱼雷学堂（1884年）、天津武备学堂（1885年）、昆明湖水师学堂（1886年）、广东水陆师学堂（1887年）、两广电报学堂（1887年）、台湾西学堂（1888年）、江南水师学堂（1890年）、山东威海卫水师学堂（1890年）、旅顺口鱼雷学堂（1890年）、台湾电报学堂（1890年）、湖北采矿工程学堂

(1892年)、湖北自强学堂（1893年）、北洋医学堂（1893年）等。①

这些技术学堂都具有较鲜明的实业教育性质，无论是培养目标还是教学内容乃至教学的组织形式等方面都与中国传统学校教育有显著差异。

首先，洋务学堂的培养目标是造就各项洋务事业需要的专门人才，广泛分布于洋务事业的诸多领域，它们属于提供专门训练的专科性学校。大多数洋务学堂都带有部门办学的性质，是具体洋务机构的组成部分或附属单位，直接针对本部门和机构的需要培养人才。其中外国语学堂，是以专为培养译员而设，目的是"为边务储才"，"备翻译，差委之用"。军事学堂培养的是能够操作先进武器，掌握近代战术战略的各级指挥人才；技术学堂培养的则是工程制造、矿冶、交通、电讯、机械等方面的人才。这些人才的共同特点是：其眼光由单一的农业经济转向社会生活，由中国转向世界；其知识由士大夫津津乐道的"诗琴书画"转向近代工业社会所需的科学技术。这和传统学校培养科举入仕的人才有所不同。

其次，在教学内容上，洋务学堂以学习"西文""西艺"为主，课程多包括外语、数学、格致、化学等一般性课程以及和各自专业相关的科学技术课程，注意学以致用。如上海广方言馆的课程除经史、外语外，还有外国公理公法、算术、天文、地理、绘图、汽机图样、制木铁器、行海理法、水击攻战等。北洋水师学堂学生四年应修功课为英国语言文学、地舆图说、算术、几何原本、代数、平面三角法、驾驶诸法、测量天象及推算经纬度诸法、化学、格致等。上述内容的传授，不仅使学生学到了西方科学技术知识，使他们迅速成为工业社会所需的实用人才，而且也大大促进了西方科学技术在中国社会的广泛传播。从此以后，一向被视为"异端邪说""雕虫小技"的西学，堂堂正正地被接纳为中国社会教育的教学内容和正式课程，有别于传统学校的经史义理和八股文章。

最后，新式学堂按照学生对知识的接受规律由浅入深、循序渐进地安排教学内容，重视理解，改变了那种偏重死记硬背的传统方法。洋务派此时已经认识到学好基础理论的重要性，知道打好基础后才能逐步提高。因此，教学中新式学堂注意理论与实践相结合，很多学校都安排有

---

① 陈学恂主编：《中国教育史研究·近代分卷》，华东师范大学出版社2009年版，第57—58页。

实践性课程，有的还建立了实习制度，重视对学生实际技能和动手能力的培养。如京师同文馆的学生要轮流去总理衙门当差，担任口头或书面翻译。此外，新式学堂还购置了许多新的教学设备，作为课堂教学的实验场所，以帮助学生学习科学技术。不似传统学校完全把学生禁锢在书斋之中。

总之，通过洋务运动而掀起的新式教育运动是对中国传统教育的历史性超越，它改变了两千多年来传统教育的培养模式、教学内容、教学方式，动摇和瓦解了旧的教育体制，第一次把科学技术作为学校教育的主要学习内容，培养了中国近代第一批军工技术人才，为清末实业教育的发展奠定了学科基础，提供了丰富的教学经验。所有学堂中，办学成就最突出的是福建船政学堂。

福建船政学堂又称"求是堂艺局"，其作为"中国近代第一所高等实业学堂"[1] 具有明确的专业设置和较完备的课程体系。学堂创办之初分前、后学堂两部：前学堂学习法文，又称"法国学堂"，专习制造技术；后学堂学习英文，又称"英国学堂"，专习驾驶技术。[2] 后来，前学堂增设"绘事院"（设计专业）和"艺圃"（学徒班）；后学堂增设轮机专业。这样一来，船政学堂实际上就拥有了五个专业：前学堂的制造专业、设计专业、学徒班和后学堂的驾驶专业、轮机专业。这种分科设置专业的做法体现了近代教育的某些特征。

不仅如此，学堂还具有比较完备的课程体系，课程设置反映了近代职业技术的要求。

各专业的课程设置如下[3]：

---

[1] 潘懋元："福建船政学堂的历史地位及其影响"，《教育研究》1998 年第 8 期。"对中国近代实业教育的发轫，学术界有不同的看法：一种意见认为，1866 年设立的福州船政学堂是中国最早的实业学堂。另一种意见认为，实业学堂是指农、工、商、矿之类的学堂，清末洋务派举办的军工学堂，如福州船政学堂、天津电报学堂等，不宜列入实业学堂的范围；我国最早的实业学堂应是 1896 年设立的江西高安县的蚕桑学堂。编者的意见倾向于后者。"参见璩鑫圭主编《中国近代教育史资料汇编·实业教育师范教育卷》，上海教育出版社 1994 年版，第 53 页。此外，张光忠主编的《社会科学学科辞典》亦认为，"1896 年，江西蔡金台创设蚕桑学堂。是我国近代最早的实业教育学校"。张光忠主编：《社会科学学科辞典》，中国青年出版社 1990 年版，第 711 页。

[2] 赵尔巽等撰：《清史稿》卷 107《选举志二·学校下》，中华书局 1976 年版，第 3123 页。

[3] 转引自林庆元《福建船政局史稿》（增订本），福建人民出版社 1999 年版，第 123—127 页。

制造专业的课程有：算术、几何、透视绘图学（几何作图）、物理、三角、解析几何、微积分、机械学、实习、法语等。

设计专业的课程有：算术、几何、几何作图、微积分、透视原理、船用蒸汽机结构、法语。

学徒班的课程有：算术、几何、几何作图、代数、设计和蒸汽机构造、法语。

驾驶专业的课程有：算术、几何、代数、直线和球面三角、航海天文气象、航海算术和地理、英语。

轮机专业的课程有：算术、几何、设计、蒸汽机结构、操纵维修船用蒸汽机、使用仪表、监分计、实际操作、英语。

据上述可知，船政学堂的课程总体上可以分为两大类：一类如外语、算术、几何等，是所有专业学生的必修课；另一类是为不同专业的学生开设的专业课，要求各不相同。但有一个共同的特点，就是应用性较强。对此，船政局的正监督、法国人日意格曾说：从制造技术来看，"为了计算一个机器零件或船体的尺寸，必须懂得算术和几何。为了照图制造机器零件或建造船体，就得懂得透视绘图学，也就是几何作图。要明白蒸汽机、船体或其他物体所承受张力及各种别的自然力，就需要懂得各种物理定律。再有，了解某物体受外力作用下运动时要克服的阻力，以及该物体应该具有的强度，就要有静力学和机械学的知识。要具备上述知识，光懂得算术和几何就不够了，必须还懂得三角、解析几何和微积分"。从航海技术来看，"当航海人员看到海岸时，他可以选择几个观测点，用直线、三角学测出船只和陆地的距离，而要学会这点，就必须先学会算术、几何和代数。如果要用太阳、月亮和星星导航，就要用天文学知识找出这些天体的位置及运转规律，还要用球面三角学测出它们在地平线上的高度和距离。航海理论使航海人员能利用这些手段、观测方法，测程器的数学，确定他的船只的位置。利用经纬仪，可以知道他所在地点的当时时间同某一著名地方的时差，并由此能知道两地的经度差。最后一点，如果没有一定的地理知识，就不可能环游地球"[①]。

尤值一提的是，船政学堂在教学模式上非常注重理论与实践相结合。

---

① 高时良：《中国近代教育史资料汇编·洋务运动时期教育卷》，上海教育出版社1992年版，第361—363页。

为了培养学生的实际操作能力，学堂利用了直观教学等先进的教学方法和教学手段，各个专业都安排了大量与专业教学相关的教学实习和专业实践。如造船专业"为了使学生能把学到的理论知识运用到该厂的实际工作中去，还设置了蒸汽机制造的实习课……（和）船体建造实习课"。"每门实习课，每天都进行数小时的体力劳动，以便学生熟悉车间的工作，并逐渐培养指挥工人的能力。"① 学习期满，还要针对毕业后将担任的专职工作施行更专门的训练。设计专业有8个月实习期，"每天花若干小时在工厂同工人打交道，熟悉种种轮机和工具的实际细节"②。学徒班（艺圃）白天劳动，晚上进行一个小时到一个半小时的学习。从1868年起，又在上午增加了一个小时到一个半小时的学习时间。驾驶专业的学生学完理论后，经考试合格，便转入练船再学习2—3年。练船是专供驾驶学堂学生实际训练之用，培养学生的实际驾驶技术。出海是他们的重要课程。练船出海远行，使学生不仅掌握了驾驶技术，而且也锻炼了胆略。轮机专业的学生除了学习理论课程外，其实习课程是分别在岸上和船上安装80马力以及150马力发动机。"船政学堂的课程、实习、奖励以及一切措施，可以说，都是围绕五年之内能按现成图纸或船样造船，能在不远离海岸驾驶轮船这一规格培养应用型的技术人才。"③

福建船政学堂历经47年，在所有洋务学堂中，其规模最大、影响最为深远、设备最完备、存在时间最长（从1867年正式开办到1913年"一分三校"，即福建海军学校、福建海军制造学校、福建海军艺术学校，历经47年），它所取得的成就也是同时代创办的各类技术学校所无法比拟的。

首先，福建船政学堂培养了近代中国第一批科技人才而成为我国科技队伍产生和形成的主要基地。据统计，从船政学堂先后共毕业了637人。其中前学堂制造科先后办了8届，共毕业180人；后学堂驾驶科共办了19届，毕业学生247人，管轮科办了14届，毕业学生210人。④ 与此同

---

① 高时良：《中国近代教育史资料汇编·洋务运动时期教育卷》，上海教育出版社1992年版，第362页。
② 同上书，第365页。
③ 潘懋元：《船政学堂的历史地位与中西文化交流 福建船政学堂创办140周年纪念》，《中国大学教学》2006年第7期。
④ 郑登云编著：《中国近代教育史》，华东师范大学出版社1994年版，第48、57页。

时，学堂还于1877—1897年间分四批先后选派了福建船政学堂颖悟好学的学生、船厂艺徒88名赴英、法等国学习轮船的制造和驾驶①，以期能够"探制作之源"、窥驾驶之"秘钥"，进一步深化"西学"内容。这些留学生在留学期间所学内容不仅仅局限于制造和驾驶轮船方面的技术，还进一步延伸到制造枪炮、水雷、开矿、冶炼、修建铁路等方面的技术，这样，学生当中有的"不但能管驾大小兵船，更能测绘海图，防守港口，布置水雷"，有的"于管驾应知学问以外，更能探本溯源，以为传授生徒之资，足胜水师学堂教习之任"。② 回国后，他们都能学以致用，在中国社会各个领域中发挥应有的作用。以第一批留欧学生为例，其中就有从事制造和监造近代兵轮、军舰的，如魏瀚、陈兆翱、郑清廉、吴德章、杨廉臣、李寿田等，有了这批科技骨干，在一定程度上减少了中国对外国的技术依赖。从1868年开始建造"万年清"号至1907年的"宁绍"号（也称"江船"），船政局在40年中共造各类船舰44艘，除早期几艘是由洋工程师设计制造的以外，自1875年"艺新"号之后的30多艘都是船政学堂的学生与毕业生自己建造的。虽然自造的轮船在船舶吨位、功率、火力等方面远不及西方造船先进国家的最高水平，但与同时期向西方学习的日本造船业相比，其水平是要略胜一筹。除制造轮船之外，学生中也有从事兴建路矿电报工程的，如矿务方面有林庆升、池贞铨、林日章等，电报方面有苏汝灼、陈平国等，铁路方面有魏瀚等；还有的或从事文化教育，或担任翻译外交工作，充当中西文化交流的桥梁，如严复、马建忠、陈季同、罗丰禄、魏瀚等。值得一提的是，第三届留欧学生中如陈寿彭、王寿昌、郑守箴在介绍西方文化以及将中国优秀文化介绍给西方，贡献尤为突出。

其次，福建船政学堂造就了近代中国第一批优秀的海军将才而拥有我国"近代海军摇篮"之誉。李鸿章在1880年称："北洋前购蚊船所需管驾、大副、二副、管理轮机、炮位人员，皆借才于闽省。"③ 中法马江海战中11艘舰船有8艘的管驾、都带是船政学堂的毕业生，其中许寿山、陈英、叶琛、林森林、吕翰、梁梓芳等在战争中英勇奋战，以身殉国。中

---

① 郑登云编著：《中国近代教育史》，华东师范大学出版社1994年版，第57页。
② 转引自林庆元《福建船政局史稿》（增订本），福建人民出版社1999年版，第210页。
③ 《中国近代史资料丛刊·洋务运动》（五），上海人民出版社1961年版，第255页。

日甲午黄海海战中，直接参战的13艘军舰，其管驾以上的将官中有11人是船政学堂的学生，其中林泰曾、刘步蟾、邓世昌、林永升、黄建勋、林覆中等在大东沟战役中壮烈牺牲。辛亥革命后，船政学堂的毕业生黄钟英、刘冠雄、程璧光、萨镇冰、李鼎新等先后担任民国政府海军总长。据统计，中国近代海军军官中有五分之三是船政学堂培育的，他们在捍卫海防、抗击侵略者和近代海军建设中做出了重要贡献。正所谓："船政学堂成就之人材，实为中国海军人材之嚆矢。学堂设于马尾，故清季海军将领，亦以闽人为最多。"①

最后，福建学堂首开近代中国职业教育之先河。由于福建船政学堂率先实行了具有近代职业教育特色的办学模式、专业设置和课程体系，被学界公认为近代中国职业教育的先驱。继其之后，洋务技术学堂如雨后春笋般在全国各地兴办。李鸿章在曾国荃创办江南水师学堂时表示："闽堂是开山之祖，至于斟酌损益，后来原意为功。此间学堂略仿闽前后学堂规式。"张之洞在创设广东水陆师学堂时亦指出"其规制、课程略仿津、闽成法，复斟酌粤省情形稍有变通。"② 正如有学者指出："创办技术专科学校，福建船政学堂首开其端……开近代西学（技术专门）教育的先河。"③

当然，以福建船政学堂为代表的洋务学堂，其历史局限性也是显而易见的。

首先，在教学理念上，洋务学堂是洋务大臣创办的，作为封建官僚的洋务大臣们，开办新式学堂"采西学"的目的，首先是"自强""自立"。如洋务派首领恭亲王奕䜣说："夫中国之宜谋自强，至今日而已亟矣。识时务者，莫不以采西学，制洋器为自强之道。"④ 其在反驳顽固派诘难时进一步解释道："查周礼考工一记，所载皆梓匠轮舆之事，数千百年，黉序奉为经术，其故何也？盖匠人习其事，儒者明其理，理明而用宏焉。今日之学，学其理也，乃儒者格物致知之事，并非强学士大夫以亲执

---

① 赵尔巽等撰：《清史稿》卷107《选举志二·学校下》，中华书局1976年版，第3123页。
② 郑剑顺：《晚清史研究》，岳麓书社2003年版，第195、281页。
③ 郑剑顺：《福建船政学堂与近代西学传播》，《史学月刊》1998年第4期。
④ 朱有瓛主编：《中国近代学制史料》第1辑（上册），华东师范大学出版社1988年版，第14页。

艺事也，又何疑乎？"① 李鸿章亦认为："自强之道在乎师其所能，夺其所恃耳。况彼之有是枪炮、轮船也，亦不过创制于百数十年间，而侵被于中国已如是之速。若我果深通其法，愈学愈精，愈推愈广，安见百数十年后不能攘夷而自立耶？"② 因此，他们以"中学为体，西学为用"③作为兴办洋务的指导思想，科学技术在洋务派眼里只是拘囿于"用"的层面，新式学堂所教所学，也只能是急功近利孤立地学习西方一些造船制器等技术知识和兴办工商、改善财政等专业知识，其他的学科由于眼前的实效性不大而不被重视，忽视了西学的整体性、系统性，导致科学技术在近代中国得不到健康发展。

其次，在教学内容上，除"西学"（外语、自然科学、实用技术）课程之外，学堂每日还要兼习策论，讲读《圣谕广训》《孝经》，以明义理。首任船政大臣沈葆桢规画闳远，尤重视学堂。同治十二年（1873），奏陈船工善后事宜："请选派前、后堂生分赴英、法，学习制造驾驶之方，及推陈出新、练兵制胜之理。学生有天资杰出，能习矿学、化学及交涉、公法等事，均可随宜肄业。"④ 他还进一步指出："今日之事，以中国之心思通外国之技巧可也，以外国之习气变中国之性情不可也。"⑤ 由此可以看出，洋务学堂不仅注重"西学"的传授，而且重视"中学"的教育，充分体现了洋务派"中学为体、西学为用"的教育理念。⑥

最后，在教学组织形式上，洋务学堂是洋务大臣们各自为政办起来

---

① 《中国近代史资料丛刊·洋务运动》（二），上海人民出版社1961年版，第25页。
② 《中国近代史资料丛刊·洋务运动》（五），上海人民出版社1961年版，第119页。
③ 所谓"中学为体、西学为用"，亦称"旧学为体、新学为用"，简称"中体西用"。它是近代中国重要的社会思潮。"中体西用"的思想最早出现于咸丰十一年（1861）冯桂芬《校邠庐抗议》所言："以中国之伦常名教为原本，辅以诸国富强之术。"冯氏"中体西辅"的思想上承林则徐、魏源"师夷长技"的思想，下启洋务派、早期改良派"中本西末""中体西用""中道西器"诸说，为中国在打开国门充分汲取西方文明成果的同时，如何珍重本民族固有文化，提出了最初的思路。而后，无论洋务派还是早期改良派乃至康梁维新派，在论述中西学关系，引进西学时，皆不出这一文化模式。汪征鲁：《闽文化新论》，中国社会科学出版社2011年版，第584页。
④ 赵尔巽等撰：《清史稿》卷107《选举志二·学校下》，中华书局1976年版，第3123页。
⑤ 转引自林庆元《福建船政局史稿》（增订本），福建人民出版社1999年版，第132页。
⑥ 朱有瓛主编：《中国近代学制史料》第2辑（上册），华东师范大学出版社1987年版，第78页。

的，零星分散，学校与学校之间是相互孤立的，因而缺乏全国性的整体规划和学制系统。《京师大学堂章程》里就提到"各省近多设立学堂，然其章程功课皆未尽善，且体例不能划一，声气不能相通"。①加之19世纪60年代，社会上普遍视洋务为异途，科举教育仍然是主流，作为专门职业教育的洋务学堂与专为科举而准备的旧式学校互不关联，自身缺乏完整的体系，不能和旧式教育衔接，导致职业学校的学生不能实现由低到高的过渡，几乎所有基本的知识和技能都需要从零开始，无形中延长了学习时间，也影响了培养学生的质量。因此，洋务学堂招生，应者寥寥，规模有限，办学水平也不高。

正是基于上述局限，有学者认为："以奕䜣、曾国藩、李鸿章等为代表的洋务派从'自强'、'求富'的目的出发，创办的洋务学堂中如天津电报学堂、福州船政学堂等也具有实业学堂的性质，但这些以实用为中心、囿于一才一艺的专门技术学堂，还不能算作真正近代意义上的实业教育。"②洋务派开展的洋务技术教育实为"中国近代职业教育的原初形态"③。

尽管如此，洋务学堂的创办，在中国教育史上的意义是重大的，影响是深远的。它的创办是对两千多年来封建教育进行改革的首次尝试，促进了中国教育的近代化进程，实属开山辟路的实践。正是在这个意义上说，"洋务运动表现了中国社会进步不可逆转的方向"④，"洋务学堂的产生顺应了'西学东渐'这一文化趋势"⑤，其在中国职业教育史上亦具有筚路蓝缕之功，它培养了近代中国第一批的翻译、外交人员，培养了近代中国第一批科技人才和海军人才，开近代中国学习西方风气之先河。更重要的是，其在教育观念、教育目标、教育内容、教育方法等方面所做的变革尝试，为近代中国新教育格局的形成奠定了基础，职业教育在整个教育体系中的重要性日益受到社会各界的重视。随着中国近代化进程的

---

① 《总理衙门筹议京师大学堂章程》，转引自璩鑫圭主编《中国近代教育史资料汇编·戊戌时期教育卷》，上海教育出版社2007年版，第228页。
② 谢长法：《实业教育的传入及其在中国的萌芽》，《教育与职业》2001年第10期。
③ 董宝良、周洪宇主编：《中国近现代教育思潮与流派》，人民教育出版社1997年版，第288页。
④ 李时岳、胡滨：《论洋务运动》，《人民日报》1981年3月12日，转引自宫明编《中国近代史研究述评选》，中国人民大学出版社1986年版，第107页。
⑤ 郑登云编著：《中国近代教育史》，华东师范大学出版社1994年版，第37页。

逐步推进，洋务派创办的实业学堂在数量上越来越多，专业门类也愈益广泛。及至1904年，清政府颁布《癸卯学制》，实业教育制度最终确立起来。

第二节 清末新政与职业教育的发展(1904—1911)

甲午战败宣告洋务运动的破产，《马关条约》的签订使朝野哗然。面对空前的民族危机，清政府被迫放弃洋务运动时期由国家直接控制的、以发展军事工业为主的经济政策，采取官商合办、官督商办以及纯粹商办的管理形式以鼓励私人资本的发展，从而推动了民族资本主义工商业发展。据统计，1894—1902年，投资总额达到3720多万元，新开厂矿110个；而1872—1893年的投资总额仅1700多万元，厂矿总数63个。[①] 民族资本主义的发展带动了实业教育的高涨，催生了一批实业学堂，为民国时期职业教育制度的确立奠定了良好基础。

一 维新运动与教育改革

甲午战争以后，中国社会面临空前危机，国内有识之士积极探索富国强兵、救亡图存的道路。在要求改革的呼声日益高涨的条件下，中国形成了以康有为、梁启超、严复等为代表的资产阶级维新思潮。他们认为一个国家的强弱与其教育的发达与否密切相关，"才智之民多则国强，才智之民少则国弱"，极力倡导"教育救国"，强调振兴中国"归本于学校""其体在于学"。于是，以废除科举制度和八股取士、改革中国传统教育、倡导学习"西学"、创办新式学堂为基本内容的维新教育运动在全国沛然兴起。

康有为认为，一个国家的强弱与其教育的发达与否密切相关。他说：欧美诸国和日本之富强，"不在炮械军兵，而在穷理劝学"。[②] "日本胜我，亦非其将相兵士能胜我也。其国遍设各学，才艺足用，实能胜我也。"[③]中国之贫弱，正弱于教育不发达，民智不开，因此，"欲任天下之事，开

[①] 严中平等：《中国近代经济史统计资料选辑》，科学出版社1955年版，第93页。
[②] 《康有为政论集》（上册），中华书局1981年版，第130页。
[③] 同上书，第306页。

中国之新世界,莫亟于教育"。① 梁启超在其《学校总论》中亦指出:"中国之衰弱,由于教之未善。"② 严复则通过对中国败于甲午战争之原因分析,提出:"根本救济,端在教育。"③ 他在1905年就任复旦公学校长之前,为该校拟写的《复旦公学募捐公启》中说:"以中国处今日时势,有所谓生死问题者,其惟兴学乎?问吾种之何由强立,曰惟兴学。问民生之何以发舒,曰惟兴学。"④ 在倡导"教育救国"⑤ 主张的同时,维新思想家们力陈中国传统教育之核心科举制度和八股取士的种种弊端和祸害。康有为说:"今日之患,在吾民智不开,故士虽多而不可用,而民智不开之故,皆以八股试士为之"⑥,因此,他提出"今变法之道万千,而莫急于得才,得才之道多端,而莫先于改科举"。⑦ 梁启超在其文《论科举》《学校总论》中痛斥"八股取士,为中国锢蔽文明之一大根源",指出"变法之本在育人才,人才之兴在开学校;学校之兴在变科举",因此,"欲兴学校,养人才以强中国,惟变科举为第一义"。严复亦对科举制度进行了有力抨击,其《救亡决论》曰:八股取士有"锢智慧""坏心术""滋游手"三大害处,指出"八股取士,使天下消磨岁月于无用之地,堕坏志节于冥昧之中,长人虚骄,昏人神智,上不足于辅国家,下不足以资事畜。破坏人才,国随贫弱"。他疾呼"如今日中国不变法,则必亡是

---

① 梁启超:《康有为传》,《中国近代史资料丛刊·戊戌变法》(四),上海人民出版社1957年版,第9页。
② 陈学恂编:《中国近代教育文选》,人民教育出版社1983年版,第130页。
③ 王栻主编:《严复集》第3册,中华书局1986年版,第674页。
④ 1905年8月24日《时报》,转引自皮后锋《严复大传》,福建人民出版社2003年版,第280页。
⑤ "教育救国"思潮是鸦片战争以来,伴随经世致用思潮兴起,中国的有识之士在近代中国救亡图存的特定时代条件下,在探索挽救国运、学习西方的过程中提出的救国方略。其滥觞于鸦片战争前后,勃兴于19世纪60—90年代,鼎盛于五四运动前后,20世纪30年代后销声匿迹。"教育救国"作为近代中国的一种主流社会思潮,是民族危机不断加深以及中西文化碰撞的产物,也是近代先进的中国人寻求救国救民真理的必然结果,其所具有的进步性与合理性不言而喻。彼时几乎所有倾向变革维新的刊物无不呼吁发展教育乃至教育救国,"青年志士稍识时务者,莫不持兴学救亡之策,奔走呼号"(《豫报》第2号,《修武富绅之热心兴学》),这一思潮在中国近现代历史上的影响可谓至深至远。
⑥ 《康南海自编年谱》,载《中国近代史资料丛刊·戊戌变法》(四),上海人民出版社1957年版,第146页。
⑦ 康有为:《请废八股试帖楷法试士改用策论析》,载陈学恂编《中国近代教育文选》,人民教育出版社1983年版,第101页。

已，然则变将何先？曰：莫亟于废八股"①。他进而提出其建构中国近代教育目标之"三民"思想——鼓民力、开民智、新民德。他说："是以今日要政，统于三端：一曰鼓民力，二曰开民智，三曰新民德。"② 待"民智日开，民力日奋，民德日和"之时，则国将自强，民将自富。严复这种德智体全面发展的教育理论对中国近代的教育发展具有启蒙意义，有力地推动了中国近代教育体制的建立。

不仅如此，以康有为、梁启超、严复为代表的维新派进一步提出了学习西方广设专门之学，培养农工商矿林等实用人才的主张，并逐渐形成了创办职业教育的主张。《中外日报》《教育世界》《时报》《东方杂志》都发表了许多知识分子主张办实业教育的文章。如康有为在1898年8月就曾上折"请开农学堂地质局，以兴农殖民而富国本"③。他在奏折中说："窃万宝之源皆出于土，故富国之策咸出于农。……伏乞皇上饬下各府州县皆立农学堂，酌拨公地，令绅民讲求。"④ 严复则认为在各种教育中，实业教育最重要。因为，实业教育是"专门之教育"，其与他种教育的不同在于"以其人毕生所从事，皆在切实可见功程，如矿、如路、如一切制造。大抵耳目手足之烈，与治悬理者迥殊。故教育之要，必使学子精神筋力常存朝气，以为他日服劳干事之资。一言蔽之，不欲其仅成读书人而已"⑤。他还通过与旧教育的比较强调实业教育的重要性。他说："盖往日之教育笃古，实业之教育法今；往日之教育求逸，实业之教育习劳；往日之教育成分利之人才，实业之教育充生利之民力。"又说："盖吾国旧俗，本谓舍士无学。士者所以治人，养于人，劳其心而不劳其力者也。乃今实业教育，所栽培成就之人才，则能养人，有学问，而心力兼劳者也。"⑥ 由此可见，严复认为实业教育是培养能养人的教育，即培养"生利之民

---

① 王栻主编：《严复集》第1册，中华书局1986年版，第43页。他进而提出其建构中国近代教育目标之"三民"思想——鼓民力、开民智、新民德。他说："是以今日要政，统于三端：一曰鼓民力，二曰开民智，三曰新民德。"王栻主编：《严复集》第1册，中华书局1986年版，第27页。
② 王栻主编：《严复集》第1册，中华书局1986年版，第27页。
③ 康有为：《请开农学堂地质局，以兴农殖民而富国本折》，转引高时良编《中国近代教育史资料汇编·戊戌时期教育卷》，上海教育出版社2007年版，第115页。
④ 吴祖鲲、刘小新：《中国近代农业教育的兴起及其特点》，《长白学刊》2003年第6期。
⑤ 王栻主编：《严复集》第1册，中华书局1986年版，第206页。
⑥ 同上书，第206—207页。

力"的教育,是培养为社会创造直接财富的人,而不像传统教育是培养被人养的教育,即培养"分利之人才"之教育。发展实业教育不仅于国家民族有益,而且对整个教育亦有利。在严复看来,"言今日之教育,所以救国,而祛往日学界之弊者,诚莫如实业之有功"。①"果使四百兆实业进步,将优胜富强,可以操券;而风俗民行,亦可望日进于文明。"② 他甚至认为,"实业为功,不必著意于重且大,但使造一皮箱、制一衣扣、一巾、一镜之微谀,果有人焉,能本问学以为能事,力图改良旧式,以教小民,此其功即至不细,收利即至无穷耳"③。"当知一己所操,内之有以赡家,外之以利国。"④

在维新派的推动下,1898年6月11日,光绪皇帝颁布《明定国是诏》诏书,宣布变法。新政从此日开始,到9月21日慈禧太后发动政变为止,历时103天,史称"百日维新"。在此期间,光绪皇帝根据康有为等人的建议,颁布了一系列改革法令,使甲午战争以来维新人士的变法要求一变而为朝廷的施政措施。其中教育改革是一个重要方面。大体说来,百日维新教育改革主要有如下几个方面:

第一,创办京师大学堂。1896年6月,刑部侍郎李端棻在《请推广学校折》中首次向朝廷正式提出设立京师大学堂的建议。此后,康有为等也多次奏请开办京师大学堂,光绪帝也准其建立,但因奕䜣和大学士刚毅等人的反对而搁置。1898年6月11日,光绪帝在《明定国是诏》中即特别提出:"京师大学堂为各行省之倡,尤应首先举办。"在此严令下,总理衙门委托梁启超草拟《京师大学堂章程》于7月3日上报,光绪帝当即批准,并派吏部尚书、协办大学士孙家鼐为管学大臣,管理京师大学堂。《京师大学堂章程》共八章,对大学堂的性质、办学宗旨、课程、入学条件、学成出身、教习聘用、机构设置、经费筹措及使用都做了详细规定。

第二,废除八股考试、改革科举制度。1898年6月23日,光绪皇帝下诏"著自下科为始,乡会试及生童岁科各试,向用《四书》文者,一律改试策论"。这里所说的《四书》文即八股文,八股废除后,人们

---

① 王栻主编:《严复集》第1册,中华书局1986年版,第206页。
② 同上书,第207页。
③ 同上书,第209页。
④ 同上书,第207页。

不得不寻求新的学问，促进了西学的传播。7月23日，光绪皇帝下诏催立经济特科，以选拔维新人才。经济特科区别于明清的进士科，分为六项：内政、外交、理财、经武、格物、考工。科举和现实的联系紧密了。

第三，实力讲求西学，普遍建立新式学堂。"百日维新"开始时，光绪皇帝就明白宣示：从今以后，王公大臣、士子以及庶民百姓，都要兼习中、西学问。嗣后，又令各省督抚督饬地方官将各省府厅州县之大小书院，一律改为兼习中学、西学的新式学堂，并鼓励绅民捐资兴学。中、小学所用课本由官设书局统一编译印行。设置编译学、格致学、政治学、地理学以及农学、矿学、商学等"西学"内容，使学生能够在学校里系统地学习、了解近代资本主义国家的社会政治学说和自然科学知识，势在造成一种"人无不学，学无不实"的局面。

第四，推行实业教育改革。百日维新期间，维新派在实业教育方面的改革主要包括筹设铁路、矿务、农务、茶务、蚕桑等实业学堂。1898年光绪皇帝颁布《明定国是》诏书，明确规定："设立农务学堂"，兴办农业教育；"在通商口岸及出丝茶省份设立茶务学堂及蚕桑公院"，用近代农业科技振兴丝茶生产。①

清廷的诏谕为兴办实业教育提供了政策依据。1896年，江西巡抚蔡金台等人设立高安蚕桑学堂，是维新派建立实业学堂的滥觞，标志着专门性的、独立的职业学堂应运而生，中国近代职业教育开始进入单独设校阶段。以后，各地又陆续兴办了一批农、工、商、矿学堂，中国实业教育的发展开始从军事技术教育转向民用实业教育。1898年6月20日，江南道监察御史曾宗彦奏请并经总理衙门议准设立矿务学堂②；9月4日，农工商总局大臣端方于京师专设农务中学堂③；同月，直隶总督荣禄奏请在直隶设立农工务学堂④；14日，两江总督刘坤一设江宁农务学堂；是月，湖广总督张之洞酝酿已久的湖北农务学堂和湖北工艺学堂也相继开学；另外，于8月24日正式诞生的京师大学堂也将农、工、商等列为重要

---

① 朱寿朋：《光绪朝东华录》，中华书局1958年版。
② 朱有瓛主编：《中国近代学制史料》第1辑（下册），华东师范大学出版社1986年版，第916页。
③ 同上书，第922页。
④ 同上书，第924页。

的专门学科肄业。尽管一些计划因政变而流产，但清政府并没有将实业教育措施尽数废除，规定"业经议行及现在交议各事，如通商、惠工、重农、育才以及修武备、浚利源，实系有关国计民生者，即当切实次第举行"①。

自是之后，类似的职业学校如雨后春笋般在全国各地出现。如蚕业类的有杭州浙江蚕学馆（1897年）、福建蚕桑公学（1900年）、江南桑蚕学堂（1901年）、四川蚕业公社（1902年）等；农务类的有湖北农务工艺学堂（1898年）、江宁农务工艺学堂（1898年）、广西农务学堂（1899年）、湖南农务工艺学堂（1902年）、山西农务学堂（1902年）等；工商类的有直隶矿务学堂（1897年）、广东商务学堂（1901年）、汉阳钢铁学堂（1902年）等。②

毋庸置疑，戊戌变法时期的教育改革措施，代表了资产阶级维新派的主张和愿望，教育改革范围不仅包含了新式学校的创立，还涉及科举制度与教育行政体制的变化，对封建传统教育产生了重大冲击。与洋务运动时期的教育改革相比，维新派的教育改革在学校体制上更具有系统性，不再是支离破碎地、零星地建立学校，而是企图以资本主义教育体制取代传统教育体制；在教育内容上更为广泛，远远超出了"西文""西艺"的范围，拓宽到"西政""西史"等领域；在教育对象上也不再局限为满洲子弟，聪明伶俐的汉族子弟也能进学堂学习，其对整个社会的影响远远超过了之前的洋务教育。

不仅如此，与洋务派创办的专业技术学堂不同，维新派创办的实业学堂大多已不再附设于洋务企业或某个机构，而是独立设校；人才培养也不只是满足的军工业的要求，而是以与国计民生密切相关的农、工、商、矿的民用实业教育为主；毕业学生不是为少数官办企业服务，而是更多地面向社会。所有这些，为清末新政后职业学堂的发展奠定了良好基础。黄炎培对此曾评论说："在此期间，学制初未颁布，大中小各级学堂都未成立，乃竟有职业教育性质之学校，率先举办；且其门类，包括农、工、商、铁路、电报各种。想见当时事实所迫，不得已起而因应。原来一部教

---

① 陈学恂：《中国近代教育史教学参考资料》（上册），人民教育出版社1986年版，第473页。

② 熊贤君：《清末职业教育述评》，《教育研究与实验》1994年第4期。

育史，全发于人群生活上之需要，不足异也。"①

不过，我们也应该看到，清末"新政"以前中国职业教育的发展水平总体上还是比较低，不仅实业学堂数量极少，而且规制很不完备，体例不一，不成体系，远远落后于同时期的西方各国。究其根本原因，就在于这时期近代职业教育缺乏充分的社会经济动因，即社会经济的落后使社会缺乏对职业技术人才的需求而制约了职业教育的发展。以工业为例，据统计1843—1894年外国在华工业投资额估计仅2778000元，雇佣工人数量可想而知。在洋务企业中，近代工业工人估计仅有30600—36810人，而1894年前设立的民族工业大概只有71家。②落后的社会经济状况决定了这一时期中国近代职业教育的发展水平。反过来，不发达的职业教育也制约了中国近代经济社会的发展。

二 清末新政与实业教育制度的确立

清末新政是指1901—1905年，清政府连续颁布一系列"新政"上谕，进行经济和政治体制改革的运动。1900年，庚子事件爆发，"八国联军"攻陷北京，慈禧太后下令和谈，接受八国联军提出的《辛丑和约》，并在国内外形势的压力下进行变法。1901年1月29日，慈禧太后以光绪帝的名义在西安颁布了"预约变法"的上谕，命督抚以上大臣就朝章国政、吏治民生、学校科举、军制财政等问题详细议奏。4月21日，又下令成立了以庆亲王奕劻为首的督办政务处，作为筹划推行"新政"的专门机构，任李鸿章、荣禄、昆冈、王文韶、鹿传霖为督办政务大臣，刘坤一、张之洞（后又增加袁世凯）为参与政务大臣，总揽一切"新政"事宜，由此揭开了清末新政的序幕。清末新政的改革内容多与1898年的戊戌变法雷同。教育改革是清末新政的重要方面，主要有如下内容：

1901年9月4日，清政府命令各省城书院改成大学堂，各府及直隶州改设中学堂，各县改设小学堂，并多设蒙养学堂。12月5日，颁布学堂科举奖励章程，规定学堂毕业生考试后可得进士、举人、贡生等出身。

1902年2月13日公布推广学堂办法。8月15日颁布《钦定学

---

① 中华职业教育社编：《黄炎培教育文集》第1卷，中国文史出版社1994年版，第127页。

② 祝慈恩：《中国近代工业史》，重庆出版社1989年版，第242、298、313页。

堂章程》。

1904年1月13日又颁布《重订学堂章程》，详细规定了各级学堂章程及管理体制，以法令形式要求在全国推行。与普通学堂并行的还有专业教育，包括师范学堂及各类实业学堂，在学制上自成系统，一套完整的学校制度随之建立。

1905年9月2日，光绪皇帝诏准袁世凯、张之洞奏请停止科举、兴办学堂的折子，下令"立停科举以广学校"，使在中国历史上延续了1300多年的科举制度被最终废除，科举取士与学校教育实现了彻底的脱钩。12月6日，清廷下谕设立学部，为专管全国学堂事务的机构。清政府在推行"新政"过程中，把"奖游学"与"改学堂，停科举"并提，要求各省筹集经费选派学生出洋学习，讲求专门学业。对毕业留学生，分别赏给进士、举人等出身。对自备旅费出洋留学的，与派出学生同等对待。

上述教育改革中，涉及实业教育改革最重要的文件当属《钦定学堂章程》和《奏定学堂章程》。

1902年，清政府根据张百熙的奏请颁布了《钦定学堂章程》，因公布于农历壬寅年，故又称《壬寅学制》。这个学制规定在高等学堂、中等学堂和小学堂之外设置各级农、工、商、医实业学堂，并对各级各类学堂的性质、培养目标、入学条件、在学年限、课程设置和相互衔接关系作了具体规定。《壬寅学制》是中国近代第一个法定学制，由于其不够完备，因此虽经公布，但并未正式实施。

1904年1月，清政府又公布了由张百熙、张之洞和荣庆拟定的《奏定学堂章程》，因公布于农历癸卯年，故又称《癸卯学制》。这是中国近代第一个完善且在全国公开实行的学制，该学制正式确立了实业教育在整个学制系统中的重要地位，是实业教育制度在中国建立的标志。学制的制定者张之洞在《重订学堂章程折》中提出："国民生计，莫要于农、工、商实业；兴办实业学堂，有百益而无一弊，最宜注重。"[①] 在由他主持制定的《学务纲要》中，强调农工商各项实业学堂是关系国计民生之大事，"最有益于邦本"，故要求各省速设各项实业学堂，"以学成后各得治生之计"。同时指出：各伸缩设施学堂，"其程度亦有高等、中等、初等之分，

---

① 璩鑫圭、唐良炎主编：《中国近代教育史资料汇编·学制演变卷》，上海教育出版社2007年版，第298页。

宜饬各就地方情形审择所宜，亟谋广设。如通商繁盛之区，宜社商业学堂。富于出产之区，宜设工业学堂。富于海错之区，宜设水产学堂。余可类推。"①

具体言之，在高等教育段，高等农业学堂"以授高等农业学艺，使将来能经理公私农务产业，并可充各农业学堂之教员、管理员"为宗旨；高等工业学堂"以授高等工业之学理技术，使将来可经理公私工业事务，及各局厂工程师，并可充各工业学堂之管理员、教员"为宗旨；高等商业学堂"以施高等商业教育，使通知本国外国之商事商情，及关于商业之学术法律，将来可经理公私商务及会计，并可充各商业学堂之管理员、教员"为宗旨；高等商船学堂"以授高等航海机关之学术技艺，使可充高等管驾船舶之管理员，并可充各商船学堂之管理员、教员"为宗旨。②

在中等教育段，规定中等农工商学堂"以授农工商所必需之知识技能，使将来实能从事实业"为宗旨；中等农业学堂"以授农业所必需之知识艺能，使将来实能从事农业"为宗旨；中等工业学堂"以授工业所必需之知识艺能，使将来实能从事工业"为宗旨；中等商业学堂"以授商业所必需之知识艺能，使将来实能从事商业"为宗旨；中等商船学堂"以授驾运商船之知识技术，使将来实能从事商船"为宗旨。③

在初等教育段，规定初等农工商学堂"教授农工商最浅近之知识技能，使毕业后实能从事简易农工商"为宗旨；初等农业学堂"以教授农业最浅近之知识技能，使毕业后实能从事简易农业"为宗旨；初等商业学堂"以教授商业最浅近之知识技术，使毕业后实能从事于商业"为宗旨；初等商船学堂"以教授商船最浅近之知识技术，使毕业后实能从事于商船之简易执务"为宗旨。④ 此外，还规定实业补习普通学堂"以简易教法，授实业所必需之知识技能，并补习小学普通教育"为宗旨⑤；艺徒

---

① 璩鑫圭、唐良炎主编：《中国近代教育史资料汇编·学制演变卷》，上海教育出版社2007年版，第497页。
② 同上书，第465—471页。
③ 同上书，第457—463页。
④ 同上书，第448—450页。
⑤ 同上书，第452页。

学堂相当于高等小学,规定"以授平等程度之工业技术,使成为良善之工匠"为宗旨。① 其他关于各类职业教育的章程也有类似宗旨的规定。但是,囿于中国实业教育的发展水平,能达到章程中所规定的各类各级实业学堂教育目标者极少,尤其是中、初等商船学堂更是纸上谈兵,当时的中国水手几乎没有几个是出身于这类学堂的。

不仅如此,除初等、中等和高等农工商实业学堂章程外,清政府还制定了实业教员讲习所章程、实业学堂通则等。所有这些章程对实业教育的目的、种类、各级实业学堂的入学制度、修业年限、课程设置、学堂管理、培养目标等都做出了详细的规定。而在《学务纲要》《各学堂管理通则》《毕业学生考试专章》《奖励专章》里也包含着对实业教育的规定。毋庸置疑,清政府颁布的种种章程对中国近代职业教育的制度化、系统化有着至关重要的意义,标志着近代中国实业教育制度的确立,实业教育最终形成了与普通教育并行的独立体系,使各地兴办职业教育有章可循,有法可依,为实业教育的发展提供了法律保障。

除了颁布学制以外,清政府在科举制废除后,又于1905年12月成立学部,作为领导全国学务的机构,以荣庆为学部尚书,熙瑛为学部左侍郎,严修为学部右侍郎。学部下设五司一厅,其中实业司专门负责全国实业教育的管理。实业司内又分设教务科、庶务科。实业教务科掌全国各地农业学堂、工业学堂、商业学堂、实业教员讲习所、实业补习普通学堂及艺徒学堂等各种实业学堂的设立,维持教课规程、设备规则及关于管理员、教员、学生等一切事务。实业庶务科的职责是调查各省实业情形,以及实业教育与地方行政财政之关系,并筹划实业教育补助费等事项。从1907年开始,"学部按次遣视学官巡视各省,京师设督学局,直辖于学部"②。1909年,学部将全国分为十二个视学区域③,每区派视学官两人,按年分赴视察。同时,在各省设立学务处。1902年张之洞设湖北学务处并奏请各省仿办,1903年中央颁《学务纲要》,规定各省设学务处一所,

---

① 璩鑫圭、唐良炎主编:《中国近代教育史资料汇编·学制演变卷》,上海教育出版社2007年版,第455页。
② (清)朱寿朋编:《光绪朝东华录》,(五),中华书局1984年版,第5292—5293页。
③ 学区划分为(1)奉天、吉林、黑龙江,(2)直隶、山西,(3)山东、河南,(4)陕西、四川,(5)湖北、湖南,(6)江苏、安徽、江西,(7)福建、浙江,(8)广东、广西,(9)贵州、云南,(10)甘肃、新疆,(11)内外蒙古,(12)青海、西藏。

由督抚选派通晓教育之员，总理全省学务，并派讲求教育之正绅参议事务。是为建立新式省级教育行政制度之始。1906年，学部应直督袁世凯、云南学使吴鲁等建议，奏准各省设提学使司，"总理全省学务"，以取代学政。下设省视学6人，"承提学使之命，巡视各府厅州县学务"①。是年6月，学部奏派了各省区提学使。1906年，又在提学使司中设立实业课，主管全省的实业学堂。

1906年，学部根据侍郎严修建议，令各州县设劝学所，制定《劝学所章程》，规定"按定区域，劝办小学，以期逐渐推广普及教育，此为当今切要之图"。设县视学一人总理其事并兼学务总董，随时视察所属学堂，"指导劝诱，力求进步"。②

据清学部总务司编《第三次教育统计图表》（宣统元年）统计，1909年全国设立劝学所已达1588所，劝学员12066人，其分布见下表：

省别	劝学所数	总董数	劝学员数	省别	劝学所数	总董数	劝学员数
直隶	152	153	713	江西	48	39	380
奉天	42	42	209	湖北	68	69	440
吉林	18	18	102	湖南	63	63	1029
黑龙江	17	17	38	四川	145	145	1029
山东	106	103	1299	广东	86	86	1366
山西	89	96	535	广西	80	80	280
陕西	81	79	554	云南	86	86	569
河南	102	100	738	贵州	65	58	410
江宁	32	33	595	福建	46	46	363
江苏	25	32	356	甘肃	75	75	381
安徽	53	50	415	新疆	33	29	101
浙江	76	78	858	总计	1588	1577	12066

---

① 《学部奏陈各省学务官制折》，《大清教育新法令》第1册，第1编。
② 同上。

这些劝学所在推广各州县中小学教育中起到了积极作用，民国以后遂成为各地教育局的前身。

此外，专门司掌管的一些专门学堂，如医学、技艺类的学堂，也带有一些职业教育行政机构的性质。由此形成了从中央到地方的实业教育管理体系，使各地职业教育的兴办职有专门，责有专司，为实业教育的发展提供了有力的组织保障。

与此同时，民族工业获得较大发展，成为推动实业教育发展不可忽视的经济动因。1904—1910年间，设厂数目与投资总额都大大地超过了前代。清末新政前，在1895—1898年的民族工业，新设厂投资万元以上者55家，年均13.75家；而1904—1910年清末新政期间，新设厂投资万元以上者276家，年均39.4家，是前者的2.87倍。这种发展还表现在矿业上，1904—1910年新建矿48家，超过了以前任何时期。[①] 此外，交通、商业、金融等都有了较明显的发展。在农业上，由于土地面积的增加，促进了农作物产量的增长；而先进的农业技术和知识的传入，则表明中国农业生产也带有近代的色彩。

在中国民族资本主义初步发展的过程中，一些实业家脱颖而出，如著名的"南张北周"。张謇（1853—1926）是中国近代实业家、政治家、教育家，主张"实业救国""教育救国"。他一生的旨趣在于教育和实业，崇尚"父教育，母实业"的信条。他说："苟欲兴工，必先兴学"，"向来实业所到即教育所到"，"实业教育，富强之大本也"。[②] 从1895年开始，他以极大的热情和大量的精力投身于创办近代中国的实业和教育，他一生创办了20多家企业，370多所学校，为中国近代民族工业的兴起，近代的职业教育的发展做出了宝贵贡献。其中，尤以1895年创办的大生纱厂和1912年筹建的南通纺织专门学校最为著名。

大生纱厂是光绪二十一年（1895）张謇在"设厂自救"的浪潮中开始筹办的私营棉纺织企业。张謇在考察了中国经济的现状后，主张优先发展棉纺织业。他说："救贫之法惟实业，致富之法亦惟实业。实业不能二年、五年、十年、八年，举世界所有实业之名，一时并举，则须穷今日如

---

① 汪敬虞：《中国近代工业史资料》第2辑（下册），第878—919页。其中纯官办企业未计算在内。

② 《论创办地方实业教育致端抚函》。张謇研究中心、南通市图书馆编：《张謇全集》第四卷，江苏古籍出版社1994年版，第22页。

何致富,他日如何可富之业。私以为无过于纺织,纺织中最适于中国普通用者惟棉。"① 他从维护国计民生出发,以南通为创业基地,努力进行发展中国棉纺织工业的实践。他说:"通州之设纱厂,为通州民生计,亦为中国利源计。通产之棉,力韧丝长,冠绝亚洲,为日厂所必需。花往纱来,日盛一日,捐我之产以资人,人即用资于我之货以售我,无异沥血肥虎而袒肉以继之,利之不保,我民日贫,国于何赖?"② 1899年春,他筹建的大生纱厂正式开车生产,厂址在江南通州(今南通市)。经过数年的惨淡经营,大生纱厂逐渐壮大,到光绪三十年(1904),该厂增加资本63万两,纱锭2万余枚。光绪三十三年(1907)又在崇明久隆镇(今属启东市)创办大生二厂,资本100万两,纱锭2.6万枚。到宣统三年(1911)为止,大生一、二两厂已经共获净利370余万两。到20世纪20年代,张謇已建成大生一、二、三、八共4个纱厂,4个纱厂的纺锭总数增加到16036万枚。③ 张謇作为中国棉纺织领域早期的开拓者,为中国民族纺织业的发展壮大做出了重要贡献。

1900年,张謇办纱厂初见成效时,便又着手创设垦牧公司,为纱厂开辟原料基地。1901年起在两江总督刘坤一的支持下,在吕泗、海门交界处围垦沿海荒滩,建成了纱厂的原棉基地——拥有10多万亩耕地的通海垦牧公司。随着资本的不断积累,张謇又在唐闸创办了广生油厂、复新面粉厂、资生冶厂等,逐渐形成唐闸镇工业区,同时,为了便于器材、机器和货物的运输,在唐闸西面沿江兴建了港口——天生港。后来,天生港又兴建了发电厂,在城镇之间、镇镇之间开通了公路,使天生港逐步成为当时南通的主要长江港口,并最终形成了一个以棉纺织企业为核心的大生企业集团,南通的城市功能亦由交换为主转为生产为主,成为中国早期的民族资本主义工业基地之一。

张謇在创办大生纱厂时,生产技术十分薄弱,深感中国缺乏纺织工程方面的人才,事事依赖洋人,不仅增加了生产成本,而且技术、经济实权操纵在他人之手,纺织业的发展处处受到牵制。所以,张謇说他

---

① 张謇:《张季子九录》,《教育录》卷1,中华书局1922年版。转引自王鲁英《张謇经济思想与实践浅析》,《山东师范大学学报》(人文社会科学版)2004年第5期。
② 张謇:《张季子九录》,《实业录》卷1,中华书局1922年版。转引自王鲁英《张謇经济思想与实践浅析》,《山东师范大学学报》(人文社会科学版)2004年第5期。
③ 唐文起:《略论张謇的实业活动及其实业家精神》,《社会科学战线》1988年第2期。

"从事纺织厂者十有八年,以是为恫恫者也十有八年矣"。强烈的压抑感,不得不使这位民族纺织工业的先驱者,把发展中国纺织工业的希望寄托在自己的技术人员身上,他发出"纺织需纺织专门人才"的呼声。于是,1912年4月,张謇在大生纱厂附设纺织传习所。是年秋,随着学校规模扩大,改称南通纺织学校,成为中国第一所纺织专业学校,聘请日籍教员和中国留美学生任教。翌年,张謇带头捐资,筹集经费,将学校定名为南通纺织专门学校。这是中国第一所单科性纺织技术教育高等学校,开中国纺织高等教育之先河。除此之外,他一生举办、倡议或资助创办的职业教育技术学校还有艺徒学堂、河海工程测绘养成所、商船学校、农业专门学校、银行专修科、商业学校、水产学校、医学专门学校、铁路学校、蚕桑传习所等十多所,为中国职业教育的发展做出了突出贡献。

周学熙(1866—1947)清末民初实业家、政治家,北洋实业的巨子。他一生创办了许多实业,如开滦矿务局、启新洋灰公司、华新纺织公司、耀华玻璃公司等,与张謇同被誉为近代中国实业的先驱。

1903年,周学熙赴日本考察工商业,归国后任直隶工艺总局督办,创办北洋工艺学堂(今河北工业大学)兼任督办(校长)。1905年,出任天津道,办商品陈列所、植物园、天津铁工厂、滦州煤矿公司、天津造币厂、唐山启新洋灰公司、天津高等工业学堂等。其中1906年创办启新洋灰公司、滦州煤矿公司,获利颇丰。1908年创办京师自来水公司。1918年4月脱离政界,任华新纺织公司总理,先后创办华新所属的天津、青岛、唐山、卫辉四家纱厂。1919年创办中国实业银行,任总经理。1922年与比利时商人合办耀华玻璃公司。1924年成立实业总汇处,任理事长,管理所属各企业。周学熙一共创办或参加投资的工矿企业共15个,资本总额超过4000万元[①],导致20世纪初天津乃至华北地区工商业的崛起,为中国近代工商业的发展做出了巨大贡献。

在举办工商业的同时,周学熙意识到近代工商业的发展需要大量的科技人员和技术工人,这就需要大力开展职业教育。他曾提出"学堂为人才根本,工艺为民生至计,二者固宜并重;工艺非学不兴,学非工艺

---

① 郝庆元:《周学熙传》,天津人民出版社1991年版,第4页。

不显"①的办学思想。他说:"方今为商战之天下,各国以商战实皆以学战,每办一事必设一学,故商业学校,尤为外洋振兴商务之基","商学一日不兴,商务一日不振"。② 为此,他先后创办直隶工艺总局及所属高等工业学堂、实习工场、教育品制造所等职业教育机构以培养实业人才。如直隶工艺总局通过高等工业学堂培养了化学和机器制造技师有153人,通过实习工厂培养了织科、染科、胰皂科、窑科、燧科(即火柴科)工徒700余人。③

三 实业学堂的发展

"新政"时期职业教育的发展主要体现为各级各类职业学堂数量和学生人数的迅速增多。这时期创办的实业学堂有农工商部立京师高等实业学堂、邮传部立上海高等实业学堂、天津中等农业学堂、福建中等蚕业学堂等。另外,各地还开办了一些其他的专门职业学堂如湖南医学堂、直隶保定医学堂、京师专门医学堂、山西中西医学馆、江西省城医学堂、财政学堂、税务学堂、速记学堂等等。除了职业教育学堂外,清代末期办起了一大批工艺局、所、厂,对学徒进行培训,为他们掌握近代机器所需要的技能或一些手工业技能提供了良好条件。根据清末学部的统计,1907年实业学堂137个,学生数8693人,1908年实业学堂189个,学生数13616人,1909年实业学堂254个,学生数16649人(详见下表)④。从光绪二十八年到宣统三年(1902—1909),据直隶、奉天、吉林等22个省的统计,有工艺局228个,各种工艺传习所519个,劝工场10个。这些工艺局、所、厂是对正规的职业教育的重要补充。⑤ 从地域上看,湖北、四川、山东、浙江、直隶等省的职业教育发展较快,这跟这些省的地方大员如张之洞、袁世凯等人重视发展实业教育是分不开的。

---

① 《工业总局请设立品陈列馆酌拟试办章程文》,周尔润:《直隶工艺志初编》,《章程类卷》(上),工艺总局1907年版。
② 虞和平:《周学熙集》,华中师范大学出版社1999年版,第200页。
③ 淳夫:《周学熙与北洋实业》,《天津文史资料选辑》第1辑,第1页。
④ 清政府学部总务司编:《光绪三十三年份第一次教育统计图表》《光绪三十四年份第二次教育统计图表》《宣统元年份第三次教育统计图表》,转引自璩鑫圭主编《中国近代教育史资料汇编·实业教育师范教育卷》,上海教育出版社2007年版,第54—63页。
⑤ 栾炳文:《清末工艺局对学徒制的改革》,《山西师大学报》(社会科学版)1989年第4期,第42页。

1907 年各省实业学堂统计表

省份\项别	学堂	学生	省份\项别	学堂	学生
直隶	20	810	江西	1	120
奉天	9	488	湖北	9	699
吉林	1	160	湖南	11	952
黑龙江	3	327	四川	6	337
山东	11	422	广东	12	1219
山西	1	136	广西	5	232
陕西			云南	9	540
河南	11	499	贵州	2	43
江宁	6	479	福建	2	283
江苏	10	514	甘肃		
安徽	2	59	新疆		
浙江	6	334	共计	137	8653

1908 年各省实业学堂统计表

省份\项别	学堂	学生	省份\项别	学堂	学生
直隶	23	1079	江西	3	204
奉天	8	584	湖北	18	1909
吉林	1	160	湖南	15	1424
黑龙江	5	432	四川	8	733
山东	15	692	广东	10	882
山西	3	239	广西	7	386
陕西			云南	10	554
河南	24	1548	贵州	1	122
江宁	7	793	福建	3	250
江苏	9	562	甘肃	2	83
安徽	4	102	新疆		
浙江	13	968	共计	189	13706

1909年各省实业学堂统计表

省份 \ 项别	学堂	学生	省份 \ 项别	学堂	学生
直隶	23	1023	江西	5	270
奉天	8	760	湖北	16	1507
吉林	3	186	湖南	17	1531
黑龙江	6	491	四川	14	1030
山东	18	717	广东	12	1063
山西	4	217	广西	7	591
陕西	3	327	云南	14	332
河南	31	1794	贵州	2	388
江宁	12	1001	福建	8	915
江苏	9	512	甘肃	2	99
安徽	7	233	新疆	19	491
浙江	14	665	共计	254	16143

前清学部立案各省高等实业学堂一览表①

校名	开办年月	开办高等正科年月
殖边学堂	宣统元年正月	宣统元年正月
农工商部立京师高等实业学堂	光绪三十年九月	光绪三十三年四月
邮传部立上海高等实业学堂	光绪二十九年	光绪三十二年夏间
江南高等实业学堂	光绪三十一年十一月	光绪三十三年
湖南高等实业学堂	光绪二十九年	宣统元年
奉天高等实业学堂	光绪三十一年二月	
直隶高等工业学堂	光绪二十九年	光绪三十三年七月
广西高等工业学堂	光绪三十三年正月	宣统三年二月
直隶高等农业学堂	光绪二十八年	光绪三十一年
湖北高等农业学堂	光绪二十四年十二月	光绪三十二年
山东高等农业学堂	光绪三十二年	宣统二年二月

---

① 转引自璩鑫圭等编《中国近代教育史资料汇编·实业教育师范教育卷》,上海教育出版社2007年版,第51—52页。

续表

校名	开办年月	开办高等正科年月
山西高等农林学堂	光绪三十二年二月	光绪三十四年三月
江西高等农业学堂	光绪三十一年七月	宣统元年
浙江高等农业学堂	宣统二年筹办	
直隶高等商业学堂	宣统三年正月	
江南高中两等商业学堂	光绪三十四年	宣统三年正月
湖南民立明德学堂增设高等商业专科	宣统二年十月经学部立案	

前清学部核准有案各中等实业学校一览表[①]

地名	学堂名称
京师	第一中等商业学堂
直隶	高等农业学堂中等本科、天津公立中等商业学堂、顺天中等农业学堂、天津中等农业学
奉天	高等实业学堂附设中等工科、营口中等商业学堂、八旗中等工业学堂、中等农业学堂
黑龙江	中等工业学堂、中等农业学堂
吉林	中等农业学堂
河南	省城中等农业学堂、省城中等工业学堂、省城中等商业学堂、河南中等农桑实业学堂、许长中等农业学堂、荥阳中等农业学堂、邓州中等蚕业学堂、南阳中等工业学堂、禹州中等农业学堂、中等农林学堂、中等商业学堂、河东中等农业学堂
湖南	中等农业学堂、中等工业学堂、中等商业学堂、南路中等实业学堂、醴陵中等工业学堂窑业科
江苏	苏州府中等农业学堂、江南农桑中学堂、中等工业学堂、铁路学堂
安徽	中等实业学堂、茶商公立中等农业学堂
广东	中等农业学堂、廉州中等农业学堂、锁平中等农业学堂、高州中等工业学堂、琼崖中等工业学堂、琼山中等农业学堂
陕西	中等农业学堂、中等工业学堂、凤翔蚕桑学堂
甘肃	农业矿务学堂、凉州府中等农业学堂

---

① 转引自璩鑫圭等编《中国近代教育史资料汇编·实业教育师范教育卷》,上海教育出版社 2007 年版,第 52—53 页。

续表

地名	学堂名称
四川	中等农业学堂、中等工业学堂、中等商业学堂
湖北	中等农业学堂、中等工业学堂、铁路学堂、中等商业学堂
江西	公立中等农学堂、公立中等工学堂
福建	中等农业学堂、中等蚕业学堂、中等商业学堂、中等工业学堂
浙江	中等农业学堂、中等工业学堂、铁路学堂、中等商业学堂
广西	桂林中等农业学堂、梧州中等农业学堂、龙州中等农业学堂
云南	中等农业学堂
贵州	中等农业学堂、中等工业学堂

1907—1909年全国农、工、商科各级实业教育发展情况一览表①

类别	年度		1907年		1908年		1909年
农业	高等	学堂	4	学堂	5	学堂	5
		学生	459	学生	493	学生	530
	中等	学堂	25	学堂	30	学堂	31
		学生	1681	学生	2602	学生	3226
	初等	学堂	22	学堂	33	学堂	59
		学生	726	学生	1504	学生	2272
工业	高等	学堂	3	学堂	7	学堂	7
		学生	449	学生	1184	学生	1136
	中等	学堂	7	学堂	12	学堂	10
		学生	698	学生	1080	学生	1141
	初等	学堂	36	学堂	45	学堂	47
		学生	1653	学生	2381	学生	2558

---

① 本表根据清政府学部总务司编：《光绪三十三年份第一次教育统计图表》《光绪三十四年份第二次教育统计图表》《宣统元年份第三次教育统计图表》整理而成。参见璩鑫圭等编《中国近代教育史资料汇编·实业教育师范教育卷》，上海教育出版社2007年版，第54—63页。

续表

年度\类别		1907年		1908年		1909年	
商业	高等	学堂		学堂	1	学堂	1
		学生		学生	213	学生	24
	中等	学堂	9	学堂	9	学堂	10
		学生	754	学生	635	学生	973
	初等	学堂	8	学堂	10	学堂	17
		学生	363	学生	619	学生	751
实习预科及其他		学堂	23	学堂	37	学堂	67
		学生	1910	学生	2905	学生	4038

上述统计只是学部掌握的由各省上报的实业学堂的资料，其中的实业学堂都是官办的职业教育机构，并不包含民间所办的各类职业教育。但是，这些统计仍然可以反映这一时期中国职业教育发展的基本特征。从以上各表中可以看出，从具体的数量上看，各省实业学堂数从137所到189所，到254所，每年增长都在50多所。学生数由8693人到13616人，再到16649人，从1907—1909年增长率均在80%以上。相对之前，尤其是"新政"以前来说，其增长的速度是比较快的。其高等、中等、初等学堂的比例也相对比较合理，初步建立了一个由低到高可以衔接的职业教育体系。

总之，"新政"时期由于近代工业的发展以及政府、社会各界的重视，职业教育取得了迅速的发展，学堂数量和学生人数也不断增加，逐渐形成了全国统一的学制，课程设置逐渐规范，其中专业课程更加丰富和细化。如1906年河南禹州蚕桑学堂的专门和实习课程包括：蚕体解剖、生理及病理、养蚕、缫丝、栽桑、气候、土壤、肥料、农学、蚕业、经济、显微镜。河南怀庆蚕桑学堂的课程更丰富，有蚕体解剖、病理、解剖、蚕蛾生理、病理、蚕卵生理、蚕病消毒法、显微镜使用法、养蚕法、蚕种制造论、蚕种检查法、茧丝检查法、烘干法、制丝法、栽桑法、桑病法、土壤学大意、肥料学大意、农学大意、气象学。[①] 这两所蚕桑学堂开出的课

---

① 李惠玉：《清末实业教育述论》，硕士学位论文，山东师范大学，2003年，第27—28页。

程不仅包括蚕科章程中规定的全部课程，还对农学有一定的涉猎。值得一提的是女子实业教育开始萌芽。自史家修（史量才）1904年在上海创办私立上海女子蚕业学堂后，各地纷纷办起了女子职业教育，如福建蚕桑女学校、杭州蚕桑女学堂、扬州女工传习所、杭州工艺女学堂、上海女子中西医学校、北京女医学堂、北洋女医学堂、杭州产科女学堂等。女子职业学堂主要集中在蚕桑、女工、医学方面，是中国近代职业教育的重要组成部分。

职业教育的发展是中国教育近代化的一部分，它的发展又促进了中国的近代化，为民国后职业教育的发展提供了一定基础。

但是，我们也应该看到，这一时期由于"帑项奇绌""库储一贫如洗"，故而实业教育虽有所进步，然与其他类型教育相比，仍存在明显不足，表现为以下三方面：

第一，由于经费匮乏、教师不敷、教材不足、实业教育发展尤为举步维艰，致使实业学堂的数量占整个学堂总数的比例极小。1909年各省实业学堂在最高年份也只有254所，学生数16649人，在全国各省新式教育机构中仅占0.4%左右，学生比例也不过1%左右。不仅学堂数少，而且学堂的规模也小，平均一个学堂才六七十个学生，按三年的学制的话，每个平均每年才招收二十来个学生。由于学堂少，学生数量少，自然就使这一层次的实业教育局限于少数几个专业，有碍于学科结构的均衡和拓宽，因此制约了实业教育办学效益的提高。不仅如此，绝大多数实业学堂本身都存在着学科不备、设备不周等诸多方面的问题。据《学部官报》载：湖北铁路学堂，"理化器械药物概向他处借用，亦不便利"[1]；两湖矿业学堂，"矿业应有设备，尚付阙如"[2]。河南多数实业学堂"教科简陋，已到了极点"，开封私立速成工业学堂"一切使用仪器全无，偶有一、二实验，亦不合法"[3]。

---

[1] 《湖北铁路学堂调查总表》，《学部官报》1908年第158期。
[2] 《两湖矿业学堂调查总表》，《学部官报》1908年第158期。
[3] 李惠玉：《清末实业教育述论》，硕士学位论文，山东师范大学，2003年。

1907 年师督学局所属学务统计总表（节录实业学堂）①

类别 学堂	学堂处所	职员数	教员数	学生数	岁入数	岁出数	资产价值银数	学生人均费用
实业学堂	3	10	10	142	15983	11580	6006	81549

1908 年师督学局所属学务统计总表（节录实业学堂）②

类别 学堂	学堂处所	职员数	教员数	学生数	岁入数	岁出数	资产数	学生每名占银
实业学堂	3	6	15	162	14568	12967	79528	80043

1909 年师督学局所属学务统计总表（节录实业学堂）③

类别 学堂	学堂处所	职员数	教员数	学生数	岁入数	岁出数	资产数
实业学堂	2	6	22	174	10950	10315	

1907—1909 年各省实业学堂教员资格表④

类别 年份	本国毕业者	在外国毕业者	未毕业未入学堂者	外国人	总计
1907	311	69	176	43	599
1908	539	166	334	91	1121
1909	748	243	445	108	1544

教师缺乏与教师水平低下的问题始终困扰清末实业教育的发展。由上表可知，1907 年、1908 年、1909 年实业学堂教师人数分别为 599 人、1121 人、1544 人，而同时期学堂数分别为 137 所、189 所、254 所，校均教师则分别为 4.37 人、5.93 人、6.09 人，师资力量明显不足。根据《癸

---

① 璩鑫圭等编：《中国近代教育史资料汇编·实业教育师范教育卷》，上海教育出版社 2007 年版，第 54 页。
② 同上书，第 57 页。
③ 同上书，第 61 页。
④ 同上书，第 57、61、65 页。

卯学制》的要求，以中等学堂为例，即便单级单班授课，所开设的基础、专业和实习课程也要在30门以上，师均任课5门以上。师资的教学质量更令人堪忧，外籍教师有教学困难，本国新近毕业的学生又无教学经验，不得不聘请一些以往书院、私塾的教师。这类教师在上表统计中，分别占教员总数的29.4%、29.8%、28.8%。这些"专谙中学之儒，刺取故纸堆中"，无论在教育理念、教育方法方面，还是近代农工商实用技术知识方面，只是"一知半解，贻误学生"。①

第二，地区发展不平衡的问题突出。1907—1909年，实业学堂学生人数最多的几个省份是广东（人数分别为1219人，882人，1068人）、湖南（人数分别为952人，1424人，1531人）、直隶（人数分别为810人，1079人，1023人）、湖北（人数分别为699人，1909人，1507人）等。中西部学堂数和学生数较少，如在1907年的统计中，新疆、甘肃、陕西原表未列出数据外，学生数最少的是几个省份是：贵州（43人）、安徽（59人）、江西（120人）、山西（136人）等。从中可以看出，近代受西方影响较早、思想观念比较开放的地区，像广东等省办的实业学堂数量就较多一些，当然，最深刻的经济根源是这些地区的近代工商业比较发达。

第三，教育观念依旧保守。与洋务教育一样，这一时期职业教育的指导思想仍然是"中体西用"，"读经""修身"被放置于各级学堂课程的首位，强调对学生灌输封建伦理道德思想。1904年1月，清政府颁布了张之洞等人拟订的《奏定学堂章程》明确规定："立学宗旨，无论何等学堂，均以忠孝为本，以中国经史之学为基，俾学生心术壹归于纯正，而后以西学瀹其智识，练其艺能，务期他日成材，各适实用，以仰副国家造就通才、慎防流弊之意。"② 这是中国近代教育史上首次由政府明确提出的立学宗旨。这个宗旨体现了张之洞等人历来主张的"中学为体，西学为用"的思想，被规定为各级各类学堂必须遵循的办学方针。

1906年3月，学部上呈《奏陈教育宗旨折》。之后清廷据此发布上谕，全文如下：

---

① 璩鑫圭等编：《中国近代教育史资料汇编·实业教育师范教育卷》，上海教育出版社2007年版，第24页。
② 璩鑫圭、唐良炎主编：《中国近代教育史资料汇编·学制演变卷》，上海教育出版社2007年版，第298页。

上谕：学部奏请将教育宗旨宣示天下一折。自古庠序学校，皆以明伦德行道艺，无非造士；政教之隆，未有不原于学术者，即东西各国之教育，亦以无人不学为归，实中外不易之理。朝廷锐意兴学，特设专部以董理之，自应明示宗旨，俾定趋向，斯于一道同风。兹据该部所陈忠君、尊孔与尚公、尚武、尚实五端，尚为扼要。总之君民一体，爱国即以保家；正学昌明，翼教乃以扶世。人人有合群之心力，而公德以昭；人人有振武之精神，而自强可恃。务讲求农工商各科实业，物无弃材，地无遗利，斯有益于国计民生；庶几风俗淳厚，人才众多，何患不日臻上理。著该部即照所奏各节，通饬遵行。所有京师及各省学堂师长生徒，尤宜正本清源，辨明义利，不视为功名禄利之路，而以为修齐治平之规，于国家劝学育才之意方为无负。该尚书、侍郎等惟当整躬率属，行必践言，切实提倡，认真查核，懔时局之艰难，思全国之关系。朕心惓惓，实有厚望焉！余著照所议办理。钦此。①

清廷的这个谕旨，将教育宗旨厘定为"五端十字"——"忠君、尊孔、尚公、尚武、尚实"。与之前的"立学之旨"相比，这个宗旨在文字表达上更加简洁、明晰、规范。从其内容上看，它仍然没有脱离"中体西用"的指导思想，而且把"中体西用"的指导思想规定得更加细致，成为清末"新政"时期政府制定教育政策、修订各级各类学校规章制度的依据。这时期的职业教育无疑也是要遵循这一宗旨的，读经、修身等亦为职业技术教育的课程。

不过，即便如此，晚清实业教育的发展为近代中国培养了一大批具有初步现代实业知识的专门人才，不少实业学堂的学生（或实业留学生）毕业后，或到实业学堂任教，或从事各种实业活动，在一定程度上，推动了晚清教育乃至晚清实业近代化的发展。而且，教育宗旨中的"尚实"，于职业教育可以说关系是非常紧密的。"所谓尚实者何也？夫学可以可贵者，惟其能见诸实用也。……方今环球各国，实利竞尚，尤以求实业为要政，必人人有可农可工可商之才，斯下益民生，上裨国计，此尤富强之要

---

① 璩鑫圭、唐良炎主编：《中国近代教育史资料汇编·学制演变卷》，上海教育出版社2007年版，第547—548页。

图，而教育中最有实益者也。"① 可见，"实"就是要追求实用，学习西方先进的实用科技。这个"实"不仅指在普通教育中要"求实"，同时也指要重视实业教育。可以说，"尚实"就是这时期职业教育的宗旨。在"新政"时期，职业教育能够取得一定的发展，各地的职业教育能够有一定的成效，都是与"尚实"的宗旨分不开的。

第三节　辛亥革命后职业教育制度初步确立(1912—1922)

辛亥革命推翻了清王朝的统治，结束了在中国延续两千多年的封建君主专制制度，取而代之的是资产阶级共和制，中国社会发展进入一个崭新的阶段，教育近代化也进入一个新的发展时期。1912年中华民国建立，临时政府在教育总长蔡元培的主持下，对此前的学制进行改革，并于1912年9月3日公布了民国第一个《学校系统令》，因该年为壬子年，故称《壬子学制》。随后，教育部又陆续颁布了小学、中学、专门学校、实业学校、师范学校及大学的有关法令规程。1913年（农历癸丑年），将《壬子学制》与这些法令规程的内容相互补充，综合起来形成了《壬子癸丑学制》。作为民国后颁布的第一部学制，《壬子癸丑学制》在教育宗旨、学校系统、课程设置等方面均代表了时代发展的方向，实现了由传统教育向近代教育的本质转化，进而推动了现代职业教育体系的确立。

一　民族资本主义的发展与产业结构的调整

辛亥革命的胜利，推翻了封建专制统治，扫除了资本主义发展道路上的障碍，为民初社会提供了相对稳定的政治环境，也为经济发展提供了良好的社会条件，民族资本主义获得较大发展。

1912年临时政府成立后，即以大力发展民族资本主义工商业作为发展经济的总政策和总目标。武昌起义后，孙中山由美国经欧洲回国，当时他在巴黎向国民军政府发了一封电报指示说："此后社会当以工商实业为

---

① 璩鑫圭、唐良炎主编：《中国近代教育史资料汇编·学制演变卷》，上海教育出版社2007年版，第546页。

竟点，为新中国开一新局面。至于政权，皆以服务之为要领。"① 在孙中山看来，"中国乃极贫之国，非振兴实业不能救贫"②。"中国存亡之关键，则在此实业发展之一事也"③，因此，他断言："夫中国亦将自行投入实业漩涡之中。盖实业主义为中国所必需，文明进步必赖于此，非人力所能阻遏，故实业主义之行于吾也必矣"④。1912年1月1日，孙中山在南京就任临时大总统，在誓词中，孙中山把"图谋民生幸福"作为其任内的重要任务，指出："夫民国新建，外交内政，百绪繁生"。"建设之事，更不容缓"⑤，强调"民国大局已定，亟当振兴实业，改良商货，方于国计民生有所裨益"⑥。《临时约法》破天荒规定了"中华民国之主权属于国民全体""人民有保有财产及营业之自由"，以法律的形式，确立了资产阶级和资本主义工商业的社会地位。1912年1月28日，内务部发布《通饬保护人民财产令》，规定"凡人民财产房屋，除经正式裁判宣告充公者外，勿得擅自查封"。后又明确规定：凡在民国势力范围的人民，以及确未反对民国的前清朝官吏，其财产均归个人享有；确无反对民国之实据的现任清朝官吏，其财产归民国政府保护，候本人投归民国时归还本人。⑦《大总统令内务部禁止买卖人口文》中发布了禁止买卖人口令，宣布"嗣后不得再有买卖人口情事，违者罚如令，其从前所结买卖契约悉予解除，视为雇主雇人之关系，并不得再有主奴名分"⑧。从而，以资本主义的雇佣关系代替了封建的人身依附关系。

为推动民族工商业的发展，南京临时政府尤为强调"实业为民国将来生存命脉……不能不切实经营"⑨，在临时政府建立的9个部中，有4个部与经济有关，即财政部（主管会计、库帑、赋税、公债、钱币、银行、官产事务。监督所辖各官府及府县与公共社会的财产）、内务部（主

---

① 《致国民军政府电》，《民立报》1911年11月17日。
② 《孙中山全集》第2卷，中华书局1982年版，第339页。
③ 孟庆鹏编：《孙中山文集》，团结出版社1997年版，第680页。
④ 《孙中山全集》第2卷，中华书局1982年版，第493页。
⑤ 《孙中山全集》第1卷，中华书局1981年版，第1—2页。
⑥ 《孙中山全集》第3卷，中华书局1985年版，第158页。
⑦ 《南京临时政府公报》第6号令示，《辛亥革命资料》，中华书局1961年版，第42—43页。
⑧ 《南京临时政府公报》第27号令示，《辛亥革命资料》，中华书局1961年版，第216页。
⑨ 《南京临时政府公报》第8号，《辛亥革命资料》，中华书局1961年版，第59页。

管警察、卫生、宗教、礼俗、户口、田土、水利工程、善举、公益及地方行政事务。监督所属各官署及地方官)、实业部（主管农、工、商、矿、渔、林、牧、猎及度、量、衡事务。监督所辖各官署)、交通部（主管道路、铁路、邮信、电报、船舶、运输并造船事务)。这些部门的建立及其职责的明确，提高了处理发展实业、经营管理、产权纠纷等问题的效率。

除在中央设立实业部，各省也相应地设立了实业司，内分农、工、商、矿四科。实业部先后颁布了"慎重农事"令和一些扶持、保护实业的规章和办法，如允许并鼓励人们自出资金兴办实业，鼓励农垦，保护民族工商业，勉励华侨在国内投资，并协助维持一些有困难的企业等。据统计，1912—1916年，北京政府颁布的发展实业的条例、章程、细则、法规等达八十多项，如农商部颁布的《暂行工厂通则》《矿业条例》《公司保息条例》《商人条例》等，激发了实业家们兴办企业的热潮，为民族资本主义的发展提供了有利条件。一时间，一批涉及工矿、农桑垦殖、交通运输的实业获得政府批准而创办起来，实业集团纷纷成立，开工厂、设银行、办实业成为风气，中国的民族资本主义的经济力量在短短的几年间就有了显著增长。

这一时期民族资本主义的发展，主要表现为开办工厂和投资数额增长迅速。1912—1920年，新登记的工矿数为418家，新增资本额为15858万元，平均每年增加26家，增加资本991万元。工厂数和投资额增加较多的部门有纺织、面粉、采矿、卷烟等行业。据统计，1912年全国十个主要行业主要工厂数为698家，资本33082万元，工人27万人。到1920年，全国工厂数增加到1759个，增长152%。资本额50062万元，增长51%。工人数为56万人，增长107%。[①] 其中发展最快的是棉纺织工业，从1912—1927年纱锭数由738332枚增加到3674690枚，增长将近5倍；布机由2316台增加到29788台，增长12.8倍。[②] 其次是面粉工业，1914—1920年，面粉厂增加了84家，面粉的出口由7万担增至396万担，并由入超转为出超。另据北京政府农商部统计，1914年工业企业注册的资本是6200多万元，1920年增为1.55亿多万元，增加了150%；同时资

---

① 陈真、姚洛：《中国近代工业史资料》第1辑，第55—56页。转引自陆仰渊、方庆秋《民国社会经济史》，中国经济出版社1991年版，第119页。

② 转引自陆仰渊、方庆秋《民国社会经济史》，中国经济出版社1991年版，第132页。

本在50万元以上的大企业1914年只占总数的4%，1920年增长14%；在采矿工业和运输业方面也有相当的发展。1916—1920年，中国资本新式煤矿的产量由44.95万吨增至488.97万吨，即增加近11倍；1913—1919年中国轮船吨数由133233吨增加为287592吨，即增加116%。① 无论是创办企业的总数抑或是创办资本的总额，民初十几年的发展都远远超出过去半个世纪的成就。有学者统计，1840—1911年的72年中，历年所设创办资本额在1万元以上的工矿企业总共953家，创办资本总额总计203805千元。而1912—1927年的16年中，历年所设创办资本额在1万元以上的工矿企业总共1984家，创办资本总额总计458955千元。② 由于第一次世界大战，各帝国主义国家忙于战争，无暇东顾，一方面外国商品输入量下降，从而改善了中国民族工业品的国内市场环境。1913—1920年，主要消费品的输入明显下降，其中尤为突出的是：棉纱由269万担下降到129万担；本色布由434万担下降到316万担；粗布由521万担下降到253万担；面粉由260万担下降到51万担；火柴由2845万罗下降到848万罗；袜子由211万打下降到55万打。③ 中国历来严重的入超危机得以缓解；另一方面由于战争，国际社会对战略物资的急迫需求也严重刺激了中国的出口，由此形成了对民族资本主义农、工、商业发展有利的国际国内两大市场，中国民族资本主义的发展步入黄金时代。

民族资本主义的发展带动了中国产业结构相应的调整。在清末实业发展的基础上，传统农业依然受到重视的同时，不仅工商业有了较大程度地发展，而且交通、金融等新兴的产业也得到了相应发展；金融方面，各种银行法的颁布保证了中国银行、交通银行、各专业银行以及各省地方银行等金融机构的建立和发展；交通方面，1913年，中国第一条连接城市之间的公路——长沙至湘潭之间公路的落成；1917年，中国人自己经营的汽车公司——北京商人景学龄组织的大成张库汽车公司正式挂牌；1921年全国已有公路1185公里，1922年达到8000公里，一年猛增了7倍，到1928年全国公路里程达21000公里，东南沿海各省、内地经济发达的省内都有公路修筑。1912—1927年，新建铁路3422.4公里，铁路运输能力

---

① 吴承明：《帝国主义在旧中国的投资》，人民出版社1955年版，第109页。
② 杜恂诚：《民族资本主义与旧中国政府》，上海社会科学出版社1991年版，第106页。
③ 秦孝仪主编：《中华民国经济发展史》（上册），第190页。转引自陆仰渊、方庆秋《民国社会经济史》，中国经济出版社1991年版，第119页。

也由1915年载人运输288800万人公里到1927年的922000万人公里，增长了3倍多，1915年载货运输由22.5亿吨公里，到1927年增长为28.2亿吨，其最高年1921年达47.1亿吨，增长了67%。① 1920年，全国现代工矿业总产值9.89亿吨，现代交通运输业（包括邮电通信）产值3.08亿元，工农业生产总值159.3亿元。现代工矿业产值占工农业总产值的6.2%，现代工矿业和现代交通运输业产值占工农业和交通运输业总产值（165.38亿元）的7.84%。②

但是，我们也应该看到，民国初年民族资本主义虽然有了较大的发展，但处于帝国主义和封建主义夹缝中的社会环境，其发展仍有明显的弱点。

第一，轻重工业发展的不平衡。由于民族资本力量弱小难以同外资竞争，因此主要的投资方向是那些所需资本较少、资本周转较快、技术要求低、获利多而快的面粉业、棉纺织业等轻工业方面。至于那些投资大、技术要求高的冶金、机械、电力、化学等工业则长期处于落后甚至停滞状态。此期我国铁产量仅占世界产铁总量的0.44%，钢产量仅占0.029%。至于机械工业，大多数民营机械厂只从事修理和装备。电力工业方面，民国初年全国已有发电厂60家，其中民营资本开设的有46家，发电机容量仅1.2万余千瓦，到1924年全国民营发电厂增至219家，其中规模较大的182家，合计资本5000万元，平均每厂仅有资本23万元。总装机容量约8万千瓦，平均每厂装机容量为460千瓦；装机容量在300千瓦以下的发电厂占总数的76%。③

第二，地区分布的不平衡。由于外资侵入造成的自然经济瓦解及交通运输及电力等物质条件的制约，新建民族资本企业大多分布在上海、天津、武汉、广州、杭州等沿江沿海和通商口岸地区。如发展最快的棉纺织业工业主要分布在上海、武汉、天津、无锡、南通、青岛等沿海大中城市，仅上海拥有纱锭数68.4万枚，占全国纱锭总数的33.9%。④ 面粉工业多集中于上海、哈尔滨、无锡、天津、济南、长春等地。

第三，生产规模和技术水平的不平衡。这一时期，中国近代民族工业

---

① 陆仰渊、方庆秋：《民国社会经济史》，中国经济出版社1991年版，第167—169页。
② 宋仲福、徐世华：《中国现代史》（上），中国档案出版社1995年版，第131页。
③ 陆仰渊、方庆秋：《民国社会经济史》，中国经济出版社1991年版，第146、148页。
④ 同上书，第135页。

发展的总体水平较落后，生产效率偏低。如华商纱厂每个织布工每周工作90个小时，产布210码，厂方支付工资2.4元，平均每码布成本1.143元。而英国资本纱厂每个工人每周工作54个小时，产布706码，平均每码布成本仅0.677元，英商厂的劳动生产率较华商厂高3.36倍。① 而中国新建企业中虽出现了大生、启新、福新、申新等规模较大的资本集团，但占多数的仍然是中小资本，生产方式往往是机器与手工并存。如这一时期中国民营缫丝工业就是土法缫丝与机器缫丝并存，农民家庭手工式所缫土丝，质硬色黄，不够品级。即便是机器缫丝，也因缫丝工的技术落后而导致所产丝的质量差难以和外国丝在国际市场上竞争。而私人资本开设的工厂，虽然在五四运动时期因中国人民抵制洋货运动而快速增长，由1914年的4家增至1928年的180余家，但绝大多数是家庭作坊的小厂，而且不稳定。②

上述特点表明，这一时期中国民族工业的发展，远未走上形成独立完整工业体系的道路，其同帝国主义、封建主义仍存有千丝万缕的联系。以和帝国主义的联系而言，中国最大的民族资本工业，拥有9个纱厂和11个面粉厂的申新、福新公司，在第一次世界大战期间即接收了外国资本的接济；中国唯一较有规模的私营造船厂——上海求新船厂，在1919年就注入了法国资本。③ 在电力和交通运输方面，则更多地依赖外商。以和封建主义的关系而言，周学熙创办的启新洋灰公司、滦州探矿均有官银号借垫官款以充开办经费，在滦州煤矿的招股过程中，甚至有袁世凯"官股不足之数，摊派各县知事和官家人员分担"的规定。④ 至于封建官僚们的私人投资，则更是这一时期司空见惯的现象。因此，同外国资本和封建经济相比，民族资本主义力量依然十分薄弱。在一些主要工业部门的投资总额中，外国资本的比重大大超过本国资本。煤的生产，外国资本占全国年产煤量的77.1%。在棉纺织业中，无论是纱锭数还是布机数外商"占去一半有余"。钢铁生产方面，到1927年全国11家钢铁厂与日本资本有关的有4家，占36%；21个炼铁炉与日资有关的15个，占71%；在3010吨的总容量中，与日资有关的为2570吨，占85%。机器制造业，国内几

---

① 陆仰渊、方庆秋：《民国社会经济史》，中国经济出版社1991年版，第136页。
② 同上书，第143页。
③ 吴承明：《帝国主义在旧中国的投资》，人民出版社1955年版，第109页。
④ 宋美云：《北洋时期官僚私人投资与天津近代工业》，《历史研究》1989年第2期。

乎是空白，机器设备依赖从国外输入。至于封建经济，则在全部经济中占绝对优势地位。如辛亥革命时期，民族资本经济仅占整个国民经济的2%，而封建经济则占到90%以上。① 唯其如此，进入20世纪20年代后，随着第一次世界大战结束，西方资本卷土重来，再度加紧了对中国的商品倾销和投资设厂，导致中国刚刚起步的民族工业又迅速萧条下去，一大批民族资本所经营的工矿企业，或被外资控制兼并，或因产品竞争力弱而亏蚀闭歇。尤其是纺织、面粉两个行业。1921—1922年，日本帝国主义在上海新设了6个纺织公司，在青岛新设了3个纺织公司，并在原有的纺织公司中增设了5个纱厂和1个织布厂；而同时，华商纱厂中有4个为日商所吞并，2个为美商所吞并，3个出租出卖，8个清算改组。据日本人调查，1921年山东已有139家日本工厂，而只有93家中国工厂。②

尽管如此，民初民族资本主义的发展，对中国传统社会的转型仍然具有重大的积极意义，对中国教育亦产生了深远影响，推动了民初教育制度的改革。

二 民初的教育改革与职业教育制度的确立

1912年1月1日，中华民国宣告成立，孙中山在南京宣誓就任临时大总统，发布《临时大总统就职宣言》和《告全国同胞书》。《宣言》指出："临时政府，革命时代之政府也。"它的任务是："尽扫专制之流毒，确定共和，以达革命之宗旨。"③ 此后，陆续颁布了一系列改革政治、军事、经济和文化的政策法令，并制定了《中华民国临时约法》，为民初的教育改革营造了良好的社会氛围。1月3日，蔡元培被任命为中华民国首任教育总长，在此后短短6个月的任期内，蔡元培高瞻远瞩、大刀阔斧地采取了诸多改革措施，改革的内容相当广泛，涉及教育领域的许多方面，为民国教育发展奠定了基础。这次改革的效果也比较显著，在改革中建立起来的教育体制与新型学校系统，一直沿用或影响到以后几十年中国教育的发展。概括起来，其内容荦荦大者有如下几个方面：

---

① 转引自陆仰渊、方庆秋《民国社会经济史》，中国经济出版社1991年版，第131、134、145页。
② 吴承明：《帝国主义在旧中国的投资》，人民出版社1955年版，第109页。
③ 《临时政府公报》第1号。

第一，创建一个高效、节俭、务实的中央教育行政机构。

民初教育改革是从机构改革开始的。蔡元培认为："办理部务，当以办社会事业一例，在正式政府成立，官制未通参议以前，不必呈荐人员。除总次长已由大总统任命外，其余各人，概称部员，不授官职。为事人择，亦不必多设冗员。"① 他邀请办爱国学社时的老同事，共过患难，颇有学识的蒋维乔到部工作，又聘请了一位会计兼庶务同去南京，就这样，连他自己在内，一共只有三人的教育部便正式组成了。后来增加人员，连缮写在内总共也只有三十余人，为南京临时政府内人员最少的一个部，真正做到"诸事简陋，惟务实际"②，被人们誉为是"学术化""平民化"的教育部。蔡元培正是靠了这个机构精简、讲究实效、得心应手的教育部，才取得民初教育改革的成功。1912年3月，在蔡元培的主持下，教育部出台了《民国教育部官职令草案》，经多次修改后，该《草案》于1912年8月获得通过。《草案》在前清学部的基础上，将原来学部所设总务、专门、普通、实业、会计五司改为三司一厅，即普通教育、专门教育、社会教育三司和总务厅。普通教育司下设5科，分别管理蒙养院园、小学、中学、师范学校、实业学校、蒙藏回学校等事务；专门教育司下设2科，分别管理大学及游学生、高等专门学校等事务；社会教育司下设3科，分别管理宗教礼俗、社会文化设施、通俗教育等事务。总务厅下设秘书、编撰、审查3处，文书、会计、统计、庶务4科。为了解全国各地执行教育法规的情况并及时加以督导，又成立视学处，设视学员若干人，轮流到各地视察教育工作。

第二，废弃腐朽的封建主义教育宗旨，制定新型的资产阶级教育方针。

中国的第一个全国性教育宗旨诞生于1904年晚清政府颁布的《奏定学堂章程》，其以"中学为体、西学为用"为指导方针，以封建的忠孝思想为核心。1906年，清学部又厘定了一个更为明确的教育宗旨，即"忠君、尊孔、尚公、尚武、尚实"的"五端十字"宗旨。这个宗旨与《奏定学堂章程》精神实质一脉相承，都是以封建伦理为基点，强调"忠君、

---

① 蒋维乔：《民国教育部初建时的状况》，转引自舒新城《近代中国教育史料》第四册，中国人民大学出版社2012年版，第1196页。

② 庄俞：《元年教育之回顾》，转引自舒新诚《近代中国教育史料》第四册，中国人民大学出版社2012年版，第1190页。

尊孔"对于维护封建国家的重要性。后来这个教育宗旨一直沿用到了1912年清朝的灭亡。

民国建立后，随着国体的变更，清末的教育宗旨已经不能适应新形势下教育的发展。当时，社会上要求改革教育宗旨的呼声越来越强烈。针对这种情况，蔡元培于1912年2月在《教育杂志》上发表了《对于新教育之意见》一文，尖锐地指出清朝的教育宗旨的腐朽与陈旧，"忠君与共和政体不合，尊孔与信教自由相违"①，首次提出军国民教育、实利主义教育、公民道德教育、美感教育、世界观教育"五育"并举的教育方针，并对"五育"的内涵做了详尽说明，强调"五育"是一个有机的统一整体，"皆今日之教育所不可偏废者也"。

在蔡元培五育并举教育方针指导下，临时政府教育部于1912年9月颁布了民国教育宗旨："注意道德教育，以实利教育、军国民教育辅之，更以美感教育完成其道德。"这是中国近代新式教育产生以来，由政府颁布的第二个全国性的教育宗旨，也是历史上第一个正式实施了的资产阶级教育宗旨，充分体现了教育关于人的德、智、体、美和谐发展的思想。它完全否定了清末封建专制主义教育宗旨，动摇了中国几千年来封建教育"忠君""尊孔"两大信条，在根本上冲破了封建礼教的束缚，确立起重视科学与实用知识、尊重人格与个性发展的新型教育思想，对民初教育的发展起了积极作用。

第三，改革旧学制，建立新学制。

民国初期，国家初创，新旧交替，学制改革的问题日渐成为人们关注的焦点。1912年1月19日，教育部颁发《普通教育暂行办法》电令，提到"民国既立，清政府之学制，最必须改革者"，指出学制改革的迫切性。但考虑到新学制的制定并不是一蹴而就的事情，必须"征集各地方教育家意见，折衷厘定"方可正式宣布。②

1912年7月10日，全国临时教育会议在北京开幕，历时一个月。蔡元培致辞开宗明义指出会议的重大意义："今日之临时教育会议，即中华民国成立以后第一次之中央教育会议。此次会议，关系甚为重大，因有此次会议，而将来之正式中央教育会议，即以此次会议为托始。且中国政体

---

① 高平叔：《蔡元培全集》第2卷，中华书局1984年版，第130页。
② 同上。

既然更新，此次教育会议，即是全国教育改革的起点。"① 学制改革即是此次会议的重要议题之一。经过热烈讨论，1912（农历壬子年）7 月，在蔡元培主持下，教育部制定了一个《学校系统令》，即《壬子学制》，同年 9 月正式公布实行。此后，教育部又陆续公布了各级各类学校法令，1913 年（农历癸丑年）又将这些法令与《壬子学制》综合起来成为一个完整的、新的学校系统，史称《壬子·癸丑学制》。该学制作为民国第一部学制，在教育宗旨、学校系统、课程设置等方面均代表了时代发展的方向，实现了由传统教育向近代教育的本质转化，唯其如此，该学制一直延续到 1922 年《壬戌学制》的出台。

民初教育改革是中国近代历史上继清末教育制度改革之后又一次重大的教育改革，同时又是我国近代教育发展过程中的一个重要的里程碑。它不仅对我国现代教育制度的建立和发展产生了重大影响，而且对于民初社会政治、经济、文化的发展都产生了极其重要的作用。这次教育改革是在我国著名的资产阶级革命家、教育家蔡元培的领导和组织之下进行。从总体上看，民初教育改革是成功的，无论是教育改革的规模、内容，还是改革的成效及其影响深度，在整个近代教育改革的历史上都是史无前例的。在改革的过程中，蔡元培顺应社会发展的客观需要，集合了教育界的智慧和力量，对前清的封建教育制度进行了大刀阔斧的变革，在民国教育的发展史上写下了光辉的一页。尤为值得注意的是，职业教育在这场教育改革中受到空前重视。

如果说，近代大工业生产的兴起与中国民族资本主义发展是职业教育发展的经济动因，那么，民国政府的建立和民初的教育改革则是为职业教育的发展提供了政治与制度的保障。

正是民族资本主义经济的迅速发展和产业结构的调整，对教育与人才培养提出了新的要求，不仅要求在教育体制内增加职业教育，并且要求职业教育细化成不同类别，如农业、工业、商业、金融业、交通通信业等等。在这一历史条件下，"民初教育界在经济界巨大的人才需求亟待满足，而当时教育界却无法供应出足够数量合乎经济界要求的毕业生这个巨大的矛盾中，展开了一场对清末以来普通教育实业教育的批判"②。

---

① 高平叔：《蔡元培全集》第 2 卷，中华书局 1984 年版，第 177 页。
② 刘桂林：《中国近代职业教育思想研究》，高等教育出版社 1997 年版，第 130 页。

当时最严重的问题就是学校教育与社会需求的脱节，人才培养与经济发展不相适应。民初民族资本主义在良好的社会条件下迅速发展，急需大批实业人才，大批近代工厂在数量和质量上也对职工都提出了新的标准和要求。辛亥革命后普通教育虽然有较大发展，但是，却严重脱离实际，从而造成"无新学识以应用于实际，无新人才以从事于改良"①。时任广西巡抚的沈秉坤（1862—1912）指出："夫名为实业，而不能实习，安有实业之可言。加以课程又系预科性质，本难应用，又何怪学生毕业之后，莫肯从事实业耶？"②《教育杂志》也发表文章指出，实业教育"工艺学生见实习而甘居人后，农林学生逢灌溉而掩鼻不前，商科毕业者不信用于会社银行"③。陈独秀在《新教育是什么》一文中说："农学生只知道读讲义，未曾种一亩地给农民看，工学生只知道在讲堂上画图，未曾在机械上、应用化学上供给实业界的需要，学矿物的记了许多外国名词，见了本地的动植物茫然不解。"④

教育与社会需求脱节的一个直接后果就是"毕业即失业"。大多数的中学毕业生或赋闲乡里，或游荡于通都，成为有知识的"无业游民"；即使找到了工作，或不能胜任，或所用非所学。《中华职业教育社宣言书》中记载："甲寅（1914年）之秋，同人有考察京津教育者，某中学学生数百人，其校长见告，吾校毕业生升学者三之一，谋事而不得事者二之一。乙卯（1915年）、丙辰（1916年）两岁，江苏省教育会以毕业生之无出路也，乃就江苏公私立各中学调查其实况。乙卯升学者得百分之二十三，丙辰得百分之三十九，此外大都无业，或虽有业而大都非正当者也。今岁（1917年）全国教育联合会各省区代表报告，则升学者仅及十之一，或不及十之一。若夫高等小学，今岁调查江苏全省毕业者4983人，而收容于各中等学校者，不及四之一。此外大都营营逐逐，谋一业于社会，而苦所学之无可以为用者也。"⑤ 正所谓"学校只管多，教育只管兴，社会上的工人、伙计、账房、警察、兵士、农夫，却无干系，还只是用没有受过教

---

① 黄炎培：《中华职业教育社宣言书》，《黄炎培教育论著选》，人民教育出版社1993年版，第81页。
② 陈宝琛：《清实录》（第六〇卷），中华书局1987年版，第1001页。
③ 《教育与诸方面》，《教育杂志》1905年第2期。
④ 陈独秀：《陈独秀文章选编》（中册），生活·读书·新知三联书店1984年版，第74页。
⑤ 黄炎培：《中华职业教育社宣言书》，《黄炎培教育论著选》，人民教育出版社1993年版，第81页。

育的人。社会所需要的是做事的人才，学堂所造成的是不会做事又不肯做事的人才"①。有关资料显示，1913年以前，中国纺织、食品、印刷文具、机械五金等十个行业的近代工厂总数为698个，工人总数是270717人，到1920年，工厂总数增至1759个，工人总数增至557622人，均增加一倍以上。②学校不合时宜的培养目标难以适应民族资本主义对人才的需要，从而也制约和掣肘了民族资本主义的进一步发展。

据统计，民国元年实业学校在校学生人数仅占普通中小学在校学生人数的1.1%，到1916年，全国中小学（包括幼稚园）达120447所，在校生达3904378人，分别比1912年增加38.9%和37.1%；而实业学校数虽然增至525所，在校生却下降至30089人，占普通中小学的0.77%，比1912年下降0.33%。③

有鉴于此，蔡元培出掌教育部后，即根据当时实业教育的发展状况，参考各国教育经验，提出了实利主义教育的主张。他说："以人民生计为普通教育之中坚，其主张最力者，至于普通学术，悉寓于林艺、烹饪、裁缝及金、木、土工之中。……我国地宝不发，实业界之组织尚幼稚，人民失业者至多，而国甚贫。实利主义之教育，固亦当务之急者也。"④在其主持下，1912年9月—1913年8月，陆续颁布了一系列学校规程，史称《壬子·癸丑学制》。

该学制中的《实业学校令》（共11条）和《实业学校规程》（七章60条），对实业教育作了初步改革。首先，废除了清末教育宗旨中与民主潮流不相适应的"忠君""尊孔"等内容，突出职业教育与当时迅速发展的资本主义相适应的特点，使得民初的职业教育较之晚清有了一定的发展。其次，将清末实业学堂改称为实业学校，原初、中、高三级实业学堂改为甲、乙两种实业学校。甲种实业学校实施完全之普通实业教育，相当于清末中等实业学堂；乙种实业学校实施简易之普通实业教育，相当于清末初等实业学堂；另设专门学校，分农业、工业、商业、医学等科，相当于清末高等实业学堂。实业学校的修业年限较此前的《癸卯学制》缩短

---

① 胡适：《归国杂感》，欧阳哲生编：《胡适文集》第2卷，北京大学出版社1998年版，第474页。
② 陈真、姚洛：《中国近代工业史资料》第1辑，生活·读书·新知三联书店1957年版，第55页。
③ 国民政府教育部：《第一次中国教育年鉴》丁卷，《教育统计》，开明书店1934年版，第168—172页。
④ 《蔡元培全集》第2卷，中华书局1984年版，第131页。

三四年,各类甲种实业学校为预科一年本科三年,亦可根据具体情况延长一年;各类乙种实业学校为本科三年,专门学校与甲种实业学校相同。再次,在学校设置方面,允许私人或私法人创设私立实业学校,甚至还规定了可以根据地方情形和性质,开办女子职业学校,女子教育在学制中占有了一定地位。在经费的筹措方面,有省经费、县经费以及乡镇、农工商会的捐款以及学生交纳的学费等多种渠道。最后,在专业与课程设置上,除农业、工业、商业外,还包括政法、音乐、美术、外语等共九类,到1922年,职业教育已经包括了社会上所有门类。不仅职业教育的范围较晚清有所拓宽,而且专业设置更加社会化、多样化。小学开设农业或商业课,小学女生为缝纫课,女子中学增加家事、园艺和缝纫课,在大学中附办农、工、商等实业科,还规定设立农、工、商、船等专门实业学校。此外,职业学校的课程设置具有地方特色,如江苏省的经济发展主要是蚕桑及纺织,因而,职业学校也多开设蚕桑类、纺织类的课程。又如江西景德地区由于制瓷业发达,职业学校的课程中则多有制瓷及绘画等科目。至此,具有现代意义上的独立而完整的中国职业教育制度最终确立。

三 职业学校的发展

民初职业教育伴随着民族资本主义的发展、临时政府的教育改革和新学制的颁布而获得较大发展。特别是1913年8月12、18日教育部通过的《实业学校须按照规程设置本科预科方准立案》及《教育部训令各省甲种乙种实业学校迅速照章呈报》等多条通电公告,敦促各地尽快按照条令发展职业教育,为民初实业教育的发展创造了有利条件。

1912—1916年全国实业学校发展一览表[①]

年份 数量 类别	1912年		1913年		1914年		1915年		1916年	
	甲种	乙种	甲种	乙种	甲种	乙种	甲种	乙种	甲种	乙种
学校数	79	346	82	399	82	443	96	489	84	441
学生数	14479	17257	10256	19534	9700	22064	10551	20667	10524	19565

---

① 璩鑫圭等编:《中国近代教育史资料汇编·实业教育师范教育卷》,上海教育出版社2007年版,第286页。

续表

数量\类别\年份	1912年 甲种	1912年 乙种	1913年 甲种	1913年 乙种	1914年 甲种	1914年 乙种	1915年 甲种	1915年 乙种	1916年 甲种	1916年 乙种
教员数	799	1244	841	1422	982	1517	1144	1562	1100	1388
经费数（元）	1024903	422623	1065856	511410	1177936	703218	1190326	599575	1296901	576430

1912—1916年全国实业学校发展一览表[①]

			元年	二年	三年	四年	五年
乙种实业	农	学校	219	244	270	288	282
		学生	9528	10952	12728	11521	11500
	工	学校	90	105	105	91	59
		学生	5192	5455	5699	4706	3238
	商	学校	37	50	68	110	100
		学生	2539	3127	3637	4440	4827
	计	学校	346	399	443	489	441
		学生	17257	19534	22064	20667	19565
甲种实业	农	学校	39	42	41	42	41
		学生	4512	4698	4698	4659	4982
	工	学校	22	20	22	30	21
		学生	8128	3442	3207	3933	3436
	商	学校	18	20	19	24	22
		学生	1829	2116	1695	1969	2106
	计	学校	79	82	82	96	84
		学生	14479	10256	9700	10551	10524
共计		学校	425	481	525	858	525
		学生	31726	29790	31664	31218	30099
一般学校总计		学校	87272	108448	122286	129739	121119
		学生	2933387	3643206	4075338	4294251	3974454

---

① 璩鑫圭等编：《中国近代教育史资料汇编·实业教育师范教育卷》，上海教育出版社2007年版，第287页。

续表

		元年	二年	三年	四年	五年
实业教育对一般教育百分比	学校	0.48%	0.44%	0.42%	0.45%	0.43%
	学生	0.108%	0.081%	0.077%	0.072%	0.075%

1912—1916年全国各省设立各种实业学校总表①

省别	种别	校数	教职员		现有学生		毕业学生	经费
			教员	职员	班数	人数		
京师	乙种农业学校	1	3	3	1	52	48	
	乙种工业学校	1	3	1	1	20		
	女子职业学校	1	12	5	3	152	43	
	农业教员养成所	1	12	4	1	37		
	小计	4	30	13	6	261		
直隶	甲种农业学校	2	26	11	7	228	128	32400 元
	甲种工业学校	2	20	10	11	406	218	29400 元
	甲种商业学校	3	18	12	6	152	114	5513 元
	乙种农业学校	2	7	4	2	71		
	乙种商业学校	1	4	3	1	40		2350 元
	小计	10	75	40	27	897		
奉天	甲种农业学校	1	21	7	5	126		56388 元
	甲种工业学校	1	23	7	6	250	55	
	甲种商业学校	2	24	9	8	311	120	46345 元
	乙种农业学校	2					37	
	乙种商业学校	2	6	2	2	86		1437 元
	小计	8	74	25	21	773		
吉林	甲种商业学校	1	3	2	1	40		5818 元
	甲种实业学校	1	12	3	4	154	75	23950 元
	小计	2	15	5	5	194		

---

① 璩鑫圭等编:《中国近代教育史资料汇编·实业教育师范教育卷》,上海教育出版社2007年版,第289—292页。

续表

省别	种别	校数	教职员		现有学生		毕业学生	经费
			教员	职员	班数	人数		
黑龙江	甲种农业学校	1	7	3	3	81	22	14270元
	甲种工业学校	1	6	2	2	53	20	5030元
	乙种农业学校	5	12	6	7	195	16	1120元 5400千
	乙种工业学校	1						980两
	乙种商业学校	1	4	1	2	43		2508两
	小计	9	29	12	14	372		
山东	甲种农业学校	3	19	18	9	311	81	12258元
	甲种工业学校	2	22	11	7	284		12683元
	甲种商业学校	1	7	4	2	82	64	
	乙种农业学校	60	151	106	86	2339	765	70274元 3830千
	乙种商业学校	3	9	3	3	91		3134元
	小计	69	208	142	107	3107		
河南	甲种农业学校	12	61	38	19	757	580	20547元 20368两 9163千
	甲种工业学校	1	7	5	1	58		8050元
	乙种农业学校	37	118	71	45	1394	628	9196元 4306两 32977千 120亩
	乙种工业学校	10	41	18	13	444	104	2496元 9462两 2284千
	小计	60	227	132	78	2653		

续表

省别	种别	校数	教职员		现有学生		毕业学生	经费
			教员	职员	班数	人数		
山西	甲种农业学校	2	29	13	8	288	28	200元 396两 2890千
	甲种商业学校	1	6	4	1	65		
	小计	3	35	17	9	353		
江苏	甲种农业学校	5	95	79	37	972	107	106731元
	甲种工业学校	2	48	21	13	423	118	103696元
	甲种商业学校	3	27	19	8	260	30	23400元
	乙种农业学校	3	19	6	3	99		6048元
	乙种工业学校	3	30	8	8	174	31	1200元
	乙种商业学校	10	52	24	25	628	68	8897元
	乙种实业学校	3	30	8	10	277	47	1200元
	女子职业学校	6	38	19	21	503	34	220元
	小计	35	339	184	125	3336		
安徽	甲种商业学校	2	29	15	10	362	94	
	甲种工业学校	1	14	5	6	148		12000元
	乙种农业学校	1	4	4	2	60		2000元
	乙种商业学校	1	6	3	2	40		420元
	小计	5	53	27	20	610		
江西	甲种农业学校	2	21	9	5	171	77	3955元
	甲种工业学校	2	32	12	7	160	124	
	甲种商业学校	1	6	5	3	78		
	乙种农业学校	1	3	2	2	23		850元
	女子职业学校	1	11	4	2	58		7258元
	小计	7	73	32	19	490		
福建	甲种农业学校	2	35	17	9	252	93	18880元
	甲种工业学校	1	30	12	9	263	159	
	甲种商业学校	2	39	12	6	154	105	5596元
	女子职业学校	2	33	14	8	223	40	5400元
	小计	7	137	55	32	892		

续表

省别	种别	校数	教职员		现有学生		毕业学生	经费
			教员	职员	班数	人数		
浙江	甲种农业学校	2	27	19	6	219	99	34457元
	甲种工业学校	1	40	20	10	509	17	42337元
	甲种商业学校	2	25	41	8	291	46	19157元
	小计	5	92	80	24	1019		
湖北	甲种农业学校	2	25	14	5	213	26	12380元 3100千
	甲种工业学校	1	29	11	5	194	58	25392元
	甲种商业学校	1	9	5	2	74	40	14688元
	乙种农业学校	15	53	32	12	708	107	500两 20063千
	乙种工业学校	2	8	6	4	122	54	5050千
	乙种商业学校	3	9	7	8	237	12	4830千
	女子职业学校	1	18	5	4	143	43	8604千
	小计	25	151	80	40	1691		
湖南	甲种农业学校	3	41	23	12	244	220	39210元
	甲种工业学校	5	76	35	16	274	120	90566元
	甲种商业学校	2	45	18	9	478	52	16487元
	乙种农业学校	4	23	10	7	159		2220元 101两 1711千
	乙种工业学校	4	16	10	5	107	19	5743元
	乙种商业学校	1	4	3	2	66	41	2176元
	乙种实业学校	1	5	3	2	72		4800千
	工业教员养成所	1	6	4	2	114		
	小计	21	216	106	55	1514		
陕西	甲种农业学校	1	14	10	4	137	14	18000元
	甲种工业学校	1	10	12	7	314		
	女子职业学校	1	8	3	2	36		
	小计	3	32	25	13	487		

续表

省别	种别	校数	教职员		现有学生		毕业学生	经费
			教员	职员	班数	人数		
四川	甲种农业学校	2	7	4	1	34	43	9044 千
	甲种工业学校	1	15	10	2	75		
	甲种商业学校	2	30	15	9	315	90	15000 元 基金 5000 两
	乙种农业学校	1	7	3	2	11		1600 两 1600 千
	小计	6	59	32	14	401		
广东	甲种农业学校	3	31	12	7	277	71	34245 元
	甲种商业学校	1	9	4	3	125	65	9030 元
	乙种工业学校	3	17	7	8	137	5	2570 元
	乙种商业学校	2	10	3	3	69	7	1920 元
	小计	9	67	29	21	608		
广西	甲种农业学校	1	8	4	3	124	21	11069 元
	甲种工业学校	1	11	4	2	100		14958 元
	小计	2	19	8	5	224		
云南	甲种农业学校	1	18	7	5	259	316	43633 元
	甲种工业学校	1	36	9	10	487	115	27434 元
	甲种商业学校	29	78	40	33	992	23	7707 元
	小计	31	132	56	48	1738		
甘肃	甲种农业学校	1	7	5	4	69	43	
贵州	甲种农业学校	1	14	6	2	95		16000 元
绥远	甲种农业学校	1	7	4	1	57		

据以上表格分析，民初职业教育发展大致具有以下几个特点：

第一，职业学校、学生数量大增。从1912年的425所增至1915年的585所，尤其是乙种实业学校增长速度较快，从1912年的346所发展到1915年的489所，仅3年就增加了143所，年均增加48所，在校学生人数也由1912年的17257人发展到1915年的20667人，仅三年就增加了3410人，年均增加1137人。1916年略有下滑，此后职业教育的发展起伏不定。

第二，职业学校分布全国的 22 个省市区。其中山东、河南、云南、江苏、湖北、湖南、直隶等地均在 10 所以上。

省份	京师	直隶	奉天	吉林	黑龙江	山东	河南	山西	江苏	江西	安徽	福建	浙江	湖北	湖南	陕西	四川	广东	云南	贵州	甘肃	绥远
数目	4	10	8	2	9	69	60	3	35	7	5	7	5	25	21	3	6	9	31	1	1	1

第三，就职业学校种类而言，农业学校占绝大部分。1912 年，425 所职业学校中，甲、乙种农业学校共 258 所，占 60.7%，到 1916 年，甲、乙种农业学校增至 323 所，占 525 所职业学校中的 61.5%。商业学校的发展相对较慢，比例偏低。1912 年仅 55 所，占总数的 12.9%，到 1916 年有所提升，增至 122 所，占总数的 23%。

第四，女子职业教育有一定发展。集中在沿海、沿江省份，以江苏省为最多。

省别	校数	学生数	教职员	经费
京师	1	152	17	
江苏	6	503	57	220 元
江西	1	58	15	2258 元
福建	2	223	47	5400 元
湖北	1	143	23	8604 千

职业教育虽然在民初得到一定的发展，但是存在的问题也是显而易见的。

第一，职业教育在整个教育中的比例非常小。中华民国建立后前五年，职业学校的数量不及一般学校的 0.5%，学生数也只有一般学校的 0.1% 左右。职业教育发展的这一状况情况，正如陆费逵所说："民国以来，国民教育、社会教育之说盛行，人才教育、职业教育几在屏除之列。"[①]

---

① 吕达主编：《陆费逵教育论著选》，人民教育出版社 2000 年版，第 146 页。

第二，职业教育发展不平衡。这种不平衡性表现为各地区发展不平衡和职业教育内部各门类发展不平衡。从地区上看主要集中在沿海、沿江经济、交通比较发达的地区及北部政治中心，体现了职业教育与经济之间的密切联系；从门类上看，乙种学校发展较甲种学校快，而农业类学校占绝对优势，商业学校发展最慢，表明传统的重农抑商观念和原有的经济基础对职业教育发展的制约。

第三，职业教育的发展不稳定。这种现象主要与当时的政局、时局有关。民国初年，军阀混战此起彼伏，政权更迭频繁，导致教育行政部门人事更换频繁，就教育总长一职而言，在短短的两年时间内就换了数人，如蔡元培、范源廉、刘冠雄、陈振先、董鸿祎等。其中任职时间最长的蔡元培、范源廉二人也只有6个月左右。这种状况对于教育方针、政策、法规的稳定性和贯彻执行是十分不利的。再者，连年的战争造成经济衰败，民不聊生，财政来源枯竭，影响了教育经费的投入。教育领导人也只能把主要精力放在一般教育上。就这段时间内教育部颁布教育法令看，实业教育法令总数也仅占普通教育法令的1/3。职业教育发展的不稳定性在民国时期未有改观。尽管如此，职业教育仍然在波动中缓慢前进，职业教育的理论与体制也随之进一步完善。

第二章

清末民初职业教育思想

　　职业教育思潮是由清末实利主义、实用主义教育思潮发展演变而来。在近代中国诸多教育思潮中，职业教育思潮是持续时间较长、影响层面较宽、与经济生产最为紧密的教育思潮之一。穷原竟委，其滥觞于清末"新学"勃兴时期，随着民初民族资本主义经济的发展而产生，并于中华职教社成立后达至高潮，19世纪20年代中后期趋于式微，在中国教育史上、中国职业教育史上发挥了重要影响。兹通过列举晚清民初不同派别、不同身份、不同行业的各界人物的职业教育思想，以窥其影响之广泛、影响之深远。

第一节　左宗棠的实业教育思想

一　左宗棠生平简介

　　左宗棠（1812—1885），字季高、朴存，号湘上农人，湖南湘阴人。左宗棠与曾国藩、李鸿章号称晚清三大"中兴名臣"，他年轻时致力于科举考试，然在道光十二年（1832）中举后却屡试不第，遂放弃科考。后逢太平军起义，左宗棠被湖南巡抚聘为幕僚，他悉心筹划，在镇压太平军中展示了个人才华，从而引起了朝野的关注。咸丰十年（1860）左宗棠随曾国藩襄办军务，在镇压太平天国中屡建功勋，先后升任浙江巡抚、闽浙总督。在镇压太平天国后，又逢西北事起，旋改任陕甘总督，先后平定回民叛乱、收复新疆。左宗棠一生战功卓著，然而在戎马生涯中他还非常重视办理洋务，1866年他在福州马尾筹办造船厂，转战西北期间，他在兰州创立枪炮制造局、机器织呢局。面对新的形势以及办洋务的体验，左宗棠深切感受到新式人才的重要，他开设专门学堂并派遣留学生以学习

"西艺",为洋务运动培养了一批实用之才。透过左宗棠的教育活动,我们可清晰地感受到他的实业教育思想。

二 左宗棠实业教育思想的主要内容

左宗棠在中国传统"经世"之学的影响下,以及在向西方学习的过程中,逐步形成了他的实业教育思想。其实业教育思想的主要内容有:批判旧学,倡导实学以图国强;教授新学,派遣留学以精进学业;理论与实践相结合以求培育实才。

1. 批判旧学,倡导实学以图国强

左宗棠的实业教育思想主要体现在其办洋务中的教育活动,如有为培育造船、驾驶人才的福州船政学堂[①],以及为培育电报人才的金陵同文电学馆。这些"技艺"学堂是应中国传统的科举教育无法培育出清政府"自强运动"所需的新式人才而创设的。左宗棠对科举制的弊端有深刻认识,他对此批评道:"晚近读书,不知讲明义理,藏之心而体之身,但以之章句,博科名,以求世俗所为富贵利达而已,此心何可令古贤见乎?"[②]并进一步指出科举考试使广大士子"专心做时下科名之学多,留心本原之学者少",致使天下"人才不佳","时事日坏"[③]。为此,左宗棠认识到要通过办洋务实现自强御侮,须发展实学,重视"技艺",向西方学习。他认为西方的自然科学技术堪称实学,西方的强盛缘于西人接受了实学的教育,他对此说道:"中国之睿知运于虚,外国之聪明寄于实。中国以理义为本,艺事为末。外国以艺事为重,义理为轻"[④],"泰西弃虚崇实,艺重于道,官、师均由艺进,性慧敏,好深思,制作精妙,日新而月有异。象纬舆地之学尤征专诣,盖得儒之数而萃其聪明才智以致之者,其艺事独擅,乃显于其教矣"[⑤]。

2. 教授新学,派遣留学以精进学业

左宗棠对其开办的洋务学堂的教学内容也有自己的见解,并付诸行

---

① 1867年左宗棠虽调任陕甘总督,但他仍关注船政局事务,"左宗棠虽赴甘省,而船局乃系该督创立,一切仍当预闻"。(《左宗棠全集·奏稿3》,岳麓书社2009年版,第308页。)
② 左宗棠:《左宗棠全集·札件》,岳麓书社2009年版,第312页。
③ 左宗棠:《左宗棠全集 诗文·家书》,岳麓书社1987年版,第20页。
④ 罗正钧:《左宗棠年谱》,岳麓书社1983年版,第127页。
⑤ 左宗棠:《左宗棠全集 诗文·家书》,岳麓书社1987年版,第256页。

动。以福州船政学堂为例,该学堂主要学习西方科学技术,分为前学堂、后学堂,前学堂学法文和制造,后学堂习英文和驾驶。两学堂又分别设置了若干专业,开设了不同的课程。造船(制造)专业的课程有:算术、几何、透视绘画学(几何作图)、物理、三角、解析几何、微积分、机械学、法语、工厂实习等。绘事院(设计专业)的课程:算术、几何、几何作图、微积分、透视原理、法语、150马力船用蒸汽机构造课、工厂实习等。艺圃(艺徒班)的课程:算术、几何、几何作图、代数、设计和蒸汽机构造课、法语等。驾驶(航海)专业课程分理论和实际两类,理论类:英语、算术、代数、几何、解析几何、平面三角、球面三角、航海天文学等;实际类:航海术、射击术、海战、领航等。[①] 从中可以看出,福州船政学堂的教学内容效仿西方学校,学生虽免不了要读些《圣谕广训》之类的封建道德课程,但他们已主要学习各自职业相关的知识了。

左宗棠对学生出国留学的作用亦有认知,他认为此举有助于学生精进学业。1873年在答复总理衙门的一封信函中,他指出:"遣人赴泰西游历各处,籍资学习,互相考证,精益求精,不致废弃,则彼之聪明有尽,我之神智日开,以防外侮,以利民用,绰有余欲矣。"[②] 在此思想的指引下,福州船政学堂从1877—1897年向欧洲派出了四批留学生。

3. 理论与实践相结合以求培育实才

理论与实践的结合是左宗棠实业教育思想的精髓,他十分重视学生的理论应用和实际动手能力,这一思想在福州船政学堂"造"与"学"的结合中得到深切体现。从上文前、后学堂开设的课程中可以看到,学生在学习了理论知识后都要进行实习训练。制造科学生每天有数小时的体力劳动,以熟悉车间情况,并在指挥工人中锻炼自身能力。绘事院学生在其三年的学习生涯中,要有八个月到工厂实习,且"每天花若干小时在工场同工人打交道,熟悉种种轮机和工具的实际细节"[③],从而通晓机器设计原理和构造。而艺圃则是一种业余学习方式,它是为了加强艺徒的专业理论学习,艺徒白天劳动,晚上学习一个半小时,后来在上午又增加了一小

---

① 林庆元:《福建船政局史稿(增订本)》,福建人民出版社1999年版,第123—127页。
② 左宗棠:《左文襄公全集·书信二》,岳麓书社2009年版,第373页。
③ 朱有瓛主编:《中国近代学制史料》第1辑(上册),华东师范大学出版社1983年版,第464页。

时，经过三年的培训，艺徒可成为既具备理论知识，又有实际技能的实用人才。驾驶（航海）专业更是注重实际操作能力，在其培养计划中就明确规定：航海理论学习三年半，实际操作两年。船政学堂的教学方式不同于中国传统教育"劳心者"与"劳力者"的分离，而是把二者有机地结合在一起，为洋务自强培育了一批有用之才。

三　左宗棠实业教育思想的特点及意义

左宗棠作为清王朝的封疆大吏，他的实业教育思想产生于民族危机日渐加深、清政府面临内外交困之际，深深地打上了时代的烙印，其实业教育的核心目标在于培养实用人才以振兴洋务，进而自强御侮，维护清王朝的统治。左宗棠向西方学习的思想亦居于"中学为体、西学为用"的框架内，他认为西方优于中国的是其"技艺"，所以他向西方学习的思路是采"西艺"以"卫道"。左宗棠的实业教育思想虽然还是零散、未成体系的，但是无论对于社会发展还是思想进步而言都是富有意义。

首先，左宗棠的实业教育思想及其实践一定程度上突破了传统封建教育的藩篱，传播了"技艺"学习的观念。传统科举制下的儒家教育以四书五经为教学内容，以培养讲纲常名教和会做八股文章的封建士子为教育目标，教育空疏无用，无法培育出实用人才。而且封建士大夫以"修齐治平"为人生目标，只知道"专心道德文章"，而不知道"以艺事为重"[①]，对"技艺"不屑一顾。左宗棠作为封建官僚中的一员，能高度重视"技艺"的作用，不单要求在科举中增设艺科，还创设了多所技术学堂，冲破了传统教育的旧观念和科举制的束缚，有助于推动社会对"技艺"人士的改观，促进实业教育的发展。

其次，从社会发展层面而言，左宗棠实业教育实践培育的诸多实用人才积极地推动了社会的发展。以福州船政学堂为例，40年间（1867—1907年）培养的人才在近代中国的军事、经济、文化和政治上都起了巨大作用，他们或为中国早期海军骨干，或参与经济建设，或供职于教育部门，或从事翻译工作，或担任外交官。我们今天仍耳熟能详的名人如海军将领有萨镇冰、邓世昌，铁路专家詹天佑、魏瀚，翻译家严复，外交家陈季同等。

---

① 左宗棠：《左文襄公全集·书信二》，岳麓书社2009年版，第57页。

第二节 张之洞的实业教育思想

一 张之洞生平简介

张之洞（1837—1909），字孝达，号香涛、香岩，晚年自号抱冰，祖籍直隶南皮（今河北南皮县），晚清忠臣，洋务运动的著名代表之一。张之洞自幼才华过人，其科举考试与仕途都颇为顺利，27岁就考中殿试一甲第三名，随后长期担任负责全省教育工作的学政一职。张之洞出生于一个官僚地主家庭，所受严格的、正统的儒学传统教育。他5岁入塾学习，9岁读毕四书五经，10岁读毕九经，12岁时就出了诗集，14岁考取了秀才，两年后，又考中了顺天乡试第一名举人。27岁中进士，之后又在翰林院任编修三年，深受儒家经世品格的影响，所以传统礼教儒风对张之洞一生"以维持名教为己任"① 产生了深远的影响；也正因为对礼教科举的亲身经历和了解，使张之洞成为晚清最通晓学务之人。1881年张之洞被授予山西巡抚，他关心国事，纠弹时弊，主张坚决抵御外国侵略，与宝廷、张佩纶、黄体芳等人号称清流派。1884年中法战争爆发后，他出任两广总督，从此开始广泛涉足洋务，在粤期间创办有枪炮厂、铁厂、铸钱厂、织布局等。1889—1907年，张之洞担任湖广总督，督鄂期间他更是倾力经办洋务，在湖北创建了枪炮厂、汉阳铁厂，以及织布、纺纱、缫丝、制麻、铁矿等各种企业，成为洋务运动后期的主力干将。张之洞不单办洋务出名，他在教育上的贡献亦是令人称道，他在办理工商企业的实践中，深刻认识到实用人才的重要，先后创办了诸多洋务学堂，如广东电报学堂、湖北方言商务学堂、湖北自强学堂、南京储才学堂、铁路学堂、湖北农务学堂等，他在办学中逐步形成了较为完整的实业教育思想体系，他的实业教育思想代表了洋务派在实业教育上的最高认知水准。

二 张之洞实业教育思想的主要内容

张之洞的实业教育思想博大精深，对实业教育的作用、途径、教学方式、师资培养以及实业教育制度的建设都做了论述。

---

① 黄兴涛编：《辜鸿铭文集》（二），海南出版社1996年版，第418页。

1. 实业教育之作用

在列强的侵凌下，中国日渐落后，人民贫困潦倒，张之洞期望通过发展农工商等实业来振兴国家，他说："窃维富国之道，不外农、工、商三事。"① 然而在办实业的过程中，他面临着无才可用的困境，对此他深有感慨："国无强弱，得人则兴……无人才则救贫救弱徒涉空谈，有人才则图富强易如反掌。"为了改变这种状况，他要求大力重视实业教育以培育人才，他指出："中国力图自强，舍培植人才，更无下手之处。"② 只有通过发展实业学堂培育出大批专门人才，方能实现农工商各业的振兴，进而求得国富民强以抵御外国的侵犯。

2. 实用人才培育之途径

张之洞认为发展农工商业的基础在于实用人才，而培育人才的根本的途径在于广设农工商各类学堂。

第一，农务学堂。"民以食为天"，人不可无食，而在生产力落后之封建时代，食皆源于农业，因此农业在中国历朝历代都是经济之本。然而中国农民自古贫困不堪，其缘于农民凭经验劳作，靠天吃饭，张之洞为此指出："今日欲图本富，首在修农政，欲修农政必先兴农学"③，遍设农务学堂。向农民传授植物学、农业机器学、农业化学等方面的知识，提高农民的文化水平，从而振兴农务。

第二，工艺学堂。张之洞对工艺学堂极为重视，他认为，西方国家应用机器制造的产品精美绝伦，中国虽物产富饶，但是百工朴拙，国内的手工制品远不及西方。其原因在于中国传统手工业长期以来只是因袭旧艺，工人文化层次低，不能应用机器生产，因而致使洋货充斥国内，土货日渐衰败，国家漏卮日甚。张之洞把上述中国的种种不足归因于"工学不讲"④，为此，他倡设工艺学堂，使艺徒习得各种工艺手法，并懂得操作机器，最终实现工业发展。

第三，商务学堂。商务能起沟通有无之效，张之洞对此亦十分重视，

---

① 苑书义、孙华峰、李秉新主编：《张之洞全集》第 2 册，河北人民出版社 1998 年版，第 1285 页。
② 同上书，第 1140 页。
③ 同上书，第 1436 页。
④ 朱有瓛主编：《中国近代学制史料》第 1 辑（下册），华东师范大学出版社 1986 年版，第 959 页。

他认为"商务,关富强之大计"①,应速速讲求。如若商务兴盛则对外交涉有了取胜的资本,国势自然就得以振作。而振兴商务须向西方学习,重视商学,通过商务学堂以培育商务人才。他还指出了此类学堂教授的内容有制货理法、商法、销货途径、中外银币涨落、行业情况、中国土货等。

3. 实业学堂之教学方式

张之洞的实业教育思想精微细致,对实业学堂的教学方式也做了通盘考虑。他认为实业教学应遵循由易到难、循序渐进的思路。以农业学堂为例,教学内容应从"最浅近之知识技能"到"必需之知识艺能",最后达至"授高等农业学艺"。教学还应注重理论与实践相结合,张之洞倡导"讲习与历练兼之",他开设之实业学堂,除教授学生理论知识外,还要求把"实习"列为必修科目。他主持拟定的《奏定实业学堂通则》中明确规定了实业学堂的课程包括"普通科目"和"实习科目"两部分。

4. 实业教育之师资

近代中国,传统教育束缚了实用人才的培养,这也造成了实业学堂师资的匮乏,张之洞在办学堂的过程中深有感触,他甚至感叹求师之难尤甚于筹费。为了解决这一问题,他在《奏定实业学堂通则》中表露了他的想法:一是通过"延聘外国教师",其实他本就如此实践的,他开办的湖北农务学堂和工艺学堂就是"选募美国农学教习二人";二是派学生出国学习,学成后以充实教师队伍;三是依靠实业教员讲习所的培养,实业教员讲习所"为实业学堂师范所资";四是仰赖高等实业学堂的供给,《通则》言及高等农业学堂即"以授高等农业学艺,使将来能经理公私农务产业,并可充各农业学堂之教员、管理员为宗旨"。

5. 实业教育制度建设

张之洞的实业教育思想之所以成为洋务派的典型代表,甚至比维新派的实业教育思想更为完备的原因在于他提出了较完善的实业教育制度。张之洞完整的实业教育制度设想体现在其主持下修订的《癸卯学制》(《奏定学堂章程》,成于农历1903年——癸卯年),在该学制中涉及实业教育的有《学务纲要》《高等农工商实业学堂章程》《中等农工商实业学堂章程》《初等农工商实业堂章程》《徒学堂章程》《实业学堂通则》等。通

---

① 苑书义、孙华峰、李秉新主编:《张之洞全集》第2册,河北人民出版社1998年版,第898页。

过这些章程、通则，我们可以清晰地看到张之洞把实业学堂分为正式实业学堂、实业补习学堂、实业师范学堂三类。正式实业学堂又细分为初、中、高三级，各级按专业进一步分农、工、商和商船学堂。补习实业学堂包括普通补习实业学堂、艺徒学堂两种。实业师范学堂有实业教员讲习所。从而形成了由低到高、正式与补习相结合、技术人才与师资培养齐头并进的完备体系。

三 张之洞实业教育思想的特点及意义

张之洞作为晚清历史舞台上的最重要人物之一，对中国近代教育产生了很大的影响。他一生崇尚"经世致用"，把"为国尽忠心，救国于危亡"当作自己不可推卸的责任，将"兴办实业，培育人才"作为强国安邦的重大举措。在几十年的仕宦生涯中，张之洞敢于直言传统教育的弊端，提出发展近代教育的主张，如兴办新式学堂、废除科举制、派遣留学生、创立新学制等，形成了较为丰富的教育思想，实业教育是其中颇具特色的部分。而"自强"则是他实业教育思想的核心价值观。在面对国家遭受侵略、清王朝的统治深受冲击之际，他怀着强烈的"忠君爱国"之心，力图通过发展实业教育，以培育实用人才，改变中国"器不良""技不熟"的状况，振兴农工商业，最终实现国家富强，巩固清政府的统治的目的。在张之洞实业教育思想中"中学为体，西学为用"是他向西方学习的一条重要准则，该准则承袭自早期资产阶级改良派的思想，以学习西方自然科学技术、生产技术为中心内容，此可为"求强求富"所用，但是中国的经史之学、孔孟之道、伦理思想等也须灌入学生的培养，以守其本也。

张之洞的实业教育思想及实践对晚清社会产生了重要影响。围绕实业学堂的生源条件、师资来源、学堂种类、课程设置、教学方法等，张之洞阐发了一系列独到的见解，并付诸办学实践，其创办的众多实业学堂在一定程度上突破了传统的科举教育，再加上张之洞对教育变革的呼吁，从而促使了清末对传统教育的全面革新，推动了新式教育的发展。张之洞开办的实业学堂还培育了一大批新式人才，他们掌握了先进的知识与技能，思想开化，他们或投身经济，或参与革命斗争，为近代中国的发展做出了巨大贡献。

张之洞的实业教育思想得到后世的继承与发展，对民国时期实业教育思想的继续完善与深入具有积极意义。从 1912—1913 年颁布的一系列教育法令、规章来看，其中《实业学校令》和《实业学校规程》的大部分内容和《癸卯学制》的规定大体相近①。

张之洞的实业教育思想内容丰富，体系完整，是洋务派人士的集大成者，对近代中国教育产生重大影响。但是其思想也还存有不足，诸如实业教育未能冲破封建束缚，对女子实业教育的漠视，实业仍局限在农工商矿等几个主要领域。

第三节　郑观应的实业教育思想

一　郑观应生平简介

郑观应（1842—1922），本名官应，字正翔，号陶斋，祖籍广东香山县（今中山市）。咸丰八年（1858）童子试未中后即放弃科考，奉父命到上海，走上了经商的道路，先在新德洋行帮助其叔父，后入宝顺洋行、太古轮船公司等处担任高级买办。郑观应还广泛投资于近代实业，在工业、农牧业都有涉足，担任过粤汉铁路的总经理，还创办了进出口公司、航运公司，逐渐成为近代著名的民族资本家。此外，郑观应还是洋务企业的重要创办者和经理人，1878 年他受直隶总督李鸿章的委命，筹办上海织布局，后来又在上海电报局、轮船招商局、汉阳铁厂任帮办、会办、总办等职务。纵观清末，郑观应大都致力于工商业，他对国家时局及实用人才的重要性都有深刻的认识，在其著述《救时揭要》《易言》《盛世危言》中都可得以体现。民国之后，郑观应的精力主要倾注在办教育上，并兼任轮船招商局公学董事、主任，上海商务中学名誉董事等职。郑观应的生平经历促使其重视新式教育的发展，尤其是培养专门人才的实业教育，因此他形成了较为完备的实业教育思想。

二　郑观应实业教育思想的主要内容

郑观应的实业教育思想是在面对鸦片战争后的时代环境以及在办实业过程中形成的切身体悟，因而富有时代气息和自身特色。他心系民族危

---

① 舒新城主编：《中国近代教育史资料》（中册），人民教育出版社 1981 年版，第 777—778 页。

亡，在其实业教育思想中，将"商战""学战"紧密结合，与此同时，他还提出向西方学习要"体""用"兼备，要建立实业教育制度。

1. "商战""学战"相结合

鸦片战争后，随着西方殖民者的不断侵入，中华民族的危机日益加深，中国各方力量都在探寻救国之道，洋务派提出学习西方的"坚船利炮"以自强御侮。然而郑观应认为列强的侵略较之军事侵略更为隐蔽，且练兵造船皆须建立在强大的经济基础之上，因此，他认为中国要大力发展农工商业，增强经济实力，方能抵御西方列强。在其名著《盛世危言》中把这一思想归纳为"商战"，他说道："西人以商为战……彼既以商来，我亦当以商往"①，并断言："习兵战不如习商战。"② 郑观应提倡之"商战"不仅仅指振兴商业，还有包括农、工、矿等领域，他认为"商务之盛衰，不仅关物产之多寡，尤必视工艺之巧拙，有工以翼商，则拙者可巧，粗者可精"③，并指出农业须应用机器加以改造。

郑观应提出"商战"的同时，亦清晰地明确振兴农工商矿须基于专业人才的培养，没有可用之人才，一切救国图强之策都将流于空谈，为此，他将"商战""学战"紧密结合于一起。对此他以西洋强国的情况进行论证，反复说明它们农工商的繁荣与学校教育息息相关。他说西方国家"兴学校，广书院，重技艺，别课考，使人尽其才"④，人人读书各学一艺，或算、化、光、电，或矿、医、农、律及一切制造各务，既以之谋生，亦以之富国。并在《易言·论洋学》《盛世危言·学校上》及附录《德国学校规制》《英法俄美日本学校规划》等篇目中向国内介绍了部分资本主义国家的实业教育。

2. 西学"体""用"兼备

郑观应极力主张向西方学习，他认为西方学说亦有"体""用"之别，学习时须二者兼备，不单要学习科学技术，还要深入了解西方的政治制度。郑氏言道："其（泰西——笔者注）治乱之源，富强之本，不尽在船坚炮利，而在议院上下同心，教养得法。……西人立国之本具有本末，

---

① 夏东元编：《郑观应集》（上册），上海人民出版社1982年版，第596页。
② 同上书，第586页。
③ 同上书，第588页。
④ 同上书，第234页。

虽礼乐教化远逊中华，然其驯致富强，亦具有体用。"① 郑观应在《盛世危言》中将西学分作天学、地学、人学三类，"天学"涵盖天文、算法、历法、电学、光学等科目；"地学"有地舆、测量、经纬、种植、车舟等诸种；"人学"包含语言文字、政教、刑法、食货、制造以及商贾、工艺等内容。从中我们不难看出郑观应的"体""用"兼备思想。郑之所以要把向西方学习从"器物"层面升及民主政治，这是其作为资产阶级代表的必然要求，他对封建专制制度的弊端深有感触，专制下的中国日益贫弱，工商难以振兴，亦不能培育出实用人才。为此，郑主张中国应效仿西方民主政治，尤其是英国的君主立宪制，期望通过西学之"体"（君主立宪制）来变革中学之"体"（封建君主专制）。

3. 构建实业教育制度

郑观应已产生构建实业教育制度的思想，这种心情在其介绍西方列强的实业教育时就有流露，他看到德国的实业学堂有皇家书馆、郡学院、实学院，上实学院学生毕业后入大学院，下实学院毕业者可进技艺院、航政院、通商院等高等专门学校。② 此外他在俄国、美国、日本的教育体系中也看到了相似的实业教育制度。这种富有体系的制度对郑观应深具吸引力，他详细介绍的目的即希望在中国也能建立完善的实业教育制度。

反观中国，他认为构建实业教育制度，首先要废除八股，如若"大、小学堂只知教习举业，不屑讲求商贾、农工之学"③，即便新式学校建立也不会有实际效果，无法培养出实用人才。其次在《易言·论洋学》《盛世危言·考试下》两篇中可粗窥他的学制轮廓，即大、中、小三级学堂制（省会、京师设大学，府设中学，州县设小学），并分文武两个系统，文分格致、艺学、杂学、政事、文学、言语六科，武含陆军、海军两科。

他对实业各类学堂制度都有一定设想，以工艺学堂为例，其制度：对象是幼童，分专业实行因材施教，教师实行聘请制，学制分两级，初级是三年，谓之"粗者"，高级为六年，谓之"学成"，毕业后按声、气、电、光、铁路、熔铸、雕凿等专业由工部衙门分派使用。④

---

① 夏东元编：《郑观应集》（上册），上海人民出版社1982年版，第233—234页。
② 同上书，第265—266页。
③ 同上书，第607页。
④ 刘桂林：《中国近代职业教育思想研究》，高等教育出版社1997年版，第31页。

他在学制外还提出培训制度,其效仿瑞典、德国实行的童艺院,学习时间大致六个星期,向那些无业贫民子弟教授雕刻、订书之类的技艺,使之掌握一谋生手段。他还提及女子实业教育,介绍西国男女教育并重,学习纺织、烹饪、女工、医护等使用技艺,认为中国"女塾章程,必须参仿泰西"①。

三 郑观应实业教育思想的特点及意义

郑观应的实业教育思想具有诸多创新,富有特色。首先,由于郑观应生活在危机重重的近代中国,他的实业教育思想具有浓厚的救国图存之时代底色,无论是振兴农工商矿的"商战",还是培育实用人才的"学战"思想,都是为了实现民族富强,进而抵制西方列强。其次,郑观应作为近代中国民族资产阶级的早期代表,他的实业教育思想中已注意到为培养实用人才须构建有利的政治环境。最后,郑观应已形成实业教育制度的初步轮廓,不仅要建立"三级、两系统"的学校制度,还要结合业余的培训制度,且有了分级升学意识。

当然,郑观应的实业教育思想也存在不足,其实业教育制度的构想还不够完整、详细,也未能完成从科举制中挣脱出来。但是不可否认的是他的实业教育思想对其所处之时代及后世都产生了重要影响。

一方面,它对实业教育的宣传冲击了当时社会上"重道轻艺"的观念。社会观念往往是一项举措成败的关键,如果世人皆追求科举功名,而不肯讲求技艺,耻言工商,贱视工匠,那么实业谈何发展?因而郑观应的重商言论是富有意义的,有助于破除世人"轻技"的观念,从而为实业发展营造有利的环境。

另一方面,郑观应提倡之"商战""学战"思想对后世影响深远。中日甲午战争后,随着民族危机的空前加深,国人在探寻救国之路上涌现了"实业救国"和"教育救国"思潮,这两股思潮恰恰是郑观应"商战""学战"思想的延伸,由此可见郑氏思想的先导作用。同时,郑观应作为早期资产阶级改良派的重要代表,他的实业教育制度构想也将为康有为、梁启超等维新派实业教育制度奠定理论基础。

---

① 夏东元编:《郑观应集》(上册),上海人民出版社1982年版,第288页。

第四节 张百熙的实业教育思想

一 张百熙的生平简介

张百熙（1847—1907），字冶秋，同治进士，历任编修、山东学政、内阁学士、礼部侍郎、管学大臣、邮传部尚书等官职达三十余年。张百熙生于湖南长沙县，早年就读于长沙城南书院，"习诗甚勤"。同治十三年（1874），年仅 27 岁的张百熙考中进士，被授翰林院庶吉士，不久改授翰林院编修。其后，他又担任了山东乡试副考官、提督山东学政、侍讲、侍读和文渊阁校理等职。光绪二十三年（1897），他任江西乡试正考官，不久又被任命为提督广东学政。在任广东学政时，他"倡设时敏学堂，严杜闱生之弊，士论翕服"[①]。戊戌变法运动期间，他积极参与新政。曾上奏主张对科举考试中的武科进行改革，提出了设立军事学堂，以舆地、测绘等课程培养军事人才的建议。戊戌政变发生后，他因保举康有为等而被革职留任。不久开复原官。以后相继任礼部右侍郎、工部尚书兼署都察院左都御史、刑部尚书、吏部尚书等职。庚子之难后，清政府要求官员言陈变法，张百熙奏请改官制、理财政、变科举、办学堂、设报馆等，深得慈禧太后赏识。1902 年 1 月，清廷谕令张百熙任管学大臣，并主持京师大学堂。在张百熙的主持下，京师大学堂成为一所多学科的综合性大学，并成为中国近代真正的大学教育的开端。此外，他还主持制定了中国第一个由国家颁布实行的系统学制——《壬寅学制》，参与制定《癸卯学制》，并最终促成在中国存在 1300 多年的科举制被废除。

二 张百熙实业教育思想的主要内容

1. 从实际出发，贯彻"取与用出于一"的教育思想

在 1901 年 10 月上奏的《变通翰林院规制》中，张百熙就曾指出，"一省之士，多者万余，拔其尤者为举人；会试之士，一省数百，拔其尤者数十人，数人为贡士；贡士之中，拔其尤者为翰林。择之可谓精到"[②]。但是，选拔出来的人才不通时务，是"取非其道也"；而当前国家所用的

[①] 彭平一：《张百熙与晚清教育改革》，《船山学刊》2002 年第 1 期。
[②] "国史"馆编：《清史列传·张百熙》第 61 卷，中华书局铅印 1928 年版，第 23 页。

人才又是科举选拔出来的，这是"不得已而用之"。要想克服这些弊病，莫如使取与用出于一，让已被录取的举人、进士、翰林等都"各视性之所近分研实学以备实用"。本着"取与用出于一"的教育思想，张百熙提出"以经史政治、法律、通商、理财等事隶政科；以生光电化农工医算等事隶艺科"①。从这一点上看，张百熙的教育思想已经开始逐步摆脱了传统儒家教育思想的腐朽八股气息，开始将经世之学和科学放在了重要位置。这对后来学制的制定和职业教育的发展产生了很大的影响。

在主持京师大学堂过程中，张百熙特别强调了从实际出发办教育，将自己的教育思想付诸实践。例如在京师大学堂的教材编制上。他认为如果对古代典籍不以一定的原则来进行选择，而是"随意抉择，即成巨帙，何所补于时事耶？"②这种从实际需要出发，对教材内容进行选择的主张无疑是相当先进的教育思想。在教育改革和学制的制定上，张百熙较早提出"设学堂，延教习"等教育改革的主张。在《辛丑条约》后，他深感教育改革的重要性，提出了"变通科举、广建学堂"等教育改革的主张，并根据实际，提出了广建学堂的六条措施。他在担任京师大学堂管学大臣后，主张对教育体系"非徒整顿所能见功，实赖开拓以为要务，断非因仍旧制敷衍外观所能收效者也。同时他也表示不敢希图省事，至使中国未收通变之效"③。因此，他开始锐意改革，重视制定统一学制，从担任管学大臣开始就积极借鉴外国学制章程，以制定中国自己的统一学制，对近代教育改革有着十分重要的意义。

2. 重视人才、人尽其用的办学理念

高度重视人才，主张人尽其用是张百熙教育思想和教育活动的一个极为重要的特点。在聘请吴汝纶为京师大学堂总教习这件事情上，张百熙重视人才的思想一直为后人所称赞。他在考察完京师大学堂后，认为："大学堂之设，所以造就人才，而人才之出，尤以总教习得人为第一要义。必得德望具备、品学兼优之人，方足以膺此选。"④经过认真选择，他认为吴汝纶"学问纯粹，时事溯明，淹贯古今，详悉中外，足当大学堂总教

---

① "国史"馆编：《清史列传·张百熙》第61卷，中华书局铅印1928年版，第25页。
② 彭平一：《张百熙与晚清教育改革》，《船山学刊》2002年第1期。
③ 同上。
④ 张百熙：《举大学堂总教习折》，转引自萧超然等《北京大学校史》（增订本），北京大学出版社1988年版，第14页。

习之任"①。当吴汝纶以年纪老迈为由,不肯出任总教习时,张百熙做出了让众人吃惊的举动。他穿着朝服亲自到吴汝纶家中长跪不起,说:"吾为全国求人师,当为全国生徒拜请也,先生不出,如中国何?"② 此举令吴汝纶非常感动,终于答应出任京师大学堂总教习一职。此外,他还聘请了其他许多学者名流来京师大学堂担任教学和管理工作。一时,京师大学堂成为人才荟萃之地,为京师大学堂后来成为国内第一流的大学奠定了基础。

3. 主张建立分科大学和创办实业教育

在出任京师大学堂管学大臣之后,面对朝廷对大学堂"应即切实举办"的催促,张百熙在对当时全国新式教育实施情况进行分析研究的基础上,针对各省府州县开办新式学堂"尚无几处"的现实情况,提出"目前姑请缓立大学专门,先办预备、速成二科"。预备科学生"取其年岁最富、学术稍精者再加练习,储为真正合格之才"。待三年后预备科的学生与各省学堂毕业的学生一起再来考大学堂,升入专门的大学学习。速成科学生"则取更事较多、立志猛进者,取其听从速化之效"③。建立分科大学和创办实业教育是对中国传统教育模式的突破。张百熙关于设分科大学与举办实业教育的主张是带有前瞻性的,现代之专门大学和职业教育便是在此基础上发展起来的。

三 张百熙实业教育思想的地位

在近代中国教育史上,张百熙是一位有影响的人物。他以最大的热忱,竭尽全力改革教育制度,恢复、创办京师大学堂,在教育事业上做出了卓越的贡献,被誉为中国"大学之父"。由他主持起草或参与起草的中国近代史上最早的两个统一的学制——1902年颁布的《钦定学堂章程》(《壬寅学制》)和1904年颁布的《奏定学堂章程》(《癸卯学制》)对近代职业教育产生了重大的影响。不仅如此,张百熙的建立分科大学和创办职业教育的思想无疑也是他对中国传统教育模式的重大突

---

① 张百熙:《举大学堂总教习折》,转引自萧超然等《北京大学校史》(增订本),北京大学出版社1988年版,第14页。
② 《清代轶闻·京师大学堂沿革略》第5卷,中华书局1989年版,第3页。
③ 朱有瓛主编:《中国近代学制史料》第2辑(上册),华东师范大学出版社1987年版,第958页。

破。这种具有历史前瞻性的职业教育思想，为现代之专门大学和职业教育奠定了基础。

在张百熙看来，要培养各项艺能之人就必须要设分科大学堂，要振兴农工商各项实业，只有举办实业学堂。为了办好大学，张百熙十分注意延揽人才，他选定直属知州"桐城派"著名领袖吴汝纶为大学堂总教习。同时，张百熙设立了速成科，分为仕学馆与师范馆，还办了医学馆、译学馆、实业馆、报馆和书局等。以后的北京师范大学、北京医科大学即由师范馆、医学馆与京师大堂中的医学科演化而来。我国各省派官费留学生留学东、西洋也是从此开始的。由于张百熙在筹办京师大学堂的过程中，重用了一些比较开明和进步的知识分子，引起了以西太后为首的顽固守旧势力的仇恨和反对，他们对京师大学堂进行了恶意攻击和造谣诽谤，张百熙则首当其冲。清廷终以张百熙有改良主义思想、不够可靠为由，便加派了满人荣庆为管学大臣，对他进行监督，使得张百熙受到很大限制。1903年3月，实权派人物张之洞奉慈禧之命进京督察学务。张之洞对京师大学堂进行了一番调查后，面奏慈禧太后称，京师大学堂办理不善，使得京师大学堂岌岌可危。张百熙为保住大学堂的成果，不得不与荣庆上奏《请派重臣会商学务折》，清朝廷要求派张之洞参与会商学务。1904年1月13日，张百熙、荣庆、张之洞联合上报的《奏定学堂章程》获得批准。随后，清政府颁布了包括《学务纲要》和17件具体学堂章程，史称《癸卯学制》。这是中国近代第一个在全国范围内统一实施的学制。这个学制虽然是以张之洞为主制定的，但张百熙在其中也起到了十分重要的作用。张百熙在晚清教育改革中，虽然没有自己系统的教育理论，但在他从事教育改革和教育管理的实际活动中形成了具有鲜明近代特点的教育思想，对晚清职业教育产生了很大的影响。综观张百熙的教育活动和教育思想，从中体现出的较为先进的教育和管理思想，其中有不少在今天看来仍然是值得借鉴的。

总之，张百熙恢复和发展了京师大学堂，毫无疑问是对中国教育的一大贡献。而他主持制定的《癸卯学制》作为近代中国第一个真正施行的新学制，闪烁着时代的光辉，它为教育体制改革的完成奠定了基础。在当时封建正统儒学仍占绝对统治地位的时代，能把职业教育提到办学宗旨这个高度，也是个较大的进步，为僵化的传统教育文化打开了一个缺口，成为辛亥革命后教育体制改革得以成功实施的重要条件。因此，张百熙的教育思想对近代教育的贡献是不可磨灭的。

第五节　康有为的实业教育思想

一　康有为生平简介

康有为（1858—1927），又名祖诒，字广厦，号长素，广东省南海县人。康有为出生于书香世家，从小饱读诗书，先有祖父康赞修的启蒙，后得粤省名儒朱次琦、张鼎华的开教，为之打下了坚实的国学基础。康有为还好读西书，从国人撰写的西方介绍性读物，到名著译介，乃至西人自行出版之书，他皆有广泛涉猎，这就为其思想楔入了西方元素。康有为生活于中华民族水深火热之际，他目睹国家危局，并毅然担负起救亡图存之历史使命。1888年，上书光绪帝，请求变法，在受阻未上达后，他返乡创办万木草堂，撰写了《新学伪经考》和《孔子改制考》，培养维新人才、宣扬维新思想。1895年，中国在甲午战争中的惨败，以及深受《马关条约》的影响，康有为再次上书皇帝，要求"拒和、迁都、变法"，之后他便全力投身维新变法之中。1895年在京创办《万国公报》（后改称《中外纪闻》）、组织强学会，1898年成立保国会，6月"明定国是诏"颁布后推行新法，直至9月变法失败逃往日本。康有为的十六年（1898—1913）海外生涯，遍历亚、美、欧、非，创办《清议报》、组织保皇会，积极鼓吹保皇立宪，1913年归国后亦以宣扬君主立宪为职志，反对民主革命，1927年于青岛逝世。康有为虽以"变法"闻名，然其在教育上亦有大作为，梁启超评价道："吾以为谓之政治家，不如谓之教育家"[①]，在其教育思想中不乏实业教育的论述。

二　康有为实业教育思想的主要内容

清末，"工商""实业"的作用不断受到国人的重视，而人才却成为实业发展的瓶颈，因此许多有识之士都争相呼吁发展实业教育，康有为在其提倡变法的"上书"，以及周游世界的见闻录中对实业教育的目的、途径、师资、经费、制度等都做了一定程度的分析。

---

① 康有为撰，楼宇烈整理：《康南海自编年谱（外二种）》，中华书局1992年版，第268页。

1. 实业教育之目的

救亡图存，实现国家富强是康有为提倡实业教育的根本目的，面对深重的民族危机，他认识到推行实用之学以培养实用人才的重要性，他说"才智之民多则国强，才智之士少则国弱"[①]。然中国长期深受科举制的束缚，致使"理财无才，治兵无才，守令无才，将相无才，乃至市井无才商，田亩无才农，列肆无才工"[②]，国家日益贫弱。而泰西诸国富强之根源"不在炮械军兵，而在穷理劝学"[③]，"日本胜我，亦非其将相兵士能胜我也。其国遍设各学，才艺足用，实能胜我，吾国任举一政一艺，无人通之"[④]。在中外比较中，康有为找到了中国落后的原因，于是他将国富民强的梦想寄托在"开民智"、培养"才智之士"的教育之上，而这种教育应当是教授专门知识与技术，使学生掌握"一政一艺"的实业教育。只有通过实业教育以培育实用人才，方能振兴农工商矿各业，进而救国家于危难之中。

2. 实业教育之途径

第一，广设实业学校。康有为在1895年的《公车上书》中就提出自己的实业教育主张，他认为要培养实用人才须"改武科为艺学，令各省、州、县遍开艺学院。凡天文、地矿、医律、光重、化电、机器、武备、驾驶，分立学堂，而测量、图绘、语言、文字皆学之"[⑤]。他通过中西对比，指出西方国家"农工商皆从士出，各业皆有专书千数百种以发明之，国家皆有专门学校以教授之，举数十国又开社会以讲求之。其有新书、新器、新法为厚奖高科以诱劝之，大集赛会以比较之"[⑥]。而中国因束于"重士轻艺"的传统，为士者既不屑为农工商，也不愿教农工商，从业者素质普遍较低，最终导致"三业"（即农工商）俱败，民且狼顾。为此康

[①] 康有为撰，姜义华、张荣华编校：《康有为全集》第2集，上海古籍出版社1990年版，第95页。

[②] 康有为撰，姜义华、张荣华编校：《康有为全集》第4集，中国人民大学出版社2007年版，第295页。

[③] 康有为撰，姜义华、张荣华编校：《康有为全集》第2集，上海古籍出版社1990年版，第95页。

[④] 陈学恂主编：《中国近代教育文选》，人民教育出版社1983年版，第109页。

[⑤] 汤志钧编：《康有为政论集》，中华书局1981年版，第131页。

[⑥] 康有为撰，姜义华、张荣华编校：《康有为全集》第3集，上海古籍出版社1992年版，第816页。

有为多次呼吁光绪帝"创农政商学,以为阜财富民之本"①,"饬天下商务局,令其立商学、商报、商会,并仿日本立劝工场及农务学堂,讲求工艺农学"②。

戊戌变法失败后,康有为在周游世界的过程中对实业教育的作用有了更深的认识。他觉察到"方今竞新之世,有物质学者生,无物质学者死"③,他所言之物质学即应用现代科技的实用专门之学。他说:"炮舰农商之本,皆由工艺精奇而生;而工艺之精奇,皆由实用科学,及专门业学为之。"④"今已入工业之世界矣,已为日新尚智之宇宙矣,而吾国尚以其农国守旧愚民之治与之竞,不亦慎乎?……定为工国,而讲求物质……成大工厂以兴实业,开专门学以育人才。"⑤ 为此,他大力提倡通过学校来加强实业教育,其措施有:实业学校,小学增机器、制木二科,分业职工学校。

第二,派遣留学生。康有为认为派遣学生到西方国家,学习先进的技术知识是实业教育的一条有效途径。他以日本为例,说其"早变法、早派游学,以学诸欧之政治工艺文学知识,早译其书,而善其治,是以有今日之强而胜我也"⑥。因此,他强调中国须大派游学,并指出了留学的具体做法:"德人武备、文学、工商、医业无一不冠于大地,今必宜多派学生,就德国学各职业专门学。"⑦ 电学"本创于美人之富兰克令……故宜多派学生就此学电学,次之乃及物质焉……五年后学成而归,每省有数十人之用,以之制造一切电气、汽机"⑧。"日本同文,则尤近易矣,专以学工艺兵事为主。"⑨ 他还说道:"派游学宜往苏格兰学机器",而"画学、雕刻二者,皆以意大利为最精美……遣派学生往罗马及佛罗练士诸画院学之,兼及刻石,师其画法,以更新全国,且令学校人人普习"⑩。康有为

---

① 汤志钧编:《康有为政论集》,中华书局1981年版,第207页。
② 同上书,第329页。
③ 同上书,第565页。
④ 同上书,第569页。
⑤ 同上书,第290页。
⑥ 同上书,第302页。
⑦ 蒋贵麟主编:《康南海先生遗著15》,宏业书局1987年版,第85页。
⑧ 同上书,第76—77页。
⑨ 同上书,第74页。
⑩ 同上书,第75、86—87页。

对世界诸国之了解，以及学习他国长处的方针，着实令人叹服。

第三，实业学校之师资、经费、教学。

由于科举制的影响，国内专业技术人才匮乏，为此，康有为认为实业学校的师资首先须从国外引进。他以俄国彼得大帝改革作为依据，认为其成功的因素之一在于"大聘英、法、瑞、荷之名匠，考试其上者而用之"，反对聘请"八股之士"或"京秩清班"作为实业学校的教师，"宜皆更易，别聘通才"，其做法就是由清政府下令"各国驻使访求专门名匠，聘为教习"①。

在经费方面，康有为认为官方和民间力量应共同参与，"请严旨戒饬各疆臣，清查善后局及电报、招商局各溢款、陋规、滥费，尽拨为各学堂经费……并鼓励绅民，捐创学堂"②。

在教学方法上，康有为指出了学用结合、理论联系实际的重要性。他说："若学农必从事于田野，学工必从事于作场，学商必入于市肆，学矿必入于矿山，学律则讲于审判之所，学医则讲于医病之室。"③ 因此，"大学院舍，不能统一并置一地。譬如农学设于田野，商学设于市肆，工学设于作厂，矿学设于山巅……"使学生学习专业技术知识达到"亲切而有用，征实而可信"的效果。④

三 康有为实业教育思想的特点及意义

康有为关于实业教育的阐发，主要目的在于开民智、培养实业人才，实现救亡图存和国富民强，因而康有为的实业教育思想具有强烈的时代目的性。此外，康有为自小好读西书，戊戌变法失败后又在国外游历多年，对西方强国的实业教育做了一定考察，因此在其实业教育思想中具有浓厚的中外比较色彩，并注重国外经验在中国的应用。

虽然康有为的实业教育实践不多，但其实业教育思想丰富庞杂，富有特色，影响较深。他广泛介绍和传播西方新式教育思想，冲击了封建的传统旧教育。他大力提倡实业教育，并把它与救亡图存紧密结合，这

---

① 汤志钧编：《康有为政论集》，中华书局1981年版，第575页。
② 朱有瓛主编：《中国近代学制史料》第1辑（下册），华东师范大学出版社1986年版，第440页。
③ 康有为：《大同书》，邝柏林选注，辽宁人民出版社1994年版，第255页。
④ 同上书，第255—256页。

对"实学"风气的扩散与"实业教育"思潮的高涨都起到积极的推动作用。

康有为在《大同书》中还提出了自己的实业学制构想，他认为学校应包括小学院、中学院、大学院三个层级，小学院要增加实业教育课程，"若夫金工、木工、范器、筑场，既合童性之嬉，即资长大之业，童而熟习，长大忘形，尤于工艺易精也"[1]。中学院须按农工商矿等行业设置各类实验场所，"以备学者游观，玩摩，摹学"[2]。而大学院则完全按实业类目设置，诸如农业大学、商业大学、医科大学等。虽然这种学制设想还不够完善，但对实业教育的发展和改革都具有重要的借鉴意义。

第六节 梁启超的实业教育思想

一 梁启超生平简介

梁启超（1873—1929），字卓如，号任公，又号饮冰室主人、饮冰子等，广东新会人。我国近代著名的思想家、政治家、教育家，在史学、文学上亦有卓越成就。梁启超自幼熟读经史典籍，十七岁考中举人，十九岁入万木草堂学习，深受康有为思想的影响。1895年进京会试，适逢甲午战败，《马关条约》签订之消息传来，在京举子群情激愤，梁启超协助康有为发动了"公车上书"。在随后的维新运动中，梁启超积极奔走、宣传鼓动，应用自己犀利的笔锋同顽固派交相论战，成为变法的主力干将。戊戌变法失败后逃亡日本，一度与孙中山为首的革命派有过接触。在日期间创办了《清议报》《新民丛报》，并赴檀香山办理保皇会事务，鼓吹改良。民国成立后，梁启超支持袁世凯，帮助其将民主党与共和党、统一党合并，改建进步党，与国民党争夺政治权力，1913年出任司法总长。后因袁世凯称帝野心暴露，梁与之决裂，积极参加反袁斗争。1917年又拥护段祺瑞，出任段内阁的财政总长。1918年退出政坛后远赴欧洲，考察西方国家的社会与文化，1929年于北京病逝。梁启超是近代中国一位百科全书式的人物，他在诸多领域都有非凡的功绩，在实业教育上，他也做出

---

[1] 康有为：《大同书》，邝柏林选注，辽宁人民出版社1994年版，第250页。
[2] 同上书，第252页。

了贡献。其论著如《请变通科举折》《新民说》中不乏实业教育的论述，1917年，他还同蔡元培、张謇、黄炎培等人发起成立了中华职业教育社。

二 梁启超实业教育思想的主要内容

梁启超从当时中国的国情出发，为实现国家的富强，提出"智农工商"的实业教育思想。为推行实业教育，他认为须把学校教育和补习教育结合一起，同时还要向西方学习。为培养健全之人才，梁启超还特别强调"敬业乐业"的精神。

1. "智农工商"思想

鸦片战争后，中国国势日衰，沦为列强侵略的对象，梁启超认为造成这种局势的原因之一在于中国艺学不兴、艺才匮乏。他说："凡国之民，都为五等：曰士、曰农、曰工、曰商、曰兵，士者学子之称，夫人而知也，然农有农之士，工有工之士，商有商之士，兵有兵之士，故美国每年农产值值银三千一百兆两……而中国只值三百兆两……今夫有四者之名，无士之实，则其害且至于此。"① 他把西方国家"借制器以灭国，借通商以辟地"归因于"智之强也"②，而中国"科举之试以诗文楷法取士，学非所用，用非所学"，用八股取士"以当泰西十六之强国，万亿之新学新艺，其为所凌弱宰割，拱手受缚，乃其固然也"③。为此，他指出解决这种状况的根本途径——"欲富国，必自智其农工商始，欲强其兵，必自智其兵始"④。

梁启超"智农工商"的目的已不止于培养国家需要的专门人才，他的实业教育面向全体民众，其目的在于培养"有用之民"。他说："泰西民六七岁，必皆入学，识字学算，粗解天文舆地，故其农工商兵妇女，皆知学，皆能阅报"，而中国"吾之生童无专门之学，故农不知植物，工不知制造，商不知万国物产，兵不知测绘算数，妇女无以助其夫。是皇上抚有四万万有用之民，而弃之无用之地，至兵不能御敌，而工、农、商不能

---

① 梁启超：《变法通议》，《饮冰室合集·文集一》，中华书局1989年版，第15—16页。
② 同上书，第14页。
③ 朱有瓛主编：《中国近代学制史料》第1辑（下册），华东师范大学出版社1986年版，第79—80页。
④ 同上书，第80页。

裕国，岂不大可痛哉！"① 为此梁启超在《论教育当定宗旨》中明确指出封建传统教育的失败，洋务教育收效甚微的原因全在于教育宗旨的失误，它们或以"升官发财"为宗旨，或以培养少数洋务人才为旨归。他认为正确的教育宗旨应该是"在养成一种特色之国民，使结团体，以自立竞存于列国之间"。

2. 学校教育和补习教育相结合

学校是推行实业教育的主要途径，梁启超对学校的重要性有深刻认识，他说："将率不由学校，能知兵乎？""矿务学堂不兴，矿师缺乏……能尽利乎？""商办学堂不立，罕明贸易之理，能保富乎？"② 因而他奏请"自京师以及各省府州县皆设学堂"，学校的课程应开设"格致、制造、农、商、兵、矿"等科目。③ 戊戌变法失败后，梁启超在《教育政策私议》中还提出了一套较为完整的学校制度，将教育分为四个时期，少年期受中等教育或中等程度的师范、实业专门学校教育，大学分文、理、法、师范、医、农、工、商诸科。他把实业学校纳入教育学制之中，对实业学校的建制做了整体规划。

除了正规的学校教育外，梁启超还十分关注那些没有条件接受"全日制"学校教育的群体。以成年人为例，针对他们忙于工作的实际情况，梁启超在《中国国会制度私议》一文中主张为成年人设置法政、师范、农工商学等各种简易科，利用业余时间进行补习教育，以提升社会群体"生利"的本领。

3. 向西方学习

梁启超认为西方资本主义国家的强盛是基于"实学"教育，重视自然科学。他大力呼吁中国要学习西方的自然科学，以此推动经济的发展，为国家打下坚实的物质基础。他强调学习西方的工艺之书，要做到能通其法，知其用，人人各习一业。并进一步指出："吾数百万吏士，识字之人皆可以讲求之（自然科学——笔者注），然后致之学校以教之。"④

---

① 朱有瓛主编：《中国近代学制史料》第 1 辑（下册），华东师范大学出版社 1986 年版，第 80 页。
② 梁启超：《变法通议》，《饮冰室合集·文集一》，中华书局 1989 年版，第 9 页。
③ 《奏请推广学校折》，朱有瓛：《中国近代学制史料》第 1 辑（下册），华东师范大学出版社 1986 年版，第 156 页。该折由梁启超代拟之考证，可参见间小波《李端棻〈请推广学校折〉为梁启超代拟》，《近代史研究》1993 年第 6 期。
④ 梁启超：《读日本书目志书后》，《饮冰室合集·文集二》，中华书局 1989 年版，第 53 页。

梁启超还非常重视在海外开展实业教育,一方面是派出留学生,学习西方先进的知识与经验,他在《敬告留学生诸君》的文章中就向留学生寄以期望;另一方面,他还鼓励开展侨民的实业教育,其办法即集资建立工艺学校,聘请有技术的外国人教授华人各种专门技能。通过这种办法可以达到两个目的:一是海外华人学会了新技术后可改变被歧视的处境,二是一些掌握新技术的华人归国后有益于国家的发展。

4. "敬业乐业"精神

1922年,梁启超应上海中华职业学校的邀请,向该校师生做了《敬业与乐业》演说,全面阐释了他那影响深远的"敬业乐业"思想。

"敬业乐业"是一种精神,它需要人们领悟之后才能真正去贯彻。梁启超针对人们的疑问,首先论证了"业有什么可敬呢?为什么该敬呢?"敬业是基于人都要做事,"人类一方面为生活而劳动,一方面也是为劳动而生活。人类既不是上帝特地制来充当消化面包的机器,自然该各人因自己的地位和才力,认定一件事去做"①。无论是当大总统,或是拉黄包车,"事"从学理上是没有高下之分的,唯有把它当正经事来做,便是人生合理的生活。为此他得出的结论:"凡职业没有不是神圣的,所以凡职业没有不是可敬的。"②

"敬业"强调的是一种责任心,但光做无乐还是不行的,梁启超认为"乐业"是做的动力,也是人生意义之所在。他批评了常把"做工好苦"挂在嘴边的人,他反驳道:"做工苦,难道不做工就不苦吗?"并说:"人生从出胎的那一秒钟起到咽气的那一秒钟止,除了睡觉以外,总不能把四肢、五官都搁起不用。只要一用,不是淘神,便是费力,劳苦总是免不掉的。"所以,他认为"苦乐全在主观的心,不在客观的事"③。须在职业中发现乐趣,增加乐趣,而后乐在其中。

三 梁启超实业教育思想的特点及意义

梁启超的实业教育思想特点首先体现在教育对象的扩大,他认为"凡一国之人,必当使人人各有职业,各能自养,则国大治"④,"夫使一

---

① 梁启超:《敬业与乐业》,《饮冰室合集·文集三十九》,中华书局1989年版,第26页。
② 同上书,第27页。
③ 同上书,第28页。
④ 梁启超:《变法通议》,《饮冰室合集·文集一》,中华书局1989年版,第38页。

国之内,而执业之人,骤增一倍,则其国所出土作物,亦必骤增一倍"①,因而大力宣扬实业教育的普及。以梁启超为代表的这一维新派实业教育认识正处于中国近代实业教育从早期培养洋务人才转向实业教育普遍化、大众化的节点。

其次,"以人为中心"在梁启超的实业教育思想中也得到深切体现。"敬业乐业"精神论述的出发点和落脚点都在于人,其根本目的是让人明白为什么要做事,为什么要敬业,为什么要乐业,最终实现人生的意义。

梁启超的实业教育思想是在吸收了前人的优秀成果,并借鉴了西方的先进经验后形成的。他实业教育思想中的许多观点富有创见,对后世影响深远。诸如,他提出实业教育的大众化顺应了中国近代实业教育发展的总趋势,民国初期,黄炎培、陶行知倡导的"大职业教育""平民教育"就是在梁启超的思想上继续深化。他还提出学校教育与补习教育相结合的培养模式,并构建了较为完整的实业学校制度,这为清末学制创建乃至民国的学制变革提供了理论基础和现成范本。梁启超还特别强调"以人为中心"的教育宗旨,冲击了"读书做官"的传统教育观念,这有助于"教育为实现人的全面发展"思想的形成。

第七节 严复的实业教育思想

一 严复生平简介

严复(1854—1921),原名宗光,字又陵,又字几道,福建侯官(今属福州市)人,近代中国著名的思想家、教育家。严复幼时就读于私塾,十三岁时因父亲病逝,学馆中辍,放弃科举"正途"。1867年考入福州船政学堂,开始接触西方自然科学,接受实学教育。1871年毕业后又进行了五年的军舰实习,随舰到访过东南亚、日本等地。1877年被派往英国学习海军驾驶,先后就读于朴次茅斯学院和格林尼治海军学院,留学期间,严复对西方的自然科学、政治制度、思想文化都做了较深入的考察,这对其思想形成产生重要影响。1879年被急召回国,出任福州船政学堂教习,次年调往李鸿章创办的北洋水师学堂。甲午中日战争后,严复连续发表了《论世变之亟》《原强》《辟韩》《救亡决

---

① 梁启超:《变法通议》,《饮冰室合集·文集一》,中华书局1989年版,第39页。

论》等论文，创办《国闻报》，向清帝上万言书，积极主张维新变法，抵御外来侵略。严复还全力投身翻译事业，《天演论》《原富》《群学肄言》《法意》等译作把西方资本主义的哲学、社会学、政治学、经济学思想引入中国，对近代思想界产生巨大影响。他也十分关心新式教育的发展，担任过复旦公学、安徽师范学堂、北京大学的校长。辛亥革命后，严复政治上趋于保守，参与袁世凯帝制复辟，思想上回归传统，认为"中国必不灭，旧法可损益，而必不可叛"，1921年在福州过世。严复学贯中西，对实业与教育的作用有深刻认识，他对实业教育也做了颇多独特和理性的分析。

二 严复实业教育思想的主要内容

严复的实业教育思想涵盖了实业教育的作用、知识学习、教学方式、实业教育性质，以及职业观的培养。

1. 实业教育在于强国富民

甲午战争后，"实业"思潮日渐高涨，严复也认为发展实业是中国实现富强，挽救民族危亡的一条重要途径。他说："大抵事由问学，science，施于事功，展用筋力，于以生财成器，前民用而厚民生者，皆可谓之实业。"① 对实业的功效高度赞扬："实业之事，将以转生货为熟货，以民力为财源，被之以工巧，塞一国之漏卮，使人人得饱暖。言其功效，比隆禹稷，岂过也哉？"② 然而，实业的发展须仰赖人才，严复认为欧美诸国国势强盛、实业精进的根源在于其实业教育培养了大量的实用人才，"西洋今日，业无论兵、农、工商，治无论家、国、天下，蔑一事焉不资于学"③。为此，他指出中国应从中吸取经验教训，在列强环逼之际，"中国今日自救之术，固当以实业教育为最急之务"④。

严复还指出实业教育具有救贫之功效，他在《原强修订稿》中提出"三育"救国论，即"鼓民力，开民智，新民德"。三者之中，"民智"是核心，要实现国富，须先民富，而民富则建立在民智的基础之上。中国

---

① 王栻主编：《严复集》第1册，中华书局1986年版，第203页。
② 同上书，第207页。
③ 同上书，第48页。
④ 同上书，第204页。

老百姓因缺少教育"而寡生计之常识也"①，为改变民众贫困"必自民之能自利始"②。实业教育是一种既可提高民智，又可向民众传授谋生技能的教育，因而在救贫中充当了重要角色。严复就此说道："故吾谓实业为功，不必著意于重且大，但使造一皮箱、制一衣扣、一巾、一镜之微谫，果有人焉，能本问学以为能事，力图改良旧式，以教小民，此其功即至不细，收利即至无穷耳"，"当知一己所操，内之有以赡家，外之有以利国"。③

2. 重视西学的学习

西学包括了西方的社会科学与自然科学，严复认为它与"中学"一样具有自身的体用，"中学有中学之体用，西学有西学之体用，分之则并立，合之则两亡"④，强调学习时不可偏废。实业教育传授的是实用知识，首先应重视西方自然科学的学习，他指出："夫吾国实业之闭塞，论其大归，不过二病而已：不知机器之用，与不明物理与化学也。是故实业之教育，必以之数者为要素。"⑤ 主张开设自然科学的课程。他在《西学门径功用》一文中列举了具体科目并指出了其实际功用，"如算学则以核数，三角则以测量，化学则以制造，电学则以为电工，植物学则以栽种之类，此其用已大矣"，"至于农学、兵学、御舟机器、医药、矿物，则专门之至溢者，随有遭遇而为之可耳"⑥。

严复还强调外语学习的重要性，语言是打开西学殿堂的钥匙，只有精通外语，方能准确习得西国实业知识，并紧跟时代发展。他指出："是以为今之计，断然必以西文传习。如此不但教授称便，而学成之后，其人于外国实业进步，息息相通，不致转瞬即成故步。"⑦ 所以严复主张从小学起就应开设英文课程，到中学时以西文为重点，高等学堂效仿西方的"分治专门之业"⑧，由洋教习直接用外文讲授。

---

① 王栻主编：《严复集》第 2 册，中华书局 1986 年版，第 321 页。
② 王栻主编：《严复集》第 1 册，中华书局 1986 年版，第 14 页。
③ 同上书，第 209、207 页。
④ 王栻主编：《严复集》第 3 册，中华书局 1986 年版，第 559 页。
⑤ 王栻主编：《严复集》第 1 册，中华书局 1986 年版，第 209 页。
⑥ 同上书，第 94—95 页。
⑦ 同上书，第 205 页。
⑧ 王栻主编：《严复集》第 3 册，中华书局 1986 年版，第 563 页。

3. 结合实践、因人施教的教学理论

实业教育须把理论和实践相结合，严复认为缺乏实业学校的专门教育，一切从实践中摸索理论，"其人理必粗，不能有开物成务之盛业"①。但是"实业教育，其扼要不在学堂，而在出堂后办事之阅历"②，成为一名真正的实业人才，学校的作用占4/10，受益于实践者6/10。因此他告诫学生"当早就实行之阅历，勿但向书籍中求增知识"③，学商者到作坊商店，学工者到铁路矿山工厂，经多年历练，方能真正成才。

因材施教也是严复倡导的一条重要教学原则，要根据学生的习性，授之对应专业，发挥其特长优势。严复说："天下之人，强弱刚柔，千殊万异，治学之材与治事之材，恒不能相兼。尝有观理极深，虑事极审，宏通渊粹，通贯百物之人，授之以事，未必即胜任而愉快。而彼任事之人，崛起草莱，乘时设施，往往合道，不必皆由于学。使强奈端（牛顿——笔者注）以带兵，不必能及拿破仑也；使毕士马以治学，未必达尔文也。"④不按个体特征而实施之教学，势必造成资源与人才的浪费。

4. 为实业教育正名，养成自信职业观

中国长期受儒家思想的影响，"重义轻利"观念深入人心，传统社会"轻商""贱商"风气盛行，工商业者被置于"四民"之末。严复不仅对这种现象深有感触，而且指出了其危害性，他说："中国重士，以其法之效果，遂令通国之聪明才力，皆趋于为官。百工九流之业，贤者不居。即居之，亦未尝有乐以终身之意，是故其群无医疗、无制造、无建筑、无美术，甚至农桑之重，军旅之不可无，皆为人情所弗歆，而百工日绌。"⑤为改变这种社会风气，给实业、实业教育正名势在必行。

严复除了论述实业教育对强国富民的作用外，他还从教育的类型上加以阐释，提升实业教育的地位。他认为"天下之官，必与学校之学相应，而后以专门之学任专门之事，而治毕举焉。……农工商各业之中，莫不有

---

① 王栻主编：《严复集》第1册，中华书局1986年版，第207页。
② 同上书，第206页。
③ 同上书，第207页。
④ 同上书，第89页。
⑤ 王栻主编：《严复集》第4册，中华书局1986年版，第1000页。

专门之学"①。意思就是为政者是通过政治专业学校培养而出，农工商业专门学校是培养实业专门人才，因此，学校无论是培养"政才"，还是"商才"，其性质都是专门教育，地位没有高低之分。他还指出各类教育兼顾发展，要按国情的实际需要来设置，从当时中国的情况来看，"农工商之学人，多于入仕之学人，则国治农工商之学人，少于入仕之学人，则国不治"②，因而要注重实业教育。

严复对实业教育的正名一方面是为了破除社会对实业人士的歧视态度，另一方面希望从业者树立职业自信。他十分重视实业者养成自信的职业观，这是实现个人价值与实业发展的保证。他说既有志于实业，"必先视其业为最贵，又菲薄仕宦而不为者"，"更无所慕于为官作吏，钟鸣鼎食，大纛高轩"③。又指出，若"不自知操业之高尚可贵，惟此有救国之实功，耻尚失所，不乐居工商之列，时时怀出位上人之思，将其人于实业终必不安，而社会亦无从受斯人之庇也"④。"宜念此业将必有救国利民之效，则吾身宜常与小民为缘。其志欲取四万万之众，飨而襦袴之，故所学所能，不但以供一己之用已也。行且取执工劳力之众，而教诲诱掖之，使制器饴材，在在有改良之实。"⑤

三 严复实业教育思想的特点及意义

严复的实业教育思想强调实业教育的普及性，这是维新派实业教育思想较之洋务派进步的一大表现，他们发展实业教育的目的已不止于救国图强，还希望把实业教育普通化，让全体人民皆能"生利"。严复就说，实业教育"宜为其普通，至于普通，则无取于精微，但人人知其大理"⑥。他的这种思想得到维新派另一主力将领——梁启超的继承与发扬。

实用性是严复实业教育思想的另一重要特征，他衡量教育以是否"实用""有用"作为标准，"求才为学二者，皆必以有用为宗。而有用之效，征之富强"⑦。为此，他对八股取士进行了严厉批判，并批评了当时

---

① 王栻主编：《严复集》第 1 册，中华书局 1986 年版，第 89 页。
② 同上书，第 89 页。
③ 同上书，第 207 页。
④ 同上书，第 206 页。
⑤ 同上书，第 207 页。
⑥ 同上书，第 209 页。
⑦ 同上书，第 43 页。

中国不按国情需要，过度发展法政教育、武备教育的做法。他认为其他诸种教育"皆不若实业有明效之可言也"[①]，实业教育最具实用性，对挽救中国也最为有用，应大力提倡。

严复的实业教育思想虽还不系统、完整，但是他从中国的国情出发，指出了发展实业教育以及向西方学习的重要性，并提出实业教育普通化的观点，符合实业教育的发展规律。严复对西学"体""用"的划分，并对其学科分类的介绍为近代中国的学科分类提供了基本思路。他把实业教育定性为专门教育，一方面提升实业教育的地位，另一方面也影响了近代学制的制定。此外，他在养成自信职业观上的大力宣扬，有助于改变人们歧视工商的态度，有利于促进实业的发展，这种自信职业观在后世"敬业""乐业"思想中得以延续，发展为从业者的一条基本道德准则。

第八节　张謇的职业教育思想

一　张謇生平简介

张謇（1853—1926），字季直，号啬庵，江苏通州（今南通市）人，中国近代著名的实业家、政治家、教育家。他出生在一富农兼小商人的家庭，幼时聪颖，攻读科举，16岁考取秀才，后因家道衰落辍学，外出做幕僚十余年。1885年参加顺天府乡试，考中第二名举人，此后会试颇为不顺，四次均告失败，直至1894年恩科会试，高中一甲第一名进士。张謇状元及第后，面对甲午战争后中国的危局，他无意于官场，却以"舍身喂虎"的大无畏精神投身实业，寄希望通过发展实业以拯救中国。1898年大生纱厂破土动工、1901年建成通海垦牧公司，此外他还创办了上海大达外汇轮埠公司、天生港轮埠公司、资生铁冶厂等各类企业几十家。张謇在办实业的同时还大力兴办教育，办学以符合社会需求为旨归，自1902年起，共创办11所师范类学校，300多所小学校，同时亦十分重视职业教育，创办了从技艺训练至农、工、商、医、水产与艺术等专门学校17所以上[②]，1917年他还与梁启超、蔡元培、黄炎培等共同发起成立

[①]　王栻主编：《严复集》第1册，中华书局1986年版，第209页。
[②]　苏云峰：《中国新教育的萌芽与成长（1860—1928）》，北京大学出版社2007年版，第73—75页。

了中华职业教育社。张謇有丰富的实业、教育实践，因而他形成了比较完整的职业教育思想。其著述《张季子九录》《张謇存稿》《张謇日记》《啬翁自定年谱》为我们研究他的职业教育思想提供了宝贵资料。

在晚清的教育史上，张謇无疑是一个传奇人物，他一生倾注在实业和职业教育上，对近代社会产生了很大的影响。作为一名传统科举制度培养出来的晚清状元，却走上了一条探索适合中国近代的职业教育之路。对此，胡适在张孝若所撰《南通张季直先生传记》的"序言"中曾这样评价张謇："张季直先生在近代中国史上是一个很伟大的失败的英雄，这是谁都不能否认的。他独立开辟了无数新路，做了30年的开路先锋，养活了几百万人，造福于一方，而影响及于全国。终于因为他开辟的路子太多，担负的事业过于伟大，不能不抱着许多委婉的志愿而死。这样的一个人，是值得一部以至于许多部详细传记的。"在张謇的倡导和带领下，仅南通一县就创立了从学前教育的幼稚园开始到中小学直至高等教育；从普通国民教育到职业教育、特种教育、社会教育等的各类学校，形成了一个门类齐全的完整的现代教育体系，造就了一个以职业教育为主体的中国早期职业教育的"南通模式"。张謇的办学理念、管理模式、敬业精神，尤其是职业教育思想，至今仍有很多值得我们学习和继承的地方。

二 张謇职业教育思想的主要内容

张謇虽然接受的是中国传统文化教育，但是他却能从传统的牢笼中挣脱出来，走上被士人所不齿的"实业"道路来实现自己"治国、平天下"的抱负。1895年，他辞官回到南通后，开始全心致力于实业救国、教育救国，并在南通开始创办了大生纺织公司、垦牧公司等实业企业，随后又开始投入教育实践中。1905年，张謇设立的艺徒预教学校成为他投身职业技术教育的开端。此后，他陆续策划并开办的有：1906年，开设商船学校于吴淞，并议请官设工艺学校、农事实验场；同时在其举办的师范学校中附设土木科测绘班、农科班（后发展为南通农业专门学校）；同年设铁路学校于吴县。1907年，设国文专修科于南通中学内。1909年，合立法政学校为公共教育，筹设巡警教练所，设初等商业学校及银行专修科于南通中学。1910年，筹设实业教育讲习所。1912年，在南通设盐场警察长尉教练所，设医学专门学校。1913年，建唐闸纺织学校。1914年，设河海工科专校、河海工程测绘养成所、女工练习所。这些职业技术学校涵盖了农工商医警察女子职业教育等方面，不仅促进了张謇所谋划的各项事业，而且对整个地区社会政治、经济、文化等事业的发展，乃至全国社会、经济的变革都起到很大的作用。在长期的实践中，张謇形成的职业教育思想既具有特色，又极为深刻，他认为教育与实业要共同发展、迭相为用，人才要按需培养、因地制宜，注重学生动手能力、在实践中培育人才，此外他还特别重视学生的道德教育。

1. 多层次的职业教育体系

张謇在长期的教育实践中，对教育内部各级各类学校的内在关系十分清楚，他所创办的职业教育，不仅形式灵活多样，而且在层次上也逐级递进。他认为"师范启其塞，小学导其源，中学正其流，专门别其派，大学会其归"①。他把整个教育事业看作一条源远流长的江河，小学是其"源"，中学是其"流"，各专门学校，即职业教育学校是"源""流"派生出来的"支流"，到了大学，则如百川汇归，是各种知识的总汇合处。他的办学程序是先师范，后小学，再专门，然后逐步升级，直到大专和大学本科。

在张謇创办的职业教育学校中，有相当于职业培训班，如法政、交通警察、纺织染、镀镍、女红、蚕桑等传习所；也有相当于职业专修班的各类附设科，如通州师范附设的测绘、土木、农、蚕桑等科；更有由那些传习所和专修班根据实业的需要逐步向中、高级发展而来的正规职业学校，如纺织、农校、商校等。1901年，张謇创办了通海垦牧公司成功后，为满足对农业科技人员的迫切需求，第二年便在垦区设立了"农学堂"。1907年，迁往南通城，建农科附设于通州师范。几年后又成立农业学校。1912年，因陋就简地创办纺织染传习所。1913年，成立"纺织专门学校"。后来该校成为普通高校的同时，又创办高级职业班。这种从易到难，从简到繁，从初级到高级的循序渐进的职业教育思想，保证了职业教育成效和教育人才的质量，并逐步形成了多科性、多层次的职业教育体系。

2. "父教育，母实业"

《马关条约》的签订标志着帝国主义对中国的侵略进入了新的阶段，

---

① 张謇研究中心、南通市图书馆编：《张謇全集》第4卷，江苏古籍出版社1994年版，第247页。

中国面临着被瓜分的危机,为救亡图存,张謇逐步形成了"实业救国"的思想,积极投身实业。然而,实业的发展离不开专门人才,张謇说道:"夫世界今日之竞争,农工商业之竞争。农工商业之竞争,学问之竞争。"为此,他认为:"苟欲兴工,必先兴学。"①

清末职业教育之作用已不为张謇一人知晓,变革传统教育在当时已成为一股潮流,但是专门的技术人才却不是片刻就能培育出来。为了破除人才匮乏之困境,张謇倡导企业依靠自身力量,把部分利润投向职业教育,通过教育培育企业所需人才,最终达到实业与教育共同发展。这就是所谓的"教育为实业之父,实业为教育之母"②。这一思想的可贵之处在于张謇指出了实业与职业教育间的相互关系,二者形成良性循环,他告诫道:"有实业而无教育,则业不昌","不广实业,则学又不昌"③,必须达到"实业、教育迭相为用"的境界。

在具体的实践中,张謇即遵循这一思想,他坚持走校企结合的发展模式。譬如,他在创办了大生纱厂之后,就着手设立了纺织传习所;通海垦牧公司建成后就相应开办了农学堂;计划修筑公路,发展长江航运,张謇就事先开设了测绘土木工科和吴淞商船学校;为开办银行和培养企业所需的财务、商务人员,他先后开设了"银行专修学校""甲科商业学校"等。通过这种操作方式,张謇总结道:"数年以来,竭蹶经营,薄有基础,益见实业教育二事,有至密至亲之关系。"④

3. 人才要按需培养、因地制宜

张謇认为职业教育的人才培养需奉行"学必期于用,用必适于地"⑤的原则,换言之,即人才要按实际需要、当地实情培养,以做到才尽其用。张謇对此说道:"教育尤其宜有变动,不过必当顾及本地的需要。例如在南通讲教育,先要想什么是南通需要的,什么是适合南通的。"⑥张

---

① 张謇研究中心、南通市图书馆编:《张謇全集》第4卷,江苏古籍出版社1994年版,第52页。
② 张兰馨:《张謇教育思想研究》,辽宁教育出版社1995年版,第100页。
③ 张謇研究中心、南通市图书馆编:《张謇全集》第1卷,江苏古籍出版社1994年版,第92页。
④ 张謇研究中心、南通市图书馆编:《张謇全集》第4卷,江苏古籍出版社1994年版,第25页。
⑤ 同上书,第99页。
⑥ 同上书,第207页。

謇在南通开办的职业学校亦可深切说明上述思想，比如农业学校是为了满足大生纱厂创办后因棉花需求量的不断增加，要求改良棉种和耕作方法而设立的；医学专门学校亦是在南通各项事业发展后要求提升医疗卫生条件的情况下开设的；此外为适应治理水利的需要，设置河海工程专门学校，培养水利所需的测绘工程人才。张謇正是坚持了按需培养、因地制宜的原则，其创设的职业学校才能顺利运转，培养的人才方能发挥实际效用。

4. "学必期于用"的生计观

传统教育以科举制选拔人才，局限在狭窄的儒家经典教条的框架之中。张謇曾痛斥这种教育制度"日诵千言，终身不尽，人人骛此，谁与谋生"①。在这种教育制度下，读书人如果不能高中为官，就只能教书识字。如果要学习谋生的本领，就需另行拜师或者继承祖传的绝技，没有一种能真正让学生适应生活各方面需求的教育。对此，张謇提出"业之所至，学之所至"，"学必期于用"，他认为办教育要追求经济效益和社会效益相结合，让学生学有所用，能够凭借自己受到的教育维持生计，然后才能有所发展。在办学实践中，这种思想也得到了有效的贯彻。

在张謇所创办的职业教育中，他要求学生不仅应掌握专业技术知识，而且要具有经济头脑，"须能用科学方法研究社会心理，量度社会经济，以为发展之标准"②，才能随着社会的发展而立于不败之地。他在创办的农业学校里建立气象站、农作物家畜试验场、森林事务所等一系列实习基地。定期组织农校学生到垦区考察、试验，将取得的成果，通过举办展览会等形式推广到生产中去。在他创办的南通商业学校中设有储蓄银行，每日有学生若干轮值。他还规定商校毕业生要到发达区域的工厂、公司参观，以资借鉴。他所办的纺织厂则是纺校学生的实习基地。教育与实业的相辅相成的教学，使得职业教育培养出来的学生不仅毕业便具有谋生的技能，而且拥有应对社会变迁的能力，为职业教育指明了发展的道路。

5. 注重学生动手能力

张謇认为专门人才的培养不仅要教授学生理论知识，更为重要的是要让学生的理论知识在实际操作中不断训练，增强他们的动手能力。他说道："专门教育，以实践为主要。譬如农学校之学生，不能为农夫之所

---

① 张謇：《张季子九录·政闻录》卷一，中华书局1931年版，第19页。
② 同上书，第60页。

为，是可谓学生，而不能谓农学生"，"然农学生而不能为农夫之所为，又何需此农学校哉！"① 因而他提出职业教育要"学问兼理论与阅历乃成，一面研究，一面践履"②，"注重实地练习，以养成切实应用之知识"。在办学中，张謇就特别重视学生的实际操作，举办农校时，他配设了农事试验场、家畜试验场、鱼池、苗圃、森林事务所、垦区农场等，以供学生实习训练。土木工程和河海工程学生也有实习机会将他们所学与实际结合，从而培养能力，该专业学生对通州水洗、淮河水系进行实际测量，绘制了200多幅图，为治水工程提供了科学依据，而学生的测绘能力、绘图能力以及计算能力也得到相应提升③。由此可见，给学生提供实习训练的机会，并以此培养学生的实际动手能力是张謇职业教育思想的一项重要内容。

6. 职业道德教育

职业道德是职业人才培养的最高标准，同时也是经济活动的必然要求，张謇的职业教育思想极其重视学生的职业道德养成。1923年，张謇在《五九日国耻纪念会演说》中讲道："鄙人愿诸生志勾践之所志，为德国国民之所为，将来毕业后，为农者必蕲为良农，为工者必蕲为良工，为商者必蕲为良商"④。可见，他把职业道德、学术知识视作"良农""良工""良商"应具备的两项重要素质，但二者相比，张謇认为职业道德比学术知识更重要，他明确指出："学术不可不精，而道德尤不可不讲"，应"首重道德，次则学术"⑤。

张謇首倡之职业道德是"勤俭节俭"。他说："言勤则办事必依定时，言俭则一切开支，务从节省，勿惮刻苦，勿自矜满，则非特本行之幸福，亦诸君将来立身之幸福矣。"⑥"俭可以养高尚之节，可以立实业之本，可以广教育之施……苟能俭，则无多求于世界，并无求于国家。即使适然做

---

① 《张季直先生教育谈》，《教育杂志》第9卷第1号。
② 张謇研究中心、南通市图书馆编：《张謇全集》第4卷，江苏古籍出版社1994年版，第101页。
③ 刘桂林：《中国近代职业教育思想研究》，高等教育出版社1997年版，第98页。
④ 张謇研究中心、南通市图书馆编：《张謇全集》第4卷，江苏古籍出版社1994年版，第201页。
⑤ 同上书，第110页。
⑥ 张謇研究中心、南通市图书馆编：《张謇全集》第3卷，江苏古籍出版社1994年版，第804页。

官,亦可我行我意,无所贪恋,而高尚之风成矣。至于实业,不俭则耗费多而折本。"① 其次要"诚实守信",他对商业学校的学生说道:"中国商人之道德,素不讲求,信用堕落,弊窦丛生,破产停业,层见叠出。"② 要求学生养成重信重义的美德。

张謇所提倡的职业道德既继承了中国的传统道德,又被赋予了新内容。

三 张謇职业教育思想的特点及意义

通过对张謇职业教育思想的分析,我们可清晰地看到其职业教育思想首先带有鲜明的救亡图存之时代特征。这一特征在近代众多探寻发展新式教育的有识之士身上都得以体现,他们共同的理想演奏了清末民初"教育救国"的动人乐章,张謇作为彼时的杰出人士,他忧国忧民,其职业教育思想的深处自然也是为了顺应时代的主题。其次,关于实业与教育关系的论述是张謇职业教育思想的最大特色,他对实业、教育形象生动的论证,使之成为众人信服的理论,并以此为贫弱的中国指出了一条行之有效的职业办学之道。最后,张謇的职业教育思想具有明显的实践性,张謇与诸多的职业教育理论家不同,我们没有看到一本他撰写的职业教育理论著作,但是他的实业、教育活动中无不蕴含着深邃的职业教育思想。

张謇的职业教育思想及实践影响深远,它冲击了传统教育,并推动了新式教育的发展。张謇提倡职业教育摒弃了传统儒家观念下对劳动生产的偏见,其把教育与"实业"结合一起,冲击了传统"读书做官"的观念。与此同时,张謇致力于新式学堂的创设,一方面积极推动了地方近代教育的发展;另一方面他的办学实践对全国起到示范作用,一定程度上带动了各地职业教育的发展。

张謇的职业教育思想及实践积极影响着民国时期职业教育的发展,他开办的众多企业与学校成为许多著名职业教育家理论来源的基础,此外张謇的一些职业教育观点对后来者也具有启发意义,如黄炎培提的"学校无不用之成材,社会无不学之执业,国无不教之民,民无不乐之生"③,

---

① 张謇研究中心、南通市图书馆编:《张謇全集》第4卷,江苏古籍出版社1994年版,第81页。
② 同上书,第110页。
③ 中华职业教育社编:《黄炎培教育文选》,人民教育出版社1985年版,第56页。

与张謇的"教育与实业迭相为用"具有诸多相似之处,张謇"广教育于穷乡之子弟"的观点对后来的平民教育也具有一定的启蒙作用。

张謇的职业教育思想及实践还培育了一大批专门人才,这对经济社会的发展做出重大贡献。此外,张謇的职业教育突破了传统农工商几个主要领域,延伸到医学、交通、文秘、艺术等,这有助于日后对"职业"的深化认识。

张謇作为近代中国职业教育先驱性的开拓者,他的职业教育思想亦存在明显局限。第一,在男女同校问题上,他认为"男女有别,为吾中国特殊风俗"[①],坚决反对蔡元培提倡的男女同校,他说:"中国教育弱点,在职业化学,不在男女自由结交。而蔡孑民之主张男女同校,造出无穷把柄,为教育之玷。"[②] 第二,对学生的个性培养关注不够,因而造成个体独立性和创造性的缺失。张謇生活在一个新旧交替的时代,他"是以开拓者与落伍者的双重形象出现的。在他身上既有前进者、开拓者的魄力与胆识,也有保守者、落伍者的阴暗与失落心理。这无疑是由他生活的那个时代及他本人的生活经历所决定的"[③]。因此,其职业教育思想上的缺陷自是不可避免的。

第九节 盛宣怀的实业教育思想

一 盛宣怀生平简介

盛宣怀(1844—1916),字杏荪,号愚斋、次沂,江苏武进(今常州市)人。幼年习科举,1866年考中秀才,后经三次乡试皆不中,遂绝意于科场,致力于"有用之学"。1870年,盛宣怀经人推荐进入李鸿章幕府,因其能力出众,深得李的信赖,管理了各项洋务,成为晚清著名的工商巨子。1872年受李鸿章委派主持设立轮船招商局,1875年创办湖北煤铁开采总局,1880年成立天津电报总局,之后还开办了山东平度、辽宁金州等地金矿,山东内河小火轮航运公司,组建华盛纺织总厂,接办张之

---

① 张謇研究中心、南通市图书馆编:《张謇全集》第4卷,江苏古籍出版社1994年版,第204页。
② 张謇研究中心、南通市图书馆编:《张謇全集》第1卷,江苏古籍出版社1994年版,第496页。
③ 李建求:《张謇职业教育思想》,《华东师范大学学报》(教育科学版)2002年第2期。

洞的汉阳铁厂,主持修筑卢汉铁路,开设中国通商银行,到19世纪末,盛宣怀已掌控了轮船、电报、纺织、铁路、铁厂等经济部门,成为洋务运动后期的巨擘。盛宣怀在办洋务中的巨大成功,也给他带来了仕途的平步青云,先后担任兵备道、海关道、商务大臣、邮传部尚书等职,成为晚清一位财权兼备、亦官亦商的实力人物。

在办理洋务的过程中,盛宣怀深深体会到人才的重要性,特别是培养实用型人才的紧迫性。但传统的科举制度无法提供这些人才,因此,盛宣怀开始思索提倡实业教育。19世纪90年代后,盛宣怀政治与经济实力地位的增长,为其教育思想及实践的发展提供了物质保证。而现实的洋务实践也进一步丰富了其教育思想的内涵,其创办新式学校培养专门人才的愿望逐渐变成了现实。从1895年创办北洋大学堂起,在以后的十多年时间里,他先后创办了南洋公学(1896年)、达成馆(官员速成班)(1896年)、南洋师范学校(1897年)、商务学校(1901年)、东文学校(1901年)、高等商务学校(1903年)、铁路法文速成学校(1905年)、商船学校(1911年)等一批有影响力的学校。其中,商务学校、商船学校等一批职业教育学校凸显出其教育思想的实践特质,为晚清教育做出了突出的贡献。

1896年,盛宣怀取得专折奏事特权后,在给清政府的《条陈自强大计折》中,系统阐述了自己教育救国的主张。他指出:"泰西诸邦,用举国之才智,以兴农商工艺之利,即藉举国之商力,以养水陆之兵,保农工之业。盖国非兵不强,必有精兵然后可以应征调,则宜练兵;兵非饷曷练,必兴商务然后可以扩利源,则宜理财;兵与财不得其人,虽日言练,日言理,而终无可用之兵,可恃之财,则宜育才。"① 盛宣怀提出要实现自强,须把练兵、理财和教育有机联系起来论述,这在晚清教育史上还是第一次。盛宣怀建议在科举制尚不能立即废除的情况下,各省先设立综合学府,"教以天算、舆地、格致、制造、汽机、矿冶诸学,而以法律、政治、商税为要"②。同时,在短期人才培养上,盛宣怀主张在办理正规教育的同时采取多种办学形式,以补充学校教育培养时间长的不足,并着手推行速成教育。他先后兴办译书院(1899年)、特班(1901年)、政治班

---

① 盛宣怀:《愚斋存稿初讨》卷1,第3页。
② 同上。

(1901年)、商务班（1903年）等速成班。以特班为例，讲授内容为"中西政治、文学、法律、道德诸学"，培养"经济特科人才"。教学方法为老师开列书目，按期质疑，批阅作业并布置考试。这种速成班开办时间虽短，但对培养急需人才有一定作用，也开创了职业教育速成班的先河。

尽管盛宣怀从小接受很好的儒家传统教育，但是几次应试不第使他的教育思想包含着对传统的反叛，在其教育实践活动中也明确地体现了这一点。由于长期处于经办洋务的第一线，盛宣怀对近代企业的需求有着很深刻的了解，因此对人才所应具备的知识和技能的反应，更为迅速和具体。如在津沽架设电线时，盛宣怀即认识到电报人才的重要，向李鸿章建议设天津电报学堂，获准后开设。此后，盛宣怀提出"学堂与本局相表里"，建议将学堂增办一年，教授"电学与发报技术"。① 这种将现实需要与教育紧密联系起来的方针，大大提高了教育的实用性。联系实际，为实业服务，使得"有用之学，皆得学而各尽其用"②。盛宣怀这种学以致用、用以致学的教育思想，贯穿于其教育思想和实践的全部，成为晚清职业教育的发展重要内容。

二 盛宣怀实业教育思想的主要内容

盛宣怀的实业教育思想丰富而庞杂，究其大者，有如下数端：

1. 实业教育应洋务之需

19世纪60年代洋务运动开启之后，中国教育仍束缚于传统科举之下，封建旧教育培养的"八股"能人却无法满足工商发展的需求，盛宣怀在兴办各类实业中，对此有深刻的认识和体验。1873年他在筹设轮船招商局时对人才的短缺就感慨道："十一日所定章程五条，恐亦属空谈。若无治人总难办事，故创业当先择人，不得其人宁毋创举。"③ 在国内无专门技术人才的情况下，盛宣怀采用了早期办洋务的共同做法，即聘请洋人当技师以解燃眉之急。但许多洋技师并无真才实学，盛宣怀在创办湖北煤铁开采总局时就吃了大亏，煤铁总局"督斯役者，以迄员董工匠，一

---

① 沈云龙：《近代中国史料丛刊续编》第13辑，文海出版社1966年版，第2页。
② 舒新城：《中国近代教育史资料》，人民教育出版社1981年版，第136页。
③ 盛宣怀：《癸酉随手记事》，转引自欧七斤《盛宣怀与中国教育早期现代化——兼论晚清绅商办学》，博士学位论文，华东师范大学，2012年，第29页。

无所知，重听命于洋师而已矣"①，但是"开矿之机器洋匠，并不谙于地学、化学"，致使1881年所办各矿均遭失败，煤铁总局亦被撤销，经此教训，盛宣怀再次慨叹："开矿不难在筹资本，而难在得洋师"②。

好的洋技师虽可暂时缓解洋务的用人之急，但是洋技师成本太高，且从国家长远而言，亦须建设自己的人才队伍。盛宣怀以矿务人才培养为例说道："近年风气虽开，而办矿者又大率问道于盲，浅尝辄止。推原其故，皆缘中国矿学无人，徒仰成于外洋矿师，聘请极重，川薪极重，其不肖者甚至冒充猎食，一人无效，即金矿之工本虚縻，遂令成败利钝悉悬于他人之手，良可慨也。欲救其弊，计惟先开矿务学堂，自行培植人才讲求地质金石之学，化炼测试之功俾诸生等各尽所长，得窥秘要，庶为富强根本之图。"③ 因而他主张大力发展实业教育，以培养专门技术人才。

2. 技术学堂与留学之人才培养途径

发展实业教育的根本宗旨在于培养实用人才，而实用人才又须通过何种途径造就呢？盛宣怀认为实用人才的培养首先在于创办学校，他说："维外洋国富兵强，根柢全由于学校。学校为人才之所出，人才为富强之本源。"④ 但是盛宣怀所说的学校绝非那种攻读八股文的传统学堂，他指的是培养专门人才的技术学堂，期望通过专门人才推动实业发展，达到"实业与人才相表里"，因而他谈及自己的愿望即"志在设一商船学堂，更欲设一矿务学堂"⑤。他对此还积极付诸实践，他一生支持和创办的技术学堂有天津电报学堂、上海电报学堂、兰州电报学堂、轮船招商局驾驶学堂、北洋医学堂、汉阳铁厂学堂、铁路法文速成学堂等十几所。曾长期主持盛宣怀创办的南洋公学的唐文治评价道："当世论公政绩者，曰轮船，曰铁路，曰邮电，而公实以学校作之根柢。"⑥

---

① 陈旭麓等主编：《湖北开采煤铁总局荆门矿务总局》（盛宣怀档案资料选辑之二），上海人民出版社1981年版，第107页。
② 同上书，第138页。
③ 盛宣怀：代李鸿章拟《请开办矿务学堂折》，盛档012201。
④ 同上。
⑤ 盛宣怀：《在钟天纬〈轮船电报二事应如何剔弊方能持久论〉上的批词》，《格致课艺全编》第2卷，第8页。
⑥ 唐文治：《愚斋存稿序》，《近代中国史料丛刊续辑 第13辑 愚斋存稿》，文海出版社1975年版。

其次，留学是培育实用人才的另一条有效途径。1873年盛宣怀对此就已有认识，他在给李鸿章的信函中指出："并当我国出洋学习……然趋之使学，诱之使学，倘能与文武两途之外，另开弁学等项各一途，于武考弓石之外，另立枪炮一格，则十年后，人才不患其竭，用处极多，亦不患其闲散也。"① 后来他又进一步说道："学生必出洋游历，躬验目治，专门肄习，乃能窥西学之精，用其所长，补我之短"，将来学生学成归国"任以路矿、铁厂、银行各要政，渐可不借材异地，授柄外人"②。

3. 教与学须注重实学、实践

盛宣怀的实业教育思想强调技术学堂教授的内容应以实学为主，他鉴于传统"选将才于俦人广众之中，拔使才于诗文帖括之内。至于制造工艺，皆取材于不通文理、不解测算之匠徒，而欲与各国絜长较短断乎不能"③ 的缺陷，在开设天津中西学堂的课程时就极为重视专业性，如头等学堂专门学的课程包括：工程学：演习工程机器、测量地学、重学等；电学：电理学、用电机理、传电力学等；矿务学：深奥金石学、化学、矿物房演试等；机器学：深奥重学、材料势力学、机器等；律例学：大清律例、各国通商条约、万国公法等。④

在学的方面，盛宣怀强调学生在研习课程，掌握基本理论后，应进行动手操作，培养学生的实际操作能力。所以他开办的学校不惜重金建造"格物学化学机器等房"，"以备各学生阅视考据"。⑤

4. 实业教育学制思想

19世纪60年代之后，实业教育制度在一些教育家的思想中渐露端倪，郑观应对此就已做过表述，在郑的影响下，盛宣怀也提出了自己的见解。他在19世纪80年代开设的电报学堂中就采用了分班的思想，天津、上海电报学堂分四班（相当于年级），每班又分三个等次，此外班之下还附设了不入班、学习班，这相当于预备生。尽管采用了班级授课

---

① 盛宣怀：《盛宣怀上李鸿章禀》，吴伦霓霞、王尔敏合编：《盛宣怀实业函电稿》（上），香港中文大学中国文化研究所1993年版，第7页。
② 盛宣怀：《资送学生出洋游学片》，《近代中国史料丛刊续辑 第13辑 愚斋存稿》卷8，文海出版社1975年版。
③ 金林祥：《中国教育制度通史》第6卷，山东教育出版社2000年版，第205—206页。
④ 朱有瓛主编：《中国近代学制史料》第1辑（下册），华东师范大学出版社1986年版，第503页。
⑤ 舒新城：《中国近代教育史资料》（上），人民教育出版社1981年版，第138页。

制,但这一时期盛的思想是比较粗浅,电报学堂间或与外校并未建立衔接关系。

1895年之后,北洋大学堂、南洋公学采用的学校建制标志着盛宣怀实业教育制度得到进一步完善。以南洋公学为例,其分师范院、上院、中院、外院,上、中、外三院是普通教育的三级制,须严格循序渐进学习,后来南洋公学在上院这一层级别列了诸多专门学堂,如卢汉铁路学堂、铁路班、经济特科班等,形成了普通教育与专门教育的融合。与此同时,中院、外院学生是专门技术学堂(班)的基础,从而也建立了学校上下间的衔接。

三 盛宣怀实业教育思想的特点及意义

盛宣怀的实业教育思想首先表现出实业与办学互为表里的特点,他倡导开办新式的技术学堂是为了满足洋务企业发展的人才需要,学堂是表,实业是里,形成二者互相推进的良性互促关系,如此方能"足以致富强"。其次,盛宣怀在办理学堂中带有较强的督办色彩,督办制度盛行于洋务企业之中,盛宣怀将此引入各类学堂的管理,他初创天津、上海电报学堂时就曾短暂担任总办。最后,盛宣怀办学始终奉行"中学为体,贯通西学"的原则,此与洋务派的向西方学习的主旨一致,即以中国传统经史大义为根本,在此基础上学习西方各类技术。但是他提倡的实业教育是为了服务洋务开展,因而未能认识到大众实业教育之意义,其办学中的督办体制,对学堂发展造成一定束缚,致使活力不够。

然而不可否认的是盛宣怀的实业教育思想及实践对近代中国经济、社会与教育的发展做出了积极贡献。首先是他开办的技术学堂为近代中国的农工商矿培养了一大批实用人才,盛办学相较于洋务早期的方言、技艺学堂并不算早,但他办学的持续时间长、创办的学堂数量多,从1880—1905年开设的专门技术学堂11所,涉及电报、矿务、轮船、铁路、冶炼等领域[①],因而培养了诸多人才,成效显著。

其次,盛宣怀的实业教育思想及实践冲击了传统封建教育,积极推动

---

① 欧七斤:《盛宣怀与中国教育早期现代化——兼论晚清绅商办学》,博士学位论文,华东师范大学,2012年,第188页。

新式教育的发展。孙培青先生对洋务教育评价道："洋务教育活动受'中体西用'指导思想的制约，处在封建传统为主体的文化教育环境中，其成效自然有限，这是中国近代社会条件下教育发展所难以超越的阶段。但是洋务教育实际启动了中国传统向近代教育过渡的进程……冲击了传统封建教育体制，传播了近代资本主义文化和教育观念，哺育了维新志士，促进了中国近代社会的新陈代谢。"[①] 盛宣怀在实业教育制度上的构想及实践一定程度上为清末学制的制定提供了蓝本。

总之，在近代中国社会大变局中，盛宣怀顺应时代的需要，提出自己教育的思想，积极推行新式教育实践，培养了大批掌握先进科技知识的新型知识分子，为经济、政治的近代化奠定了人才基础，他对中国职业教育的所作的贡献应予充分肯定。

第十节 蔡元培的职业教育思想

一 蔡元培生平简介

蔡元培（1868—1940），字鹤卿，又字仲申、子民，浙江绍兴人。我国著名的革命家、教育家、政治家。他4岁即入家塾读书，17岁考取秀才，25岁考中二甲三十四名进士，之后被授予翰林院编修。蔡元培供职翰林院期间，正值中国多事之秋，先是甲午战争中国惨败给日本，被迫签订了丧权辱国的《马关条约》，后又经戊戌变法。蔡元培对维新人士深表同情，并认识到清政府的腐朽，为此1898年他毅然辞官归里，开始走上办理新式教育的道路。清末蔡元培的教育活动有：1898年任绍兴中西学堂监督，提倡新学；1901年到上海代理澄衷学堂校长；1901年9月被聘为南洋公学经济特科班总教习；1902年蔡元培与蒋智由等在上海创办中国教育会并任会长，并创立爱国学社、爱国女学。1912年"中华民国"成立后，他就任南京临时政府教育总长，开启了一系列的教育改革：颁布教育法令；制定五育并举的教育宗旨；拟订学制草案等。1917年蔡元培出任北京大学校长，提倡学术研究，主张"思想自由，兼容并包"的办学方针，支持新文化运动。同年，他还与梁启超、黄炎培等人发起成立了中华职业教育社。1922年3月，蔡元培发表了《教育独立议》一文，阐

---

① 孙培青主编：《中国教育史》（修订版），华东师范大学出版社2000年版，第324页。

述了教育独立的思想，提出"大学区"的构想。1927年他担任南京国民政府大学院院长后，积极推行大学区，但蔡元培的教育思想与国民党核心领导人的意见不合，因而其教育独立的愿望终未能实现。在蔡元培一生的教育活动中，他十分关注职业教育，其职业教育思想及实践对中国职业教育的发展做出了重大贡献。

二　蔡元培职业教育思想的主要内容

蔡元培在深刻认识了中国的教育现状，并吸收了西方先进的办学经验后，再经丰富的教育实践而形成的职业教育思想，对职业教育的作用、职业教育与普通教育的关系、职业道德培养以及职业教育的发展都作了深入分析。

1. 职业教育"为人计"与"为事计"

蔡元培提倡的实利主义教育，重视授予学生实际生活所必需的知识和技能，其基本内涵与职业教育的本质特征一致。蔡元培先生论述发展实利主义教育的原因时谈道："我国地宝不发，实业界之组织尚幼稚，人民失业者至多，而国甚贫。实利主义之教育，固亦当务之急者也。"① 亦即实利主义教育是解决人民失业和实现国家富强的重要途径。而实利主义教育重在兴办"有用之学"，他明确指出，"有用之学"可起两个方面的作用："一方为人计，曰以供青年谋生之所急也；一方又为事计，曰以供社会分业之所需也。"② 换言之，职业教育一方面通过加强对青年人的职业技能培训，使之掌握谋生手段，毕业后"足以持生计而不匮矣"③，从而解决生计问题。

另一方面，职业教育可推进社会经济的发展。甲午之后至民国初期，职业教育救国、强国已非新论，但该论说因关涉人才问题，遂能长盛不衰，蔡元培亦同意这一观点，他以工业发展与人才间关系展开论述："我国地产极富，各种工业必将次第建设。建设工业，非徒恃有少数之工学士，而亦恃多数工人均有工业上普通智识。"④ 因而，职业教育能为工业发展培育所需人才，工业则推动经济社会的发展。

---

① 高平叔编：《蔡元培全集》第2卷，中华书局1984年版，第131页。
② 高平叔编：《蔡元培教育论集》，湖南教育出版社1987年版，第161—162页。
③ 同上书，第32页。
④ 高平叔编：《蔡元培教育论著选》，人民教育出版社2011年版，第56页。

2. 职业教育与普通教育之关系

关于职业教育与普通教育之关系，蔡元培在"普通教育与职业教育"的演讲中做了生动阐释，他说："普通教育和职业教育，显有分别：职业教育好像一所房屋，内分教室寝室等，有个别的用处；普通教育则像一所房屋的地基，有了地基，便可把楼台亭阁等，建筑起来。"① 可见，蔡元培认为职业教育与普通教育是两种不同类型的教育，无高低贵贱之分，都是教育的有机组成部分。他的这种认识，早在1901年的《学堂教科论》中就有体现，他把教育分为普通、专门、实业三类，而实业教育即职业教育的前身。到1912年，制定《壬子学制》时他仍秉承这一思想，把教育分为实业教育、普通教育、师范教育三种，实业教育的"乙种实业学校—甲种实业学校—高等专门学校"与普通教育"小学—中学—大学"的层级相互对应。

此外，蔡元培还指出了职业教育与普通教育培养的差异。他认为中等教育有三种功能：一是在小学教育基础上进行普通教育；二是高等教育之预备；三是培养职业应用能力。在高等教育方面，蔡元培强调"学"与"术"之别。他认为文、理科属于"学"，法、商、医、农、工科等属于"术"。"治学者可谓之'大学'，治术者可谓之'高等专门学校'。两者有性质之别，而不必有年限和程度之差。"②

3. 职业道德培养

蔡元培非常重视职业人才的道德培养，他认为这是职业人才养成健全人格的关键，他说："欲提倡实利主义，必先养成其道德。"

蔡元培首先倡导要形成正确的职业观，认识自身价值，高呼劳工神圣。他说："凡人以适当之勤劲，运用其熟练之技能，而所生效果确有裨益于人类者，皆谓之工。""我说的劳工，不但是金工、木工等等，凡用自己的劳力作成有益他人的事业，不管他用的是体力、是脑力，都是劳工。……我们要认识劳工的价值。劳工神圣！"③ 他进一步指出职业无高低贵贱之分，而应注重人的品格修养，"凡人之职业本无高下贵贱之别。高下贵贱，在人之品格，而于职业无关也"④。

---

① 高平叔编：《蔡元培教育论集》，湖南教育出版社1987年版，第302页。
② 同上书，第203页。
③ 高平叔编：《蔡元培教育论著选》，人民教育出版社2011年版，第183页。
④ 高平叔编：《蔡元培全集》第2卷，中华书局1984年版，第234页。

在具体的职业道德塑造上，蔡元培写的《中学修身教科书》中表述了自己的见解，他认为行政官应"勤与精""勿徇私"；司法官要公平中正，不能徇私枉法；医生要精研业务，为病人保守秘密；商人应正直无欺，恪守信用；等等。对职业道德的培养，蔡元培提倡用美感教育，要注重利用美工、图画、唱歌等美育课程陶冶学生美感，使之形成高尚的道德情操。

4. 职业教育应重视社会调查

蔡元培在考察了中国职业教育发展状况后，认为"设置拘统系而忽供求"是职业教育存在的一大弊病，导致当时"有人无事做、有事没人做""学非所用、用非所学"的社会现象。为了改变这个现状，他强调职业教育的办学和发展要根据社会的实际需求，而社会调查是弄清社会需求的关键环节，是职业教育发展的前提。

他引用美瑟娄的话，"苟与我六十万金办中国职业教育，我必以二十万金充调查费"。为此，他提出"五步调查法"来规范职业教育的办学之路，即"调查现行教育之状况、调查职业界之状况、调查社会百业供求之状况、调查学校毕业生之状况、调查各地已办职业技术教育之状况"[①]。蔡元培极力倡导社会调查在职业教育办学与发展中的作用。在他看来，只有根据社会需要来发展职业教育，职业教育的发展之路才会平坦，才能培养出符合经济社会发展所需要的合格的职业人才。

三 蔡元培职业教育思想的特点及意义

蔡元培职业教育思想首先具有明显的职业教育大众化特征，他要发展的职业教育已不单单是为国家富强培养人才，他还弘扬职业观念，使人人皆能掌握职业技能，从而解决个人的生存与发展问题。其次，蔡元培职业教育思想深受西方教育、哲学思想的影响，富有前瞻性。实利主义教育与19世纪末20世纪初产生于美国的实用主义教育思想具有一定的渊源，实用主义教育思想的主要代表有杜威和克伯屈，该思想在中国的蔓延中，蔡元培充当了"急先锋"的角色，他认为"今日美洲之杜威派，则纯持实利主义者也"[②]。蔡元培提倡用于培养职业道德的美感教育更是与其在德

---

① 高平叔编：《蔡元培全集》第3卷，中华书局1984年版，第17页。
② 高平叔编：《蔡元培教育论集》，湖南教育出版社1987年版，第46页。

国的学习有关，他自述：我于讲堂上既常听美学、美术史、文学史的讲演，于环境上又常受音乐、美术的熏习，不知不觉的渐渐集中心力于美学方面。① 为此，他归国后大力宣扬美感教育。

蔡元培的职业教育思想意义重大，他对职业教育的大力弘扬，加深了人们对职业的认识，并促使社会对普通劳动者态度的改观。上文蔡元培已论述了职业无高低贵贱之分、从事各行各业者应充分认识自身价值、社会应尊重劳工等内容，除此之外，他还指出了职业教育的好处，他认为职业教育可以促进人的精神与肉体的全面发展。有关职业教育的课程，不仅包含有一般的物理、化学、数学等基础知识，而且还可以练习"种种手力足力之工作"，收到体育之效，"养成勤务之习惯"。② 他的这种舆论宣传有力地支持了职业教育的发展。

蔡元培是近代中国职业教育的重要开拓者之一，他的职业思想为现代职业教育奠定了基石。他提出的实利主义教育"为人计"思想，得到后来者的继承和发展，使得职业观普及于大众。他倾尽心力传播的美感教育也逐步得到世人的认同，与当时流行于中国的德、智、体并称四育，至今仍在提倡。此外，在蔡元培的支持下还建立了一套完整的职业教育体系，该体系涵盖了从低到高的职业学校制度，管理职业教育的政府机关，以及致力于职业教育发展的民间团体。这为职业教育走上制度化、正规化奠定了基础。

第十一节　黄炎培的职业教育思想

一　黄炎培生平简介

黄炎培（1878—1965），字任之，号楚南，笔名抱一，江苏川沙（今属上海市）人。黄炎培是中国近现代著名的教育家和忠诚的爱国主义者，毕生致力于职业教育的研究与推广，是中国职业教育的先驱和现代职业教育的奠基者。职业教育能在20世纪20年代成为中国教育界颇有影响的一种教育思潮，与黄炎培的倡导是分不开的。舒新城评论说："中国近代各

---

① 蔡元培：《美育人生　蔡元培自传》，江苏文艺出版社2011年版，第74页。
② 高平叔编：《蔡元培全集》第3卷，中华书局1984年版，第175页。

种教育思想在实际上之影响,无有出乎职业教育思想之外者。"① 而在中国教育史上,第一次系统地提出职业教育理论并取得辉煌成果的,当首推黄炎培先生。

黄炎培幼年生活艰苦,因父母过世早,迫于生计,他年未弱冠,即在家乡任塾师。1899 年考中秀才,1901 年入南洋公学,选读外文科,受教于蔡元培先生,1902 年中江南乡试举人,1903 年返乡兴办小学堂。辛亥革命后,任江苏都督府民政司总务科长兼教育科长,后任江苏省教育司长,积极推进地方教育改革。1913 年发表《学校教育采用实用主义之商榷》,提倡教育与学生生活、学校与社会实际相联系。1914—1917 年,他在国内各地考察教育后,又赴美国、日本、菲律宾、英国等处研习教育,同时他还联合当时国内一些著名的实业家、教育家成立中华职业教育社。之后,黄炎培的教育活动主要通过中华职业教育社展开,创办了《教育与职业》杂志,1918 年设立中华职业学校。此外,他还参与起草 1922 年学制,筹办南京高等师范学校、"国立"东南大学等多所高校,1926 年发表《提出大职业教育主义征求同志意见》一文,倡导大职业教育思想。南京国民政府成立后,黄炎培的教育活动受到一定压制,抗日战争、人民解放战争期间,他积极参与抗日救亡与民主运动。中华人民共和国成立以后,他担任中央人民政府政务院副总理兼轻工业部部长,投身于新中国的经济建设,1965 年 12 月逝世。黄炎培作为伟大的职业教育理论家、实践家,为我们留下了深远的职业教育思想。

二 黄炎培职业教育思想的主要内容

黄炎培教育思想博大精深,本书就其在职业教育目的、办学方针、教学原则以及职业道德、大职业教育主义几个方面做简要分析。

1. 职业教育的目的

黄炎培认为,所谓职业教育即"用教育方法,使人人依其个性,获得生活的供给与乐趣,同时尽其对群的义务"②。他寄希望通过职业教育解决个人问题,进而顺势解决"群"(社会)的问题。在他看来,如果一

---

① 舒新城编:《近代中国教育思想史》,吉林人民出版社 2013 年版,第 151 页。
② 田正平、李笑贤编:《黄炎培教育论著选》,人民教育出版社 1993 年版,第 270 页。

个社会"人人得事,事事得人,社会没有不发达的"①,实现个体的发展,国家自然也就跟着富强起来了。因此,解决人的生计问题并推进人的发展是黄炎培职业教育的首要目的。1918年在中华职业教育社成立一年的年会上,他就明确提出职业教育是"为个人谋生之预备,为个人服务社会之预备,为世界及国家增进生产能力之预备"②。后来他在《我之人生观与吾人从事职业教育之基本理论》一文中把职业教育的目的增加了"谋个性之发展"。他认为职业教育是为人生服务的,"余论教育之旨,归本人生"。具体地说:"一曰治生,二曰乐生。"也就是一方面使人获得谋生的手段;另一方面满足人精神发展的需要。20世纪20年代起,黄炎培进一步把职业教育目的概括为:"使无业者有业,使有业者乐业。"总之,黄炎培认识到人的问题是解决一切问题的关键,只有通过职业教育,使人人掌握生存的技能,并获得生活的乐趣,最终才能实现人与社会的发展。

2. 职业教育的办学方针

综观黄炎培一生的职业教育活动,社会化、科学化、个性化是其长期奉行的办学方针。

第一,职业教育社会化。职业教育社会化的内涵即职业教育应与社会保持紧密联系。其一,职业教育要按社会需求培养人才,他在谈及过去职业教育发展的弊端时强调,教育应以适应需要为主,职业教育是不能离开此原则的,"四十年新教育,最大吃亏,就是和社会生活脱离关系"③。因而他要求"办理职业教育,必须注意时代趋势和应走之途径,社会需要某种人才,即办某种学校"④。其二,办职业教育不能仅拘束于职业教育,应与一切教育界、职业界沟通,参加全社会的运动。这就是黄炎培的"大职业教育主义"思想。

第二,职业教育科学化。职业教育科学化包括教授与管理两个方面的科学化。黄炎培认为"职业教育直接求百业的进步,间接关系民生国计大问题,并不会在科学以外,别有解决的新方法"⑤。因而要求职业学校

---

① 成思危主编:《黄炎培职业教育思想文萃》,红旗出版社2006年版,第52页。
② 田正平、李笑贤编:《黄炎培教育论著选》,人民教育出版社1993年版,第123页。
③ 同上书,第304页。
④ 张惠芬、金忠明编:《中国教育简史》,华东师范大学出版社2001年版,第490页。
⑤ 中华职业教育社编:《黄炎培教育文选》,上海教育出版社1985年版,第169页。

的课程设置、教材选编、教学原则的确定、实习设施的配置等，都应因地制宜、因时制宜，经过实验取得经验后再逐步推广。此外，在教育管理的组织机构、人员的管理方法上也要实现科学化。只有实行科学化的办学方针，职业教育的发展才能紧跟社会日益进步、职业日趋分化的时代形势。

第三，职业教育个性化。黄炎培非常重视职业教育发展中的个性化，不仅强调职业教育发展要以人的个性差异为依据，还指出鼓励个性化的重要性。

黄炎培认为"职业"本来就具有"内应天生人类不齐才性之特征"①，因此职业教育须因人制宜，只有依个体的喜好进行职业训练方能达到教育的效果。他说："如果那人所入的学科，于他的性质和才能不相当的，无论给他怎么教育上的准备，总是无效"，"所以一个人职业和才能相当与不相当，相差很大。用经济眼光看起来：要是相当，不晓得增加多少效能；要是不相当，不晓得埋没多少人才。就个人论起来，相当，不晓得有多少快乐；不相当，不晓得有多少怨苦"②。

他还指出个性塑造的重要性，个性与人的兴趣息息相关，它可激发人的潜能，增进聪明才智，适应社会的职业分工。黄炎培对职业教育与个性间的关系有精辟的论述："自社会生活方式采分工制，求工作效能的增进与工作者天性、天才的认识与激发，进而与其工作适合，于是乎有职业教育。"③ 亦即职业教育要启发个人的天赋个性、特长和才能，使人的潜能得到充分发挥。

3. 职业教育的教学原则

针对过去传统教育重理论、轻实践的弊病，黄炎培提出了一系列理论与实践相结合的职业教育教学原则，其中最为出名的是"手脑并用""做学合一"。他认为："职业教育目的乃在养成实际的、有效的生产能力，欲达此种境地，须要手脑并用"，"如果只注重书本知识，而不去实地参加工作，是知而不能行，不是真知"④。而实习是手脑联合训练的最佳途

---

① 中华职业教育社编：《社史资料选辑》第 4 辑，中华职业教育出版社 1988 年版，第 14 页。
② 田正平、李笑贤编：《黄炎培教育论著选》，人民教育出版社 1993 年版，第 155 页。
③ 同上书，第 368 页。
④ 黄炎培：《断肠集》，生活书店 1936 年版，第 54 页。

径，人在接受职业教育学习了理论知识后，"要实地应用的，譬如学游泳，是要真会游泳，单说一大篇游泳的理论，哪里行呢？"①

在具体办学中，黄炎培坚持贯彻这一原则。诸如，他支持创办的职业学校大体都设有工厂、农场之类的实习场所；学校的课程亦注重实习时数，理论课与实习时间各半；教师的选择上也要求理论、经验并重；学生修业期满后，仅发给修业证书，直至在附设工厂实习一年后，再发毕业证书。通过上述的种种措施，使学生做到"手脑并用""做学合一"，掌握了理论知识并学会实际操作，从而为社会培养有用之才。

4. 职业道德教育

在中国教育史上，第一次系统地提出职业教育理论并取得辉煌成果的，当首推黄炎培先生。职业道德教育思想是黄炎培职业教育思想体系中的重要内容之一。"敬业乐群"是其职业道德教育的基本规范，并贯穿于他的职业教育思想之始终。

"敬业乐群"一词最早见于《礼记·学记》："古之教者，家有塾，党有庠，术有序，国有学。比年入学，中年考校。一年，视离经辨志。三年，视敬业乐群。五年，视博习亲师。七年，视论学取友，谓之小成。九年，知类通达，强立而不返，谓之大成。夫然后足以化民易俗，近者说服而远者怀之，此大学之道也。"②

降至近代，"敬业乐群"被黄炎培赋予时代的内涵和全新的诠释，成为其职业道德教育的核心内容与基本规范。

所谓"敬业"，是指"对所习之职业具嗜好心，所任之事业具责任心"③，亦即敬重所业，尽职所业。所谓"乐群"，是指"具优美和乐之情操及共同协作之精神"④，亦即要有高尚的情操和服务社会、群体合作的精神。

黄炎培认为"有生必有群"，"求群"乃人类最基本的需求之一。针对中国传统教育中"惟重一己"的现象以及"以束身寡过为处世最稳之方针"的弊端⑤，他指出："人生必须服务，求学非以自娱。诸君须知，

---

① 田正平、李笑贤编：《黄炎培教育论著选》，人民教育出版社1993年版，第251页。
② 陈戍国：《礼记校注》，岳麓书社2004年版，第265页。
③ 《最近之中华职业学校》，《新教育评论》第3卷第18期，第36页。
④ 同上书，第27页。
⑤ 黄炎培：《东西两大陆教育不同之根本谈》，《教育杂志》第8卷第1号。

职业平等，无高下，无贵贱。苟有益于人群，皆是无上上品，诸君既知，人不可无业矣。更当知任何职业，必须积小为大，先轻后重。吾敢断言，今之当大任者，即昔日服微末之务而不以为小者也。吾更敢断言，今之不屑服微末之务者，即他日并微末之务而不得者也。"①他将学生头脑中存在的"非以职业为贱，即以职业为苦"的思想视作"职业教育之礁"。②他说："来学时既无就职之诚，学成后更安有乐业之日？此无形之礁石，伏于青年脑海中。欲职业教育推行无阻，得乎？"③

基于上述认识，黄炎培提出：职业教育，从内涵上看，应包括职业技术教育和职业道德教育，即"治业"与"乐业"两个方面，二者相辅相成，不可偏废。他说：职业教育"一方授与学生以谋生的知能，一方仍注意社会服务的道德……谋生与做人，二者本应同时并重，不具谋生能力，人固无从做起，具有谋生能力，而不知做人之道，必将成为自私自利之徒，更违教育之本旨矣"。又说："既得应用之知识，纯熟之技能，而无善良之品行，仍不足以立身社会。"④

在黄氏看来，职业教育所追求的目标不仅仅是为个人谋生，它还应有更崇高的目标——为社会服务。因此，在职业教育过程中，不仅要注重职业技能训练，而且要重视职业道德教育；不仅要授以一技之长，而且要重视学生的全面发展。要注重激发学生对职业的责任感和创造力，培养其服务社会、造福人群的观念，养成他们高尚的道德情操和远大的社会理想。为此，黄炎培反复强调，"有人认为职业教育就是为个己谋生活，这种误会，不可不注意。职业教育……不仅是为个人谋生的，而且是为社会服务的"⑤。职业教育的"第一要义即'为群服务'"，"主张职业教育者，同时必须注重职业道德"⑥。

惟其如此，黄炎培视"敬业乐群"为最基本的职业道德规范，以之为他一生的职业教育实践，贯穿于他的教育、教学的每一个环节中。

---

① 田正平、李笑贤编：《黄炎培教育论著选》，人民教育出版社1993年版，第176—177页。
② 黄炎培：《职业教育之礁》，《教育与职业》第41期。
③ 田正平、李笑贤编：《黄炎培教育论著选》，人民教育出版社1993年版，第260页。
④ 中华职业教育社编：《社史资料选辑》第3辑，中华职业教育出版社1982年版，第33页。
⑤ 黄炎培：《职业教育》，《新教育》第5卷第3号。
⑥ 黄炎培：《断肠集》，生活书店1936年版，第78页。

1917年5月,由黄炎培倡导发起的中华职业教育社正式成立。根据黄炎培的意见,中华职业教育社制定和完善了职业道德标准,主要内容是:认识职业之真意在服务社会中养成责任心,养成勤劳习惯,养成互助合作精神,养成理性的服从美德,养成对所从事职业的乐趣,养成经济观念,养成科学态度等。

1918年6月,黄炎培在上海创办了中华职业学校,即以"敬业乐群"为校训,亲书其匾,警策学生,并为学生订立了十三条个人修养标准:对职业之性质应有准确之观念;对所欲之职业社会应有相当的了解;对将从事之职业应具有相当之兴趣;养成负责习惯;养成互助合作的精神;养成勤朴的习惯;养成合理的服从习惯;养成有礼貌的习惯;养成守法的习惯;养成公而忘私的德性;养成创造与奋斗的精神;养成应付一切的能力;养成现代公民所应具有的德行与习惯。他说:"养成守规则、有礼貌、耐劳苦的习惯,如果真能做到,吾敢说没有一处不欢迎的。"①

为养成学生良好的职业道德素质,黄炎培特别注意人格教育。他很早就在其著《中国教育史要》中就提出了"健全人格"的完整定义:"所谓健全人格:一是私德为立身之本,公德为服役社会国家之本。二是人生所需之知识技能。三是强健活泼之体格。四是优美和乐之感情。"②而要提升个人修养,塑造好的人格,就"须有高尚纯洁之人格;须有博爱互助之精神;须有狭义勇敢之气概;须有刻苦耐劳之习惯"③。他教导中华职业学校的学生"理必求真、事必求是、言必守信、行必踏实"④,要有"铁的纪律,金的人格",强调良好的道德是建立事业之本。他说:"人格必须完整。人格修养之重要为三十年来吾人对诸同学所不惮烦言者。""欲全人格,行动必须非常谨严,操守必须非常竣洁","人格一经毁坏,其人见弃于群众,哪有功名事业可言?"⑤ 他还利用校训、校歌、学校环境和组织各种活动,对学生进行潜移默化的熏陶。

---

① 成思危主编:《黄炎培职业教育思想文萃》,红旗出版社2006年版,第124页。
② 黄炎培:《中国教育史要》,商务印书馆1930年版,第128页。
③ 许汉三编:《黄炎培年谱》,文史资料出版社1985年版,第92页。
④ 中国民主建国会中央委员会、中华职业教育社编:《黄炎培职业教育思想研讨会专刊》,中华职业教育出版社1987年版,第112页。
⑤ 中华职业教育社编:《黄炎培教育文选》,上海教育出版社1985年版,第317—318页。

黄炎培职业道德思想中"敬业乐群"的理念，是从职业和职业教育的本质属性出发，其基点是"以人为本"，提出职业教育训练应坚持做人第一，培养学生敬业乐群。黄炎培认为，职业、教育与职业教育的形成与人的生存、生活和社会发展有着直接关系，是随着人类的生活需要而产生，也必将随着人类生活的发展而发展。对于此三者的关系，黄炎培有精辟的论述。1933年他在《职业教育之理论和实际》一书中说："世界一切问题的中心是人类，人类一切问题的中心是生活。要是这个中心在若干世纪内，一时没法改变，那么有生活，必有需要、有供给，那么人类必定有各个的特性，各个的特长，而人与人之间，亦必定有彼此相感的精神和相结的方式，在人群递嬗间，更必定有老辈根据的经验，来供给后辈的仿效，从仿效中获得改进的门径。吾们敢说职业教育这套理论，虽措辞容有不同，而这理论的主干，是不易磨灭的。"① 他告诫青年："求学与习事，初非两橛，以实地功夫求学，以科学方法习事，互相印证，其乐无穷。"② 是故，"办理职业教育者，必须注意个性之发展"。培养的人与"业"相适应，与"事"相匹配，这不仅是职业教育的目的，也是整个教育事业的目的。如果"一个社会人人有职业，有与其个性相适合之职业，则人人得事，事事得人，社会无有不发达者"，那么从业者就会敬业、乐业，"利居众后，责在人先"的乐群精神也就自然形成了。

黄炎培以实践教学作为实现"敬业乐群"的途径。在《职业教育该怎么样办》一文中，黄炎培提出，养成"敬业乐群"的职业道德的具体要求有三："第一，办职业教育，万不可专靠想，专靠说，专靠写，必须切切实实去'做'。……第二，办职业教育，必须把试验出已有效地授给人家。……第三，办职业教育，不但着重职业知能，而且还要养成他们适于这种生活地习惯。"③ 为此，他提出以"手脑并用""做学合一""理论与实际并行""知识与技能并重"等为职业教育最基本的教学原则，亦为中华职业学校办学之旨趣。该校"设立之旨趣"明示："鉴于我国今日教育之弊病，在为学不足以致用，而学生积习，尤在轻视劳动而不屑为，致学生毕业于学校而失业于社会者比比。补救之道，唯在提倡职业教育尊重

---

① 黄炎培：《断肠集》，生活书店1936年版，第77页。
② 黄炎培：《职业教育之礁》，《教育与职业》第41期。
③ 田正平、李笑贤编：《黄炎培教育论著选》，人民教育出版社1993年版，第251页。

劳动工作，以沟通教育与实际生活。"该校的教育方针主要有五个：（1）以"预备学生将来职业为目的"，则所授各种知识，自当特别注意于应用方面，且力求正确精密，使之将来能适合应用为主之职业。（2）以工商业为主，故"对于实习方面特别注重"，生徒半日授课，半日实业，以期"各种技能达于纯熟"。（3）鉴于"怠惰苟安，贱视操作服务而不屑为"乃彼时学生"最大之通病"，故对于学生竭力提倡劳动服务，凡仆役所为之事，皆当由学生轮值分任，"祛除其自尊自大之恶习，养成其耐苦耐劳之美德"。（4）基于"无善良之品性，仍不足以立身社会"的认识，故特注重学生自治，组织自治机关，利用共同作业，养成其共同心、责任心及勤勉、诚实、克己、公正诸美德，是学生将来成为善良之公民。（5）该校竭力养成学生创设新事业、增进生产之能力以期"生存于今日之世界"。①

黄炎培"敬业乐群"思想的归宿是实现个性发展与社会需要的统一，即"对己谋生"与"对群服务"统一，最终实现职业教育"使无业者有业，使有业者乐业"之终极目标。黄炎培指出，"职业一名词，包含对己谋生与对群服务，实是一物两面。故职业教育，于整个的人生修养上乃至于国家观念、民族意识之培养上，不仅毫无抵触，而且有很大的贡献"②。又说：职业教育的作用，"语小，个人之生活系焉；语大，世界国家之文化系焉"③。二者之间，黄氏尤重后者，即对群服务。在他看来，职业教育的作用在于通过培养个体"为己谋生"的技能，进而塑造个体"为群服务"的精神，最终实现人的自然属性与社会属性、自我价值与社会价值的和谐统一。所以，他说："职业的定义，是人类在共同生活下的一种确定的行为。职业教育，即是给人们以互助行为的素养，完成他们共同生活的天职。是安可不用最高的热忱，包涵一切，最大的度量，容纳一切，发挥大合作的精神，做训练的方针，使受吾教育的，精神方面和知能方面，完全适合于人群的需要呢？"④

基于此，黄炎培提出"职业教育的原则，着重在社会需要"，"办理职业教育，必须注意时代趋势与应走之途径，社会需要某种人才，即办某

---

① 《中华职业学校概况》，《教育与职业》第36期。
② 中华职业教育社编：《黄炎培教育文选》，上海教育出版社1985年版，第247页。
③ 《中华职业教育社宣言》，《教育杂志》第9卷第7号。
④ 中华职业教育社编：《黄炎培教育文选》，上海教育出版社1985年版，第167页。

种职业学校";"必须同时与社会经济结构相配合,与社会生活相配合,才能兴旺发达"①。

由是观之,职业本身所具有的双重意义,决定了与之相应的教育、职业教育也具有了双重功能。职业教育的目的并不仅仅限于"个人谋生",而且更重要在于"服务社会"、"增进生产力","尽其对人群的义务";既强调"谋生",又注重"敬业",从而实现了"谋生"与"敬业"的统一。

5. 大职业教育主义

大职业教育主义是黄炎培对教育的新认知,他从当时的中国国情出发,认识到教育不能封闭发展,若不沟通其他领域,不参与社会活动,教育之目的绝难实现。他在总结职业教育的成效时说:"我们也算尽心力而为之了,可是,我们所希望,百分之七八十没有达到。"② 其原因之一是"只从职业学校做工夫,不能发达职业教育;只从教育界做工夫,不能发达职业教育;只从农、工、商职业界做工夫,不能发达职业教育"③。为此他告诫大家:"要明白摆在面前的大问题,就是国家民族生死存亡的问题","过去,我们只要个人努力就可以生存,今后要大家一起努力,集中大家的力量,才能抵抗敌人的压迫,取得生存"④。

1926年黄炎培发表的《提出大职业教育主义征求同志意见》一文标志"大职业教育主义"思想的成熟,在文中黄炎培对大职业教育主义做了完整表述,即"办职业学校的,须同时和一切教育界、职业界努力的沟通联络。提倡职业教育的,同时须分一部分精神,参加全社会的运动"⑤。在此思想的指引下,中华职业教育社的工作日渐重视社会活动,在苏州会议上,该社要求"以后应加入政治活动,以增实力。并与职业社会作实际之联络,以期合作"⑥。在抗日战争、人民解放战争期间,中华职业教育社亦积极参与抗日救亡和民主政治运动。

总之,大职业教育主义深化了职业教育的概念,把职业教育与社会紧密结合在一起,拓展了职业教育的范围,使其成为一种开放的、对整个社

---

① 黄炎培:《职业教育机关惟一的生命是什么》,《教育与职业》第113期。
② 中华职业教育社编:《黄炎培教育文选》,上海教育出版社1985年版,第154页。
③ 同上。
④ 田正平、李笑贤编:《黄炎培教育论著选》,人民教育出版社1993年版,第292页。
⑤ 中华职业教育社编:《黄炎培教育文选》,上海教育出版社1985年版,第155页。
⑥ 《苏州会议纪要》,《上海中华职业教育社志》,上海古籍出版社2007年版,第469页。

会具有强大辐射力的教育。

三 黄炎培职业教育思想的特点及意义

综观黄炎培的职业教育思想，在演进轨迹上具有明显的变化提升，从早期受"实业思潮"、"实用教育主义"影响而提倡实学教育到推行"谋求人人生计"之职业教育，再到社会化之大职业教育主义。实用性亦是黄炎培职业教育思想一显著特征，无论是实学教育、职业教育、大职业教育，其本质属性皆为实用，黄炎培还认为职业教育的实用内核是一切教育变革之取向，"凡教育皆含有职业之意味"、"舍沟通教育与职业，无所为计"[①]。平民化是黄炎培职业教育思想的又一特征，他设想把职业教育办成普及性教育，人人都能接受职业教育，学到谋生的知识技能。

黄炎培在吸收了众多职业教育先行者的优秀成果后，第一次系统地提出职业教育理论，为中国职业教育的发展奠定了坚实基础，其贡献巨大。

首先，他构建了完整的、富有建设性的职业教育理论，从职业教育的目的、办学方针、教学原则、职业道德等方面都提出了精辟见解，深得各界人士的广泛认同，并为后来者长期继承和发展。尤其是，黄炎培"敬业乐群"的职业道德教育思想的内涵是丰富的，其所提供的历史经验，不仅在当时是行之有效的，对全面提高职业学校的教育质量，培养大量从业人员起到了积极作用；而且在今天看来，其中某些精神和做法也颇具借鉴价值，与《公民道德建设实施纲要》提出的职业道德的主要内容，即"爱岗敬业、诚实守信、办事公道、服务群众、奉献社会"在理念上是一致的。只要我们认真贯彻落实国家关于发展职业教育的方针政策，深刻领会黄炎培职业道德教育思想之精义，汲取他职业道德教育思想体系中的合理因素，大胆改革、实践，就一定能够实现"学校无不用之成材，社会无不学之执业，国无不教之民，民无不乐之生"的美好愿景。

其次，黄炎培还提出较为完善的职业教育制度，他参照美国的职业教育模式，认为当时中国最紧迫改进的是中学教育阶段。他就许多中学生毕业后就失业的状况，要求把多数中学改为职业学校，其他中学根据实际情况，酌设职业科，在中等学段亦可设立职业补习学校。通过这种改革，小

---

① 田正平、李笑贤编：《黄炎培教育论著选》，人民教育出版社1993年版，第84页。

学毕业生除升入中学外，还可选择职业教育，而中学毕业生掌握了一定技能，可自谋生计。黄炎培这种以职业中学、普通中学职业科和职业补习学校为基础的职业教育制度设想被社会普遍接受，并在1922年《壬戌学制》关于职业制度的规定中就得到具体应用。

最后，黄炎培在办理职业教育中开创了多项创举，1917年在他的倡导下，中国第一个专门致力于研究、推广职业教育的机构——中华职业教育社成立。同年11月，在他的积极筹办下，中国最早专门研究职业教育理论和实践的刊物——《教育与职业》出版发行。1918年他还创办了中国最早的正规的职业学校——中华职业学校。这些举措不仅可以凝聚国人办学之力，还起到示范带动之效，积极推动中国职业教育的发展。

第十二节 陶行知的职业教育思想

一 陶行知生平简介

陶行知（1891—1946），安徽歙县人，原名文濬，后改名为"行知"。他是中国著名的人民教育家、思想家，伟大的民主主义战士。陶行知出身贫寒，早年主要在教会学校接受教育，1914年金陵大学毕业后赴美留学，先在伊利诺大学学市政，后转入哥伦比亚大学研究教育，师从杜威、孟禄、克伯屈等。1917年秋回国后全力投身于教育工作，是年年底与蔡元培等发起成立中华教育改进社，主张收教育权利，推动教育改革。1923年与晏阳初等人发起成立中华平民教育促进会，从事平民教育。1927年在南京北郊创办乡村师范学校（后改名晓庄学校）开展乡村教育运动。1932年创办生活教育社及山海工学团，推行乡村教育的试验。"九·一八"事变以后，陶行知积极从事救国运动，组织国难教育社，开展国难教育运动。抗日战争爆发后，积极提倡战时教育运动，创办《战时教育》杂志。1938年11月生活教育社成立，陶行知被选为理事长。抗日战争期间，陶行知在重庆办育才学校。抗战胜利后，投入反对内战、争取和平民主的斗争。1946年在重庆与李公朴创办社会大学，推行民主教育。1946年7月25日因操劳过度，突发脑溢血，逝世于上海。陶行知一生奉献于教育事业，被毛泽东称为"伟大的人民教育家"，而职业教育是其教育活动的重要组成部分，他为我们留下了诸多宝贵的职业教育思想。

二 陶行知职业教育思想的主要内容

陶行知在美国研习教育多年，打下了较为深厚的理论基础，归国后，他把这些理论结合到中国的实际情况中开展职业教育。他的职业教育思想主要回答了三个问题：职业教育的宗旨是什么？职业教育应如何开展？职业教育的主体对象是谁？

1. 职业教育的宗旨

20世纪初，黄炎培等有识之士已在中国大力推行职业教育，然而世人对职业教育的认识千差万别，歧视职业教育者有之，对职业教育的理解错误者亦有之。针对这种情况，陶行知认为有必要对职业教育做一完整阐释，为此他在《教育与职业》上发表了《生利主义之职业教育》，该文的核心在于论述职业教育的宗旨：生利主义。

陶行知不同意把职业教育等同于衣食主义、生活主义。他认为："职业以生利为作用，故职业教育应以生利为主义。"[①] 所谓的"生利"就是创造物质财富或增加社会价值，"生利"有两种：一是生有利之物，如农产谷、工制器；二是生有利之事，如商通有无、医生治病。"生利"能增加社会生产，有经济效益，为社会的需要服务同时也能使个人自立，获得生活之幸福与温饱。为此，"生利"是职业教育的宗旨，是衡量职业教育的标准，"凡不能养成生利人物之教育，皆不得谓之职业教育"[②]。

围绕"生利主义"，陶行知又进一步提出了职业教育所需的教师、学生和课程。他认为职业学校的教师"自必以能生利之人为限"[③]，应具备"生利之经验""生利之学识""生利之教授法"。三者中以生利经验为第一要素。他说："如无经验，则教授法无由精密，纵学术高尚，断不能教学生之生利。既不能生利，则失职业教育之本旨矣。是故经验学术教法三者皆为职业教师所必具之要事，然三者之中，经验尤为根本焉。"[④]

陶行知认为能否生利的另一关键因素是学生，如果职业学校的学生择业不当，就会造成学生"在校之时，学不能专；出校之后，行非所学"[⑤]，

---

① 《陶行知全集》卷1，湖南教育出版社1984年版，第80页。
② 同上。
③ 同上书，第81页。
④ 同上书，第82页。
⑤ 同上书，第85页。

这样就不能达到职业教育的目的。陶行知就此建议职业学校设立"职业试习科",让学生根据自己的兴趣试习一段时间后选择职业。其办法就是设立一门包含农工商及其他职业之要事于一体的课程,"凡学生皆使躬亲历试之",时间在数星期至半年以内,课程内容要求真实,"必与其职业无异"。这样,就可以"试验学生之真才能真兴味",然后学生可以选择自己最有才能、最有兴趣的职业或专业开始学习。"彼其选择既根本于才能兴味,则学而安焉,行而乐焉,其生利之器量,安有不大者哉?"①

职业教育之课程,陶行知认为要以"生利"为标准,"定课程者必使每课为一生利单位,俾学生毕一课,即生一利;毕百课则生百利,然后方无愧于职业之课程"②。陶行知还提出"充分生利"的观点,就是要教授学生多种生产技术,使其"生利"不致中断,举学蚕桑言,每年生利期为三个月,若不教以其他生产技能,余时只能闲居坐食。所以"职业课程的配置,须以充分生利为标准,事之可附者附教之,事之可兼者兼教之……则年无废月,月无废日,日无废时矣"③。

2. 职业教育的开展

陶行知著名的教育理论"生活即教育",为职业教育的开展指明了出路。生活教育"是给生活以教育,用生活来教育,为生活向前向上的需要而教育",它具有两条原则:亲民和亲物。"亲物"就是教育要面向生产,与工农业生产实际结合,培养"手脑并用"的人。这就明确提出了职业教育要与社会紧密结合,培养社会需要的人才。

培养社会实用人才,职业教育必须坚持"教学做合一""手脑并用"的原则。"教学做合一"是为了使教师之"教"与学生之"学"达到各自的效果,陶行知反对教师"教死书,死教书,教书死",学生"读死书,死读书,读书死"的教、学模式,强调在"做"中教,在"做"中学。"做"即实践,是"教学做合一"的关键,教、学、做是不可分割的统一过程。陶行知解释说:"在做上教的是先生,在做上学的是学生。从先生对学生的关系说:做便是教;从学生对先生的关系说,做便是学。先生拿做来教,乃是真教;学生拿做来学,方是实学。"④

---

① 《陶行知全集》卷1,湖南教育出版社1984年版,第86页。
② 同上书,第84页。
③ 同上书,第85页。
④ 《陶行知全集》卷2,湖南教育出版社1985年版,第42页。

"手脑并用"是职业教育的另一条重要原则,这是陶行知在批评中国传统"劳心者""劳力者"相分离的情形而提出的。他反对单纯蛮干不动脑筋,也反对只冥想而不动手,要求在职业人才的培养中应注重学生"手脑并用""劳力上劳心",把理论知识与实际操作结合一起,从而培育实用人才。

3. 职业教育的主体对象

职业教育的目标虽然是使人"获得生活之幸福与温饱",但当一个国家贫弱不堪之际,解决温饱问题应摆在职业教育的第一位。而吃不饱、穿不暖者定然存在于普通平民间,绝不会是富家贵族,所以职业教育之主体对象是普通人民大众,须通过职业教育传授他们谋生之手段。针对这一国情,陶行知认为应把平民教育与职业教育紧紧结合,职业教育是第二期的或继续的平民教育。1923年他拟定了庞大的全国平民教育,准备用10年或5年的时间,使12岁以上25岁以下不识字的1亿人,"受一千字所代表之共和国民的基础教育"[①];完成一千字的普通教育后,一般平民就有了读书读报的能力,从而关心生计,可从书籍报纸上得到知识和最新的方法;或想继续受职业的训练,以求生计上的改善。当时在中国推行职业教育最有影响力的组织是中华职业教育社,陶行知决定"与中华职业教育社协力提倡职业教育"[②],在他的影响下,中华职业教育社为其组织的平民教育第二期准备了《平民职业小丛书》。[③]

此外,陶行知还把职业教育引向乡村,他首先批评了当时的乡村教育状况:现今的中国乡村教育走的路线不对,真正的乡村教育是适合目前农村实际生活情况的教育。它是教人把荒山变成果园,让贫瘠的土地长出五谷杂粮。它是教农民自立、自足,给农民寻找一条过上富足生活的出路。但是,现今的农村教育却是教人不脚踏实地,让农民荒废祖祖辈辈赖以生存的土地,让农民丢掉原本可以摆脱生活困境的农业技术,让农民背井离乡去过向往的城里人的生活。可是,事实上农民非但没有过上他们想要的生活,而且变得比过去更加穷困更加愚昧无知。这种农村教育是要坚决地推翻。为此他认为乡村教育必须立足于农村、农业,向农民传

---

① 《陶行知全集》卷1,湖南教育出版社1984年版,第435页。
② 《陶行知全集》卷3,湖南教育出版社1985年版,第663页。
③ 《陶行知全集》卷1,湖南教育出版社1984年版,第495页。

授有用的生产技术,他创办的南京晓庄学校就是坚持走这条路线,如在1928年,该校与中华职业教育社合办"晓庄茶园和木作店"培养木工技术人才。

三 陶行知职业教育思想的特点及意义

陶行知提倡职业教育具有科学性的特征,他主张推行职业教育既要学习西方国家的经验,又要结合本国国情。他说:"吾国办教育的人,应当觉悟,惟独用科学的方法,才能建设适合国情的教育。"① 所谓的适合国情即"一定要合于现在所需要的","我们中国的教育,倘若忽而学日本,忽而学德国,忽而学法国、美国,那终究是无所适从"。② 因而他能把杜威的"教育即生活""学校即社会"发展为自己的"生活即教育""社会即学校",进而根据中国的国情又提出了"平民教育""乡村教育"等。

陶行知职业教育思想还带有显著的大众性特征,他希望把职业教育办成普通教育,以实现职业教育的大众化。从施教对象看,陶行知从学校走向工厂、农村,他倡导的平民教育、乡村教育、山海工学团、社会大学无不期望普遍之大众掌握"生利"的本领。陶行知职业教育思想还颇具创造性,创造性的职业教育是陶行知对传统、僵化的旧教育批判后提出的革新目标,他认为新教育应是"活教育",必须培养学生的创造力,因为"今日新的事,到了明日未必新;明日新的事,到了后日又未必新"③。"活教育"要教学生劳动,也要教学生思考,充分挖掘他们的创造力,而不是把他们培养成"四体不勤,五谷不分"的书呆子。

陶行知在《生利主义之职业教育》一文中对其职业教育思想做了较为完整的表述,他关于生利主义理论的阐释"既是对近代以来职业理论的总结,又对职业教育经济功能作了充分揭示"④,从而构成了近代职业教育理论发展上的重要一环。与此同时,陶行知蕴藏于"生活教育""平民教育""乡村教育"中的职业教育思想也是富有意义。他把职业教育融于生活,扩大了职业教育的课堂;培育"劳力上劳心"之人才,进一步深化了职业教育培养目标;职业教育与平民、乡村结合在一起,则为广大

---

① 《陶行知全集》卷2,湖南教育出版社1985年版,第212页。
② 《陶行知全集》卷1,湖南教育出版社1984年版,第122页。
③ 同上。
④ 刘桂林:《中国近代职业教育思想研究》,高等教育出版社1997年版,第187页。

民众谋生、维护社会稳定做出了积极贡献。此外，陶行知在推行职业教育中非常重视外国先进经验的本土转化，这对后人的办学颇具启迪和警示之效。

第三章

职业教育体系

教育体系是指互相联系的各种教育机构的整体或教育大系统中的各种教育要素的有序组合。其有广义和狭义之分。广义的教育体系，除教育结构体系外，还包括人才预测体系、教育管理体系、师资培训体系、课程教材体系、教育科研体系、经费筹措体系等。这些体系相对于教育结构体系，被称为服务体系。狭义的教育体系，仅指各级各类教育构成的学制，或称教育结构体系。职业教育体系是整个教育体系的组成部分。本书所论及的职业教育体系主要是狭义上的，亦即从职业教育的法律化（学制）、课程与师资等方面加以阐述。

第一节 职业教育的法制化

教育制度通常指"一个国家各种教育机构的体系。包括学校教育制度和管理学校的教育行政体系"[1]。"它通常由两个方面构成，即由得到社会公认的、依据法令组织而成的法制性教育制度和处于社会生活需要而自然产生并固定下来的、社会惯行的教育制度。"[2] 而教育法制则"是教育法律规范、教育法律制度、教育法律秩序的有机统一，其内容包括教育立法、教育执法、教育司法、教育守法和教育法制监督"[3]。它是伴随教育的规模化而形成和发展起来的一个法律调节领域。职业教育法制是教育法制中的一个子系统，其范围既包括有关职业教育的法律、法规、规章，也包括法的适用如执法、守法、法律监督，还包括体现其价值内涵和深层文

---

[1] 顾明远主编：《教育大辞典》第1卷，上海教育出版社1990年版，第68页。
[2] 李国钧等主编：《中国教育制度通史》，山东教育出版社2000年版，第2页。
[3] 邹渊主编：《教育执法全书》，民主与法制出版社1998年版，第252页。

化的思想、宗旨、态度观念等。

一 职业教育制度法制化的历史背景

中国近代职业教育制度的建立及其法制化始于 19 世纪中叶的洋务运动。自第一次鸦片战争以来,中国开始了艰难的学习西方的历程,西方的法律思想和法制观念日渐为先进的士大夫所接受,他们走向了学习西方法律知识、移植西方法律体系的实践过程。在清末同光时期的洋务运动中,中国开始采用西方近代以来的工业体系和管理体系,按照西学模式开办专门教育。在这种条件下,实行职业教育,直接培养大量的适应现代企业生产和管理的从业者成为题中应有之义。正是在移植西方现代生产、技术、管理和法治的过程中,利用立法的形式完善和规范职业教育也成为可能。清廷 1902 年颁布的《钦定学堂章程》(《壬寅学制》)、1904 年颁布的《奏定学堂章程》(《癸卯学制》)标志着中国近代职业教育法制化的开始。从《壬寅学制》《癸卯学制》到《壬子癸丑学制》《壬戌学制》再到《戊辰学制》《职业学校法》,便是中国职业教育法制化过程的结果,也是中国近代职业教育发展进程中最重要的阶段性成果,它是伴随近代职业教育的规模化而形成和发展起来的,是近现代社会对教育的一种新型调控应对形式。

1. 职业教育法制化的历史资源

如本书第一章所述,早在夏代,就已经出现了在"校""序"一类的学校教育,标志着中国古代教育制度的确立。汉代以降,儒家定于一尊,"学而优则仕"的观念成为主流,亦成为当时经济社会培养和选拔人才的教育制度之核心,学校教育的基本职能就是传递知识和道德教化,自然科学及儒学外的所有哲学社会科学都被摒除在传统教育之外,形成了"独轮车式的教育及文化"[①]。迨及清末,学校不以育才为目的,"而以科举道之,故教化不行;教化不行,故人不事学业",时人惊呼"科举之法兴而学校之教废也"[②]。很显然,中国传统教育制度是一种建立在小生产条件上的封闭性教育制度,它"以培养治术人才为宗旨"[③],儒家伦理道德的

---

① 李华兴:《民国教育史》,上海教育出版社 1997 年版,第 24 页。
② 盛康编:《经世文续编》卷 65,光绪二十三年武进盛氏思刊楼刊本。
③ 陈青之:《中国教育史》,东方出版社 2008 年版,第 655 页。

"四书五经"为教学内容,"重道轻艺",与生产劳动相脱离。

即便如此,在中国传统教育制度中仍存在专业技术教育,如各地的医学、算学、乐府、武学、画学、阴阳学等,官营手工业作坊如军器监、都水监、将作监里的艺徒制等。[①] 这些专业技术教育是为从事某种职业而开展的,从历史沿革看,近代的职业教育与古代专业技术教育有一定的传承关系,而在某些学科、层次上亦有一定的重合。不仅如此,传统的教规、学规中有很多内容亦为近代教育法制所继承,构成中国近代职业教育法制关于日常管理的重要内容。如康有为、张百熙在设计学制时都有意无意地以古代专业技术教育附会近代高等职业教育。尤值一提的是,传统教育中"经世致用"的思想在一定程度上为近代职业教育制度的产生提供了丰富的思想资源,特别是晚清以来经世致用的实学思想勃兴,在思想观念和实践层面对近代实业教育及其制度化建设影响至深,曾国藩、李鸿章、左宗棠、张之洞等封疆大吏兴办的洋务实业与教育就是这一思想的直接产物。

从18世纪下半叶开始,清朝社会进入由盛而衰的转折时期,清王朝的封建统治日趋衰败,各种矛盾相互交织,社会危机日益严重。正值清朝国势江河日下、危机四伏的时候,以英、法、美为代表的欧美诸国在经历资产阶级革命和产业革命的洗礼后,资本主义经济迅猛发展,随之而来的工业近代化推动了这些资本主义国家疯狂的殖民扩张。"资产阶级,由于一切生产工具的改进,由于交通的极其便利,把一切民族甚至最野蛮的民族都卷到文明中来了。它的商品的低廉价格,是它用来摧毁一切万里长城,征服野蛮人最顽强的仇外心理的重炮。它迫使一切民族——如果它们不想灭亡的话——采用资产阶级的生产方式;它迫使它们在自己那里推行所谓文明制度,即变成资产者。一句话,它按照自己的面貌为自己创造出一个世界。"[②] 1840年,英国发动第一次鸦片战争,"清王朝的声威一遇到不列颠的枪炮就扫地以尽,天朝帝国万世长存的迷信受到了致命的打击,野蛮的、闭关自守的、与文明世界隔绝的状态被打破了,开始建立起联系","与外界完全隔绝曾是保存旧中国的首要条件,而当这种隔绝状态在英国的努力之下被暴力所打破的时候,接踵而来的必然是解体的过

---

① 吴玉琦:《中国职业教育史》,吉林教育出版社1991年版,第19—23页。
② 《马克思恩格斯选集》第1卷,人民出版社1972年版,第255页。

程，正如小心保存在密闭棺材里的木乃伊一接触新鲜空气便必然要解体一样"①。战争的结局不但使堂堂的"天朝上国"从此沦为了半殖民地半封建社会，而且将千百年来中国人引以为傲的"四夷宾服"、"万方来朝"的光荣传统几乎在一夜之间统统击破，所谓"华尊夷卑"、"吾闻用夏变夷者，未闻用夷变夏者也"的信条遇到西方文化前所未有的挑战，中国人"华尊夷卑""华夏中心"的观念在战争的交锋中坼裂。古老的中国面临空前的危机。正是在"千古之创局"的危机之际，传统的经世意识再度被激活，沉寂良久的清代学术界响起经世致用的大潮音，经世学者们肩荷一世之志，秉承注目实际、实事求是的学术精神，在变动的近代社会中，以开放的心态直面现实，客观审视鼓浪东来的西学，走出盲目虚骄的梦境，果断地做出了"师夷"的理性选择。经世之学因此为中国人提供了接受西学的最初依据，成为当时中国文化弃旧图新迈向近代化的重要推动力，"夫晚清学术界之风气，倡经世以谋富强，讲掌故以明国是，崇今文以谈变法，究舆地以筹边防，凡此数者，魏氏或倡导之，或光大之"②。"他们（龚自珍、魏源）上承顾炎武、黄宗羲、王夫之，下继康有为、梁启超、谭嗣同，高举'经世致用'旗帜，开'慷慨论天下事'一代风气。龚、魏二人虽然对西学几乎近于无知，但是龚之对传统宋学与汉学的无情鞭挞，魏之'师夷长技以制夷'的远见卓识，却从内外两个方面为引进西学开了先渠。"③经世实学的复兴与西学的传播，导致中国传统学术文化发生了巨大揆转，最终推动了中国传统"旧学"向近代"新学"的转型。因此可以说，"经世致用"的思想是保留在传统教育制度中的宝贵思想资源，并在思想观念方面，为近代职业教育法制的产生发展提供了必要的条件。

但是，我们也应清楚地看到，自然经济基础是产生不出改革教育制度的需求，低下的生产力水平也支付不起发展教育的成本，尤其是君主专制统治稳固地掌控教育大权，延续千年的儒家制约着教育模式与教育观念的更新。因此，传统教育制度在思想层面为近代职业教育法制提供了一定的养分，但这种历史资源自身产生不了变革的酵素，难以对近代教育法制的

---

① 《马克思恩格斯选集》第 2 卷，人民出版社 1972 年版，第 2—3 页。
② 齐思和：《魏源与晚清学风》，《燕京学报》第 39 期，1950 年 12 月。
③ 许纪霖：《近代中西文化之争历史评述》，龚书铎主编：《近代中国与近代文化》，湖南人民出版社 1988 年版，第 120 页。

建设发挥应有的作用。因为，从本质上看，古代专业技术仅仅为满足统治者的消费需求而存在，范围较为狭窄，职业教育不仅脱离生产领域，而且存在严格的人身依附关系。这样适应自然经济基础和封建专制统治的专业技术教育，在教育目的、教育类型、教育强制性和教育参与者等方面与近代职业教育完全不同。

2. 职业教育法制化的社会条件

近代职业教育作为一个舶来的概念，它产生于社会化大生产时代，上承手工作坊时代的学徒教育，历经西艺、实科、实业、实利、产业、技术教育等多种名目和形式。这些名目和形式并非杂乱无章的，其内涵有着明确的延续性和一致性，可以组成一个整体。这个整体在教育实践中不仅表现为职业教育的法律、法规、规章，也表现为职业教育的意识形态和深层文化的思想、宗旨、态度观念等。在近代职业教育中，对传统教育内涵的不断整合，最终产生了近代学制。从学制的内容上看，其规定的是一个国家各级各类学校的性质、任务、入学条件和学习年限以及他们之间的衔接关系。同时，它还构成了一个完整的国家教育系统，不仅能对受教育者的一生做出整体的规划和设计，而且能够使不同的学制培养出来的人才总体在素质、水平结构和专业构成上有所差别。因此，学制必须适应一定的社会状况和教育的现实要求。当社会发展到一定程度、政治经济有了重大的变革、新思潮风起云涌，旧的教育体制已经不能适应时代的需要，甚至成为束缚社会发展的桎梏时，学制的改革就成为一种客观必然。由于经济发展较迟、教育体制不完善和历史原因等因素的影响，我国的职业教育与西方发达国家相比起步较迟，相应的职业教育法制的进程也趋于缓慢。

鸦片战争后，西方殖民实力的不断侵入导致中国传统封建社会的解体，在帝国主义列强的枪炮威逼下，清政府被迫做出学习西方的选择。洋务派为了"自强求富"，先后兴办了一批制造枪炮、船舰和弹药的军工厂。在这些工厂中，除了机器设备向西方购买外，技术人员也多依赖外国工人，导致生产过程处处受到西方列强的掣肘。为了培养自己的技术工人以满足新式军武、科技人才和熟练工人的迫切需要，为了摆脱制造产品的工人和技术员长期依赖洋工洋匠的困境，洋务派开始在所兴办的企业中开办附设的军事技术学堂、武备学堂，并创立了电报、铁路、矿务等实业技术学堂。以福建船政学堂为例，为了使所属工厂青年工人能够看图作图，计算蒸汽机各种部件的体积、重量，并使他们达到在各自所在车间应具有的技术水平，福建船政局于 1868 年设立艺圃，开始从所属各工厂中招收十五岁以上十八岁以下有膂力悟性者百余人，以本厂外国技师和工头为教师，用晚上或白天的一部分时间教授这些人算术、几何、几何作图、代数、设计和蒸汽机构造等职业技术知识，从而揭开近代企业举办职业教育的序幕。①

从地主阶级自救运动这一条线索来说，洋务派无疑是林则徐、魏源等经世致用派的继承者，洋务运动兴办的一批军事、民用工业，是魏源"师夷长技以制夷"思想的具体实践，对此，梁启超评价道："自明徐光启、李之藻等广译算学、天文、水利诸书，为欧籍入中国之始，前清学术，颇蒙其影响，而范围亦限于天算。鸦片战役以后，渐忤于外患。洪杨之役，借外力平内难，益震于西人之'船坚炮利'。于是上海有制造局之设，附以广方言馆，京师亦设同文馆，又有派学生留美之举，而目的专在养成通译人才，其学生之志量，亦莫或逾此。故数十年中，思想界无丝毫变化。惟制造局尚译有科学书二三十种，李善兰、华蘅芳、赵仲涵等任笔受。其人皆学有根柢，对于所译之书，责任心与兴味皆极浓重，故其成绩可比明之徐、李。而教会之在中国者，亦颇有译书。光绪间所为'新学家'者，欲求知识于域外，则以此为枕中鸿秘。"②

随着洋务派创办的近代工业企业的出现，不可避免地引起封建经济结构的变化，由此导致人们的知识结构和思想观念、价值观念乃至整个社会文化的变化，中国的近代化、中国教育的近代化、中国职业教育制度的法制化正是在这种变化的过程中展开的。

洋务运动失败后，以康、梁为代表的维新派提出"工战不如学战"的主张，认为"夫才智之民多则国强，才智之士少则国弱"③、"欲任天下之事，开中国之新世界、莫亟于教育"④，从而努力提倡实业教育。朝野各界人士一致认识到创办农、工、商、矿学堂，大力开展农、工、商业，是振衰起微的重要手段。

以 1896 年江西蔡金台等倡设高安蚕桑学堂为发端，各地相继创办了

---

① 林庆元：《福建船政局史稿》（增订本），福建人民出版社 1999 年版，第 124—125 页。
② 梁启超：《清代学术概论》，东方出版社 1996 年版，第 88 页。
③ 康有为：《康有为诗文选》，陈永正编，广东人民出版社 1983 年版，第 444 页。
④ 梁启超：《梁启超自述 1873—1929》，人民日报出版社 2011 年版，第 137 页。

一批农、工、商、矿学堂。与此同时，在"振兴实业"的口号下，从中央到地方还兴办了一大批工艺局、所、厂。据直隶、奉天、吉林等22个省的统计，从光绪二十八年（1902）到宣统二年（1910），共有工艺局228个，各种工艺传习所519个，劝工场10个。① 这些工艺局、所、厂，既是生产单位，又是进行职业教育的场所，其任务是讲求制造、提倡工艺，一面工作，一面授徒。为适应商品经济和科学技术的发展，一些工艺局和工艺传习所，对传统的学徒制进行了改革，使职业教育有了新的发展，为本地区或本企业训练职业技术人才。不仅如此，慈善性质或感化性质的机关附设职业教育也开始出现。晚清时期，战乱频繁、天灾不断，社会灾民、游民、流民、贫民等无业人员急剧增多。他们或为匪，或为盗，严重影响着社会的治安与稳定。这时，有人提出改革传统慈善机构，设立专门的恤贫院、教贫局，"凡街市乞丐，无业游民，皆收入院中，教以浅近手艺，至艺成足以自养而后令去"②。这些思想得到政府官员的重视，许多慈善堂、广仁堂等社会教养机构纷纷设立，对缺乏职业技能的无业人员传教手艺，丰富了中国职业技术教育的内容。

经过几年的发展，职业教育取得较大发展，完善职业学校教育制度，创建职业教育学校体系为时代的呼唤。因此，有学者认为，中国职业教育制度法制化或中国近代学制的建立，其远因是基督教输入，近因则"首由于对外战争的屡次失败，次由于国内革新家的竭力鼓吹"③。也有学者指出："新学制的建立是清政府推行'新政'的产物，但实质上它是近代经济与近代教育发展的必然结果，是中外文化教育撞击交流的必然结果。"④

众所周知，甲午战争前，我国职业教育机构的设立多是无组织、无计划并附属在相应的企事业单位之内的，并没有形成独立的职业教育学制体系。如福建船政学堂属于福建船政局，江南制造局附设了操炮学堂、工艺学堂，湖北矿务局附设了矿务学堂及工程学堂。这些职教机构之间并没有

---

① 陈绍闻、郭库林主编：《中国近代经济简史》，上海人民出版社1983年版，第109页。
② 许象枢：《泰西善举中国能否仿行》，引自沈云龙主编、陈忠倚辑《近代中国史料丛刊》第76辑《皇朝经世文三编》，文海出版社1973年版，卷27。
③ 周予同：《中国学校制度》民国丛书第三编（45），《文化教育体育类》，上海书店出版社1933年版，第114页。
④ 刘德华主编：《中国教育管理史》，河南教育出版社1990年版，第325页。

什么联系，都处于相对的封闭状态，学生的实习、毕业生的出路与它所依附的企事业机构相联系。由于社会上专门的职教机构很少，而且学校的设置也多是无组织、无计划性的，无法真正形成教育学制。加上这一时期，军事技术学堂是整个社会办学的主体，因为军事技术学堂已经形成了比较完整的单位，该类学堂课程的订立、教师的聘请、学生的录取及内部管理，都由该学堂的主管负责。虽然学生能在它所附设的机构中实习，但实习的时间很短（一般为六个月），并且多由该学堂所聘请的实习教师带领。这使得这些学堂不能够及时了解企业对教育的需求状况，只是为了实业而主观地办教育，使职业教育培养出来的毕业生很难满足企业的要求。

不仅如此，无论是洋务派设立的洋务学堂，还是在清末教育改革中创办的新式学堂，通常都各自设立具体的规章制度和课程，各个学堂自成体系，相互之间不衔接，课程设置随意性很大，互不统一，入学资格、修学年限缺少统一规定，使得各类实业教育在当时出现了参差不齐、布局不合理、分级教育层次不明晰等局面。尤其是1902年以后，全国各级各类学堂的数量迅速增加，课程的分歧、各校之间的衔接等诸多问题日益暴露。四川学政吴郁生就提出"教者以意为教，学者以意为学，各省分歧而不能合，中西杂糅而无所专，是有学堂之名而无其实也……夫小学堂之课程不同，异时学生考升中学堂何从而一之乎？省学堂之课程又不同，异时学生考升京师大学堂，更何从而一之乎？且课程不同，成就亦异，将来考选之法，必多迁就，而弊流以滋，此又学堂课程之不能不归一律者也"①。

甲午战后，清政府朝野上下开始醒悟到中国战败更深层的原因不在于"器"，而在于"人"。于是，变革教育作为造就新人的手段被维新派提上了议事日程。但是，百日维新的失败致使近代教育新学制并没有真正建立起来。进入20世纪以后，形势的剧变使得一向反对变法的慈禧太后也不得不开始将维新派的部分主张和建议纳入清王朝自我调节的轨道中来。光绪二十七年（1901），清政府采纳了百日维新所提出的教育改革方案，陆续颁布了各种章程，推行改革。是年，慈禧太后在西安

---

① 朱有瓛主编：《中国近代学制史料》第1辑（下册），华东师范大学出版社1986年版，第782—783页。

颁发了兴学诏书，指出"人才为政事之本"，"除京师已设大学堂应切实整顿外，着各省所有书院，于省城均改设大学堂，各府厅直隶州均设中学堂，各州县均改设小学堂，并多设蒙养学堂"①，并谕令各省督抚学政，切实通饬，认真兴办。此后，兴办近代学堂开始成为清统治者的既定国策而在全国推行。

由于这一政策适应了资产阶级的愿望和要求，他们积极参与办学，出现了政府提倡、官吏督促、士绅热心的兴学局面。在全国兴学的氛围中，各级各类学堂有了很大的发展，学堂数量日益增多，但是全国尚无统一的学校制度。于是如何顺应教育形势的发展，建立起新学制被提上了议事日程。

职业教育作为近代教育中最重要的组成部分也是如此。19世纪末，在教育新思潮的推动下，统治集团仿照资本主义教育兴办职业教育，不仅在培养实用人才方面有所成效，更重要的是，在实践上冲击传统教育制度，开创了以学习西方近代科学技术为主要内容的新教育。但是在《癸卯学制》颁布前，职业教育学校分属不同的个人或洋务集团分割，互不统辖，缺乏规范的运作模式，没有形成依次递升的衔接关系，多数学堂仅为一级制，下无预备学校，上无继续研修机构。在这种情况下，急需制定一个完整的学制，以利于职业教育的进一步发展。而从职业教育发展史上看，随着职业教育实践的积累，具有资本主义性质的新学制、新教育思想和新教学形式逐渐引入，各学校在办学目标、招生、学习年限、考试、学生毕业后的任用以及学校管理等方面都积累了相当的经验，可以为中国近代学制界定职业教育提供一个良好的实践基础。于是，中国历史上第一部由国家正式制定、通行全国的职业教育制度文本得到了颁布和实施，也开始了中国近代以来职业教育法制现代化的起步。

二　职业教育制度的发展与确立

一般而论，教育制度是由一系列内在相关的教育规则或教育规范构成的系统。在教育制度的各种类型中，教育法律制度最纯粹地表现着教育制度作为规则或规范的存在。从教育制度是规则或规范这一特定意义上说，

---

① 朱有瓛主编：《中国近代学制史料》第1辑（下册），华东师范大学出版社1986年版，第453—454页。

教育法律制度是教育制度发展的最高形式。它从酝酿萌芽到正式确立大体可分为三个阶段，即萌芽阶段、初步确立阶段和正式确立阶段。

1. 职业教育制度的萌芽阶段（1840—1904）——《壬寅学制》与《癸卯学制》

中国近代史上第一个提出建立近代学制的是容闳。他留美归国后，曾于1856年去拜谒太平天国干王洪仁玕，提出改造中国的七项建议，其中就有设立各级学校教育制度一项，希望洪仁玕"颁布各级学校教育制度"，"设立各种实业学校"。① 更难能可贵的是容闳还把"设立一套工业学校系统"也单独作为七项建议之一，表明他对实业教育的重视。② 由于当时紧张的军事战争，容闳的建议被搁置。

之后，早期改良派代表郑观应对建立中国近代实业教育制度作了初步构想，在1884年的《盛世危言·考试篇》中初步勾勒出了三级学制的大概轮廓。他在《易言·论洋学》中，系统地介绍了西方的学校制度，认为西方各国学制以德国最完备，"其学堂自乡而城，而郡、而都，各有层次"，各地方设乡塾，儿童不论男女，自七八岁起都必须入学，至十五岁为小成，乡塾为义务教育段，乡塾之上有郡学院、实学院、仕学院、大学院，各成系统而又相互衔接。他还较为详细地介绍乡塾教学的组织形式："塾中分十余班，考其勤惰以为升降，而实学院有上、下，分十三班，考工计程以定进止。"向人们描绘了班级教学制度的基本特征。由此可见，郑观应已经认识到西方教育分普通、专门两个系统，以此勾画出西方近代学制的基本轮廓。根据西方学制的模式，郑观应提出了自己的想法："文武各分大中小三等：设于各州县者为小学，设于各府省为中学，设于省会京师者为大学。"除了三级学校体制外，郑观应按照文武的分类将文学分为六科，分别是文学科、政事科、言语科、格致科、艺学科、杂学科；武学分为两科，即陆军科和海军科。另外，郑观应还制定了升学制度，要求"每科必分数班，岁加甄别，以为升降"。从这些内容看，在郑观应对建立完备的具有近代学制的学校已经有了明确细致的设想，而且可操作性很强，为中国近代学制的诞生和实施做出了一定的贡献。

---

① 董宝良：《中国教育史纲·近代之部》，人民教育出版社1990年版，第242页。
② 容闳：《西学东渐记》，载沈云龙主编《近代中国史料丛刊》第95辑，文海出版社1982年版，第66页。

维新派对传统教育改革，倡导新的教育制度的建立功不可没。在戊戌新政时期，1896年刑部侍郎李端棻上《请推广学校折》，建议"自京师以及各府、州、县皆设学堂"，主张生徒在十二岁至二十岁入府州县学，二十五岁以下者入省学，举贡监生年在三十岁以下者入京师大学堂，共有三级，各以三年为期。① 鉴于省学、大学门目繁多，他还建议学生应分斋讲习、各执一门以为业。这项建议使中国引进资产阶级教育制度的设想更系统完备，而且农桑路矿、制造、商务等实业教育内容也占据了应有的位置。

康有为在1898年《请开学校折》中则更具体地提出了学制，"请远法德国。近求日本，以定学制，乞下明昭，遍令府县乡兴学，乡立小学，今民七岁以上皆入学，县立中学，其省府能立专门高等学大学"，形成了三级学制的设想。② 对于实业教育，康有为设计的宗旨为"教人民之应用，以为执业者也"，入学者的程度应是在中学初等科毕业后，设置专业有"农、商、矿、林、机器、工程、驾驶，凡人间一事一艺者，皆有学"。同时还规定各种学校均应"兼习中西"，"外求各国科学，以研工艺、物理、政教、法律，则为通方之学"③。虽新政昙花一现，然而建立新学制已是大势所趋。

戊戌维新失败后，国内政治改革陷入低潮。但列强对中国的侵略活动毫不放松，国内农民运动也暗潮涌动，于1900年发生了义和团运动和八国联军入侵的庚子事变。面对内外交困的绝境，清王朝已经无法按原有的方式继续统治，非进行彻底改革便难以为继。而当时的实际掌权者慈禧太后在经历庚子之变后，思想上也发生了巨大变化。在西逃途中，她尝尽了颠沛流离之苦，昔日威严尽丧，"两宫微服出走，间关道途，昼餐无糗糒，夕休无床榻，饥寒羸瘁，有平民所不堪者，况万乘之尊乎？"④ 在严峻的内外形势下，西太后痛定思痛，明白变法的重要性和紧迫性，遂一改昔日抱残守缺、扼杀维新的做法，宣布推行新政。光绪二十六年十二月初十日（1901年1月29日），慈禧以光绪帝名义颁布变法上谕，曰："世有

---

① 国家档案局、明清档案馆编：《戊戌变法（丛刊）》第二册，中华书局1958年版，第393—394页。
② 陈学恂：《中国近代教育文选》，人民教育出版社1983年版，第107—109页。
③ 同上。
④ 陈旭麓：《中国近代社会的新陈代谢》，上海社会科学院出版社2006年版，第249页。

万禩不易之常经,无一成不变之治法。穷变通久,见于《大易》;损益可知,著于《论语》。盖不易者三纲五常,昭然如日星之照世;而可变者令甲令乙,不妨如琴瑟之改弦。……总之,法令不更,锢习不破,欲求振作,须议更张。着军机大臣、大学士、六部九卿、出使各国大臣、各省督抚,各就现在情弊,参酌中西政治,举凡朝章国政、吏治民生、学校科举、军制财政,当因当革,当省当并,或取诸人,或求诸己,如何而国势始兴,如何而人才始盛,如何而度支始裕,如何而武备始精,各举所知,各抒所见,通限两个月内详悉条议以闻……"① 光绪二十七年八月初二(1901年9月14日),清政府上谕:"人才为政事之本,作育人材,端在修明学术。历代以来,学校之隆,皆以躬行道艺为重,故其时体用兼备,人才众多。近日士子,或空疏无用,或浮薄不实,如欲革除此弊,自非敬教劝学,无由感发兴起。除京师已设大学堂应行切实整顿外,着各省所有书院,于省城均改设大学堂,各府及直隶州均改设中学堂,各州、县均改设小学堂,并多设蒙养学堂。"②

新政"兴学"之议的出台,推动了新式学堂的发展,实业学堂数量因之大增。如1901年,武昌一地的学堂达90所以上,江苏有各类学堂99所,四川有各类学校150所,数目都远高于维新以前。③ 有些还提高了办学层次,改进了办学条件。如1898年开办的湖北高等农业学堂,起初并未开办高等正科,新政时期增添设施、改善条件,于1902年开办了正科。④ 1897年准建的陕西格致实学书院于光绪1901年改为实业学堂。1898年开办的广州时敏学堂,注重实科教育,以后发展成为铁路专门学校。江西在光绪时设的女子蚕桑学堂以后发展成为女子职业学校。⑤

在"兴学诏书"中,清廷进一步要求各督抚、学政要"妥定教规",

---

① 璩鑫圭、唐良炎主编:《中国近代教育史资料汇编·学制演变卷》,上海教育出版社2007年版,第1—2页。
② 同上书,第7页。
③ 章开沅等:《辛亥革命史》(上),人民出版社1980年版,第372页。
④ 湖北省教育志编纂组:《清季民国湖北教育概况》,转自朱有瓛主编《中国近代学制史料》第2辑(下册),华东师范大学出版社1987年版,第112页。
⑤ 沈云龙主编:《近代中国史料丛刊续编》第66辑,文海出版社1979年版,第156—157页。

"一切详细章程,着政务处咨行各省悉心酌议"①。山东巡抚袁世凯即刻作出反应,在《奏办山东大学堂折》中"将试办章程缮单呈览","拟定试办章程四项,首议办法,次立条规,次定课程,次筹经费"。其办学办法,是"在大学堂内区分三等:一备斋,习浅近各学,略如各州县之小学堂;二正斋,习普通学,略如各府厅直隶州之中学堂;三专斋,习专门之学"。至于条规,特别强调"课士之道,礼法为先,而宗圣尊王,尤为要义",具体内容大略为:"堂内应恭祀至圣先师孔子暨本省诸先儒,每月朔望,由教习率领诸生行礼,并宣讲《圣谕广训》,以束身心。若恭逢万寿圣节,暨至圣先师孔子诞日,均齐班行礼,以志虔恭。其余并皆堂有定规,业有定程,讲习有时,行坐有序,出入有度,休沐斋期,功过赏罚,均有簿记。司事杂役,各有职掌。要之,总以严肃整齐为主。"关于课程,"备斋以两年为毕业之限,温习中国经世掌故,并授以外国语言文字、史志、算术各种浅近之学。正斋以四年为毕业之限,授普通学,分政、艺两门。……专斋则以两年至四年为毕业之限,共分十门。……学者各专一门。各斋学生,每日均须将功课分数填注日记,功课余暇,均须练习体操,每月均须作中西文字,每年春秋季考两次"。学堂经费除日常费用外,还包括学堂建造费、购置书籍、报章、仪器,暨格物学所需质料、器皿,化学房所需材料,工房所需药料,陆续添购应用器物、家具等教学费用以及购置笔墨、纸张、油烛、薪炭、暨印书费、修理费、考选学生费等办公费用,均有详细规定。②两个月后,清廷下达《谕政务处将袁世凯所奏山东学堂事宜及试办章程通行各省仿照试办》,令"将该署督原奏并单开章程,通行各省,立即仿照举办,毋许宕延"③。于是,各省纷纷上遵谕旨、下效山东开办新式教育。如江苏苏州省城大学堂"其课程、等级、班次,不外山东章程",其余亦"参酌山东章程,设法逐渐扩充"④,浙江则"略仿山东章程"而又"量加变通"⑤,河南学堂章程亦"仿照山

---

① 璩鑫圭、唐良炎主编:《中国近代教育史资料汇编·学制演变卷》,上海教育出版社2007年版,第7页。
② 同上书,第43—45、62—63页。
③ 同上书,第8页。
④ 同上书,第64—65页。
⑤ 同上书,第66页。

东学堂规制"①，贵州设立大学堂"其规制办法，亦遵旨仿照山东大学堂章程，参酌本省情形，稍为变通"②。各省的办学实践以及制定学堂章程的尝试，无疑为学制的正式出台奠定了基础。

此外，新政以来，官员游历、生员游学成为浪潮，由此带动了外国学制的传入。教育界名流如罗振玉、王国维、梁启超、张謇、夏偕复等人就学制问题，展开了热烈的探讨。封疆大吏左宗棠等人在办学过程中也形成自己的观点，就学制问题或奏疏皇上，或函电商讨，逐渐形成共识。综观探讨的结果，多数同意日本"维新以来教育之制度，几经考察、试验、改修以至今日，其间始事之经营，逐年之进步，成事可稽，历然在目，实足为我先路之导，欧美诸国未有如此若合符节者也"③。《教育世界》亦以介绍外国教育法令为己任，尤重日本各级各类学校及其规章的介绍，据统计，从1899—1903年，翻译、介绍日本教育制度的专著，可考者就有5种④，为中国教育制度的法制化提供了许多重要参考资料。

总括上述，随着新式学堂的发展与外国学制模式的引进，历经洋务派、改良派、维新派近半个世纪的探索，制定全国性学制的时机已经成熟，并成为推动新式教育进一步发展的客观要求，《壬寅学制》和《癸卯学制》由此诞生。

光绪二十七年十二月初一日（1902年1月10日）的上谕："兴学育才，实为当今急务。京师首善之区，尤宜加意作育，以树风声，从前所建大学堂，应即切实举办。着派张百熙为管学大臣，将学堂一切事宜，责成经理，务期端正趋向，造就通才，明体达用，庶收得人之效。应如何裁定章程，并着悉心妥议，随时具奏。"⑤光绪二十八年七月十二日（1902年8月15日），《钦定学堂章程》拟成，其谨遵"一切条规，将来即以颁行各省，必当斟酌尽善，损益得中，期于有实效而无流弊"之谕旨，"上溯

---

① 璩鑫圭、唐良炎主编：《中国近代教育史资料汇编·学制演变卷》，上海教育出版社2007年版，第74页。

② 同上书，第92—93页。

③ 《教育世界》卷13，转引自董宝良《中国教育史纲·近代之部》，人民教育出版社1990年版，第247页。

④ 朱有瓛主编：《中国近代学制史料》第2辑（上册），华东师范大学出版社1987年版，第26页，谭汝谦所列资料。

⑤ 璩鑫圭、唐良炎主编：《中国近代教育史资料汇编·学制演变卷》，上海教育出版社2007年版，第8页。

古制，参考列邦"，拟定《京师大学堂章程》并《考选入学章程》以及颁发各省之《高等学堂章程》《中学堂章程》《小学堂章程》《蒙学堂章程》，共计六件。① 因1902年为农历壬寅年，故又称《壬寅学制》，这是近代中国教育史上第一个较完备的学制体系，也是我国第一个由政府以法令形式公布的学制系统。其基本内容是将学校划分为三段七级；第一阶段为初等教育，分三级，即蒙学堂4年、寻常小学堂3年、高等小学堂3年；第二阶段为中等教育，设一级，即中学堂4年；第三阶段为高等教育，分三级，即高等学堂或大学预科3年、大学堂3年、大学院（年限不定）。整个学制长达20年。此外，与中学堂平行的有中等实业学堂、师范学堂；与高等学堂平行的有仕学馆、高等实业学堂、师范馆。②

该学制不仅对中国学制的建设影响巨大，而且对近代中国的职业教育发展也意义深远。其从法律上对实业教育的地位给予了确立，"实业学堂"一词也正式出现于该学制系统中。在《壬寅学制》系统图中，横向（旁系）的实业学堂分简易、中等和高等3级，简易实业学堂3年，相当于高小程度；中等实业学堂4年，相当于中学程度；高等实业学堂3年，与高等学堂和大学预科相当。另外中学堂亦设有实业科。如：《钦定高等学堂章程》"全学纲领"第五节规定："于高等学堂之外，得附设农、工、商、医高等专门实业学堂，俾中学卒业者亦得入之。又于商务盛处，则设商业专门实业学堂；矿产盛处，则设矿务专门实业学堂……"《钦定中学堂章程》"全学纲领"第六节亦要求："于中学堂之外，应多设稍详备之中等农、工、商实业学堂，令高等小学卒业生不愿治普通学者，得入此类学堂学习实业。"《钦定小学堂章程》"全学纲领"第九节亦规定："于高等小学堂之外，得广设简易之农工商实业学堂，俾寻常小学堂卒业者亦得入之，以就实业。"③

据此，我们也不难发现，《钦定学堂章程》虽列出师范、实业教育两个旁系，但都附设于高等小学堂、中学堂及高等学堂，独立的实业教育体系尚未进入学制设计者的视野。不仅如此，《壬寅学制》在整个制颁过程

---

① 璩鑫圭、唐良炎主编：《中国近代教育史资料汇编·学制演变卷》，上海教育出版社2007年版，第241—242页。
② 孙培青主编：《中国教育史》，华东师范大学出版社1992年版，第574—575页。
③ 璩鑫圭等编：《中国近代教育史资料汇编·实业教育师范教育卷》，上海教育出版社2007年版，第5—6页。

中也是阻力重重，影响其效力的真正发挥。其主要原因有二①：

首先，统治者对教育未给予真正的重视。当时新政甫兴、百业待举，当权者多将精力、财力投入所谓的"急务"中去，而视"教育等项，皆属普通行政事务"②。

其次，守旧派对学制的抨击、非议，以及统治集团内部的权力之争，导致学制的推行阻力重重。众所周知，近代教育法制必然有利于新知识的传播，触动愚民思想的根基，因此引起守旧派的敌视与抵制。如在学制拟定过程中，据说"大学堂课程，本已酌妥送呈政务处，闻有智学及国际学二门，政府疑智学即哲学，恐系民权自由之变名，更疑国际学为不经之谈，皆拟删改，再三拷问"③。参与制定学制的张鹤龄在书函中也透露"到京后管学即命草创章程，维时尚未知此间情况，直书二万余言，既上，始知情势不合。复由小沂改拟一本，由管学并呈政府，请为折衷。政府并有签驳：语多不伦，既不谙教育情形，而又敢于立论。盖荆棘从此滋生矣"④。同时，学制的制颁还纠缠着权力之争。"庚子后，一大新政只有学务，乃以属百熙，有用人之柄，复掌财权，既杂用外吏，又薪俸厚，羡妒者多，诸人争以新学自帜，尤为旧人所恨。"⑤各派势力对教育领导权的争夺比较激烈，"谤馅乃集百熙一身，劾者纷起"⑥，张百熙重用参与学制拟定的吴汝纶、赵从蕃、沈小沂、张鹤龄等多被视为不安分之徒，权臣"力诋大学堂，谓学堂所用人员，多主民权自由学说"⑦，以致媒体猜测"目下张百熙时时为人参劾，恐难久安其位"⑧。此后清廷增派满蒙权臣为学务大臣，即是张百熙得不到当权者的完全信任之明证。在种种阻力面前，资望不够的张百熙对所制定的教育法制亦无足够自信，这一点在其进呈学制的奏折和钦准颁行的上谕中有所体现。"至朝廷立法，不厌求详，各本章程试办数年之后，倘不无窒碍，或须更造精深之处，应请随时增

---

① 参见王为东《中国近代职业教育法制研究》，博士学位论文，中国政法大学，2006年。
② 故宫博物院明清档案部编：《清末筹备立宪档案史料》，中华书局1979年版，第89页。
③ 《新民丛报》第9号，1902年6月6日。
④ 顾廷龙校阅：《汪康年师友书札》（2），上海古籍出版社1986年版，第1818页。
⑤ 朱有瓛主编：《中国近代学制史料》第2辑（上册），华东师范大学出版社1987年版，第957页。
⑥ 同上。
⑦ 《大公报》1903年3月18日。
⑧ 《仇视新学》，载《新民丛报》第14号，1902年8月18日。

改，奏明办理。"①

　　总之，《壬寅学制》因制定仓促而存在诸多不足之处，加之张百熙资望不够，遭到满族权贵的猜忌，该学制未能正式实施。其原因应当和制颁过程中遇到的阻力相关。如学制颁行后非议四起，"探闻张冶秋尚书奏呈学堂章程后，军机大臣鹿传霖多方挑剔……亦多吹求"②。又据报道"日前某尚书于朝房晤张野秋大冢宰，询及学堂之规模章程，以及学生之课程等，均一一询明，遂大加痛诋，如学堂章程不善，学生之有恶习，职员人等之疏忽等语"③。但翻检史料，《钦定学堂章程》自1902年8月15日颁布至1904年1月13日被《奏定学堂章程》取代，其间被遵行的例子还是有的。如《光绪二十九年陕学沈奏办高等学堂情形折》中谓"旋于二十八年十月由管学大臣咨发钦定各学堂章程，臣即遵照将宏道大学堂改为宏道高等学堂"。在学堂管理中《钦定学堂章程》发挥的作用更大，"臣谨于钦定章程每章每节下详细加注，刊发在堂，诸人一律遵守，并咨送京师大学堂备考"④。又如光绪二十九年正月十九日（1903年2月16日）《湘抚院俞（廉三）奏设师范馆及续派出洋留学折》中说"恭查钦定章程，于学科阶级指示至于周详"，还说"一切学科课程规则悉遵钦定章程办理"。而此折涉及的学堂名目、级别也都是《钦定学堂章程》所独有的。⑤ 而在湖南依据《钦定学堂章程》建立医学馆后，湖南学务处于1903年制定了《医学馆章程》，其折内称"伏查《钦定大学堂章程》第二章第一节内开，所有医学馆章程另行具奏等语"，这也是《钦定学堂章程》的内容。⑥ 其他如1903年通州师范学校召集生徒，其章程第十四条云"遵定章民立学校得收膳学费"⑦，此处"定章"也显系指《钦定学堂

---

① 璩鑫圭、唐良炎主编：《中国近代教育史资料汇编·学制演变卷》，上海教育出版社2007年版，第242—243页。
② 《大公报》1902年8月26日。
③ 《大公报》1903年3月18日。
④ 转引自朱有瓛主编《中国近代学制史料》第2辑（上册），华东师范大学出版社1987年版，第633页。
⑤ 朱有瓛主编：《中国近代学制史料》第2辑（下册），华东师范大学出版社1987年版，第477页。
⑥ 同上书，第540页。
⑦ 同上书，第290页。

章程》。① 但它毕竟是中国教育史上第一个比较完整的近代学制体系，是中国新学制的开端。

《壬寅学制》流产后，张百熙开始联络张之洞，对《壬寅学制》稍作改进之后再次上报清朝廷。1903 年，张之洞奉命入京主持制定新学制。张之洞是近代中国颇有作为的教育家，创办过从幼儿园到高等大学堂在内的各级各类学堂，"于川、晋、粤、鄂，曾创设书院及学堂。……尤抱整饬学务之素志"②，在满汉大员中，其"留心学务最早，办理学堂亦最认真，久为中外所推重，是该督二十余年之阅历，二十余年之讲求，于学堂一切利弊知之较悉，自与寻常不同"③。再者，张之洞在清末政局中地位显赫，深"负海内重望"④，为新旧各派所共同推重。基于对西方学制的深刻认识和制定湖北学制的经验，张之洞对《壬寅学制》进行了修改，并提出了更为系统的学制设想，制成《奏定学堂章程》并上报清朝廷。光绪二十九年十一月二十六日（1904 年 1 月 13 日），光绪皇帝批准"著即次第推行"。是年为癸卯年，故该章程又称《癸卯学制》。这是中国教育史上第一个正式颁布且在全国普遍实行的学制，它的颁行结束了中国几千年来办教育无章程、学校无体系的状态，确立了中国现代学制的基本模式和框架，奠定了中国现代学制的第一块基石，该学制一直沿用到 1911 年清朝覆灭。

1904 年《癸卯学制》的颁行把中国教育送入了早期现代化的轨道，对中国近代新式教育体系的产生和发展具有奠基作用。从文本看，该学制包括《学务纲要》《各学堂管理通则》《毕业学生考试专章》《奖励专章》《各项学堂章程》《初等小学堂章程》《高等小学堂章程》《中学堂章程》《高等学堂章程》《大学堂章程》（附《通儒院章程》）《蒙养院章程及家庭教育法》《初级师范学堂章程》《优级师范学堂章程》《任用教员章程》《初等农、工、商实业学堂章程》（附《实业补习普通学堂及艺徒学堂各章程》）、《中等农、工、商实业学堂章程》《高等农、

---

① 以上参见王为东《中国近代职业教育法制研究》，博士学位论文，中国政法大学，2006 年。
② 赵尔巽等撰：《清史稿》卷 107《选举志二》，中华书局 1976 年版，第 3132 页。
③ 朱有瓛主编：《中国近代学制史料》第 2 辑（上册），华东师范大学出版社 1987 年版，第 65 页。
④ 赵尔巽等撰：《清史稿》卷 107《选举志二》，中华书局 1976 年版，第 3132 页。

工、商实业学堂章程》《实业教员讲习所章程》《实业学堂通则》等。从蒙养院到通儒院等各类学堂,从普通教育、师范教育到实业教育,从教员任用到学校管理,从立学宗旨、培养目标、入学规则、学习年限、课程设置、教学方法、仪器设备、校舍建筑到考试、奖励等各个方面,《癸卯学制》均作了详尽的规定。

从纵向上看,该学制对学校各级教育的规定仍为三段七级,分别为初等教育段(蒙养院、初等小学堂和高等小学堂)、中等教育段(中学堂)、高等教育段(高等学堂或大学预科、分科大学、通儒院)。规定设蒙养院4年,初等小学堂5年,高等小学堂5年,中学堂5年,高等学堂(大学预科)3年,大学堂3—4年,通儒院5年。整个学制长达29—30年。从横向上,中学堂分普通学堂、实业学堂和师范学堂。与高等小学堂平行的有实业补习学堂、初级农工商实业学堂和艺徒学堂;与中学堂平行的有初级师范学堂、中等农工商实业学堂;与高等学堂平行的有优级师范学堂、实业教员讲习所、高等农工商实业学堂。属于高等教育性质的还有洋学馆、方言学堂、进士馆和仕学馆。由此构成了纵向三级水平、横向三足鼎立的整体结构。①

《癸卯学制》的实行,打破了由经学、史学、诸子学、辞章学构成的"四部之学"一统天下的传统学术格局,奠定了中国现代教育体系的基础。从此中国教育有了统一的教育宗旨,完备而互相衔接的学校体制,这在中国教育制度的发展史上具有极为重要的意义。在新教育制度的推动下,全国学校迅速发展,据统计,自光绪二十九年(1903)至宣统元年(1909),学校数由719所增加到52000多所,约增加了73倍;自光绪二十八年(1902)至宣统元年(1909),学生数由6943人增加到156.217万人,增加225倍。② 与此同时,还向欧、美、日等国派遣了数以万计的留学生。这一切都表明,《癸卯学制》的实行对中国社会现代化进程起到了很大的影响。

由于该学制的拟定者认为"国计民生,莫要于农、工、商实业;兴办实业学堂,有百益而无一弊,最宜注重"③。《奏定实业学堂章程通则》

---

① 参见孙培青主编《中国教育史》,华东师范大学出版社1992年版,第576—577页。
② 王炳照、郭齐家等编:《简明中国教育史》,北京师范大学出版社1994年版,第279页。
③ 璩鑫圭、唐良炎主编:《中国近代教育史资料汇编·学制演变卷》,上海教育出版社2007年版,第298页。

亦重申:"实业学堂所以振兴农、工、商各项实业,为富国裕民之本计;其学专求实际,不尚空谈,行之最为无弊,而小试则有小效,大试则有大效,尤为确实可凭。"① 为此,学制纲领性的文件《学务纲要》将实业学堂定性为"农、工、商各实业学堂,以学成后各得治生之计为主,最有益于邦本",并要求各省因地制宜,选择合于本地情形者酌量设置,其程度亦有高等、中等、初等之分。② 《癸卯学制》包括二十余份法律文件,其中有关实业教育的就有十余份文件,而专属实业教育的文件就有《实业学堂通则》《初等农工商实业学堂章程》《中等农工商实业学堂章程》《高等农工商实业学堂章程》《实业教员讲习所章程》共5个文件,其中《初等农工商实业学堂章程》附有《实业补习普通学堂章程》和《艺徒学堂章程》,远远超过专门规范普通教育、师范教育系统的法律文件数,足见立法者和决策者对职业教育法制的重视程度。将规范实业教育的法律文件独立出来,"此皆原订章程所未及而别加编订者也"③。此为《癸卯学制》的特点之一。

作为第一套由国家正式颁布的、系统的实业教育制度文本,《癸卯学制》形成了与普通教育并行独立的一贯体系,此为《癸卯学制》特点之二。

《癸卯学制》将实业学堂设计为高、中、初三等,实业教员讲习所、农业学堂、工业学堂、商业学堂、商船学堂五类(水产学堂属农业,艺徒学堂属工业)。每种类型又包括初、中、高三个等级,规定初等实业学堂与高等小学平行,中等实业学堂和中学堂平行,高等实业学堂与高等学堂平行。每个等级又分为农、工、商、商船四类(水产划归农业,艺徒划归工业),实业教员讲习所,即实业之师范学堂。从而使实业学堂既独立设计又互相衔接,学科门类既各有重点也基本满足社会需求。总体上看,《癸卯学制》的内容涵盖了实业学堂性质、各学堂间递升次序、与他类学堂的衔接关系及各类学堂的培养目标、办学原则、课程设置、师资队

---

① 璩鑫圭、唐良炎主编:《中国近代教育史资料汇编·学制演变卷》,上海教育出版社2007年版,第478页。
② 璩鑫圭等编:《中国近代教育史资料汇编·实业教育师范教育卷》,上海教育出版社2007年版,第9页。
③ 璩鑫圭、唐良炎主编:《中国近代教育史资料汇编·学制演变卷》,上海教育出版社2007年版,第299页。

伍和教学设施建设等方面。此外还有实业补习普通学堂以为辅助，有实业教员讲习所培养师资，还可以在中等及高等实业学堂附设专修科和选科。所有这些构成中国近代较完备的职业教育体系。至此，实业教育体系的独立地位得以正式确立。

具体而言，初等农、商业学堂"以年在十三岁以上，已毕业初等小学堂课程者考选入学"①。其中，初等农业学堂"以教授农业最浅近之知识技能，使毕业后实能从事简易农业为宗旨；以全国有恒产人民皆能服田力穑，可以自存为成效。每星期钟点视学科为差，三年毕业"②。初等商业学堂"以教授商业最浅近之知识艺能，使毕业后实能从事简易商业为宗旨；以无恒产人民皆能以微少资本自营生计为成效。每星期三十钟点以内，三年毕业"③。初等商船学堂"以教授商船最浅近之知识技术，使毕业后实能从事于商船之简易执务为宗旨；以沿江沿海贫民得以充小轮船驾驶司机等执事为成效。每星期三十点钟，二年毕业"④。

实业补习普通学堂"以在高等小学修业二年以上及年过十五岁、已在外操作实业、愿增充其学历者考选入学"⑤，"以简易教法，授实业所必需之知识技能，并补习小学普通教育为宗旨；然较之他种专施普通教育及专施实业教育之学堂不同，以各项实业中人其知能日有进步为成效。三年毕业"。⑥

艺徒学堂"以年在十三岁以上，已毕业初等小学者考选入学"⑦，"以授平等程度之工业技术，使成为良善之工匠为宗旨；以各地方粗浅工业日有进步为成效。毕业无定期，至多以四年为限"⑧。

中等农、工、商业学堂"以年在十五岁以上，已毕业高等小学堂课程者考学入学"⑨。其中，中等农业学堂"以授农业所必需之知识艺能，

---

① 璩鑫圭、唐良炎主编：《中国近代教育史资料汇编·学制演变卷》，上海教育出版社2007年版，第480页。
② 同上书，第448页。
③ 同上书，第449页。
④ 同上书，第450页。
⑤ 同上书，第480页。
⑥ 同上书，第452页。
⑦ 同上书，第480页。
⑧ 同上书，第455页。
⑨ 同上书，第480页。

使将来能从事农业为宗旨；以各地方种植畜牧日有进步为成效。每星期钟点视各学科为差，预科二年毕业，本科三年毕业"①。中等工业学堂"以授工业所必需之知识技能，使将来实能从事工业为宗旨；以各地方人工制造各种器物日有进步为成效。每日讲堂钟点视学科为差，预科二年毕业，本科三年毕业"②。中等商船学堂"以授商业所必需之知识艺能，使将来实能从事商业为宗旨；以各地方人民至外县外省贸易者日多为成效。每星期三十点钟，预科二年毕业，本科三年毕业"③。

高等农工商业学堂，"以年在十八岁以上，已毕业中等学堂课程者考选入学"④，其中，高等农业学堂"以授高等农业学艺，使将来能经理公私农务产业，并可充各农业学堂之教员、管理员为宗旨；以国无惰农、地少弃材，虽有水旱不为大害为成效。每星期三十六点钟，预科一年毕业，农学四年毕业，森林学、兽医学、土木工学三年毕业"⑤。高等工业学堂"以授高等工业之学理技术，使将来可经理公私工业事务，及各局厂工师，并可充各工业学堂之管理员、教员为宗旨；以全国工业振兴，器物精良，出口外销货品日益增多为成效。每星期三十六点钟，三年毕业"⑥。高等商业学堂"以施高等商业教育，使通知本国外国之商事商情，及关于商业之学术法律，将来可经理公私商务及会计，并可充各商业学堂之管理员、教员为宗旨；以全国商业振兴、贸易繁盛、足增国力而杜漏卮为成效。每星期三十六点钟，预科一年毕业，三年毕业"⑦。高等商船学堂"以授高等航海机关之学术技艺，使可充高等管驾船舶之管理员，并可充各商船学堂之管理员、教员为宗旨；以轮船管驾、司机各业不必借才外国为成效。每星期三十四点钟，末年钟点临时酌定。航海科五年半毕业，机轮科五年毕业"⑧。

实业教员讲习所"以年在二十岁以上，已毕业初级师范学堂、中学

---

① 璩鑫圭、唐良炎主编：《中国近代教育史资料汇编·学制演变卷》，上海教育出版社2007年版，第457页。
② 同上书，第459页。
③ 同上书，第462页。
④ 同上书，第480页。
⑤ 同上书，第465—466页。
⑥ 同上书，第468页。
⑦ 同上书，第470—471页。
⑧ 同上书，第471页。

堂、中等实业学堂课程者考选入学"①,"以教成各该实业学堂及实业补习普通学堂、艺徒学堂之教员为宗旨;以各种实业师不外求为成效。每星期钟点临时酌定,毕业年限视学科为差"②。

由是观之,在教育宗旨上,《癸卯学制》规定各种实业教育的目的在于培养不同专业的应用型技术人才,以形成一个由"工人——熟练工人——技术人员——高级技术人员"组合起来的不同层次的技术人才结构。这就确定了近代国民教育和人才教育的基调,教育开始与社会生产、国计民生相联系。不仅如此,《癸卯学制》在规定实业教育内容方面具有面向世界的意识,表现在要求初等商船和各科中等实业学堂加设外语课和相关的国际贸易及商务来往知识,有意识地进行世界市场专业人才的培养。高等商船学堂明确地以培养参与世界贸易的人才为宗旨,比起传统教育中封闭保守的教育宗旨有较大的进步。尤其是《癸卯学制》所规定的实业补习普通学堂、艺徒学堂和实业教员讲习所三种新学堂类型,在一定程度上解决现实社会中基本技能缺乏而年龄偏大不宜入正规学堂者、贫苦无依儿童以及将成为各种实业学堂合格教员者三类人的职业教育需求,体现了该学制在职业教育法制完备化的水平。

为促进实业教育的发展,《癸卯学制》规定各省至少设立一所完全制的实业学堂,由地方督抚考察当地情况后,重点发展本省"最相需、最得益"之实业门类,这种"相需"与"得益"的办学思想,是对中国传统教育唯义理所在、不求利益的旧格局的突破,它反映了社会发展对教育的要求,意味着中国近代教育尤其是实业教育开始成为文化知识与社会生产之间的桥梁。此为《癸卯学制》特点之三。

《癸卯学制》对实业教育的规定,不仅使实业教育在中国近代的学制或教育体系中拥有了独立的地位,而且促进了统一的教育行政机构的建立。在1904年所设学务大臣的属官中,就设有实业处,管理实业学科学务,然而机构设置并不完善。1905年学部成立,下设五司十二科,其中实业司下设实业教务、实业庶务两科。1906年,各省裁撤学政,改设提学使司,内置学务公所,分设六科,实业科为其中之一,由各府州县设立

---

① 璩鑫圭、唐良炎主编:《中国近代教育史资料汇编·学制演变卷》,上海教育出版社2007年版,第480页。

② 同上书,第474页。

劝学所负责本地教育，从而形成管理实业教育的行政系统，管理各个实业学校，对实业教育乃至后来的职业教育的发展都是有着积极的意义。据清政府学部于1907年、1908年、1909年三年的统计数据，1907年全国有实业学堂137所，学生8693人；1908年有实业学堂189所，学生13616人；1909年有实业学堂254所，学生16649人。① 由此可见，实业教育制度的确立促进了实业教育的发展。

当然，鉴于教育自身周期长的特征和学制对人才规格的规定性，学制颁布通常应该是相对稳定的。学制属于教育制度范畴，对教育实践有着现实的规定性。只有稳定的学制，才能保证受教育者所受教育的连贯性和一致性。《癸卯学制》对传统教育太过颠覆性的改变，很容易使得受教育者受到制度转换的影响，或造成知识的重复学习，或造成知识的断条，或者前后所学内容在思想上产生抵触甚至矛盾，这些都使受教育者知识或思想上产生一定程度的混乱。尤其是在比较强调思想统一的国家，学制的变革将可能影响整整一代人。换句话说，新制与旧制转轨的过程中，必定有一些关系在短期内无法理顺，其直接的后果就是破坏受教育者所受教育的完整性。《癸卯学制》是西方实业教育制度中国化的第一次尝试自然也不例外。它以过快的方式推行近代职业教育转型，必然使教育的连贯性受到一定影响。

与此同时，由于时代和统治者的局限性，该实业教育制度本身有不尽人意之处。

首先，《癸卯学制》中关于实业学堂的规定，对国情的考察不够，在没有普遍良好的普通教育毕业生的前提下盲目重视高等实业教育，忽略了中国社会最需要的初中等实业教育，不重视职业教育中最重要的实习教育。

其次，《癸卯学制》是在清政府的谕令下，由封建官僚张之洞、荣庆、张百熙等人拟订的，承袭了卑视妇女、强调尊孔读经等这套陈旧观念，修身或人伦道德课在各级学堂占很大比重，这种课程设置打上了极深的封建烙印，使得该学制所涉及的教育目的不明确，导致该学制很难全面

---

① 清政府学部总务司编：《光绪三十三年份第一次教育统计图表》《光绪三十四年份第二次教育统计图表》《宣统元年份第三次教育统计图表》，转引自璩鑫圭主编《中国近代教育史资料汇编·实业教育师范教育卷》，上海教育出版社2007年版，第54—63页。

满足培养社会需求人才的需要。

有鉴于此,《癸卯学制》颁布施行后,又陆续针对暴露出来的问题进行了补充修订,这些文件也构成了《癸卯学制》的内容。其中,与职业教育法制相关的修订补充主要有:

1905年关于女子实业教育制度的规定——1905年上海女子蚕业学校成立后颁行的"上海女子蚕业学校章程";1906年将"尚实"作为所颁教育宗旨中的重要内容之一,强调"方今环球各国,实利竞尚,尤以求实业为要政,必人人有可农可工可商之才,斯下益民生、上裨国计,此尤富强之要图,而教育中最有实益者也"①;1906年通令各省举办实业学堂,要求各省"一律遵照奏章筹设各项实业学堂","尤应多设艺徒学堂"②;1908年出台规定,对各省、府、县应设的实业学堂数目、层次及学生人数作出具体规定,提出"应明定期限,两年之内,每府应设中等实业学堂一所,每所应收学生百名,由臣部严催各省督抚督饬各府州县认真办理,毋得延宕"③;1909年出台《学部通饬整顿筹划实业教育札文》,要求"将该省实业教育如何按年筹办之处,造具详表,如限报部。事关宪政,万勿延缓"④。

据此,有研究者称:"回顾1902年到1910年8年间,教育法规制定的密集度,超过中国教育史的任何一个时期。"⑤ 甚至有学者认为:"若仅就章程本身来看,癸卯学制中实业学堂的诸章程比日本同时期的实业学堂章程更加完备、合理。"⑥

晚清实业教育的诞生和发展,无疑为近代中国培养了一大批具有初步现代实业知识的专门人才,不少实业学堂的学生(或实业留学生)毕业后,或到实业学堂任教,或从事各种实业活动,在一定程度上,推动了晚清教育乃至晚清实业近代化的发展。《癸卯学制》关于职业教育法制的详尽规定,正式标志着中国职业教育法制现代化的正式起步,也开启了中国

---

① 璩鑫圭、唐良炎主编:《中国近代教育史资料汇编·学制演变卷》,上海教育出版社2007年版,第546页。
② 璩鑫圭等编:《中国近代教育史资料汇编·实业教育师范教育卷》,上海教育出版社2007年版,第12页。
③ 同上书,第16页。
④ 同上书,第21页。
⑤ 金林祥主编:《中国教育制度通史》(下),山东教育出版社2000年版,第325页。
⑥ 钱曼倩、金林祥:《中国近代学制比较研究》,广东教育出版社1996年版,第121页。

近代以来用现代化的法制手段规范和处理职业教育问题的大门,为以后中国职业教育法制现代化探索提供了阶段性的助益。

2. 初步确立阶段(1904—1915)——《壬子癸丑学制》

1911年辛亥革命胜利后,中华民国临时政府成立,临时政府任命德高望重的蔡元培为教育总长,成立教育部,并于1912年1月19日公布了《普通教育暂行办法》与《普通教育暂行课程之标准》,针对清末封建主义教育进行改革。

《普通教育暂行办法》共14款,其主要内容有:清末各项学堂一律改称为学校,监督、堂长一律改称校长;初等小学校可以男女同校;各种教科书务必合乎共和民国宗旨,清学部颁行之教科书一律禁用;凡民间通行之教科书,其中如有尊崇清朝廷及旧时官制、军制等课,并避讳抬头字样,应由各该书局自行修改;小学读经科一律废止;小学手工课应加注重;高等小学以上体操课应注重兵式;初等小学算术科自第三学年起应兼课珠算;中学校为普通教育,文、实不必分科;旧时奖励出身一律废止;等等。①《普通教育暂行课程标准》共11款,其中规定初等小学校之学科目为修身、国文、算术、游戏、体操。视地方情形,得加设图画、手工、唱歌之一科目或数科目。女子加课以裁缝。高等小学校之学科目为修身、国文、算术、中华历史、地理、博物、理化、图画、手工、体操(兼游戏)。女子加裁缝。视地方情形,得加设唱歌、外国语、农工商业之一科目或数科目。中学校之学科目为修身、国文、外国语、历史、地理、数学、博物、理化、图画、手工、法制、经济、音乐、体操。女子加家政裁缝。师范学校(即旧制之初级师范学堂)之学科目为修身、教育、国文、外国文、历史、地理、数学、博物、理化、法制、经济、习字、图画、手工、音乐、体操。女子加家政裁缝。视地方情形得加设农、工、商业之一科目。②该《课程标准》还具体规定了对各级学校各学年的科目与各课目的教学时数,从而奠定了民国初年小学、中学、师范学校课程设置的基础。

7月,全国临时教育会议开幕,历时一个月,其间提出的议案近百

---

① 璩鑫圭、唐良炎主编:《中国近代教育史资料汇编·学制演变卷》,上海教育出版社2007年版,第605—606页。

② 同上书,第607—609页。

件，集中讨论了教育政策和改革措施等重要问题，为新学制的创立奠定了理论依据；9月3日，公布了《学校系统令》。至1913年8月，教育部又陆续公布了《小学校令》《中学校令》《师范教育令》《专门学校令》《大学令》《小学教则及课程表》《中学校令施行规则》《师范学校规程》《高等师范学校规程》《公私立专门学校规程》《大学规程》《实业学校令》等法令，后总合成一个新的学校系统，称为《壬子癸丑学制》。因1912年为壬子年，1913年为癸丑年，故名。

该学制规定儿童从6岁入学到二十三四岁大学毕业，整个学程为17年或18年，分三段四级。整个学校教育系统分为三大板块，即普通教育系统、师范教育系统、实业教育系统，除此之外还有补修科、专修科、小学教员养成科等作为三大系统的旁支。同时还对各级各类学校的目的任务、课程设置、学校设备、入学条件、教职员任用、经费及领导管理都作了具体规定。

具体而言，普通教育的第一阶段为初等教育。分两级：初等小学4年，为义务教育，毕业后可入高等小学校或乙种实业学校；高等小学3年，毕业后可入中学校或师范学校、甲种实业学校。第二阶段为中等教育。只设一级，即中学校，学习年限4年，毕业后可入大学、专门学校或高等师范学校。第三阶段为高等教育，也是一级，但分预科和本科。本科除法科和医科中的药学门为3年外，其他文、理、商、农、医、工等科均为4年，共6—7年。此外，下设蒙养院，上有大学院，不计年限。

师范教育系统分师范学校和高等师范学校两级。《师范教育令》中规定，师范学校造就小学教员，应附设小学校。女子师范学校造就小学教员及蒙养院保姆，于附设小学外应设蒙养园。高等师范学校造就中学教员、师范学校教员，应附设小学、中学，女子高等师范学校应附设小学、女子中学及蒙养院。各类师范学校还应附设相应的教员讲习科，作为培训机构。师范学校主要招收高等小学毕业生，高等师范学校招收中学毕业生。师范学校本科4年，预科1年；高等师范学校本科3年，预科1年。另外还有小学教员讲习所、补习科等，面向在职小学教师。

实业教育系统分甲、乙两种。《实业学校令》规定，甲种实业学校实施完全普通之实业教育，乙种实业学校实施简易之实业教育。乙种实业学校招收初等小学毕业生，甲种实业学校招收高等小学毕业生，均为3年毕业。分农业、工业、商业、商船各类。另外，还有补习科、专修科、小学教员讲习所等，都是各系统的学校特设或附设的学科。

其教育宗旨是：小学教育以留意儿童身心之发育，培养国民道德之基础，并授以生活所必需之知识技能为宗旨。[①] 初等小学设修身、国文、算术、手工、图画、唱歌、体操；女子加课缝纫。[②] 高等小学设修身、国文、算术、本国历史、地理、理科、手工、图画、唱歌、体操；男子加课农业、女子加课缝纫。并视地方情形，农业可以从缺，或改为商业，并可加设英语；遇不得已时，手工、唱歌亦得暂缺。[③] 与清末相比，取消了读经课，授课时数也略有减少。

中学校以完足普通教育、造成健全国民为宗旨。[④] 中学课程为修身、国文、外语、历史、地理、数学、博物、物理、化学、法制经济、图画、手工、乐歌、体操。女子中学校加课家事、园艺、缝纫，但园艺得缺之。外国语以英语为主，但遇地方特别情形，得任择法、德、俄语之一种。[⑤] 与清末相比，取消了读经课，增加了手工课。

专门学校以教授高等学术、养成专门人才为宗旨，分法政、医学、药学、农业、工业、商业、美术、音乐、商船和外国语各类。[⑥]

大学以教授高深学术、养成硕学闳材、应国家需要为宗旨。分文、理、法、商、医、农、工七科。[⑦] 各科再分为若干门（相当于现在大学中的系）。预科分三部：第一部预科生入文、法、商三科；第二部预科生入理、工、农及医科的药物门；第三部预科生入医科的医学门。

师范学校以造就小学教员为目的；专教女子之师范学校称女子师范学校，以造就小学校教员及蒙养园保姆为目的；高等师范学校以造就中学校、师范学校教员为目的。女子高等师范学校以造就女子中学校、女子师范学校教员为目的。[⑧] 男、女师范学校都分本科和预科，本科又分第一、

---

① 璩鑫圭、唐良炎主编：《中国近代教育史资料汇编·学制演变卷》，上海教育出版社2007年版，第663页。
② 同上书，第664页。
③ 同上书，第665页。
④ 同上书，第669页。
⑤ 同上书，第679页。
⑥ 同上书，第672页。
⑦ 同上书，第673页。
⑧ 同上书，第670页。

二两部，但第二部视地方情形可以不设。本科第一部修业年限 4 年，本科第二部修业年限 1 年，预科修业年限 1 年。男师本科第一部学科为修身、教育、国文、习字、英语、历史、地理、数学、博物、物理化学、法制经济、图画、手工、农业、乐歌、体操。女师本科第一部学科，除不设农业、另加家事园艺、缝纫外，外国语为选修，其他与男师相同。① 男师本科第二部学科为修身、教育、国文、数学、博物、物理化学、图画、手工、农业、乐歌、体操。女师第二部不设农业，另加缝纫，其他与男师相同。② 预科修业 1 年，科目有修身、国文、习字、英语、数学、图画、乐歌、体操。女师加课缝纫。③ 高等师范学校分预科、本科、研究科。预科 1 年，科目为伦理学、国文、英语、数学、伦理学、图画、乐歌、体操。本科 3 年，分国文部、英语部、历史地理部、数学物理部、物理化学部、博物部。各部通习之科目为伦理学、心理学、教育学、英语、体操。研究科 1 年或 2 年，就本科各部选择二三科目进行研究。④ 各部分习之科目如下：国文部的科目有国文及国文学、历史、哲学、美学、言语学；英语部的科目有英语及英文学、历史、哲学、美学、言语学；历史地理部的科目有历史、地理、法制、经济、国文、考古学、人类学；数学物理部的科目有数学、物理学、化学、天文学、气象学、图画、手工；物理化学部的科目有物理学、数学、化学、天文学、气象学、图画、手工；博物部的科目有植物学、动物学、生理及卫生学、矿物及地质学、农学、化学、图画。各部可加授世界语、德语、乐歌为随意科。英语部可加授法语。⑤ 此外，还有专修科和选科，视需要临时设立。从学习内容看，较清末师范教育，增添了社会生产和生活的实用科目和教育理论科目。各级师范学校学生均可享受公费待遇。

实业学校以教授农、工、商业必需之知识技能为目的。⑥ 实业学校分甲、乙两种。甲种实业学校施完全之普通实业教育；乙种实业学校施简易之普通实业教育，亦得应地方需要授以特殊之技术。实业学校分农业学

---

① 璩鑫圭、唐良炎主编：《中国近代教育史资料汇编·学制演变卷》，上海教育出版社 2007 年版，第 688 页。
② 同上书，第 692 页。
③ 同上书，第 688 页。
④ 同上书，第 725—726 页。
⑤ 同上书，第 725 页。
⑥ 同上书，第 732 页。

校、工业学校、商业学校、商船学校、实业补习学校等。蚕业学校、森林学校、兽医学校、水产学校，均视作农业学校。艺徒学校视作乙种工业学校，亦得参照工业补习学校办理。女子职业学校依地方情形及其性质，参照各实业学校规程办理。[①] 甲种实业学校修业期预科 1 年，本科 3 年，但得延长一年以内。乙种实业学校修业期 3 年。

《壬子癸丑学制》是中国近代第一个资产阶级性质的教育制度。较之于晚清的《癸卯学制》，其进步性是十分明显的：第一，该学制废除了贵族学堂，一律并入普通学校；取消了毕业生奖励科举出生的制度，打破了"学而优则仕"的封建教育传统观念以及封建特权和等级制度的限制，提出了一个资产阶级民主性的教育宗旨。第二，女子教育要在学制中占有一定的地位，学制规定设立女子高等小学、女子中学、女子师范和女子实业学校，初等教育实行男女同校，体现了资产阶级男女平等教育的思想和反封建主义教育的民主精神。第三，在课程设置上，取消了为忠君、尊孔服务的读经课，增加了自然科学和实业技能的课程；缩短修业年限，比清末的《癸卯学制》缩短了 3—4 年，在形式上是一个平等的单轨制。改学堂为学校，负责人一律称为校长，这种称呼一直沿用至今。

尤其值得注意的是，《壬子癸丑学制》对实业教育进行了改革，突出了临时政府对实业教育的重视。1913 年 8 月 4 日，临时国民政府教育部颁布了《实业学校令》（11 条）和《实业学校规程》（7 章 60 条）。按照这两个文件规定：清末的实业学堂改称实业学校；将《癸卯学制》中的五类实业学堂简化为甲、乙两种实业学校，甲种实业学校相当于清末中等实业学堂，乙种实业学校相当于清末初等实业学堂；甲、乙两种实业学校均分为农、工、商、商船和实业补习等几类；此外，另设专门学校，相当于清末高等实业学堂；另专为女子设立实业学校，女子实业学校视地方情形与性质参照各实业学校规程办理。

在 1915 年 3 月 16 日发布的《教育部通咨各省巡按使申明部章并饬甲乙种实业学校认真办理文》中，进一步强调"实业学校，以增进个人生活，助长社会经济，为唯一之目的，故此项学校之多寡，与国计民生之盈

[①] 璩鑫圭、唐良炎主编：《中国近代教育史资料汇编·学制演变卷》，上海教育出版社 2007 年版，第 732 页。

绌成正比例"①。足见临时政府对实业教育之重视程度。

总之，该学制在普通教育中引进有关实业教育的内容，大大加强了实业教育的地位。实业教育作为初、中等教育的组成部分，是根据当时中国社会经济发展的实际情况而进行的调整。因为现代大机器工业刚刚出现，迫切需要培养和训练一批熟悉现代化工业知识，掌握大机器生产技能的工人和技术人员，把职业教育的职能归属于初中等教育，也是符合世界各国惯例的。由此使整个学制能够纵横活动，富有弹性。

当然，我们也应该看到，该学制仍存在不尽如人意的地方：该学制表面上看似效法西方，但实际上基本是沿用清末采用的日本学制，教育宗旨与清末实业学堂亦相差无几，这与学制制定者当初的宏愿存在着很大的差距；课程设置方面也还保留着很多封建因素，修身课和伦理课的内容特别突出；学制虽对女子教育比较重视，但对女子教育仍然强调贞淑教育，在学习内容和程度上也低于男子的教育程度。惟其如此，辛亥革命后职业教育的内容仍无法充实，职业教育的出路亦无法解决，导致这一时期职业教育发展速度远不如一般教育。据1916年统计，甲、乙实业学校数由1912年的425所增至1916年的525所，学生数却由31726人降至30099人，与一般学校相比，1912年实业学校仅占一半教育的0.48%，学生数则为0.108%，到1916年，分别降至0.43%和0.075%②，尤其是大量中学毕业生的出路问题日益凸显"成为教育界绝大的问题"，由此而推动了1922年新学制改革方案的出台。

3. 正式确立阶段（1916—1922）——《壬戌学制》

1922年11月1日，中华民国北洋政府以大总统令颁布了《学校系统改革案》，其中所规定的学制系统，称《壬戌学制》（因1922年为旧历壬戌年而得名）。为区别于《壬子癸丑学制》，该学制又称新学制。又因为新学制主要采取美国式的六三三分段法，故又称该学制为"六三三学制"。

《壬戌学制》的制定是《壬子癸丑学制》之"弊害"与教育制度本省内在发展的要求的产物。湖南省教育会在1915年6月召开的全国教育联合会第一次会议上的提案"改革学校系统案"中即列举了"现制之弊害"有数端：

---

① 璩鑫圭等编：《中国近代教育史资料汇编·实业教育师范教育卷》，上海教育出版社2007年版，第178页。

② 同上书，第287页。

学校之种类太简单，不足谋教育多面之发展；学校之名称不正确，名误实受其害；学校之目的不贯彻，致令求学之人三四年一易其宗旨；学校之教育不完成，依规定之学科时间，恒有充其所教，罄其所学，不能得具足之生活力者，而毕业反为社会之累；学校之阶段不衔接，非失之过则失之不及；学校之年限不适当全系学年失之长，而各校分配又失之当，大学毕业至二十四岁，大学校费去六年至七年未免多，中学校反止四年未免少。①

《壬戌学制》的制定还与当时社会历史条件紧密相关。第一次世界大战期间，中国的民族工业得到了较快的发展，出现了大批近代工厂企业。战后，日益成长的民族资产阶级不仅要求在政治经济方面给予创造继续发展的条件，也要求在教育方面能提供具有文化知识的劳动力和科学技术。

与此同时，1914年开始的新文化运动，使人们在思想上得到了极大的解放，在民主与科学的大旗下，涌现了各种教育思潮，如平民主义教育思潮、工读主义教育思潮、职业主义教育思潮、实用主义教育思潮等，其中，职业教育思潮兴盛的标志即是1917年中华职业教育社的成立。值得一提的是，早在民国初年，民间就有人发出了开展"职业教育"的呼吁，时任《教育杂志》主编的陆费逵在其发表的《世界教育状况序》一文中提出"职业教育则以一技之长可谋生活为主"，"故吾国今日，亟宜注意者有三：国民教育，一也。职业教育，二也。人才教育，三也"。② 这是国内对"职业教育"概念的最早阐述。之后，黄炎培进一步提出："职业教育要旨三：为个人谋生之准备，一也；为个人服务社会之准备，二也；为世界、国家增进生产力之准备，三也。"③ 对职业教育作了较为系统的论述。1918年，职教社在上海创办了中国第一所正规的全日制职业学校——中华职业学校，在学校教育中展开了职业教育实验。该校将提倡职业教育、沟通教育与职业作为其办学宗旨。其《设立之旨趣》曰："鉴于我国今日教育之弊病在为学不足以致用，而学生之积习尤在鄙视劳动而不屑为，致毕业于学校而失业于社会者比比。根本解决，惟有提倡职业教育，以沟通教育与职业。……故特设此职业学校。"该校之办学主旨在于"一方面在使无

---

① 转引自璩鑫圭、唐良炎主编《中国近代教育史资料汇编·学制演变卷》，上海教育出版社2007年版，第851—852页。
② 陆费逵：《教育文存》卷5，中华书局1922年版，第12页。
③ 中华职业教育社编：《中华职业教育社宣言书》，《黄炎培教育文选》，上海教育出版社1985年版，第59页。

力升学之学生得受适切之教育，以为职业之预备；一方面在辅助各种实业，以增进其生产能力"。是故，职教社为其制定的教育方针是：注意知识教学的"精密正确"，以能"达于应用"；"注重实习"以训练"纯熟之技能"；注重学生自治以期有"善良的品行"；注重"创设新业、增进生产之能力"的养成，以培养"各种工厂职工或技师和能以一艺之长自谋生活之善良之公民"①。毋庸置疑，职教社所倡导的职业教育对于培养学生生产技能、注重学与用的结合以及部分解决当时"毕业即失业"的社会问题发挥了积极作用，对《壬戌学制》的制定也产生了很大影响。

此外，五四运动以来，美国在华势力的急剧扩张，留美学者日渐增多，特别是美国著名教育家杜威、孟禄等访华后，美国教育逐渐引入中国，自1917年以来倡导效仿美国学制的呼声日益高涨。

1919年10月，全国省教育会联合会②在山西太原召开第五届年会，开始讨论新的学制系统。③ 1920年第六届年会在江苏召开，又有安徽、奉天、云南、福建诸省教育会提出改革学制提案。1921年孟禄来华讲学，也研讨了中国学制改革的问题。同年，全国省教育会联合会第七届年会在广州召开，以讨论学制改革为中心议题，广东、黑龙江、甘肃、浙江、湖南、江西、山西、奉天、云南、福建、直隶11个省区的代表提出了11个学制系统改革的议案。其中以广东提案最为完备。④ 经会议讨论，决定以

---

① 《中华职业学校设立之旨趣》，中华职业教育社编：《社史资料选辑》第3辑（内部资料），1983年，第9—10页。

② 全国省教育会联合会（又称全国教育联合会）是一个由各省教育会及特别行政区教育会推派代表组成的全国性民间教育组织，即今天所谓的"NGO"，1915年由江苏省教育会副会长黄炎培等人发起成立，1925年解散。其间一共召开11次会议，历次会议都对教育界重大问题提出大量议案，表达教育界的主张。

③ 事实上，早在1915年4月召开的全国教育联合会第一次会议上，湖南省教育会就提出过"改革学校系统"的提案，因当时会议认为此提案事体重大，未曾开议，特分函各省征集意见，后虽未见实行，但新学制之改革，实以此案为嚆矢。参见璩鑫圭、唐良炎主编《中国近代教育史资料汇编·学制演变卷》，上海教育出版社2007年版，第849页注①。

④ 按1920年第六届年会议决，广东省教育会为此组成了一个阵营庞大的学制系统研究会，由下列人员组成：省教育会正副会长及评议员共30人、小学校以上各校长18人、大学及专门学校毕业曾研究教育者9人、教育行政人员14人，共计71人。并从中选出40人，按照学制对应学段，"计分初等教育部10人、中等教育部10人、师范教育部10人、高等专门大学部10人"，共4个小组，同时参酌各国学制分部研究。最后将研究结果制成草案，提交省学制大会讨论通过。对此，1922年《新教育》杂志第4卷第2期《广东省提出学制系统之经过及其成立》一文有详细介绍。其程序之民主、组织之合理、研究之详备、态度之审慎、效果之切实，令笔者折服，足以资今人写作"调研报告"的范本。故此，广东草案被作为讨论蓝本。

广东方案为主，吸收其他省方案，制定新"学制系统草案"。为此成立了"学制系统草案审查委员会"，推黄炎培、袁希涛、金曾澄等人为学制草案的起草人。10月，草案通过发表，要求各地组织讨论，向全国征求意见。之后，各地教育界纷纷开会讨论新学制，许多教育杂志还专辟了学制改革研究专号，一时形成举国上下讨论新学制的热潮。在这种形势下，教育部感到学制改革已是大势所趋，1922年9月在北京召开了学制会议，邀请教育专家和各省行政负责人对"新学制草案"进行审订、修改，再交同年10月在济南召开的联合会第八次代表大会讨论，最后于11月1日以大总统令向全国公布，此即《壬戌学制》酝酿、颁行之经过。

该学制系统是依据以下7条标准制定：（1）适应社会进化之需要。（2）发扬平民教育精神。（3）谋个性之发展。（4）注意国民经济力。（5）注意生活教育。（6）使教育易于普及。（7）多留各地伸缩余地。[①]全系统分三段：初等教育、中等教育、高等教育。各段之划分，大致以儿童身心发达时期为依据：6—12岁的童年时期为初等教育段，修业6年（包括初级小学4年，高级小学2年）；12—18岁少年时期为中等教育段，包括初级中学3年，高级中学3年。与中学平行的有师范学校和职业学校。18—24岁的成年时期为高等教育，修业4—6年。[②]

总体上看，《壬戌学制》具有如下特点：

第一，仿照美国中小学校的"六三三制"原则，以中等教育为核心，缩短小学修业年限，延长中学修业年限。

第二，中学分为两个时段，并实行选科制和学分制，使学生有较大的发展余地，适应不同发展水平学生的需要，增强了办学的灵活性。

第三，注重普及教育，规定以四年为普及教育年限。

第四，允许各地根据实际情形有一定的伸缩余地，使地方办学的自主性和积极性得到充分发挥。

第五，提高了职业教育在整个教育体系中的地位，有关职业教育的条款大为增加，重视学生的职业训练和补习教育，兼顾学生升学和就业两种准备。

[①] 璩鑫圭等编：《中国近代教育史资料汇编·实业教育师范教育卷》，上海教育出版社2007年版，第206页。

[②] 璩鑫圭、唐良炎主编：《中国近代教育史资料汇编·学制演变卷》，上海教育出版社2007年版，第876—877页。

按 1922 年《学校系统改革案》规定，职业教育的学制为：小学课程，得于较高年级斟酌地方情形，增职业准备之教育。初级中学施行普通教育，但得视地方需要兼设各种职业科。高级中学分普通、农、工、商、师范、家事等科。但得酌量地方情形，单设一科，或兼设数科。大学校及专门学校，得附设专修科，修业年限不等，凡志愿修习某种学术或职业，而有相当程度者入之。为推广职业教育计，得于相当学校内，酌设职业教员养成所。依旧制设立之甲种实业学校，酌改为职业学校，或高级中学农、工、商等科。依旧制设立之乙种实业学校，酌改为职业学校，收受高等小学毕业生，但依地方情形，亦得收受相当年龄之修了初级小学的学生。师范学校后三年得酌情分组选修制。在选修课程中有乡村教育、职业教育概论，还可视地方情形设置"职业教员组、幼稚园教员组等选修科组"[①]。

由此可见，《壬戌学制》本着通过相当程度的教育授以一技之长，培养中下级直接从事农、工、商各业技术人才和管理人才为目的，建立起职业教育体系。与《癸卯学制》和《壬子癸丑学制》中把实业教育置为学制系统的旁系而自成系统不同，《壬戌学制》把职业教育的实施分作两途：一是单独设置；二是与普通教育混合，分别于高级小学、初级中学、高级中学中斟酌各地具体情况实施，实行所谓综合制。这样一来，既确立和加强了职业教育在学制系统中的地位和比重，又注意了普通教育与职业教育的沟通，体现了中学教育兼顾升学与就业的双重职能。采取纵横活动的"综合中学"，使职业教育与普通教育处于同一基础线上，以利于提高社会对职业教育的认识和评价，反映出该学制改革"普通教育职业化"的趋向。此外，该学制中职业教育的宗旨与前两个学制倡导的"尚实""实利主义"不同，它是以前述的七条标准为指导思想，这七条标准准确、科学、全面地揭示了职业教育与社会、个人的关系。其所确立的职业教育制度既是对以往职业教育实践经验的总结，又是职业教育思潮的结晶，反映了我国民族工业的发展对教育提出的新要求，"其主流所体现出来的是一种民主气息和科学精神"，是五四运动教育改革的一个成果结晶，也是集国内外教育理论和教育经验于一体的产物。《壬戌学制》的颁布施行，标志着中国现代教育制度的正式确立，为我国职业教育进一步现

---

① 《政府公报》命令，1922 年 11 月 2 日第 2393 号。

代化奠定了基础。从其改革的七项指导思想中"适应社会进化之需要""谋个性之发展""注意生活教育"等条款，不难看出"儿童中心""教育即生活""学校即社会"等进步主义教育思想的表现。而胡适对新学制的特点和精神也给予了高度赞扬，他在1922年《对于新学制的感想》一文中说："新学制的特别长处在于它的弹性"，他说："这个弹性制是现在很需要的。现在死板板的小学，对于天才儿童实在不公道，对于受过好的家庭教育的儿童也不公道……我很盼望这个弹性主义将来能实行，我很盼望办小学的人能随时留心儿童才能的个性区别，使天才生不致受年限的制限与埋没。"①

总之，1922年《壬戌学制》是中国现代教育史上影响最深的一次变革，是中国近代教育史上持续时间最长、影响最大的一个学制，它是适应社会政治、经济发展的需要，又考虑到了青少年儿童身心发展的特点而制定的，它是中国教育发展史上一个新的里程碑，标志着中国近代以来的学制体系建设的基本完成和现代教育体制正式确立。该学制不仅提出了"多留各地方伸缩余地"的弹性教育理念，而且是通过民间知识分子教育群体自下而上的改革的方式进行的。"六三三学制"的制定表明中国现代教育制度从效法日本转向了效法美国，由军国主义教育转向了平民主义教育。但它却并非盲从美制，而是中国教育界经过长期酝酿、集思广益的结晶，是中国资产阶级新教育制度的确立的标志。而其中职业教育制度，完全要求职业教育紧密联系中国经济和生产发展、人民生计和生活的精神，这也是该学制对《癸卯学制》《壬子癸丑学制》中实业教育制度的"实用"教育思想的继承和发展。正因为"新学制"经受住了历史的检验，除某些部分在实践中做了修改外，其"六三三制"的框架一直成为中国主体的学制结构，延续至今。

作为中国近代教育史上持续时间最长、影响最大的一个学制——《壬戌学制》中的职业教育制度作为这一时期职业教育思潮追求的一个目标，它的确立为民国时期职业教育的发展提供了制度上的支持和保障，使得职业教育在此期间飞速发展，取得良好效果，职业教育步入黄金时代。

据1922年中华职业教育社的调查，1921年全国职业学校共842所，

---

① 转引自璩鑫圭、唐良炎主编《中国近代教育史资料汇编·学制演变卷》，上海教育出版社2007年版，第929—931页。

其中包括甲、乙两种实业学校、职业补习学校及慈善性质的职业学校。以种类区别，农业学校占48%，工业学校占12%，商业学校占18%，女职校占10%。另者，职业教育书籍368部，农类占52%，商类占18%，工类占16%。① 表明职业教育倡导者"以农立国"的思想。

1925年12月，中华职业教育社统计，职业学校包括旧制甲乙种实业学校1006所，职业传习所及讲习所167所，设有职业科的中学校42所，设有职业准备科的小学校41所，设有职业专修科的大学及专门学校77所，职业补习学校及补习科86所，职业教师养成机关8所，实业机关附设的职业教育机构18所，慈善性质或感化性质的职业教育机构99所，军队实施职业教育机构4所，共计1458所。② 到1926年5月，全国职业教育机构增至1518所，包括农、工、商、家事等职业学校846所，职业传习所及讲习所196所，兼设职业科的中学57所，兼设职业准备科的小学37所，职业补习学校及职业补习科99所，职业教师养成机关8所，实业机关附设的职业教育机构24所，慈善性质或感化性质的职业教育机构132所，军队实施职业教育机构6所，设职业专修科的大学及专门学校113所。③

新学制实施中，职业教育出现的突出问题是，由于中学职业科的设立，影响了独立设置的职业学校的发展。而限于条件设立多科的中学很少，又由于义务教育年限仅为4年，能够上到高中的大都准备升学，高中职业分科生源困难，再加上师资设备的限制，职业分科往往形同虚设。综合中学制度原意为加强职业教育，结果却适得其反。因此，在20世纪30年代对中等教育制度做了调整，取消了综合中学，在中等教育阶段分设普通中学、职业学校和师范学校，这种格局一直延续至今。

三　清末民初职业教育制度的特点

1904年的《癸卯学制》，实业教育开始被列入学校体系，经过1912年《壬子癸丑学制》的调整，再到1922年《壬戌学制》的颁布，中国近代职业教育体系的正式建立，作为教育类别中旁系的职业教育终于成为与

---

① 《教育与职业》1922年第35、37期。
② 《教育与职业》1925年第71期。
③ 《教育与职业》1926年第85期。

普通教育并列的序列。从近代职业教育制度的产生形成的过程看，它反映出与大机器工业生产相联系，以学校教育为形式，以近代科学技术知识为内容，以培养初中级专业人才为主的职业教育的本质特点。

第一，近代职业教育体系的演变反映出社会经济发展与技术进步对职业教育层次结构的影响。

作为应时代呼唤而产生的职业教育，从它一产生就与社会经济发展有着天然的、密不可分的关系。必然要适应社会经济发展与技术进步的要求。在《癸卯学制》中，已有初等、中等、高等实业学堂，各个层次的实业学堂是相互沟通的。到了《壬子癸丑学制》，高等实业学堂改为专门学校，划归高等教育之列。这样，实业教育就成为初、中等教育一部分，这是根据当时中国社会经济发展的实际情况而进行的调整。因为现代大机器工业刚刚出现，迫切需要培养和训练一批熟悉现代化工业知识，掌握大机器生产技能的工人和技术人员，把职业教育的职能归属于初中等教育，也是符合世界各国惯例的。由此使整个学制能够纵横活动，富有弹性。《壬戌学制》后，中等教育采用选科制，职业学校与普通中学混合成为综合中学，兼顾了升学与就业的双重需要，职业教育不仅要与社会经济发展紧密结合，而且还开始了考虑个体的发展需要。

第二，近代职业教育的专业结构视地域和经济发展不同，专业门类不断拓展。

从实业教育到职业教育，从最初的军事技术教育向民用实业教育发展，所包括的专业门类逐步拓宽。当初的实业教育仅限于农业、工业、商业三类，如果算上洋务派的军工教育，也只是四类而已，到1912年学制改革时规定实业教育为政法、音乐、美术、外国语等共九类，而发展到1922年时，职业教育已经几乎包括了社会上的所有门类。尤为农业类学校最多。因为倡导实业学堂者存在"以农立国"的思想，认为"富国之道，不外农工商三事，而农务尤为中国之根本"，加之绸丝一向为中国传统出口产品，因而创设的实业学堂中，农业学堂、蚕桑学堂占绝大多数。职业教育在教学内容上以教授农、工、商知识与技能为主，实用性、地域性、专业性较强。

第三，近代职业教育的形式结构进一步完善，已出现正式的职业学校教育与职业培训并举的雏形。

近代职业教育突破了传统的家传世袭、师徒相传为主的形式，使职业和技术教育从劳动场所转入学校,成为一种正规的、长学制的,以人力规划为基础的,以学校为主要基地的学历教育。同时,职业补习学校根据学习者和各地情形,"以简易教法授实业的必需之知识技能,并实习小学教育"。这种培训性质的补习学校,作为学校教育的补充,在形式上使学校教育与补习培训相结合、学历教育与非学历教育相并存,以满足社会和个体对职业教育的不同需求。

第四,近代职业教育的办学结构呈现出多元化的特点。早期实业学校主要为官办,领导权控制在军政要员手中,必须接受清政府的指令,其设校招生、经费开支、官员任命与奖赏等均需奉旨执行。随着实业教育的重要作用越来越被人们所认识,开始出现一批民间的实业界人士创办的实业学校,最具代表性的是实业家张謇,他提出了"苟欲兴工,必先兴学"的教育人才观。以南通纱厂实业集团为资金基础,一生创办的实业学校就有师范学校、蚕桑学校、工商补习学校、医学专门学校、商业学校等几十所,初步成了以农、工、商科学技术为中心,包括初等、中等、高等在内的较为完整的近代学校教育体系。之外像黄炎培、陶行知等接受过美国教育思想的教育先行者,不仅在中国大声疾呼倡导职业教育,有系统的职业教育理论,而且还身体力行进行职业教育实践活动,开办了一些职业学校。此外,社会团体也加入职业教育的办学行列中,如中华职业教育社,在全国就举办了一批不同层次、不同类别的职业学校。正因为此时期政府倡导,民间和社会团体积极响应,职业教育在20世纪20—30年代出现两次高潮。

总之,中国近代职业教育体系从形成到建立,虽然经过了曲折的过程,最终成为一个较完整的体系。在中国近代的学制和教育体系中,一开始就拥有了独立的地位。这个体系一直沿用到1949年新中国成立之前,基本上没有大的变动。至今,对我们构建一个现代的、开放的职业教育体系仍具有现实意义。

第二节　职业教育的课程模式

课程模式是体现教育思想、实现教学理念的重要途径。一直以来,人们对课程有着许多不同的理解。钟启泉教授认为"正式课程的形成,大体是在十九世纪以后。在此之前，严格意义上的课程是不存在的"①。这里所指的"严格意义上的课程"，实际上就是指现代的教育课程，即它的出现和逐步完善与普及教育、班级授课制等现代学校制度的确立基本同步。可以说，现代课程是社会现代化的直接产物，而课程往往带有明显的时代特征，这使得"在课程知识被筛选、赋值、生产、传递与评价的整个过程中，总是集结了各种各样的力量，各方力量之间的较量与博弈贯穿其间，角力的结果决定'什么样的知识最有价值'、'谁的知识最有价值'，从而'最有价值'的知识成为合法知识进入学校与课堂。"② 近代职业教育的课程模式设置也同样的带有近代社会的时代特征。它是近代社会走向现代化进程中最重要的组成，它的形成与演变是整个社会急剧变化的结果，教育领域的发生变化最直接体现。

一　近代职业教育课程模式溯源

在漫漫的历史长河中，课程的起源有其职能上的必然性，无论是正式的还是非正式的课程，都是起源于人类的日常生活。随着社会发展水平的提高，知识和技能日益多样化，为了更好地实现先人的知识、技艺的传承，人们开始将知识传授作为一种特定的训练项目（广义）来进行，从而产生了专门针对性的传授阶段——课程就开始这样产生了。职业教育是教育的重要组成部分，现代职业教育课程的原型可以追溯到欧洲的古希腊时代。在漫长的现代西方职业教育课程的发展中，职业教育课程是从最初的技艺传授发展来的，我们通过了解职业教育课程发展的脉络，可以了解职业教育课程与其他课程之间存在密切的关系，并通过对一系列分散而狭窄的学科如何发展成为针对学生的学习经历有组织的综合安排进行分析，来了解课程是在近代教育史发展中的演变。

近代职业教育的课程模式可以追溯到古代的学徒制课程。按马克思主义的观点，教育起源于人类自身的生产劳动。所以，在人类发展的早期阶段，教育与生产劳动是紧密联系着的，教育与"职业"的关系也很密切。"职业教育课程的最初形式就存在于古代社会的学徒制中。可以说人类最

---

① 朱晓斌：《西方国家早期职业教育课程的演变》，《教育与职业》1998年第1期。
② 鲍嵘：《课程与权力——以京师大学堂（1898—1911）课程运营为个案》，《浙江师范大学学报》（社会科学版）2005年第4期。

早的职业教育课程模式就是学徒制课程。"① 我国学徒制历史悠久，可以追溯到春秋战国时代。在学徒制中，师傅通过平常的言传身教传授给学徒的技能、经验，学徒通过实践来增长知识、掌握技能，很少有形成文字的理论知识。由于不同师傅之间技艺、经验差别较大，课程内容还体现出一定的随意性。在个别教学的课程实施方式上，师傅可以在自己的生产过程中，以自己的实际操作过程为典范，让学徒做逼真的模仿，对学徒做个别指导。师傅对学徒技能水平的评价往往结合生产现场实践，使学徒能及时得到反馈信息，调整自己的技术动作，最终实现课程实施过程与生产过程统一。学徒制课程虽然原始、低效，但它对古代社会职业教育乃至整个社会的发展所起到的作用却是巨大的。

1840年鸦片战争敲开了中国的大门，外国的思想大量涌入中国，对中国社会的各个方面带来了极大的冲击。大兴职业教育逐渐成为救国人士的第一选择。近代职业教育课程内容的发展正是随着近代中国社会的发展而发展的，其主要特点是：中学西用，实业兴学。此后的半个多世纪里，先进的中国人为了民族的救亡图存而努力学习西方，他们积极翻译西书、引进"西艺"和"西政"等各门学科知识，加深了人们对西方学术分类观念和学科体系的认识。当然，新教传教士在中国所致力的知识"普适性"与"现代性"的传播，对此也发挥了不可忽视的作用。从1861年冯桂芬在《采西学议》中首提学术分科方案到后来张百熙提出的京师大学堂"七科分学"方案的雏形，标志着中国学人的学科意识已经形成。这为职业教育从传统教育统系中分化出来并成为一门独立的知识领域准备了必要的前提条件。

19世纪末，清政府开始借鉴德国中等教育发展经验，在中学堂实行文、实分科，规定文科以经学、国文、外国语、历史、地理为主科，以修身、博物、理化、法制、理财、图画、体操为通习；实科以外国语、数学、博物、物理、化学为主科，以修身、经学、国文、历史、地理、图画、手工、法制、理财、体操为通习。当时实行文、实分科，主要是受清末兴起的"实业救国"思潮的影响，通过实科的设置，来增加学生对实用科目的学习；同时，分科教学也有利于纠正普通中学僵化单一的课程及培养模式，以实科之设来发展学生个性。然而，实科设置后，有关实科的

---

① 石伟平、徐国庆：《职业教育课程开发技术》，上海教育出版社2006年版，第9页。

师资缺乏，设备简陋，使各科内容有其名而无其实；加之分科过早，学生每因年幼而志趣难定，且文、实科"之科目悬殊过甚，中途转学，困难尤多"①，以致实未及一年，不得不将中学修业时间、修业程度及开设科目重新改订。新式职业教育课堂的建立以及科学技术课程的设置，有力地促进了中国职业教育的发展。

二　近代职业教育课程内容

中国的近代职业教育在其初创时期，学制不统一，体系不完整，更没有共同的教学计划与教学大纲，各学堂课程的设置极不一致，呈现着各自为政的局面。随着近代工业的发展，外国机器设备和先进技术的引进，那种只注重技能训练的做法已经不适应新形势的需要，因此，许多学校开始了近代职业教育课程设置的尝试。在学徒培训的内容上进行了重大改革，力求做到在以技能训练为主的前提下，兼采西法加以教育。例如，福州工艺局的半口学堂学徒上午到学堂学文化，下午在生产现场学手艺；甘肃劝工局的夜学堂，学徒白天学工艺，夜间到夜学堂学书算；北洋工艺局、农工商部工艺局、北京工艺局和热河驻防工艺厂等则每天为学徒安排一两个小时，讲授修身、汉文、历史、地理、算学、体操、工艺理论等课程。这些学校的种种改革尝试，把生产技艺与课堂文化知识、工艺理论相结合，初步形成了中国有特色的职业教育培养模式，适应了近代工业生产机器化的发展要求，是职业教育科学化的一大创举。其历史发展大致经历了洋务运动、维新运动、清末新政以及民国初年，中国现代职业教育课程模式逐渐确立并趋于完备。

1. 洋务运动时期职业教育课程内容

由于洋务运动以及外交的需要，培养包括翻译、外交、律例、科学技术、企业管理、电报、矿务、冶炼、机械制造、水陆军事等方面专门的职业技术人才，成为迫切需要解决的问题。洋务派推出"中学为体，西学为用"的方针，开办了大量的新式语言、技术、军事学堂，并且向海外派遣留学生，培养出大批精通洋务的人才。外语教育与军事教育是整个课程内容的核心。

洋务运动时期外语学堂具有明显的职业教育特色。鸦片战争之后，英

---

① 谢长法：《中国近代普通中学职业科施设的历史考察》，《教育与职业》2000年第10期。

国等西方列强在文化上对中国实施歧视政策，一律要求往来公文以英文形式送达，外语人才的培养遂成为洋务教育的重中之重。在奕䜣的努力下，1862年京师同文馆正式成立。之后，各地相继成立了培养外语人才的外语学堂，如上海同文馆、新疆俄文馆、台湾西文馆、珲春俄文馆等。然而成立之初，生源成了一个很大的问题。由于当时盛行的科举制度，而外语不是考试科目，因此不少人不愿将自己的孩子送到同文馆中学习。因此，奕䜣首先发动八旗子弟参加学习，据记载，同文馆第一届学生仅有10名，全都是贵族子弟。随着各地同文馆的建立，京师同文馆成为当时外语教育的高等学府，每年从各地同文馆中吸收一批优秀学生进行深造。为了进一步扩大生源，同文馆以免费的方式，从社会底层招收学生。同文馆的教育具有明确的职业性目标，即为政府培养专业的翻译人才，所有的毕业生最后也到政府工作，专门从事翻译工作。因此，在课程的设置上十分注重实用性，外国语言是主课，根据课堂的发展状况及专业设置，需要学习英语、法语、俄语、德语等语言文字，同文馆的学制分为五年到八年不等，第一年是基础课，主要从基本的认字、识字开始。第二年起就开设了翻译课程，这在现代外语教育可谓罕见，足见当时清政府对于翻译人才的急需程度。后来逐渐增加了自然科学方面的课程，如算学、天文学、代数、几何、化学、物理等课程。京师同文馆的课程体现"中学为体，西学为用"的原则，兼顾中学、外语和科技三方面的课程内容。首先，要求所招收的学生在入馆前必须具有很高的中文水平，入学后，还要安排专职的中文教师，进一步提高学生的中文及中文方面的造诣。其次，学生在学习期间，要深入学习外语，必须"始终勤习，无或间断"，而且特别强调不断提高学生的翻译能力；最后，在1866年增设天文算学馆之后，京师同文馆学生的课程便在中文外文的基础上，增加了天文、物理、算学、化学、万国公法、医学等自然学科。

为了增强清政府的军事及相关领域的技术能力，军事、科技教育成为洋务教育的又一特色，各地纷纷创办了以培养军事技术人才为目标的洋务学堂，著名的主要有福州船政学堂、上海江南制造局、广东实学馆、天津水师学堂、广东水陆师学堂、湖北武备学堂等15所军事学堂。这类学堂具有浓厚的技术教育特色。在课程设置上，依据"中学为体，西学为用"的指导思想，一方面开设大量西方军事理论课程；另一方面，仍然兼习中国的经史之学，作为学问的根本。

以 1866 年创办的福建船政学堂为例，该学堂分前、后学堂。前学堂造船专业、设计专业和学徒班（艺圃），后学堂有驾驶专业和轮机专业。每个专业课程设置不尽相同，各有特色。造船专业是培养学生能够计算蒸汽机功能、尺寸、设计、制造零件及船体，能够放样。基本课程包括算术、几何、透视绘图学（几何作图）、物理、三角、解析几何、微积分、机械学、法语等。设计专业的培养目标，是通过训练培养能够绘制生产所需图纸的绘图员。主要课程有算术、几何、几何作图、微积分、透视原理、法语以及完整的 150 马力船用蒸汽机结构课，要求学生绘制蒸汽机所有部件的加工图，并能详细说明每一种蒸汽机设计图。学徒班的目的是使青年工人能够看图作图，计算蒸汽机各种部件的体积、重量，并使他们达到在各自所在车间应具有的技术水平。课程有算术、几何、几何作图、代数、设计和蒸汽机构造。驾驶专业培养的是能够进行近海航行的驾驶人员。基本课程包括英文、算术、几何、代数、直线和球面三角、航海天文气象、航行算术、地理等。轮机专业要求学生必须掌握蒸汽机的理论和实践知识。学习的课程有包括英文、算术、几何、蒸汽机结构、操纵维修船用蒸汽机、使用仪表、监分计等。[①]

尤为值得一提的是，为了实现教育目标，在课程设置上既注重理论，又注重实践。其中实践课程是最具有特色的，在数量上几乎与理论课相等。根据相关规定，学生每天必须参加数小时的体力劳动，并且每年要参加数个月的车间实习。

制造专业的实习课有两种，一是蒸汽机的制造，二是船体建造。具体项目包括发动机与机床的传动装置，以及传动装置中的传动轴、皮带轮、传动齿轮和传动皮带的阻力等，详细讲解蒸汽机的锅炉和动力装置，示范各种公式的用途，使学生能够计算本工厂生产的船用蒸汽机和各车间装备的蒸汽机动力的各种不同因素。通过这些基本理论与实践的训练，使学生能够管理一个车间，为当监工做准备。前两年实习课，学生每天都要进行数小时的体力劳动，最后几年，学生在船厂各工作部门实际参加工作一段时间，以熟悉每一部门的生产活动并学习怎样指挥组织工人生产，最后还就每一学生在毕业后将担任的专责施行更专业化的训练。全部课程为期五年。

---

① 林庆元：《福建船政局史稿》，福建人民出版社 1999 年版，第 123—127 页。

驾驶专业的实习课就是在练船上训练驾驶与演炮。在实习船上进行的实践教学与训练,培养学生作为一个船长所必需的理论知识和实践知识,包括航海技术、射击技术和指挥等。实践学程约为两年。

轮机专业的实习课是按陆地分别进行功率80匹、150匹马力发动机装配及船上安装发动机,使学生初步掌握管轮的实际经验与知识。①

由是观之,洋务学堂培养专门人才的特点,即大都是为培养会使用和维修洋机器的人员和一些通信人员。大多数洋务学堂都带有部门办学的性质,是具体洋务机构的组成部分或者直属单位,直接针对本部门和机构的需要培养人才,比传统的零散的学徒制和艺徒制更具组织性、稳定性。在教学内容上,洋务学堂以"西文""西艺"为主,比传统的学徒制和艺徒制更注重理论知识的学习。在教学方法上,洋务学堂比较能够按照知识的接受规律由浅入深、循序渐进地安排教学内容,重视理解。在课程的设置上强调理论和实践的结合,很多学校建立了实习制度,设置有大量的实践课程。在教学组织形式上,洋务学堂普遍制定有分年的课程计划,制定学制年限,采用班级授课制度,突破了传统学徒制和艺徒制的个别传授方式。总之,在其发展的过程中,洋务学堂培养了不少优秀的外语人才、军事人才以及技术人才,对于推动文化、发展军事以及发展工业都起到了积极的推动作用。洋务学堂的出现对于传统教育体制是一个巨大的冲击,让更多的人认识到西学的价值,对传统教育进行了深刻的反思,对于废除科举制度起到了推动作用。洋务学堂注重培养实用性人才,并且依托企业,让学生有更多的实践机会,提供稳定的就业渠道。在教学方法上注重理论与实践结合,这种教育形式与现代的职业教育具有一定的相似性,从结果来看,学堂所培养的学生在动手能力方面具有很突出的表现。因此,洋务学堂被视为中国最早的高等职业教育学院。

2. 维新运动时期职业教育课程内容

甲午战争以后,民族危机加深,资产阶级领导的维新运动蓬勃兴起。维新派普遍认为,改革教育、培养新式人才是实现变法维新的基础,教育实践活动便成为维新运动的基本内容。"百日维新"之前,维新派创办了一些学堂,其中最有代表性的是康有为在广州创办的"万木草堂",主要培养维新骨干、宣传维新思想。1879年梁启超等人在上海创办的"经正

---

① 林庆元:《福建船政局史稿》,福建人民出版社1999年版,第123—127页。

女学"，在办学类型与模式、招生对象、教学内容等方面都对洋务派的观念有所突破，领风气之先。维新派在百日维新中也对教育进行了一定的改革，主要有设立京师大学堂，废除八股考试，提倡西学、普遍设立新式学堂、筹设铁路、矿务、农务、茶务、桑蚕等学堂，从建立近代学制的角度提出了一系列教育改革措施。维新派批判以"致仕"为唯一目的的传统教育的空疏无用，强调发展职业技术教育，以"开民智"，图国家之富强。维新派将职业技术教育纳入学制体系，勾勒出具有近代意义的职业教育体制格局。

维新变法运动开始后，光绪帝数次下诏要求各地举办各种实业学堂及专门学堂。6月20日上谕："御史曾宗彦奏，农工二务亟宜振兴一折，另片奏，南北洋宜设立矿务学堂等语，著总理各国事务衙门一并议奏。"① 7月4日上谕强调"农务为富国根本，极宜振兴，各省可耕之地未垦者尚多，各督抚督饬各该地方官劝谕绅民，兼采中西各法，切实兴办，不得空言搪塞"②。8月10日上谕"铁路矿务，为目今切要之图。造端伊始，亟应设立学堂，预备人材，方可冀收实效。所有各处铁路扼要之区及开矿省分，应行增设学堂切实举办之处，著王文韶、张荫桓悉心筹议，奏明办理"③。8月21日光绪帝又依照康有为条陈，命"各省府州县，皆立农务学堂，广开农会，刊农报，购农器，由绅富之有田业者试办"，并要求"工学、商学各事宜，亦着要体认真办理"④。9月11日，光绪帝准刑部主事肖文昭条陈，谕于已开通商口岸及出产丝茶省份，迅速设立茶务学堂及蚕桑公院。这样，设立铁路、矿务、农务、工学、商学、茶务、蚕桑等专门学堂和实业学堂便有了政策依据，于是，各种实业学堂在各地迅速开办起来。其中，农业技术学堂包括两类：一类是农务学堂，一类是桑蚕学堂。学习分两个阶段，前三年学习基本文化知识，后两年则将学生分入化学、农具制作、农业管理、验种、栽桑、养蚕、缫丝等不同科目学习。工业技术学堂主要分为两类，一类是矿物学堂，一类是工艺学堂。其主要开设矿物课程、冶炼、开采、勘探、测量、数学、物理、微积分、化学、工

---

① 朱有瓛主编：《中国近代学制史料》第1辑（下册），华东师范大学出版社1986年版，第916页。
② 同上。
③ 同上书，第920页。
④ 同上书，第922页。

艺制作、工艺创新、工艺加工等多种课程内容。

毋庸置疑，维新运动时期开设的新式学堂比洋务学堂向前迈进了一大步。从学堂的设置看，它已从专门的习西文和习西艺的培养外交军事人才的专门学堂，发展到近代教育结构初步完善的普通学堂。如京师大学堂、各省的实业学堂、南洋公学等。从课程的内容看，它已从偏重于理学转向偏重于实学。如长沙创办的时务学堂，定公法学、掌故学、格算学为专门学，把经学、诸子学降为普通学；京师大学堂设立后，把经学、理学、掌故学等列为普通学，以高等算学、格致学、农学、矿学、商学、卫生学等实学为专门学。从招生的对象看，出现了中国近代教育史上的新事物，开办了女子学堂。如光绪二十四年四月十二日（1898年5月31日），上海电报局的经元善发起创办经正女子学堂，课程分中文、西文两种，中文课主要有《女孝经》、诗文、图画、医学等；西文课主要有体操、琴学等。戊戌运动时期新式学堂的开办比洋务学堂开办更重要的历史意义是它直接冲击了科举取士制度，并改革了旧的书院体制。百日维新中，光绪帝下诏废八股取士，改试策论。伴随着废八股，改革传统书院体制也成为维新学堂开办的重要内容。光绪二十二年（1896），山西巡抚胡聘之、学政钱骏祥上《请变通书院章程折》，主张更定书院章程，书院除讲求经学理学外，也应兼习算学格致等有用之学。同年，翰林院侍讲学士秦授章上《请整顿各省书院预储人才折》，提出"定课程""重师道""核经费"等主张；对书院课程，议分经、史、掌故、舆地、算学、译学六门，并主张以算学、译学作为正途选拔。梁启超也上书张之洞，议改书院课程，主张向日本学习，"以时务一门课程为诸学之归宿"。在一片改革书院的呼声中，同年，陕西巡抚张汝梅等在陕西创设格致实学书院，课程不限定中学西学，但求有裨实用。这是维新运动时期开创的第一所新式书院。不久，贵州学政严修将贵阳南书院改为经世学堂，讲授经史、算学、时务、政要，首开贵州新学风气。百日维新中，光绪帝下诏将各省、府、厅、州、县现在之大小书院，一律改为兼习中学、西学之学堂。这样，改旧书院为新学堂之风一时盛行，如八月十九日（9月14日），两江总督刘坤一奏请将江南旧有之储材学堂改为江南学堂，并将旧有之钟山、尊经、惜阴、文正、凤池、奎光六所书院，全部改为府县学堂。①

---

① 国家档案局、明清档案馆编：《戊戌变法档案史料》，中华书局1958年版，第301—302页。

百日维新中的教育改革措施势在造成一种"人无不学、学无不实"的局面，但是这些措施在推行中却遭到了抵制和拖延，大多数还没来得及实施就被守旧派宣布废止。因此，维新派在清末民初职业教育的转型过程中并没有发挥很大的作用，所有的维新政策只有京师大学堂被保留了下来。尽管如此，这些新式教育的出现，毕竟打破了以"四书""五经"为内容的传统教育一统天下的局面，传播了近代自然科学及工艺技术和农业生产技术，培养了中国第一代新式知识分子、科技人员和熟练工人，对促进清末学制改革及职业学校的产生及其体系的确立起了先导作用。

3. 清末新政时期职业教育课程内容

清末新政下的职业教育体系的建立标志着中国近代职业教育制度得以确立。这一时期，清末颁布了两套学制，分别为1902年的《壬寅学制》和1904年《癸卯学制》。这两套学制都纳入了中国职业技术教育。

（1）《壬寅学制》中职业教育课程内容。

1902年清政府钦定学堂章程，成为中国第一个现代学制。在这个学制拟定的各类学堂章程中，西学、西艺课程进入了各类学堂，改变了中国传统教育轻视技艺的传统。

《钦定京师大学堂章程》规定：京师大学堂创立的宗旨是"激发忠爱，开通智慧，振兴实业，端正趋向，造就通才"①。京师大学堂分为大学院、专门分科和大学预备科。大学分科分为政治科、文学科、格致科、农业科、工艺科、商务科、医术科。这些分科中，除政治科和文学科以外，其他科目的主要课程都是西艺课程。格致科的课程有天文学、地质学、高等算学、化学、物理学、动植物学；农业科的课程有农艺学、农业化学、林学、兽医学；工艺科的课程有土木工学、机器工学、造船学、造兵器学、电器工学、建筑学、应用化学、采矿冶金学；商务科的课程有簿记学、产业制造学、商业语言学、商法学、商业史学、商业地理学；医术科的课程有医学和药学。②

《钦定中等学堂章程》规定中等学堂修业年限为四年，每年都开设不同时数的西学课程，并于第三、第四年开设实业科，以满足学生就业的需

---

① 璩鑫圭、唐良炎主编：《中国近代教育史资料汇编·学制演变卷》，上海教育出版社2007年版，第243页。

② 同上书，第245页。

要。与中学堂平行的还有各类中等实业学堂，供高等小学毕业的不愿深入普通中学堂的学生选择。中学堂的课程有修身、读经、算学、辞章、中外史学、中外舆地、外国文、图画、博物、物理、化学、体操共12门。周学时为37—38学时，其中西学占有8门，周学时为27—28学时。见下表①：

第一年		第二年		第三年		第四年	
修身	2	修身	2	修身	2	修身	2
读经	3	读经	3	读经	3	读经	3
算学	6	算学	6	算学	6	算学	6
辞章	3	辞章	3	辞章	3	辞章	3
中、外史学	3	中、外史学	3	中、外史学	3	中、外史学	3
中、外地理	3	中、外地理	3	中、外地理	3	中、外地理	3
外国文	9	外国文	9	外国文	9	外国文	9
图画	2	图画	2	图画	2	图画	2
博物	2	博物	2	博物	2	博物	2
物理	2	物理	2				
				化学	3	化学	3
体操	2	体操	2	体操	2	体操	2
总计	37		37		38		38

（2）《癸卯学制》中的职业教育课程内容。

《癸卯学制》立足世界各国发展职业教育的总体情况，特别强调实业教育对当时中国发展的重要性。这一学制规定，实业学堂与普通学堂一样也分为三级，即初等实业学堂、中等实业学堂、高等实业学堂。

《奏定初等农工商实业学堂章程》规定：初等农业学堂之学习年数以三年为限，授业时数每星期三十点钟以内，主要课程有修身、中国文理、算术、格致、体操等。视地方情形，可酌加地理、历史、农业、理财大意、图画等科目。初等商业学堂之学习年数与授业时数与初等农业学堂相

---

① 璩鑫圭、唐良炎主编：《中国近代教育史资料汇编·学制演变卷》，上海教育出版社2007年版，第274页。

同，主要课程有修身、中国文理、算术、地理、簿记、商品学、商事要项、商业实践、体操等。初等商船学堂则是两年毕业，每星期三十点钟，分航海、轮机两科。航海科的主要课程有修身、中国文理、算术、地理、航海术、商船运用术大意、航海术大意、海上气象学大意、实习、体操等；轮机科的主要课程有修身、中国文理、算术、物理、化学、机轮术大意、机器制图实习、体操等。①

《奏定中等农工商实业学堂章程》规定：中等农工商学堂均分预科、本科。预科二年，本科三年。预科课程基本一样，主要有修身、中国文学、算术、地理、历史、格致、图画、体操、外国语等。其他则根据不同学科门类所开设的课程则有很大差异。以农业学堂为例，中等农业学堂本科分为五科，即农业、蚕业、林业、兽医业、水产业，各学科的授课内容又分普通科目和实习科目，各有特色，尤其是实习科目大不一样。如农业的实习科目有土壤、肥料、作物、园艺、农产制造、养蚕、虫害、气候、林业大意、兽医学大意等；蚕业之实习科目有蚕体解剖、生理及病理、养蚕及制种、制丝、蚕树栽培、气候、农学大意等；林业之实习科目有造林及森林保护、森林利用、森林测量及土木、测树术及林价算法、森林经理、气候、农学大意等；兽医业之实习科目有生理、药物及调剂法、蹄铁法及蹄病治法、内科、外科、寄生动物、畜产、卫生、兽疫、产科、剖检法等；水产业又分为渔捞、制造、养殖、远洋渔业四类，各类的普通科目一样，实习科目既有交叉又有区别。如：渔捞类之实习科目有渔捞法、水产动物、水产植物、航海术、渔船运用术、气象学、海洋学、船舶卫生及救急疗治等；制造类之实习科目有水产制造法、水产动物、水产植物、细菌学大意、分析、机器学大意等；养殖类之实习科目有水产养殖法、水产动物、水产植物、发生学大意等；远洋渔业类之实习科目有航海术、渔船运用术、渔捞法、造船学大意、气象学、海洋学、外国语等。②

《奏定高等农工商实业学堂章程》规定：高等农业学堂分预科、本科，本科又分农学科、森林学科、兽医学科。若在殖民垦荒之地，更可设土木工学科。高等工业学堂分十三科：应用化学科、染色科、机织科、建

---

① 璩鑫圭、唐良炎主编：《中国近代教育史资料汇编·学制演变卷》，上海教育出版社2007年版，第448—450页。

② 同上书，第457—459页。

筑科、窑业科、机器科、电器科、电气化学科、土木科、矿业科、造船科、漆工科、图稿绘画科。无论是农业还是工业学堂，各学科所开设的课程可斟酌地方情形，在章程建议的课程中"选择合宜之数科设之"，体现各地办学之灵活性。①

实业学堂的课程设置在《癸卯学制》颁布后开始走上正规化道路，从各级实业学堂所开设的课程可以看出，学科门类之齐全与课程设置之完备。但是，由于当时中国科学技术水平整体偏低，相关学科的师资奇缺，因此大部分课程无法实施，所开列的一些实习课程也只是纸上谈兵。

4.《壬子癸丑学制》中的职业教育课程内容

1912年7月，全国临时教育会议开始着手拟定适合新教育宗旨的新学制。这些学制在1912—1913年陆续公布，统称为《壬子癸丑学制》。其中比较系统和完整的职业教育性文件有《实业学校令》和《实业学校章程》。实业学校的课程设置是实业教育中极其重要的部分。实业学校中的农业学校、工业学校、商业学校、商船学校，均分为甲种和乙种，而且各实业学校均设有实业补习学校。

（1）甲种实业学校课程内容。

第一，甲种农业学校课程。

甲种农业学校预科：修身、国文、数学、理科、图画、体操、地理、历史、外国语、唱歌等。本科通习科目：修身、国文、数学、物理化学、博物、经济、体操、实习，并得酌加地理、历史、外国语、法制大意、簿记、图画等。

农学科专习科目：土地学、肥料学、作物学、园艺学、农产制造学、畜产学、养蚕学、病虫害学、气象学、农业经济、农业法规、森林学大意、兽医学大意、水产学大意等。

森林学科专习科目：造林学、森林保护学、森林利用学、森林测量学、森林工学、测树术及林价算法、林产制造学、林政学及森林法规、森林经济学、狩猎学、气象学、农学大意等。比实业学校增设了森林工学、林政学、森林法规、林产制造等科目。

---

① 璩鑫圭、唐良炎主编：《中国近代教育史资料汇编·学制演变卷》，上海教育出版社2007年版，第466—470页。

第二，甲种工业学校课程。

甲种工业学校预科科目：修身、国文、数学、理科、图画、体操，并得酌加地理、历史、外国语、唱歌等。本科通习科目为修身、国文、数学、物理、化学、图画、体操。与清朝实业学堂比较增加了机械工学大意、工业卫生、工业经济、工业簿记、外国语、实习、加强了专业的基础理论课程。此外，酌加历史、地理等。但木工、漆工、图画绘画三科可缺机械工学大意。

各科的专习科目，与实业学校变化不大。

金工科：应用力学、工场用具及制造法、制造用机械、发动机大意、制图等。

木工科：房屋构造学、建筑材料学、施工法、工场用具及制作法、建筑沿革、装饰法、制图等。

土木工科：应用力学、测量学、铁道学、河海工学、道路学、土木材料学、桥梁计划施工法、制图等。

电气科：应用力学、工场用具及制作法、发动机大意、电磁学、电气工学、制图等。

第三，甲种商业学校课程。

预科：修身、国文、数学、理科、图画、体操，并得酌加地理、历史、外国语、唱歌等。本科：修身、国文、数学、外国语、历史、地理、法制经济、簿记、商品商事要项、商业实践、体操。

第四，甲种商船学校课程。

甲种商船学校的预科开设修身、国文、数学、理科、外国语、图画、体操等课程；甲种商船学校本科类航海科开设航海术、商船运用技术、机关术大意、海上气象学、造船学大意、船舶卫生及救急疗法、商事要项等，机关科开设力学及应用力学、机关术、机械制图、电气工学大意、船舶卫生及救急疗法等。

（2）乙种实业学校课程内容。

第一，乙种农业学校课程。

比初等实业学堂的各种科目通习科都有增加：修身、国文、数学、博物、理化大意、体操、实习，并得酌加地理、历史、经济、图画等。比清朝初等学堂增加了博物、理化大意。

农学科：土壤学、肥料学、作物学、园艺学、养蚕学、病虫害学、气象学、家畜学、农产制造学、林学大意等。比清朝初等学堂增加了园艺学、养蚕学、农产制造、林学大意。①

第二，乙种工业学校课程。

通习科目：修身、国文、数学、理化大意、图画、体操、实习，并得酌加历史、地理、外国语等。

金工科：金工材料、工具体用法、金属工等。

木工科：木工材料、工具体用法、房屋构造法、家具制作法、制图等。但专授大工者，可缺家具制作法，专授细工者可缺房屋构造法。

第三，乙种商业学校课程：修身、国文、数学、地理、簿记、商品商事要项、体操、并得酌加其他科目。与初等商业学堂科目大致相同。

第四，乙种商船学校课程。

通习科目：修身、国文、数学、体操，并酌加其他科目。

航海科：商船运用术大意、航海术大意、海上气象学大意等。

机关科：机关术大意、机械制图、物理、化学等。

近代中国职业教育课程内容的发展总体上以"实业"为主线，以"中体西用"为原则，结合中国社会发展的各个阶段和各个时期所表现出来的不足，在吸收国外先进技术以及科技理念的基础上，发展具有本国特色的职业教育。但是毕竟中国当时思想开放程度和接受外来文化的意识相对较低，无法从根本上探寻出一条具有本土化鲜明特色的职业教育体制，因此，职业教育课程内容也是一味地模仿外国。

5.《壬戌学制》中的职业教育课程内容

1922年11月"新学制"公布后，全国教育联合会又提议组织新学制课程标准起草委员会，着手进行课程改革。1923年复订刊布了新学制课程标准纲要。

《纲要》规定小学校课程有十二科：国语（包括语言、读文、作文、写字）、算术、卫生、公民、历史、地理、自然、园艺、工用艺术、形象艺术、音乐、体育学科。小学授课以分钟计算，初级小学一、二年级每周不少于1080分钟，三、四年级每周不少于1260分钟，高级小学每周不少

---

① 李蔺田主编：《中国职业技术教育史》，高等教育出版社1994年版，第95页。

于 1440 分钟。① 较之此前的课程内容，《纲要》的课程改革有两大显著特征：第一，课程间的联系加强了。《纲要》对各学科性质作了明确规定，卫生、公民、历史、地理属社会科，工用艺术属艺术科，兼属社会科，园艺附入自然科，兼属艺术科，地理一部分属自然科，形象艺术、音乐属艺术科，由此就很好地与初中的学科（社会、言文、算学、自然、艺术、体育）相衔接，有利于知识的系统化。第二，课程名称、内容有较大调整。将国文改为国语，是五四运动在教育内容上的直接体现，结束了我国语文教学中文言文一统天下的局面；体育课取代了此前军国民教育思潮笼罩下的以"尚武"为核心内容的体操课，而且增加了球类、游戏、田径以及与体育运动有关的生理卫生等知识，内容更加丰富。第三，突出基础课的比例，各门课程的教学量安排合理，课程体系趋于稳定。所有学科中，国语占 30%，社会占 20%，自然占 12%，算术和体育各占 10%，工用艺术占 7%，音乐占 6%，形象艺术占 5%。②

初级中学课程分社会科、言文科、算学科、自然科、艺术科、体育科六大学科。其中社会科含公民、历史、地理，文言科含国语、外国语，艺术科含图画、手工、音乐，体育科含生理、卫生。初中必修科目有公民、历史、地理、国语、外国语、算学、自然、图画、手工、音乐、生理、卫生、体育。初中授课以学分计，一小时为 1 学分，须修满 180 学分方可毕业，其中 164 学分为必修科目，余为选修科目或补习必修科目学分。③

高级中学分普通科和职业科，普通科分文学、社科、数理三类，又分文、理二组，其中公共必修课有国语、外国语、人生哲学、社会问题、文化史、科学概论、体育等；文科组科目为特设国文、心理学初步、伦理学初步、自然科或数学一种；理科组科目为三角、高中几何、高中代数、解析几何大意以及物理、化学、生物选习两科。职业科分商业、工业、农业、家事等专科。所有课程均分公共必修、分科专修、纯粹选修三部分，每一种中又有若干门课程。各门课程以学分计算，修满 150 学分为毕业。三部分课程中，公共必修约占总学分的 43%，分科专修约占 37%，纯粹

---

① 教育部年鉴编纂委员会：《第一次中国教育年鉴》丙编，开明书店 1934 年版，第 422 页。
② 《教育杂志》第 15 卷第 7 号。
③ 吕达：《中国近代课程史论》，人民教育出版社 1994 年版，第 300—305 页。

选修由学校视地方情形和学生需要设置，份额不超过总学分的20%。① 该阶段增加了人生哲学、社会问题、文化史、科学概论等课程，较此前的课程有较大的突破和创新，科学概论旨在培养学生的科学精神与科学态度，注重科学实验，帮助学生掌握初步的的科学方法；文化史旨在开拓学生视野，注重中外文化并重，帮助学生深入了解中外文化的历史发展与未来走向。

师范为六年制，除高级师范外，还有初级中学设的师范、后期师范学校和高中师范科三类，后两种师范学校课程编制相同，都分为公共必修、师范专修、纯粹选修科目三部分。六年制的师范学校科目分社会、语文、算学、自然、艺术、体育、教育七大类，按不同的学年和学期开设不同课程，总学分为330分，其中选修科为11学分。②

职业教育的课程标准并未与新学制同时公布，直到1923年在上海召开全国职业学校联合会第二次代表大会才确定课程标准的基本原则："在本业知能之养成；然其他与职业相关的知能及人生陶冶问题，绝不宜因职业学校而废置。"③ 并规定职业学校的科目有三种：一为职业学科，用以传授各种职业所需的知识与技能；二为职业基本学科，用以传授形成各种职业素质的基本知识和基本技能，其中国语和算学是必修课；三为非职业学科，与职业相关，又可因此提高人生修养的课程，如公民、体育、音乐是基本必需的科目。1924年9月，职业课程标准草案脱稿，但恰逢国民革命军起兵两广，政局不稳导致此事被搁置，因此官方关于职业教育的课程设置始终未能有具体的规定或条例。不过，以中华职业学校为代表的各地职业学校，在职业教育的课程设置与教材建设等方面进行了卓有成效的试验与探索，积累了不少经验，为之后职业教育的发展与课程标准、课程体系的完备奠定了坚实基础。

大学和专门学校的课程，依具体实际情况，参照各校意见，送教育部核定。此课程纲要虽未经政府正式公布，只是由全国教育联合会议决刊布，但由于该组织在当时有相当的代表性与权威性，故各地均依此实行，并成为以后制定课程标准修订的基本模式和主要基础。

---

① 吕达：《中国近代课程史论》，人民教育出版社1994年版，第302—306页。
② 《教育杂志》第15卷第7号。
③ 《教育杂志》第16卷第7号，1923年5月。

三　中国近代职业教育课程特色

从中国近代以来职业教育课程的设置上看，其课程体现了近代社会的社会特征。在近代社会大变局的历史背景下，职业教育是对传统"重义理轻艺事"教育价值观的深刻叛离。为了满足近代社会需要，近代职业教育课程与其他教育课程相比，具有自己的特色：

首先，近代职业教育体现了"中学为体，西学为用"的基本精神。从实质上看，尽管这个"中学为体，西学为用"口号以极力维护封建专制为目的，但在教育界影响很大，是近代职业教育的核心和教育纲领。清末各职业技术学堂的课程中，都设有"汉学"（或中文），其学时占相当比重，它教授的就是中国经、史、子、集等知识，其目的就是除了在课堂上教授中国封建的典章制度外，还在课外向学生极力灌输封建的伦理道德。如福建船政学堂就规定："每日常课外令读《圣谕广训》《孝经》，兼习策论，以明义理。"[1] 再如广州水陆师学堂，"堂中课程限定每日清晨先读四书五经数刻，以端其本。每逢洋教习歇课之日，即令讲习书史，试以策论，俾其通知中国史事、兵事"[2]。

其次，率先引入大量被称为"西艺"的学问，即算、绘、矿、医、声、光、化、电等课程。如天津电报学堂，除英文和中文外，就开设有电报实习、基础电信问题、仪器规章、国际电报规约、电磁学、电测试，各种电报制度与仪器、铁路电报设备、陆上电线与水下电线的建筑、电报线路测量、材料学、电极地理学、数学、制图和电力照明等。这里既有普通的自然科学，也有专业的理论学科与实际普通的技术学科。这些学科在封建旧教育的课堂上是前所未有的，不仅能使学生学到专业知识，获得专业技能，更重要的是开阔了学生的眼界，使他们的思想为之一新。此外，在初创时期的职业教育，几乎每所学堂都开外语课，而且课时分量相当重。例如，福建船政学堂前学堂教授造船技术，后学堂学习驾驶技术。前学堂开法语，称为"法文学堂"，而后学堂开英语，称为"英文学堂"。语言的进步，为学生更好地学习掌握西学中的算术、物理、化学以及有关制造

---

[1] 吴元炳：《沈文肃公政书》卷四，文海出版社1997年版，第6—7页。
[2] 朱有瓛主编：《中国近代学制史料》第1辑，华东师范大学出版社1986年版，第358页。

的知识打下基础。

最后,近代职业教育重视见习、实习活动。实习作为职业教育最为重要的一环,在近代职业教育学堂中得到了体现。例如,福建船政学堂的管理者们认为,出自学堂者"则未敢信其能否成材,必亲试之以风涛,乃足以规其胆智,否即实心讲究,譬之谈兵纸上,临阵不免张皇"①。在法学堂学习制造的学生,培训的最后几年,每天要求安排一定的时间去船厂见习、实习,使他们熟悉工厂每一部门的活动,并学习怎样指挥工人。福建船政学堂是最早确立实习制度的学堂,以后开设的各类学堂纷纷效法。尤其是黄炎培于1918年在上海创办了中华职业学校倡导以"手脑并用""做学合一""理论与实际并行""知识与技能并重"等为职业教育最基本的教学原则,成为全国职业教育的示范。该校的办学特色即是尤重实践教学。各种课程每周所安排的实习时间与授课时间相等,均为24小时。以珐琅科为例,其两个学年的课程时数分别为:第一学年一、二学期的课程为,公民须知1学时,国文6学时,数学6学时,图画2学时,化学4学时,工作法5学时,实习24学时;第二学年一、二学期的课程为,公民须知1学时,国文6学时,数学6学时,图画2学时,化学2学时,工作法3学时,工厂设计2学时,工场管理2学时,实习24学时。② 在招生方面,主张尽量招收家长有某方面职业经历的学生入相应学科。对于学生学业考核,学校还有一条特别的规定:学生修业期满后只发修业证书,必须在工作单位实习一年并考察合格后,再发给毕业证书。

第三节 职业教育的教学管理

如果说课程设置解决的是"学什么"的问题,那么近代职业教育的教学管理要解决的就是"怎么教"的问题。在教育体系中,教学管理涵盖从招生到学生毕业这样一个完整的过程。为了完成所设置的教学课程与计划,教学管理往往伴随着社会、行业和学校等多方面的条件而有所差异。但是其最终目标往往是同时代教育管理理念相适应的。传统儒家的教

---

① 沈岩:《船政学堂》,科学出版社2007年版,第56页。
② 《中华职业学校概况》,《教育与职业》第36期,1922年5月31日。

育管理目标是培养"君子"。孔子"君子远庖厨",虽然并不是歧视劳动,但是在儒家的传承中,君子几乎都不是生产劳动者。所以在传统的教学管理中,受到重视的教育内容就是伦理道德知识和治国方略,而不是科学技术知识和劳动生产知识了。在教育方法上,传统的教学也主要是进行课堂灌输与讲解,进行理论思辨,而很少进行生产实践和科学实验。与传统教育管理目标相比,近代职业教育的创立者们认识到,中国落后于列强,是"技"不如人。因此,近代的职业教育学堂,虽然仍强调传统学术文化的重要性,多把儒家的伦理作为学纲,但十分重视经世致用,大力倡导"采西学"。其教育管理目标更多的是强调培养有科技知识的实用型人才,"求是""务实"的教育管理理念贯穿于整个管理过程中。

1. 教育招生

为满足洋务运动对职业人才的迫切需要,在培养人才方面首先要选拔优秀的人才进行教育。但是,在传统的教育模式下,学生"惟专心道德文章,不复以艺事为重,故有时独形其绌"[1],自然无法满足近代洋务人才的需要。而传统从事"艺事"的匠人精英,又"多目不知书,且各事其事,恐它日船成未必能悉全书之窍要"。要找到两者都优秀的人才,势必在教育模式上采用全新的教育模式,"故特开画馆两处,择聪颖少年通绘事者教之,一学船图,一学机器图,庶久久贯通,不至逐末遗本"[2]。于是,一种完全不同于传统文化精英的近代教育模式开始在近代职业学堂的发展过程中得到探索,并最终使得船政"精英化"的教育模式得以产生。

以船政学堂的招生为例,船政学堂是中国第一次不论家庭出身向全社会招生。船政学堂采用"广报精收"的办法,公开精选生员。"凡性慧夙有巧思者,无论官绅士庶,一体入局讲习。"[3] 使许多有才华的贫寒子弟如严复、林泰曾等能够入学。历次招生要笔试、面试、体检,还要考传统文化、伦理道德、外语基础,不仅要考察生员文采、智能和思维分析能力,还要看是否端庄稳重可靠。沈葆桢亲自参加挑选,决定取舍。考虑到

---

[1] 左宗棠:《上总理各国事务衙门》,见《左文襄公全集》卷九,第59页,光绪丁酉左氏刊本。

[2] 中国史学会主编:《中国近代史资料丛刊》,《洋务运动》(五),上海人民出版社1961年版,第36页。

[3] 《船政奏议汇编》卷一,第3页,光绪戊子年刻本。

"艺局初开，人之愿习者少"，必须采取"非优给月廪不能严课程，非量予登进不能示鼓舞"的措施。为此，左宗棠特制定了《求是堂艺局章程》①，规定：

（1）各子弟到局学习后，每逢端午、中秋给假三日，度岁时于封印回家，开印日到局。凡遇外国礼拜日，亦不给假。每日晨起、夜眠，听教学、洋员训课，不准在外嬉游，致荒学业；不准侮慢教师，欺凌同学。

（2）各子弟到局后，饮食及患病医药之费，均由局中给发。患病较重者，监督验其病果沉重，送回本家调理，病痊后即行销假。

（3）各子弟饮食既由艺局供给，仍每名月给银四两，俾赡其家，以昭体恤。

（4）开艺局之日起，每三个月考试一次，由教学洋员分别等第。其学有进境考列一等者，赏洋银十元；二等者，无赏无罚；三等者，记惰一次，两次连考三等者，戒责，三次连考三等者斥出。其三次连考一等者，于照章奖赏外，另赏衣料，以示鼓舞。

（5）子弟入局肄习，总以五年为限。于入局时，取具其父兄及本人甘结，限内不得告请长假，不得改习别业，以取专精。

（6）艺局内宜拣派明干正绅，常川住局，稽查师徒勤惰，亦便剽学艺事，以扩见闻。其委绅等应由总理船政大臣遴选给委。

（7）各子弟学成后，准以水师员弁擢用。唯学习监工、船主等事，非资性颖敏人不能。其有由文职、文生入局者，亦未便概保武职，应准照军功人员例议奖。

（8）各子弟之学成监造者，学成船主者，即令作监工、作船主，每月薪水照外国监工、船主辛工银数发给，仍特加优擢，以奖异能。

在传统的科举制度无法满足船政学堂招生需要的情况下，左宗棠制定的这一章程为近代学堂所需的"聪颖幼童"开拓了一个新的招生方式。

1876年4月，英国战舰"田凫"号抵达福州，海军军官寿尔参观了马尾的船政学堂。他记载了当时他所看到的船政学堂的情景，大致上能够反映早期船政学堂的状况：

> 我访问学校那天，学生大约五十人，第一班在作代数作业，简单

---

① 《船政奏议汇编》卷一，第5—10页，光绪戊子年刻本。

的方程式。第二班正在一位本校训练出来的教师的指导下，研习欧几里几何学。两班都用英语进行教学。命题是先写黑板上，然后连续指定学生去演算推证各阶段；例题的工作完成后，便抄在一本美好的本子上，以备将来参考。我查阅其中几本，它们的整洁给我很深刻的印象。有的口授的题目是用大写的。当我们想到用毛笔缮写的中国文字和用钢笔横书的拼音语言间的区别时，便更知道这是一件非凡的事。学生每天上学六个小时，但课外许多作业是在他们自己的房间里做的。星期六休假。学生们一部分来自广州和香港，一部分来自福州。这些从南方来的，常是最伶俐的青年，但是他们劳作上不利之处是不懂官话；不懂官话在政府工作便没有升迁的希望。因此他们每天花一些时间同一位合格的本地老师学官话……海军学校招收学生的方法是在福州城所有明显的地点遍贴告示。规定年龄为十六岁以下，但这项并未很严格执行，因为有一些由香港方面的广告招收而来的学生是在二十岁以上。报名学生，给以中国经典知识的考试。直到最近，学校未曾录取过对自己国家的经典与文献没有相当知识的学生。……嘉乐尔先生的职务并不伸展到学生们的私人住宿区去，那是一位官吏管理的。广州和福州的学生分开住，用不同的厨师。嘉乐尔先生称赞这些学生，说他们勤勉与专心工作，也许超过英国的学生。因为他们不管他在场不在场，都坚毅地工作，未曾给他麻烦。从智力来说，他们和西方的学生不相上下，不过在其他各方面则远不如后者。他们是虚弱屏小的角色，一点精神或雄心也没有，在某种程度上有些巾帼气味。这自然是由抚育的方式所造成的。下完课，他们只是各处走走发呆，或是做他们的功课，从来不运动，而且不懂得娱乐。大体说来，在佛龛里待着，要比在海上作警戒工作更适合他们的脾胃。[①]

这表明，在船政学堂招生时，第一，用遍贴告示的方式，向所有人公开；第二，有一部分是从香港招收来的学生；第三，招生时，需要通过考试，并且是以中国经典知识作为考试内容；第四，每一位学生在入学后将得到一定的补助。从船政学堂的招生情况上看，这是符合当时的历史情况

---

① 引自朱有瓛主编《中国近代学制史料》第 1 辑（下册），华东师范大学出版社 1986 年版，第 96 页。

的。事实上，学堂开始招生时，设想的生源主要是"本地资性聪颖、粗通文字子弟"①。但在科举盛行的时代背景下，这种破天荒建立的军事技术学校对士子吸引力不大，因此后来把招生一直扩展到广东、香港一带。报名者必须填写"三代名讳职业"和保举人"功名经历照填保结"，并要"取其父兄及本人甘结"②，第一次招生考试的试题竟然是"大孝终身慕父母论"。

在各个工艺局、所中也是如此，从振兴实业的需要出发，扩大招徒来源，注重收徒质量。农工商部工艺局招募学徒条例规定：年龄在十六岁以上，二十二岁以下，身家清白，体质强壮，毫无疾病，文化程度须读过一两年书，能稍识字者为合格。除此以外，招考一月后，还要随时甄别，再定去留。这种严格要求，广泛筛选的做法，对八旗子弟也不例外。陕西省驻防工艺传习所，根据条件规定"按八旗四十甲，每甲挑选年龄程度合格者二名，由该旗佐领保送"③。这一改革保证了招生的质量，为近代职业教育的发展奠定了人才基础。

自1904年《奏定实业学堂通则》颁布后，职业教育的招生、学生入学资格及考核、奖惩等规定逐渐走上法制化轨道，日益规范化、完备化。

2. 师资来源

由于中国职业教育起点低，多数职业学校缺乏专业老师，聘自国外的专业课程教师成为近代早期职业教育师资的主要来源。新式学堂建立之初，"土生土长"的科技教师凤毛麟角，除"中学"由国人担任外，其余"西文""西艺"多由外国教习担任，而总教习均由外国人出任。1897—1906年，全国42所各类实业学堂聘请日籍教员145人，多集中在高等实业学堂和中等实业学堂，约占59%。④明治维新后，日本效法西洋，在职业教育上比中国先行一步，在各方面都有其独特的优势。作为中国的近邻，从日本聘请教师比从欧美聘请费用较省，所以清末中国开办的几所职业学堂的专业课程教师有许多从日本请来。以张之洞创办的湖北农务学堂为例，农科教师聘自美国，蚕科教师聘自日本。除聘请外国教员外，洋务教育开留学生教育之先河。于是，各实业学堂纷纷聘请回国留学生和实业

---

① 中国史学会主编：《中国近代史资料丛刊》，《洋务运动》（五），上海人民出版社1961年版，第24页。
② 《船政奏议汇编》卷一，第9页，光绪戊子年刻本。
③ 彭泽益编：《中国近代手工业史资料》第2卷，中华书局1962年版，第519页。
④ 李蔺田：《中国职业技术教育史》，高等教育出版社1994年版，第34—35页。

学堂毕业生任教。总之，近代早期中国职业教育师资既无专门的培训机构，又无明确的资格要求。聘任外国教习和留学生，不失为解决师资匮缺的权宜之策，缓解了师资紧缺的矛盾，促进了传统教育向近代教育的转变。但是，由于聘用洋教习不但费用高，而且因语言隔阂，洋教习对中国的具体情况知之不多，教学上有很多困难，上课必须有译员翻译。译员不但须充分掌握外国语文，对于所授课程也要具有一定知识才能完全胜任，因此，合格的译员也不易聘到，这导致职业教育学校师资参差不齐，影响了整个教育的发展。

早期职业教育师资任职资格与培养缺乏统一、严格、具体的质量标准和培训规划。1904年的《癸卯学制》中《奏定任用教员章程》对高、中、初等实业学堂正、副教员的任职资格规定：高等实业学堂正教员以将来大学分科毕业，考列优等及中等，及游学外洋得有大学堂毕业文凭，暨大学堂选科毕业考列优等者充选。暂时除延访有各科学程度相当之华员充选外，余均择聘外国教师充选；副教员以将来大学选科毕业，考列优等及中等，及游学外洋得有大学选科毕业文凭，暂时延访有各科学程度相当之华员充选。中等实业学堂正教员以将来大学堂实科毕业，及高等实业学堂考列优等者，及游学外洋高等实业学堂毕业得有毕业文凭者充选，暂时只可以实业传习所较优之毕业生充之；副教员以将来高等实业学堂毕业考列中等者，及游学外洋得有高等实业毕业文凭者充选，暂时只可以实业传习所其次之毕业生充之。初等实业学堂正教员以曾入实业教员讲习所及中等实业学堂得有毕业文凭者充选；副教员以曾入实业教员讲习所及中等实业学堂得有修业文凭者充选。[①] 与此同时，该学制将师资培养一并列入实业教育体系，设立实业教员讲习所，"令中学堂或初级师范学堂毕业生入焉；以教成各该实业学堂及实业补习普通学堂、艺徒学堂之教员为宗旨，以各种实业师不外求为成效"[②]。这种实业教员讲习所称得上是最早培养职业学校教师的专门机构，分农业、工业和商业三类，均附设于农工商大学或高等农工商学堂内，设置通习科目、教育科目、专业科目三类课程，各类讲习所均附设实业补习普通学堂作为实习基地。从此，教师培养开始

[①] 璩鑫圭、唐良炎主编：《中国近代教育史资料汇编·学制演变卷》，上海教育出版社2007年版，第434—435页。

[②] 同上书，第474页。

步入有序发展的轨道。此后又出现了多种形式的培养机构,职业教师的培养体制逐步完善。据《教育周报》的统计,1912—1916年,全国实业教员养成所只有2所,在校学生151人。① 1921年,全国职业师资养成机关有9所,比1916年增加了近5倍。职业学校教职员的数量大幅度增加,1912年,全国有乙种实业学校教员1244人,甲种实业学校教员799人,到1930年,实业学校教员达到3968人。② 以奉天省为例,1912年教职员为77人,1927年增加到397人。③

实业学堂发展所需大量师资仅由实业教员讲习所培养远远不够。为广开师源,学部采取选派留学生回国任教、在师范学堂设立农工商科供学生选习、实业学堂毕业生留任等措施,实行外聘与内聘相结合、国内培养与国外培养相结合、专门培养与交叉培养相结合,并逐步过渡到以内聘、国内培养和交叉培养为主。

1904年清政府学部在《奏定实业学堂通则》中要求各省"选派年轻体健、文理明通、有志于实业之端正子弟前往日本或泰西各国",每年"选派学生一二十名",以期"出洋游学中等实业学生毕业回国,即将所设学堂开办,先教浅近简易之艺术,并于学堂内附设教员讲习所,广为传授;俟高等实业学生毕业回国,再行增高学堂程度,以教精深之理法。力能延聘外国教师者,届时添聘数人充本学堂正教员,而以毕业学生充助教,则高等教法尤可及期完备。俟讲习所学生渐次毕业,即可陆续分派各府、州、县为次第扩充之举。总期愈推愈广,将来各地方遍设有实业学堂"④。事实上,早在1896年,湖广总督张之洞就曾上奏朝廷,请求派遣学生赴欧洲留学,于"史册、地志、富国、交涉、格致、农事、商务、武备、工作"九门中酌量兼习数门,期以6年,"学成归国,除擢拔任用之外,悉令充学堂教习,转相授受。果能实力奉行,不薄西学为末技,二十年后人才必大有可观"⑤。此后十年间,留日学生达至近万人,无论在

---

① 璩鑫圭等编:《中国近代教育史资料汇编·实业教育师范教育卷》,上海教育出版社2007年版,第288页。
② 教育部年鉴编纂委员会:《第一次中国教育年鉴》丙编,开明书店1934年版,第375页。
③ 齐红深:《东北地方教育史》,辽宁大学出版社1991年版,第215页。
④ 璩鑫圭、唐良炎主编:《中国近代教育史资料汇编·学制演变卷》,上海教育出版社2007年版,第480—481页。
⑤ 张之洞:《选派学生出洋肄业折》,见陈山榜编《张之洞教育文存》,人民教育出版社2008年版,第126页。

人数、规模还是实际影响力方面均处于主流,远远超出同一时期赴其他各国留学人数的总和。据记载,1896年6月,中国派出第一批留日学生13人,1899年便增至200人,1906年则增至8000人上下。[①] 1908年以后,美国退还部分"庚子赔款"资助中国学生赴美留学,并在北京开办留美预备学堂后,留美学生日益多起来。1909年游美学务处考选第一批留美学生47人,由于学生程度参差不齐,一部分直接升入美国大学,另一部分则先入美国高级中学补习。其中著名者有梅贻琦、金邦正等;第二年又招考了第二批70名,赵元任、竺可桢、胡适等即是其中著名人士;1911年学务处又选了第三批学生63人。三年间通过考试共录取180人,都是20岁以下的青少年男生,大都来自国内各教会学校及省立高等学堂。赴美所学的多为化学、化工、土木、采矿、冶金、机械、电机、农业、教育等学科。[②] 这些人回国后,很多人为职业教育事业做出了很大的贡献。例如,最早在美国学农并获得大学毕业文凭的广东新会人陈振先,他先在中国驻美使馆中任职,后在美国加州大学攻读农学。1907年回国,被清朝授予"农科进士",1912年主持奉天农事试验场,并兼任奉天高等农业学堂监督(校长),后历任北洋政府农林总长兼教育部长等职。另外,像金邦正、竺可桢、过宪先等人,主攻农学,学成回国后便在高等农业学校中任教,或担任农业学校、农业科研单位的领导人。

3. 教育实践

晚清职业教育学堂,普遍坚持了教学管理的务实性,注重其教育目的是在育才而非求官,并将这一务实致用的原则贯彻到学堂课程及教学过程中,使原本以士大夫为发展目标的读书人,开始与工人相结合,向着工程技术人员转化。所培养的技工,熟练地掌握先进的技能技巧,他们不仅与传统师徒相传的工匠有所不同,也与工厂的普通工人不同。例如醴陵瓷业学堂,虽因经费所困而夭折,但该校培养出来的学生不仅所制造的细瓷质量上乘,而且能够不断创新造瓷技术与品种,这是传统工匠所很难做到的。

在晚清的职业教育实践中,由于受到很多因素的制约,所以存在不少弊端。第一,整个教学管理体系,基本上是模仿沿袭国外,对国情的考察

---

① 陈学恂、田正平主编:《中国教育史研究·近代分卷》,华东师范大学出版社2009年版,第112—113页。
② 陈学恂、田正平主编:《中国近代教育史资料汇编·留学教育卷》,上海教育出版社2007年版,第194—195页。

不够，即在没有普遍良好的普通教育毕业生前提下盲目重视高等职业教育，忽略了中国社会最需要的初、中等职业教育。第二，课程设置未能以就业为导向，学生只摄取西方的一般知识技能，换言之，它没有特定的职业定向性和职业教育实践。如此一来，毕业生受到冷遇，例如有些毕业于纺织学校的学生只好改行当小学美术教师。第三，仍带有极深的封建烙印，各级学堂都要设修身或人伦道德课，对教育实践没有引起足够的重视。第四，由于教育实践的实施条件要求昂贵，不仅要有较大的设备和资金投入，而晚清政府积贫积弱，资金短缺，设备简陋成为当时职业学堂存在的普遍问题。例如，1906年创办的醴陵瓷业学堂，所附设的瓷业制造公司本是学生实习的好场所，由于规模过大，管理不善而亏折，该校仅维持了三年，终因交通不便、外籍教师难聘、经费不足而停办。还有些工业技术类学堂，开设了大量自然科学及实用技术课程，因国内尚无教习，只得依赖高薪聘用的洋人，其中未必都能称职，从而影响了对学生的技能培训。

甲午战争后，中国的实业教育陡然升温，开办的学校逐渐增多，尽管实业教育家们一再强调操作技能与现场能力是课程内容的重心所在，但管理的思想原则、目标要求与存在的实际状况毕竟还有很大差距。不少学堂流于形式，其课程开设及管理过程存在着严重脱离实际的倾向。导致毕业生只懂得书本学理，不能务实操作，又回到传统教育的道路上去。为此，宣统二年（1910），清学部专门下文，重申实业学堂应该重视实习，联络实业。但是，限于形势变化，该文并未得到实施，终成空文。民国初年，近代职业教育开始被蔡元培、黄炎培等所倡导的新职业教育所取代。

4. 学生待遇与奖励机制

为了更好地发展教育，各职业教育学堂普遍根据教师与学徒的行为动机和需要，有针对性地采取管理措施。这方面突出表现在运用赏罚制度这个杠杆，激励教师、学徒的生产与教学的积极性。例如，船政学堂的《求是堂艺局章程》规定："各子弟到局后，饮食及患病医药之费，均由局中给发。"此外，"每名月给银四两，俾赡其家"，"各子弟之学成监造者，学成船主者，即令作监工，作船主，每月薪水，照外国监工、船主辛工银数发给"[①]。再如，农工商部工艺局在《雇募工师条例》中对奖励的

---

① 《船政奏议汇编》卷一，第5—10页，光绪戊子年刻本。

规定:(1)提级增薪。工师教练学徒卓有成效者,由原二等工师,擢升一等工师。每月辛工银由二十元增至三十元;(2)赏给职衔。工师来局效力三年,如学徒教育普及,进步迅速,赏给九品艺工职衔,效力六年者,赏给八品艺士职衔;(3)奖励发明创造。工师如能改良旧法,发明新艺,仿造洋货,赏给八九品艺士职衔。学徒成绩突出,经考核技艺及格者,可提前出徒,发给凭单,依次可升为工匠、匠目、工师,津贴增加二元至四元或六元、九元不等。技艺超群,升做工师者,赏给八九品艺士职衔①。

这种给学生以优厚待遇的规定,有利于打破社会上普遍存在的以读"四书五经"等儒家经典和八股文章来求取科举功名为成功标志的社会观念。在当时的历史条件下,近代教育理念未被晚清主流社会所接受,从事职业劳动也为一般士子和封建士大夫阶层所不齿,用奖励机制来促进职业教育的方法确实有所成效。在学期间,良好的待遇和毕业后重用的许诺解除了学生的后顾之忧,有效地激发了学生的学习动力,不过也因此为学校的顺利开展带来了很大的财务负担,不少学校因此停办,给近代职业教育带来不少损失。

总之,任何文明走向以近代工业文明为主导的近代文明社会的过程中,其教育必然从传统教育的保守的状态或快或慢地演变到符合近代文明要求的状态,否则就没有整个社会的近代化。中国近代职业教育在向西方学习过程中,同中国传统文化、经济、政治制度、传统的保守、落后极力抗争中逐渐产生并缓慢走向近代化的。所以,衡量职业教育近代化的指标体系很复杂,但主要指标包括确立职业教育制度、职业教育宗旨(课程体系)和建立起职业教育管理体系。根据这三个指标判断,可以说晚清职业教育的近代化仅仅具备了一个框架,职业教育的近代化远未完成。但是,在迈向近代化过程中,对中国近代经济发展、工业化进程、城市化进程、人民素质的提高都有促进作用。

---

① 彭泽益编:《中国近代手工业史资料》乙卷,中华书局1962年版,第514页。

第四章

民国时期职业教育团体

教育团体是一种以从事教育活动作为其核心工作的功能性社团,这种社团在近代中国最早是由外国人创办的。他们为了便于布道传教,推进教会学校的发展,1836年在澳门设立马礼逊教育会,1877年在上海创设学校和教科书委员会,1890年又成立了规模更为庞大的"中国教育会"[①]。而国人开办的教育社团则出现在清末戊戌维新,盛行于20世纪二三十年代,民国后期步入调整与分化。本书以国人办理的教育社团作为研究对象,它们既是教育工作者实践自己教育主张的重要依托,又是聚积各种社会力量以振兴教育的核心基地,对近代职业教育发展起到巨大推动作用。

第一节 清末民初教育团体发展概况

一 近代教育团体的发展

(一)近代教育团体的由来

清末以后,教育社团是在教育不断受到国人重视,在"结社"风气与"合群"思想的指引下,并受新教育变革需求的推动,以及其主体成员新知识群体形成的基础上逐步涌现的。

1. "教育救国"思潮下国人对教育的重视

"教育救国"是近代中国的有识之士在面对深重的民族危机时而提出的一套救国方略,它的基本观点即通过振兴教育,提高国民素质,实现国

---

① 孙广勇:《社会变迁中的中国近代教育会研究》,博士学位论文,华中师范大学,2006年,第21—24页。

家富强，从而以解救民族危亡。"教育救国"滥觞于鸦片战争前后经世致用教育思想的复苏，以林则徐、魏源等为代表的经世致用派倡导实学，开始"睁眼看世界""师夷长技"，揭橥了教育与国家存亡相联系的认识起点，对后世教育救国论的形成与发展具有引导和启发意义。19世纪60—90年代的洋务运动期间，洋务人士掀起了一股向西方学习的热潮，从翻译西书、开办新式学堂到派遣留学生，他们虽以学习"西艺"为主，但洋务教育毕竟冲破了传统儒学一统天下的格局，被寄予"自强""求富"的重托，"教育救国"思想也在这一时期得以萌生。

甲午中日战争后，"教育救国"的呼声日渐高涨，国人在反思自身落后的原因时，认识到开民智、育人才的重要性。康有为就此指出："泰西之所以富强，不在炮械军兵，而在穷理劝学。"① 梁启超也说道："亡而存之，废而举之，愚而智之，弱而强之，条理万端，皆归本于学校。"② 严复更是直接指出中国要在"物竞天择""适者生存"的自然法则下求得生存与发展，其根本之途在于"鼓民力、开民智、新民德"，他把教育看得比革命、实业更重要，他说："以中国民品之劣，民智之卑，即有改革，害之除于甲者将见于乙，泯于丙者将发于丁，为今之计，惟急从教育上著手，庶几逐渐更新乎！"③ 庚子之后，新教育变革的步伐全面开启，这给希望通过教育实现救国心愿的人们以新的期待和策励，同时又有大批怀揣着留学救国梦想的青年走出国门，他们与国内遥相呼应，使教育救国的呼声更为高亢、激昂。当时的报刊就载道："甲午、庚子以还，内为志士所呼号，外受列强之侮辱，始知教育为中国存亡之绝大问题，于是众口一声曰：教育！教育！"④

五四运动前后，"教育救国"思潮走向鼎盛，表现为"科学万能""科学救国""读书救国""职教救国"等种种形式，还涌现出众多的杰出教育人物，如蔡元培、胡适、陈独秀、黄炎培、张伯苓、陶行知、晏阳初、梁漱溟等，为实现民族富强，他们呕心沥血，在教育上做了各种尝试。综上可知，在近代"教育救国"思潮的影响下，教育的作用已深受国人的重视，这是近代教育社团产生的根本基础。

---

① 汤志钧编：《康有为政论集》（上册），中华书局1981年版，第130页。
② 梁启超：《变法通议》，《饮冰室合集·文集一》，中华书局1989年版，第19页。
③ 王栻主编：《严复集》第5册，中华书局1986年版，第1550页。
④ 《教育杂志》1901年第5期。

2. "结社"风气与"合群"思想的指引

近代教育社团的成立还从中国传统的"结社"风气中得到启迪。清代之前，社会中就存在各式各样的团体，科举制下士子书生为切磋琢磨、相互交流，往往就结成诗社、文会，如若参加同年考试中选者亦多会结成同年会。而文人士绅组织的民间会社更是不胜枚举，如宋元时期的"江西诗社""聚桂文会""月泉吟社"，明代的"闽中士子社""青州海岱诗社""复社"等。此外还有诸多的以地缘为纽带的同乡会组织。这些社团成员聚集在一起除了探讨诗文、共叙乡谊外，还时常议论国事，对国政舆情会起到一定的影响。清初鉴于明末士林结社干政，政府对结社厉行严禁。1652年，礼部规定："生员不许纠党多人，立盟结社，把持官府，武断乡曲。"① 1660年又颁布谕旨："士习不端，结订社盟，把持衙门，关说公事，相煽成风，深为可恶，着严行禁止。"② 在这些禁令的打压下，社团活动走向消沉。直至鸦片战争后，许多有识之士为救亡图存，冲破戒严，又着手组织社团，到戊戌维新期间趋于活跃。传统的结社活动为近代教育社团的成立提供了思路和现成的模板。

清末教育社团的出现还得益于这一时期"合群"思想的宣扬，该思想为团体的组建奠定了坚实的理论基础。从历史上看，中国素乏"群治"观念，时人对此批评道："人人皆知有己，不知有天下……以故为民四万万，则为国亦四万万。"③ 以致有论者说，甲午战争是"以北洋一隅之力，抟倭人全国之师"④。"日本非与中国战，实与李鸿章一人战耳。"⑤ 为此，甲午战争后，严复在《原强》一文中，首揭"群学"一词，强调合群的重要性。在《天演论》之《群治篇》中，他进一步指出："善保群者，常利于存；不善保群者，常邻于灭，此真无可如何之势也。"⑥ "合群"思想后经康有为、梁启超等维新将领的传播，其影响更为深入。康有为在《上海强学会后序》中言道："一人独学，不如群人共学；群人共学，不如合什百亿兆人共学。学则强，群则强，累万亿兆皆智人，则强莫舆

---

① 陈景磐编著：《中国近代教育史》，人民教育出版社1983年版，第16页。
② 谢国桢：《明清之际党社运动考》，上海书店出版社2004年版，第172页。
③ 梁启超：《说群序》，《饮冰室合集·文集二》，中华书局1989年版，第4页。
④ 王芸生：《六十年来中国与日本》，生活·读书·新知三联书店2005年版，第122页。
⑤ 梁启超：《中国四十年大事记》，岳麓书社2010年版，第62页。
⑥ 王栻主编：《严复集》第5册，中华书局1986年版，第1394页。

京。"① 梁启超于《说群序》中亦有云:"以群术治群,群乃成;以独术治群,群乃败。已群之败,它群之利也。"他将"合群"与否视为国家存亡之关键,"以独术与独术相遇,犹可以自存;以独术与群术相遇,其亡可翘足而待也"②。

正是在"合群"思想的催生下,近代中国教育团体的雏形就在康、梁等维新人士创办的戊戌学会中诞生了③。此外,清末"新政"后涌现的教育团体也与"合群"思想息息相关,张謇等人鉴于"苏省居江海之冲,学堂萌蘖,气候较早,然驱策进化,端在合群"④。为达到"驱策进化""合群兴学"的目的,1905 年,张謇、沈恩孚、袁希涛、黄炎培等人在上海发起组织江苏学务总会。

3. 新教育变革的需求

清末教育全面变革的动议始于戊戌变法,但是各项革新举措因变法的失败而随之流产。庚子、辛丑之后,面对严峻的国内外形势,清政府已无法再按旧章进行统治,变革势在必行,教育改革亦在"新政"中重新启动。1901 年,清廷首先从"改书院为学堂"入手,颁布诏书,广兴学堂,规定:"除京师已设大学堂,应切实整顿外,着各省所有书院,于省城均设大学堂,各府及直隶州均改设中学堂,各州县均改设小学堂,并多设蒙学堂。"⑤ 随后,清廷又相继制定壬寅、癸卯学制,为新教育的发展奠定制度基础。在此期间,科举制的存废问题也不断被提上议事日程。1905年,在各省督抚和社会各界人士的强烈要求下,清政府终于下达圣谕:"著即自丙午科为始,所有乡会试一律停止,各省岁科考试亦即停止。"⑥至此,流于空疏的科举制退出历史舞台,新式学堂取得长足发展,学生人数从 1902 年的 6912 人猛增到 1909 年的 1638884 人⑦,各类学堂数在 1907

---

① 姜义华等编:《康有为全集》第 2 集,上海古籍出版社 1990 年版,第 195 页。
② 梁启超:《说群序》,《饮冰室合集·文集二》,中华书局 1989 年版,第 4 页。
③ 金顺明:《近代中国教育团体的发展历程》,《华东师范大学学报》(教育科学版) 2002 年第 1 期。
④ 《江苏学会致学部及督抚函稿》,《申报》1906 年 10 月 24 日。
⑤ 朱有瓛主编:《中国近代学制史料》第 1 辑(下册),华东师范大学出版社 1986 年版,第 776 页。
⑥ 璩鑫圭、唐良炎主编:《中国近代教育史资料汇编·学制演变卷》,上海教育出版社 1991 年版,第 533 页。
⑦ 桑兵:《晚清学堂学生与社会变迁》,广西师范大学出版社 2007 年版,第 2 页。

年有 37672 所,1909 年就升至 58896 所①。

与教育改革相伴随的是各种新问题的产生,诸如新式学堂的管理、地方兴学的开展以及教育经费的筹措等等。为了解决好这些问题,清政府在教育行政上也进行了多番探索,先后设立京师大学堂管学大臣、总理学务大臣负责教育事宜,到 1906 年逐渐形成了较为完整的行政体系,中央设立学部,省设提学使司,州厅县有劝学所。然而推行新式教育的任务繁重,非官方之人力、财力所能独立完成,且中国基层自治传统相习已久,民间力量在地方事务中往往扮演了重要角色,因而清末兴学也离不开民间人士参与。清廷对此有清醒的认识,谕示:"教育之道,普及为先。中国疆域广远,人民繁庶,仅恃地方官董率督催以谋教育普及,戛戛乎其难之也。势必上下相维,官绅相通,藉绅之力以补官之不足,地方学务乃能发达。"②统治者的这种鼓励态度直接催发了清末教育社团的成长。

4. 新知识群体的聚合与推动

近代中国的新知识群是在西学以及新式教育的影响下逐渐形成的,"主要由留学生、国内学堂学生以及接受西学的开明士绅三部分人组成"③。桑兵认为清末新式社团的产生,直接受两种社会趋势的推动,一是开明士绅与青年学生的结合;二是都市与城镇趋新势力的凝聚。④ 这种看法颇有见地,清末形成的新知识群体是各类教育社团的主体成员,并成为社团发展的主要力量。

士绅是外在于国家行政系统的,在地方享有一定政治和经济特权的知识群体,它涵盖了居乡的官员和所有科举功名之士。他们凭借自身的地位与声望,能起沟通官民之效,在地方事务中往往居于组织、领导的地位。鸦片战争后,面对岌岌可危的国势,许多开明士绅开始把目光从科举做官转向西方,寻求富强之道,纷纷投入实业与教育的浪潮中,这些从传统分化而出的开明士绅是清末诸多教育团体的发起人和中坚分

---

① 陈学恂主编:《中国近代教育史教学参考资料》(下册),人民教育出版社 1987 年版,第 295、330 页。
② 朱有瓛等编:《中国近代教育史资料汇编·教育行政机构及教育团体》,上海教育出版社 1993 年版,第 247 页。
③ 桑兵:《清末新知识界的社团与活动》,生活·读书·新知三联书店 1995 年版,第 2 页。
④ 同上书,第 277 页。

子。如江苏学务总会会长张謇，江苏南通人，中状元后却放弃做官，倾力于实业与教育，成为地方巨绅。副会长王同愈，江苏元和人，1889年中进士，担任过翰林院修撰、驻日参赞、湖北学政等职，1903年回籍"不复有出山志"①，热心地方事务，为江苏名绅。又如福建教育总会会长陈宝琛，福建福州人，1885年因中法战争"荐人失察"，被降五级调用处分，适逢其母病逝，回榕丁忧，此后25年皆闲居故里，关心教育"以培养人才、广教育为职志"②，是当时福建著名的士绅。翻检清末各省教育会姓名录，其情形与苏、闽两省相似，皆有热心教育的开明士绅活跃其间。

随着新教育的推进与不断高涨的留学运动，清末新式学生人数与日俱增。这些接受过新式教育的知识分子具有较强的群体意识，他们认识到只有将志同道合者组织起来，方能增强自身力量，扩大社会影响。在拒俄运动中，福州东文学堂的学生"得海外社会来函，愤激时事，相与设演说、体育等会，复集内地同志数十人"，联合社会进步人士的几个小团体，共同组成海滨公会。③ 新式学生联合在一起，构成教育团体的基本力量，如1902年，上海南洋公学145名学生为抗议学校无理开除学生而集体退学，并由中国教育会帮助其设立爱国学社，后又全体加入中国教育会。又有江苏吴江同里教育研究支部附设青年会，当地10—16岁的学生以加入青年会的方式集体参与同里教育研究支部的活动。④ 而留学生不仅目睹了国外会社的发达，还积极组织留学生团体，20世纪初在日本就存在励志会、开智会、国民会等。他们归国后投身教育事业，结社之习气也被带回国内，积极参与各种教育团体，1905年江苏学务总会成立时，入会留学生有顾琪等7人，1906年有顾泳葵等8人，1908年有李昭轩等6人⑤。福建教育总会也有留学生参与，如会员刘崇伟光绪末年入"提学使专班"赴日听讲，刘崇伦入日本东京高等工业学校。⑥

---

① 转引自张伟平《教育会社与中国教育近代化》，杭州大学出版社2002年版，第37页。
② 《福建教育总会一览》，引王豫生《福建教育史》，福建教育出版社2004年版，第376页。
③ 桑兵：《清末新知识界的社团与活动》，生活·读书·新知三联书店1995年版，第278页。
④ 转引自张伟平《教育会社与中国教育近代化》，杭州大学出版社2002年版，第41页。
⑤ 同上书，第43页。
⑥ 《福建教育总会一览》，"职员姓名录"，福州利福有限公司印，1910年。

(二) 近代教育团体的发展阶段及其特征

1. 起步阶段 (19 世纪末—1904 年)

近代结社运动至戊戌维新之际又开始活跃起来，这些团体大致可分为三类：(1) 政治性团体，如强学会、南学会；(2) 社会风俗改良团体，如不缠足会；(3) 学术团体，如化学会、格致书社。此外还存在研究教育的学堂或学会，即"学堂者，主也；学会者，辅也。始之创兴学会者，所以为学堂之基础也；继之扩充学会者，所以补学堂之不及也"[①]，因此据金顺明先生研究，近代中国教育团体的雏形是戊戌学会。而真正标志我国教育团体诞生的则是 1902 年由蔡元培、蒋智由、王季同等人在上海发起成立的中国教育会。随着新教育的发展，到 1904 年全国各地的教育团体已有 21 个[②]。

综观该阶段的教育团体，主要有两个特征：(1) 缺少法律的保障。由于清政府在这时期还未废止对结社的禁律，为此民众的参与社团活动还缺乏宽松的政治环境。但是即便如此，仍有一批开明人士及激进学生冒险结社。而这一阶段教育多分布在经济文化较发达的地区，仅江浙沪三地就占了较大比例，这与清政府对该区域的社会控制力趋弱以及这一带的兴学热潮出现较早有密切关系。(2) 规模不大、专业性不强。在这些教育团体中有 6 个是留学生在国外成立，以留学生最多的日本为例，留日学生组织：一为共爱会，系女生组织，会员仅 12 人；二为军国民教育会，初次签名者为 180 余人[③]，但存在时间不过两个月。当时国内声势最强的教育团体是中国教育会，但从蒋维乔 1904 年的信函中，可见其规模也不大，"入会者前后有百余人，至今十不存一也"。且中国教育会旨在革命，原"不过借教育为表面"[④]，因而也就决定了它的教育专业性不强。

2. 合法化阶段 (1905—1914)

1905 年 12 月，江苏学务总会诞生，作为中国教育史上公开成立最早

---

① 金顺明：《近代中国教育团体的发展历程》，《华东师范大学学报》(教育科学版) 2002 年第 1 期。

② 桑兵：《清末新知识界的社团与活动》，生活·读书·新知三联书店 1995 年版，第 276 页。

③ 顾明远主编：《教育大辞典》，《中国近现代教育史》，上海教育出版社 1991 年版，第 105 页。

④ 桑兵：《清末新知识界的社团与活动》，生活·读书·新知三联书店 1995 年版，第 197 页。

的教育会①，标志着近代教育团体进入一个新的发展时期，它引起了诸多省份先进人士的效仿，并促使清政府颁布《奏定各省教育会章程折》，使教育会取得了合法地位。清廷之所以承认教育会，一是推行新教育需要多方力量的参与；二是加强对教育会的管理，严防革命。1906年的《奏定各省教育会章程折》对此作了清晰的表述，鉴于"自科举停止以来，各省地方绅士，热心教育，开会研究者，不乏其人，章程不一，窒碍实多，有完善周密毫无流弊者，亦有权限义务尚欠分明者"，所以准许开办教育会，规定了教育会的宗旨是"补助教育行政，图教育之普及，应与学务公所及劝学所联络一气"②，并对教育会的名称、总会与分会关系、会员资格、会务等都作了相应规定。1909年，清政府颁布结社集会律，承认结社集会的合法性，终于为包括教育团体在内的各种社会团体提供了明确的法律保障。

合法性是这一阶段教育团体的显著特征，除此之外，还有下述两个特点：（1）创建速度快、数量多。此时期不单在省会之地、通商大埠广设教育团体，而且还延伸到州县，如河南省1906—1910年有州县教育会32个，安徽省1906—1908年有县教育会25个③，1909年江苏省有教育会55个，到1912年增加到115个，数量增加了两倍多④。从全国来看，1908年共建各级各类教育会506个，1909年就发展到723个⑤。由上可见，本阶段教育团体的发展速度和绝对数量是相当惊人。（2）团体之间不相统属，但已经显示出了相互联络的意向，并进行了一定尝试。该阶段教育团体的增长速度虽然很快，但是社团间的联系不够紧密，中央一级的教育联合会设置迟缓，这致使办教育的全局性考虑不够，对共振全国学务产生不利影响。不过这些弊病也引起了教育部门及有关人士的警觉，并采取了一些举措，1911年5月，在江苏省教育总会的倡议下成立了各省教育总会联合会，并于上海召开了第一次会议，该会"以公议关系全国之教育事

---

① 张兰馨：《张謇教育思想研究》，辽宁教育出版社1995年版，第268页。
② 朱有瓛等编：《中国近代教育史资料汇编·教育行政机构及教育团体》，上海教育出版社1993年版，第247页。
③ 同上书，第358—360页。
④ 桑兵：《清末新知识界的社团与活动》，生活·读书·新知三联书店1995年版，第274页。
⑤ 同上。

宜，期于改良进步为目的"①。1911年6月，学部奏请"设立中央教育会"，于是年7—8月在北京召开了会议。② 上述两会存在时间都不长，但它们的创制表明了一个全国性的教育团体网络雏形已经形成。

3. 成熟化阶段（1915—1935）

1915—1935年是近代中国教育团体发展的黄金时期，在这20年间，不但团体的数量持续增长，而且活动质量也不断提高。该阶段的成熟性，第一，体现在教育团体的合法性已基本奠定，政府对其限制比清末已有较大放松，1919年11月公布的《教育部修订教育会规程》，除继续规定组织教育会须向相应等级的各该管地方行政长官申报立案，并"不得干涉教育行政及教育以之事"外，对会长、副会长的政府鉴选权已不作明文要求。只是更强调教育会的"半官方"性质，更为注重教育会的辅助功能，如要求"教育会得处理教育官厅委任事务"③。

第二，团体间的联络加强，联合的形式在教育发展中发挥了重要作用。中国教育近代化进程因缺乏强有力的国家行政与财政支持，为此教育团体的振兴与彼此间联系合作就显得极为重要，因而我们把1915年全国教育会联合会的成立作为本阶段的起点。到1925年宣告解散，全国教育会联合会一共召开了十一次会议，每次会议都有重要议案决议，对教育革新影响重大。以1920—1922年开的三次会议为例，会议的主题都围绕学制系统改革，几经商讨、修改，最终形成了《学制系统草案》，在此基础上，北洋政府于1922年公布了《学校系统改革案》，这就是近代影响深远的《壬戌学制》。在20世纪二三十年代的乡村运动中，中华职业教育社、中华平民教育促进会等在各自进行乡村教育实验的基础上，都与其他团体间存在联系、协作。

第三，团体规模大。上一阶段出现的教育团体的规模都不是很大。江苏省教育总会就规模而言在各省教育总会中首屈一指，但从1905年成立直至1911年，历年入会人数也只有633人④。北京教育会虽居京师文化昌

---

① 朱有瓛等编：《中国近代教育史资料汇编·教育行政机构及教育团体》，上海教育出版社1993年版，第181页。

② 同上书，第171页。

③ 同上书，第254页。

④ 江苏教育总会编：《江苏教员总会文牍六编》，转引自谷秀青《清末民初江苏省教育会研究》，广西师范大学出版社2009年版，第50页。

盛之地，到1914年也仅有会员215人[①]。进入本阶段后，团体规模明显增大，许多著名团体的成员都突破了千人。中华职业教育社1917年有会员625人，1918年有836人，1922年则有4812人[②]。中华教育改进社1924年前后"机关社员已达一百一十八，占十八省区，华侨教育机关个人社员一千四百七十一，占二十三省区，旅居欧美者亦有数十人"[③]。

4. 调整分化阶段（1936—1949）

这一阶段处于抗日战争与人民解放战争之际，教育团体的发展深受时局的影响。首先面对日本帝国主义疯狂地对华侵略，中华民族的危机空前严重，国人掀起了国难教育运动。1936年2月，由陶行知等人发起成立了以"谋推进大众文化，实施国难教育，以启发中国大众争取中华民族之自由平等，保卫'中华民国'领土与主权之完整"为宗旨的国难教育社。它标志着我国近代教育团体的发展进入了一个以挽救民族命运为根本目标的新阶段。该时期出现的"国难教育团体"，还有1938年的全国抗战教育协会、中国战时儿童救济协会，1939年创建的晋东南文化教育救国总会等。

教育团体的分化组合主要表现在政治路线的歧义方面。随着工农红军的发展，根据地、解放区也逐步扩大，相继产生了一些"红色"教育团体。此外，在国统区的教育团体也存在不同的政治倾向性，如1945年的上海教师联合进修会、1946年的上海市中等教育研究会等都是中国共产党地下组织主持发起或秘密领导的。当然，也有一些团体如中华平民教育促进总会等，虽然原则上主张政治中立，但实质上对共产党的路线有所保留而倾向国民党政权。

（三）清末民初著名的教育团体

1. 中国教育会

中国教育会是由蔡元培、蒋智由、叶瀚、王季同、黄宗仰等人于1902年4月发起成立的，会址设在上海英大马路泥城桥西福源里。创会初期设正副总理各一人，干事6人，会计2人，书记2人，评议员9人，纠仪2人。下辖教育、出版、实业三部，其中教育部又分男女二部，以后

[①] 朱有瓛等编：《中国近代教育史资料汇编·教育行政机构及教育团体》，上海教育出版社1993年版，第326页。

[②] 同上书，第449—452页。

[③] 同上书，第308—309页。

改为学校教育部和社会教育部①。中国教育会是一个双重性质的团体，它明为办理教育，"以教育中国男女青年，开发其智识而增进其国家观念，以为他日恢复国权之基础为目的"②，暗里还从事革命活动。所以时人就说中国教育会"表面办理教育，暗中鼓吹革命"③。

教育会创设初期"会员人数稀少，经济尤为竭蹶，发展殊难"④。开展了两项比较重要的工作，一是1902年6月成立上海女学会，二是8月为吴稚晖等举行的欢迎会。吴稚晖、孙揆因率众到中国驻日使馆抗议公使禁止私费留日学生学习陆军而被驱逐回国，中国教育会在上海张园集会欢迎吴、孙。他们在会上报告东京留学风潮经过，陈词慷慨激昂，对中国教育会成员颇有影响，他们纷纷出谋划策，有提出自办学堂以教子弟，亦有提议派人赴日协商，将保送留日学生学习军事的权力由公使转归教育会。会后个人分头办理，均未实现。教育会初期经苦心经营，"至其秋冬之际（1902年——笔者注）而组织乃粗备"⑤。

1902年11月，上海南洋公学风潮骤起，教育会应退学生公请，于张园召开特别会，专议协助退学生建立共和学校之方法，由各会员认捐开办费若干，并义务担任教员，组成爱国学社。此后教育会进行多番改良，开展了多种活动，使其影响力大为提升，步入发展的全盛期。诸如改组《苏报》为机关刊物，发起拒法抗俄运动，组织军国民教育会，吸收全体爱国学社学生入会等。然而兴旺中也潜伏着危机，一是教育会内部矛盾激化，爱国学社的独立对教育会造成了一次沉重的打击。学社独立是有其根源的，"学社既由退学风潮而产生，故学生极端自由。……凡有兴革，多由学联开会决定，交主持者执行"⑥。1903年5月这种独立的趋势日益明显，爱国学社自办的刊物《童子世界》刊发《爱国学社之主人翁》一文

---

① 桑兵：《清末新知识界的社团与活动》，生活·读书·新知三联书店1995年版，第212页。
② 《中国教育会章程》，《选报》第21期，1902年7月5日。
③ 朱有瓛等编：《中国近代教育史资料汇编·教育行政机构及教育团体》，上海教育出版社1993年版，第405页。
④ 桑兵：《清末新知识界的社团与活动》，生活·读书·新知三联书店1995年版，第212页。
⑤ 《教育会之公函》，《新民丛报》第27号，1903年3月12日。
⑥ 朱有瓛等编：《中国近代教育史资料汇编·教育行政机构及教育团体》，上海教育出版社1993年版，第408页。

中就明确指出："爱国学社之主人翁谁乎？爱国学社者，爱国学社之爱国学社也。"6月正式独立。二是清政府对教育会的活动惶恐不安，着手打压破坏。这体现于1903年6月底的"苏报案"，案发后章炳麟、邹容被捕，《苏报》被封，教育会再一次遭受严重打击。

经各种挫折，尤其是"苏报案"后，"爱国学生星散，教育会几于消灭"①，往后的活动主要都围绕爱国女校来开展。直至1904年5月教育会召开春季大会后，各项活动又渐有起色，蒋维乔见会务重现生机，不禁欣然载道："可为教育会之中兴，较之去年大不同。"② 之后因教育会成员在光复会、同盟会中的表现极为活跃，教育会不免又成为清政府严打之对象，再则内讧不断，蔡元培离沪北上，1906年秋教育会已呈衰败之势。随后教育会中的激进派与温和派分流，走革命道路之激进者将其重心移到光复会和同盟会的革命活动上；致力于教育之温和派，其主持下的爱国女校"渐渐脱离革命党秘密机关之关系，而入纯粹的教育事业"③。到1908年，中国教育会就在无形中解散了。

中国教育会存在的六年里，虽然我们感受到更多的是革命色彩，但是它公开宣扬以办教育为宗旨则是标志着我国近代教育团体的诞生。它不单广泛传播了自由民主平权意识和科学新知，而且为我国近代教育团体的发展提供了制度样本（如会社章程）和活动范型（如办学、讲演、出版等）。

2. 江苏教育总会

江苏教育总会的前身是成立于1905年12月的江苏学务总会。是年，江苏省士绅鉴于"新政"推行新教育已有数年，为促进地方学务发展，江苏省亟须成立一个教育团体。阳湖恽祖祁等首先发起成立江苏学会，吴县王同愈、崇明王清穆等积极响应。同年12月由王清穆等呈明江苏督抚及学部批准，江苏学务总会在上海宣告成立，其宗旨是："专事研究本省学务之得失，以图学界之进步，不涉学外事。"④ 推举张謇为总理（后称

---

① 转引自桑兵《清末新知识界的社团与活动》，生活·读书·新知三联书店1995年版，第214页。
② 桑兵：《清末新知识界的社团与活动》，生活·读书·新知三联书店1995年版，第215页。
③ 朱有瓛主编：《中国近代学制史料》第2辑（下册），华东师范大学出版社1989年版，第612—613页。
④ 朱有瓛等编：《中国近代教育史资料汇编·教育行政机构及教育团体卷》，上海教育出版社1993年版，第269页。

会长），恽祖祁为协理（后称副会长）。

江苏学务总会作为我国教育史上公开成立最早的教育会，它构建了一个相对完善的教育会社组织，为后来者承袭。学务总会在会长、副会长下有评议员、干事员若干，各厅州县举会董一名，并分设了经济、调查、普通、专门、庶务五个部门，对各职员、各部门的责任及权限均作了明确规定。在此基础上，学务总会积极开展教育研究，参与地方各项兴学事务，诸如，利用评议员及干事员调查全省各地的学务状况，开办新式学堂，督促和协助地方成立县教育会等。

受江苏学务总会的影响，各省教育会纷纷成立，在此形势下就促成了1906年7月《奏定各省教育会章程折》的颁布，该章程一是鼓励教育会在新教育改革中发挥积极作用；二是加强对教育会的管理。1906年10月江苏学务总会遵照《教育会章程》中"教育会为全省所公立，而设在学务公所所在地者，称某省教育总会；为府厅州县所公设……称某府厅州县教育会"[①]的规定，改名为江苏教育总会。至民国成立，张謇、唐文治先后担任会长，王同愈、许鼎霖、蒋炳章等任副会长，在此期间，总会设分事务所于江宁、苏州两处。

1906—1911年，江苏教育总会活动的合法化，使其得以迅速发展。教育会规模得到较大的扩充，促成地方劝学所与教育会联合，引进并传授单级教授法，在兴学的影响和社会认同方面，"江苏教育总会已发展到可与当时省内重要学堂及行政向颉颃的地步"[②]。在办理学务中，江苏教育总会还意识到教育社团联合之作用，1911年5月在其倡议下成立了各省教育总会联合会，并于上海召开了第一次会议。然而，随着兴学的进一步深入，牵涉的面则越来越广，很难做到"不涉学外事"。1908年改订的《江苏教育总会章程》规定要"注意教育普及以予储立宪国民之资格"、"注意政治上之教育，以养成议院及本省谘议局各地方议事会董事会之人才"[③]，以及许多总会的头面人物（如张謇）皆为清末立宪的领导者，这些都表明江苏教育总会已参与社会政治活动中。

---

① 朱有瓛等编：《中国近代教育史资料汇编·教育行政机构及教育团体卷》，上海教育出版社1993年版，第248页。

② 刘正伟：《督抚与士绅：江苏教育近代化研究》，河北教育出版社2001年版，第322页。

③ 朱有瓛等编：《中国近代教育史资料汇编·教育行政机构及教育团体卷》，上海教育出版社1993年版，第271—272页。

民国成立后，江苏教育总会根据1912年教育部公布的《教育会规程》，更名为江苏省教育会。北洋政府虽重申清末以来教育会不得干预教育行政及教育以外事务的规定，但因实际需要，该时期教育会被赋予"半官方"的性质，"教育会得以研究所得建议教育官厅"、"教育会得以处理教育官厅委任事务"①，使得江苏省教育会的活动空间得到扩张。在学务上，仍积极倡办新教育，先后设立了体育传习所（1915年）、小学教授法讲习所及小学教员暑期讲习所（1915年）、国语补习会及注音字母讲习所（1918年）等②。江苏省教育会还特别重视教育研究，仅1912—1925年由该会会员设立附属省教育会的研究会就近20个，从各级教育研究会如中学教育研究会、师范教育研究会，到各种门类教育的研究，如职业教育研究会、体育教育研究会、国语教学研究会，一直到教学方法的研讨，如道尔顿制研讨会，不一而足。③

江苏省教育会除教育事务外，因其骨干及会员多有参加省政府、省议会及省、县教育行政工作，为此教育会的触角不可避免地延伸到行政决策中。另外，江苏省教育会出于维护法统及确保发展教育所需的政治环境，也常与省内外政治、军阀势力周旋和斗争。1924年江浙之战爆发，江苏省教育会通电江苏督军齐燮元，劝其停止混战。同年江苏省第三届议会超过任期，不但不依法选举新一届议会，还公然违背宪法精神，制定、公布了《江苏省自治法》《会议组织法》等地方法规，江苏省教育会予以猛烈抨击。④ 20世纪20年代，江苏省教育会在政治、社会生活中的积极参与及其体现出来的独立品格，是不能为南京国民政府的专制统治所容忍的，因此，1927年"四·一二"反革命政变后被国民党当局判为江苏学阀巢窟而封闭。⑤

3. 全国教育会联合会

1915年4月，在天津召开的第一次各省教育会联合大会宣告了全国教育会联合会成立。全国教育会联合会是由各省及特别行政区教育会联合

---

① 朱有瓛等编：《中国近代教育史资料汇编·教育行政机构及教育团体卷》，上海教育出版社1993年版，第252页。
② 陈科美主编：《上海近代教育史》，上海教育出版社2003年版，第213页。
③ 刘正伟：《督抚与士绅：江苏教育近代化研究》，河北教育出版社2001年版，第327页。
④ 同上书，第329—330页。
⑤ 俞子夷：《一九二七年前几个教育社团》，《华东师范大学学报》（教育科学版）1989年第2期。

组成的全国性民间教育团体，它是各地教育会蓬勃发展，并不断走向联合的必然结果。教育会联合的重要性早在清末已为教育人士所知，1911年就组织过各省教育总会联合会、中央教育会，后因辛亥革命爆发而中止活动。民国成立后，随着各地学务的发展，教育会的联合再次受到关注，1914年直隶教育会鉴于"教育事业极为重大，非萃集全国教育家，各执疑难，逐项剖析。凡夫社会教育、家庭教育、各种学校教育，必须如何计划，始得收良好之结果，此中头绪分歧，差厘而谬千里。故欧美诸邦对于教育，多取联络主义。各国教育会常有开联合会之举，讨论教育利害得失，以条陈于教育行政官厅，既无上下隔阂之虞，又无远近分歧之弊，法至善也"①。遂致函教育部、各省教育会，倡设全国教育会联合会，得到各地的纷纷响应，次年来自24个省区教育会的53名代表参加了第一次联合会议②。

全国教育会联合会以"体察国内教育状况，并应世界趋势，讨论全国教育事宜，共同进行为宗旨"③。其章程规定会员由各省教育会及特别行政区域教育会推选的代表（不超过三人）构成，会议主席、副主席各一人，从会场所在地之教育会代表中推定。并规定教育会联合会每年开会一次，于每次会议结束时决定下次之会期、会所，会议须有到会会员过半数出席方得开议，会议期内经费由所在教育会筹措，等等。

全国教育会联合会的主要活动是一年一度的年会，从1915—1925年于天津、北京、杭州、上海、广州等地共举行了11次年会议，会上讨论的提案多关涉教育的重大理论与实践问题，诸如新学制、职业教育、义务教育、乡村教育、公民教育、女子教育等。经会议审议通过的提案多对当时的教育改革产生影响，据研究，历届年会共通过议决案249件，明确向教育部建言的议决案94件，多数得到了教育部的重视与采纳，一部分得以以教育法规的形式颁布推行④。尤对1922年颁布的《壬戌学制》之贡献最具代表，1920—1922年全国教育会联合会召开的三次会议皆着重讨论学制系统改革，最终形成的《学制系统草案》成为《学校系统改革

---

① 朱有瓛等编：《中国近代教育史资料汇编·教育行政机构及教育团体卷》，上海教育出版社1993年版，第197页。
② 同上书，第203—205页。
③ 同上书，第199页。
④ 李露：《论"全国教育会联合会"对民初教育立法的影响》，《学术论坛》2000年第3期。

案》，即《壬戌学制》的蓝本。

此外，全国教育会联合会在义务教育、女子教育、平民教育、教育经费独立等方面也做了种种努力。义务教育上通过的议案，有1915年《请将义务教育列入宪法案》、1917年《请促行义务教育案》、1919年《推行义务教育案》、1922年《筹集义务教育经费案》、1923年《促进全国义务教育计划案》。女子教育方面，有1916年《请设女子高等师范学校案》、1917年《推广女子教育案》、1919年《请变通规程选派女子留学案》《改革女学制度案》、1924年《女子学校应斟酌地方情形速加课职业科以增进生活能力案》《男女合教之中小学应注意性别施教案》。平民教育方面，如第二届年会的《注意贫民教育案》，第九届大会通过的《请各省区推行平民教育案》。在教育经费独立上，全国教育会联合会第六、第七、第八届年会接连通过《教育经费独立案》《促进教育经费独立案》和《实行教育经费独立案》。[①]

总之，全国教育会联合会是教育会的一个全国性系统，它是近代教育团体联络不断增强的产物。它集结当时中国最为著名的教育界人士，如张謇、唐文治、张伯苓、马相伯、蔡元培、黄炎培、袁希涛、沈恩孚、郭秉文、蒋梦麟、胡适等，其广泛的代表性和辐射面，以及大量切中肯綮的意见对中国的教育改进产生了相当的影响。1925年后随着时局动荡的加剧，教育会联合会的年会难以为继，致使联合会解散。

4. 中华职业教育社（略，详见本章第二节）

5. 中华教育改进社

中华教育改进社由新教育共进社、《新教育》杂志社、实际教育调查社[②]于1921年12月在北京联合而成，社址先设于前京畿道美术学校，后迁至阜成门内帝王庙。中华教育改进社的成立是当时南北教育家鉴于"吾国教育团体，近两年来创立颇多，惟仍缺乏较大之组织"[③]，拟联合各

---

① 参见邰爽秋《历届教育会议议决案汇编》，教育编译馆1936年版。
② 新教育共进社于1918年12月由北京大学、南京高师、暨南学校、江苏省教育学会、中华职业教育社共同创设，专门从事教育学术研究，校际学术交流及东西方学术新书的编辑出版工作。1919年2月，共进社创办《新教育》杂志社，由蒋梦麟任主编。1921年夏，范源濂、蔡元培、张伯苓、陶行知等又在北京发起组织实际教育调查社，邀请美国教育家孟禄来华协同调查九省教育现状，并开展改进教育议案讨论会。
③ 朱有瓛等编：《中国近代教育史资料汇编·教育行政机构及教育团体》，上海教育出版社1993年版，第544页。

教育团体，改组为"中华教育改进社"，以收统一之效，"即合各县教育实行家研究切身问题，共同讨论，共同解决，计划，设施，以谋教育自身之发展"①。

1921年12月16日，由实际教育调查社、新教育共进社、新教育编辑社三方，公推陶行知、陈宝泉、李建勋、马叙伦和朱经农为中华教育改进社简章起草员，共同起草简章。12月23日开成立大会，颁布改进会简章，规定以"调查教育实况，研究教育学术，力谋教育改进"②为宗旨。选举蔡元培、郭秉文、范源濂、黄任之、汪精卫、熊秉三、张伯苓、李湘辰、袁希涛九人为董事，杜威、孟禄、梁启超、严范荪、张仲仁、李石曾为名誉董事，陶行知为总干事。

简章规定了社员分为机关社员、个人社员两种，经费主要靠合组费、特别捐以及政府补助费，社务有通信或实地调查各种教育状况、辅助个人或机关对于教育之实施或改进事项等内容。中华教育改进社还形成了较完善的组织架构，主体由社会全体大会、董事部、总事务所三部分组成。董事部之职责主要是"规定进行方针、筹集经费、核定计划及预决算"等。总事务所是执行部门，辖学术部、事务部与分事务所，并分管教育行政委员会、各级各类学校教育委员会等32个专门委员会。学术部分研究、调查、编译、推广四科，事务部分会计、文牍、庶务三科。③

中华教育改进社的常规工作是定期召开年会，从成立起至1925年先后在济南、北京、南京、太原开了4次会议，提出各类议案以促进教育革新。创办《新教育》杂志，介绍国外教育学术。《新教育》杂志从1919年2月创刊至1925年10月停刊，共发行11卷53期，是改进社宣传介绍美国教育主要阵地，内容涉及美国教育各方面，如美国高等教育，"美国组织全国教员会之动机"等。还出版《新教育评论》《乡教丛讯》《中华教育改进社丛刊》《中华教育改进社丛书》等书刊。

改进社还注重调查并改善教育状况，派专家或社员赴国内各地调查。如1922年10月，由博士推士至沈阳、天津、北京、济南、南昌等

---

① 高平叔编：《蔡元培教育论著选》，人民教育出版社2011年版，第416页。
② 朱有瓛等编：《中国近代教育史资料汇编·教育行政机构及教育团体》，上海教育出版社1993年版，第544页。
③ 同上书，第545—547页。

地，调查关于"科学教育之研究"情况。朱其慧赴长江一带调查女子教育现状。陶行知、薛远举曾主持"教育调查统计"事项等，并邀请外国专家来华讲学，传播国外先进的教育思想与理念。例如，改进社请来美国教育史家孟禄、科学教育专家推士，他们针对中国的教育状况开展了多次讲演，提出了富有建设性的改良建议。1922年6月，教育心理测量专家麦柯尔来华，掀起了研究教育测验的热潮，促进中国测验运动的兴起。1925年7月邀请道尔顿制创始人柏克赫期特来华，宣讲"道尔顿制"。

此外，改进社还举办讲习会或研究班，如1923年7月，在东南大学举行的科学教学讲习会，由推士博士及东南大学教授联合担任讲师。1924年7月，联合洛氏驻华医社和清华学校，举行科学教员暑期研究会，由推士博士担任讲师。派代表参加国际教育会议，郭秉文、汤茂如参加了1923年在美国旧金山举行的万国教育会议。会前改进社向各县及中等以上各校征集我国教育统计资料，完成《中国教育统计》一书，"藉以示我国教育赅括的情况"[①]，此举对清末民初我国学校发展的统计做出有益贡献。改进社还参与了1922年《壬戌学制》的制定，该社第一届年会提出的"修正师范学制案"等八件议案上呈政府，这积极影响了新学制相关规定的出台。

中华教育改进社因1926年北伐战争的爆发而停止活动，其存续时间虽不足五年，但是它会集了一批杰出的教育家，开展了各式各样的活动，对民国时期教育的发展产生广泛影响。

6. 中华平民教育促进总会

中华平民教育促进总会于1923年8月在北京成立。五四运动以来，平民教育运动日渐高涨，陆续有教育家呼吁开展平民教育运动，1919年邓中夏在北京大学发起平民运动讲演团，1920年毛泽东在湖南组织平民夜校。而中华平民教育促进总会之主力将领晏阳初在留学法国期间就组织华工补习教育，1920年回国后，受聘于中国青年会，积极推行平民教育，先后在长沙、烟台、杭州、嘉兴等地兴办平民学校。

为推进平民教育运动的深入发展，1923年6月，晏阳初、朱其慧、朱经农等人在上海发起中华平民教育促进会筹备会。1923年8月，中华

---

① 王芸主编：《北京档案史料2005.2》，新华出版社2005年版，第177页。

教育改进社在清华学校开年会，邀集各省代表举行第一次平民教育大会，议决成立中华平民教育促进会总会，26日正式成立，简称"平教会"，会址在北京石驸马大街22号。大会选出朱其慧、陶行知、张伯苓、蒋梦麟、张训钦、蔡廷干、周作民、陈宝泉、周贻春九人为执行董事，朱其慧为董事长，陶行知为书记，晏阳初为总干事。规定宗旨为"适应失学人民的实际生活，研究并实验平民教育学术，协助国家教育民众，培养全民修齐治平的真实能力，发扬中国文化，促进世界大同"①。

平教会的组织机构包括董事会、执行董事会、干事会三部分。干事会分为总务、市民教育、农民教育、华侨教育、士兵教育五部及平民文学、平民艺术、生计教育、公民教育、健康教育、妇女教育、教育学术、社会调查八科。根据平教会章程之规定，其会务主要有：（1）调查事实：举行社会调查、经济调查及教育调查，征集各种事实，做平民教育研究之根据；（2）研究学术：根据调查所得之结果，按照实际生活的需要，研究平民教育上一切学术；（3）实验学术：根据研究所得之结果，实地集中试验，以求产生平民教育社会率最大、应用最广的各种材料方法及方案；（4）编制工具，根据研究试验所得之结果，编辑各种教材读物，学术丛书，并制造一切应用之教具；（5）训练人才：创设平民教育学院，培养平民教育学术上与行政上各种人才；（6）协助政府、社会团体或个人举办平民教育。②

二十多年里，平教会以平民为对象，开展了各类富有成效的工作。其初期活动基本上是以城市下层平民的识字教育为主，晏阳初等人认为："中国是以农立国，中国的大多数人民是农民……要想普及中国的平民教育，应当到农村里去"③，从而掀起了大规模的乡村教育试验。1924年平教会开始在河北省选取清苑、定县、博野等十二县作为乡村平民教育之研究实验基地，1925年又在北京通县附近之二十县推行乡村教育④。1926年后，平教会的精力主要集中在河北定县实验区，工作的基本步骤是：根

---

① 中国第二历史档案馆编：《中华民国史档案资料汇编教育》，江苏古籍出版社1994年版，第756页。
② 同上。
③ 王炳照、田正平主编：《中国教育思想通史》第6卷，湖南教育出版社1994年版，第317页。
④ 《河北文史资料选辑》第11辑，河北人民出版社1983年版，第93页。

据事实调查，制订实施"四大教育"（文艺教育、生计教育、卫生教育和公民教育）计划，将实验成果制度化，然后进行普及推广。① 先后试办平民图书馆、阅报所，创设卫生教育部、艺术教育部等，成效明显，并对全国的平民教育运动产生积极影响。北京、江苏、浙江、广东、江西、河北、奉天等省相继成立"平民教育促进会"，平教会编订之《平民千字课》，"不过十个月工夫，已推行到二十省区。现在受这种教育的人，已经有四十万之多"②。

华北事变后，平教会所在河北实验区的局势日益紧张，从1936年开始，平教会的工作重心逐步南移，先后在湖南衡山县、四川新都县开始乡村建设的实验工作，"抗战教育"成了这一时期乡村建设的主要任务。然而，随着战争的不断扩大，平教会于1939年年初迁到抗战大后方的中心城市——重庆。在渝期间，平教会成立中国乡村建设育才院，并得四川省政府的支持，筹办璧山实验区，作为乡村建设育才院实习场所。抗日战争胜利后，平教会得到了南京国民政府的批准及美国国会的援助，把实验场所扩大到四川省第三行政督察区，创建华西实验区。该时期，平教会不仅注重乡村的经济建设，还提出教育与经济相支持、环境保护、节制生育等这些贴近实际，并具前瞻性的思想。1950年，平教会停止活动，虽然未能实现通过平民教育来达到国家富强、民族独立的愿望，但是它在中国平民教育特别是乡村教育发展上所做的贡献是值得我们肯定的。

二 清末民初教育团体的功用

清末民初，由于国家贫弱、社会动荡，在推行新教育的过程中，政府力量有限，无法离开民间力量的大力支持。在此情况下，从清末萌生并日渐壮大的教育团体在中国教育改革中发挥了重要作用，它们以促进教育发展为宗旨，凝聚各方力量，调查研究、引进新知，大力改革旧教育、实践新教育，对中国近代教育的发展起到强有力的推动。

（一）凝聚民间各种办学力量

清末教育团体的产生即深受"合群"思想的影响，而当教育团体这

---

① 王炳照、田正平主编：《中国教育思想通史》第6卷，湖南教育出版社1994年版，第317页。

② 《陶行知全集》卷1，湖南教育出版社1984年版，第459页。

个平台搭建好之后,其凝聚民间办学力量的功能就得到充分发挥,把分散的游离于社会中的各种办学资源聚合在一起,为中国的教育近代化提供能量支持。

以清末江苏教育总会为例,该会自成立以后,其麾下集结了各类群体中的优秀分子,他们是总会活动与地方兴学的保障。第一部分是从传统营垒中分裂出来的士绅知识分子,如张謇、王同愈、唐文治、沈恩孚、袁希涛等人,他们有传统的功名和显赫的社会地位。他们在近代西化大潮中及时醒悟学习西方、变革教育对国家存亡的重要意义,挺身而出,致力于新式教育的开展和成长,发挥了相当重要的作用。此外,士绅群体其财力相对也较为丰厚,更不用说诸如张謇这类投身实业的绅商,他们对总会及地方办学往往都倾赏相助。第二部分是清末的留学归国人员,主要是清末留日大潮中在日本接受中高等教育的人员,他们在国外深受社团氛围的熏陶,回籍后许多人都纷纷加入教育团体,成为总会中的活跃成分。第三部分是新式教育的管理者和直接参与者,如劝学所总董、学校校董及各级视学、教员等,他们是地方学务的一线人员,是总会各种新举措的有力执行者。

江苏教育总会成员构成的多元性,可从1907年的会员情况统计中得以深切印证。会员中至少有举人18人,进士2人,监生、贡生等125人,留学归国人员21人;有翰林院编修、内阁中书、中书科中书衔者22人,其他热心教育之在任、候补、前任官员124人,各学堂监督25人,劝学所总董、学校校董及各级视学、教员等69人。①

(二) 传播国外先进的教育理论与方法

中国近代教育改革全面启动之际,国内缺乏完整的富有体系的新教育理论,向国外学习,并借鉴他国先进之理念与方法是中国发展新教育的必要途径。清末民初的教育团体对此非常重视,首先它们积极派人出洋考察,引进新的教学方法。面对中国受教人数多、师资弱、经费少的状况,1909年江苏教育总会选派在小学教育已有办学经验的杨保恒、俞子夷、周维城三人赴日本考察②,在日本的三个多月,他们发现"单级教授法"③ 符合

---

① 刘正伟:《督抚与士绅:江苏教育近代化研究》,河北教育出版社2001年版,第333页。
② 江苏省教育会编:《江苏省教育会二十年概况》,江苏教育出版社1925年版,第3页。
③ "单级教授法"是清末从日本输入的一种教学组织方法,即把不同年龄、不同程度的若干年级的学生组织在同一教室,由同一教员加以教授。

中国的实际需要，遂将其介绍回国。1909年6月，江苏教育总会邀集部分会员及学界人士在沪开谈话会，杨保恒等三人在会上详细说明了日本单级教授的有关情况，令与会者大开眼界，听者"久无倦容"、"皆服三君演讲确有心得"[①]。1909年8月，江苏教育总会在上海正式创办单级教授练习所，延请杨保恒等为讲员。民国成立后不久，江苏省教育会又有派俞子夷、陈容和郭秉文赴欧美考察教育之举。此后有越来越多的教育团体派专员出国考察教育，这有助于开阔教育家的眼界，使他们在中西文化的宏观比较和研究中，考虑中国教育发展的方向和出路。

其次，教育团体还邀请国外教育家来华讲学。1919年江苏省教育会、北京大学、中华职业教育社、南京高师和尚志学会的联合邀请下，美国著名教育家杜威在华做了两年多的讲学，足迹遍布14省，巡回演说近200次，宣扬了实用主义教育思想。继杜威之后，中华教育改进社又先后邀请了罗素、孟禄、推士、麦柯尔、柏克赫期特、克伯屈等人来华，或进行实地的教育考察与指导，或致力于科学教学法的引入与改良。

最后，积极译介西方先进的教育理论。1918年年底成立的新教育共进社就是一个专门从事翻译介绍西方教育理论的教育团体。"欧战既告终止，此后立国以学术为基础。教育同人慨吾国学术之堕落、著作之缺乏，以编译东西洋学术著作为必不可少之举。本会于七年十二月联合国立北京大学、南京高等师范学校、'国立'暨南学校及中华职业教育社，发起组织新教育共进社，专事编译新教育丛书及新教育月刊。"[②] 中华教育改进社之机关刊物《新教育》则成为宣扬美国教育思想、理论的阵地，刊中文章涉及美国高等教育、教育会社、教育管理、教育政策等方方面面。

（三）推动教育思潮与教育改革

教育思潮通常指"流行一时的、反映了一定阶级、阶层或社会群体利益要求和普遍心理的教育思想潮流"[③]。它是影响教育发展方向和推进教育改革发生的重要因素，甚至是直接的动力。

1922年黄炎培曾在《中华职业教育社成立五年间之感想》一文中谈

---

① 江苏教育总会编辑部：《江苏教育总会文牍》四编丙，中国图书公司1909年版，第110、120、125页。

② 朱有瓛等编：《中国近代教育史资料汇编·教育行政机构及教育团体卷》，上海教育出版社1993年版，第308页。

③ 董宝良、周洪宇：《中国近现代教育思潮与流派》，人民教育出版社1997年版，第2页。

道:"凡一学说、一制度之提倡,非人能倡之,盖时势所迫,查其需要之故在,而为之振导,未几推行全社会。而其推行之迟速,一视乎社会相需缓急之程度如何,振导者积极地进行之精神与消极地排除障碍物之能力如何。"① 即一种有生命力的教育思潮的形成、发展,不仅需要有深厚的社会基础,同时也需要提倡者积极努力,才能取得成效,客观需求与主观人为两者缺一不可。有学者认为,教育流派是教育思潮的倡导者和推动者,而教育流派则是在一定历史时期内某种倡导具有相同或相近的政治倾向的教育理想的教育工作者,为提倡和推行某种教育主张而形成的教育派别。② 按此理解,几乎每一个教育团体就代表着一个教育流派,团体中的成员为宣扬共同提倡的教育思想,积极奔走,在得到人们的广泛响应后,从而形成各种教育思潮。从这个意义上说,教育团体是教育思潮的积极传播者。

纵观清末民初,许多教育思潮的背后都存在相应的教育团体。如职业教育思潮对应着中华职业教育社,美感教育思潮对应着中华美育会,实用主义教育思潮对应着中华教育改进社,科学教育思潮对应着中国科学社,工读主义教育思潮对应着工读互助团,平民主义教育思潮对应着中华平民教育促进总会、平民教育社、北京大学平民教育演讲团,国家主义教育思潮对应着国家教育社,等等。可以说,这一时期的教育思潮与教育团体之间存在着密不可分的联系,教育思潮的产生促成了教育团体的建立,教育团体的建立,则进一步促进了教育思潮的高涨,教育团体在某种程度上充当了教育思潮的载体。正是由于教育团体中有识之士的提倡和推动,才会有这一时期教育思潮如雨后春笋般的局面。

(四) 促进各类教育事业的发展

清末民初教育团体的相对独立及其积极主动的特性,使得它们成为民间兴学的最重要力量。正是通过各种教育团体不遗余力的宣传和倡导,身体力行的试验和推行,才直接推进了这一时期各类教育事业的起步和发展。它们涉及了普通、师范、专门、社会教育,从更细的类型来看,诸如女子教育、幼儿教育、法政教育、科学教育、平民教育等。此时期的教育会通常都会针对不同的类型设置相应的部门、研究会,或是开办该教育类型的学校。如江苏教育总会就先后成立了法政研究会、小学教育研究会、

---

① 黄炎培:《中华职业教育社成立五年间之感想》,《教育与职业》1922 年第 35 期。
② 董宝良、周洪宇:《中国近现代教育思潮与流派》,人民教育出版社 1997 年版,第 2 页。

师范教育研究会、幼稚教育研究会、通俗教育研究会等①;福建教育总会则开设了教育讲习科、女子职业学校、幼稚园、宣讲所、音乐讲习会等②。其他的教育团体,如中国科学社的成立有效地促进了科学教育的发展,中华平民教育促进会则推动了平民教育和农村教育事业的进步。

民国以后,众多教育团体还倾力于职业教育,推动了职业教育的大步跃进。江苏省教育会为唤起民众对职业教育的重视,该会多次举行讲演会、报告会,请有关人士讲演职业教育的诸多问题。1917年召集会议,邀请陈筱庄、郭鸿声、张绥青等人报告国外职业教育考察情况。1916年9月特别附设了职业教育研究会,专司职业教育的宣传、推广和具体实施工作。全国教育联合会主要是通过向教育行政机关提交议案的形式来关注职业教育,它代表着全国教育会的意见,因而具有很大的影响力,如1917年10月通过了《职业教育进行计划案》,1918年10月通过了《拟提倡职业教育意见书》等,极力敦促教育部尽速推广职业教育。此外还出现了诸如中华职业教育社之类以发展职业教育为主要目的的教育团体,在宣传和推动职业教育方面,更可谓是义无反顾、竭尽全力。③

(五) 完善了中国的教育制度

教育制度通常是指"一个国家或地区发挥教育职能的所有机构组成的体系,一般而言,包括学校教育系统和校外教育机构"④。清末民初的教育团体积极探求中国教育的革新道路,在中国教育制度的建立和完善中起到过非常重要的作用。从学校教育系统即学制的演变可以得到清晰的体现。

1904年颁布的《癸卯学制》是近代中国第一个付诸实施的学制,因为是第一部,所以无现成经验,多参照日本的教育制度,再加上制定者认识的局限性,为此其还存在诸多弊端。1909年,江苏教育总会对此提出批评,认为《癸卯学制》存在"初等教育年限太长""初等小学读经讲经课程太多""初等小学科目总量太多"⑤ 等问题,并要求改革学制,这对

---

① 朱有瓛等编:《中国近代教育史资料汇编·教育行政机构及教育团体卷》,上海教育出版社1993年版,第298—299页。
② 福建教育总会编:《福建教育总会一览》,福州利福有限公司印1910年版。
③ 张伟平:《教育会社与中国教育近代化》,杭州大学出版社2002年版,第135—139页。
④ 田正平编:《中国教育史研究·近代分卷》,华东师范大学出版社2001年版,第255页。
⑤ 张伟平:《教育会社与中国教育近代化》,杭州大学出版社2002年版,第177—180页。

清政府的教育决策产生了一定影响。清学部开始对《癸卯学制》重新审视，并承认："近年以来，稽各省册报，揆地方情形，大抵都会城镇设立初等小学堂尚多，乡僻之区学堂盖寡，即小学简易科亦复寥寥"①的状况，与学制规定的初等小学年限过长、学科过繁、授经时间过多是不无关系的。进而学部公布了一个"变通初等小学堂章程"的方案，对《癸卯学制》做出相应的修改。

南京临时政府成立后，在推行一系列的政治革新的同时，在教育上也进行了大量的改革，并于1912年颁布了《壬子学制》，其后至1913年8月，又相继出台了多项教育规程，对《壬子学制》作了一些修改和补充，从而形成了一个更为完整的学校教育系统，即《壬子癸丑学制》。然而随着时间的向前推移，一项制度的缺陷也日益暴露出来，1915年在全国教育会联合会的首届年会上，湖南教育会就指出《壬子癸丑学制》"仿自日本，数年以来，不胜其弊"②，提出修订学制的主张。全国教育会联合会从1920—1922年召开的三次年会也都紧紧围绕学制系统改革问题，几经商讨、修改，最终形成了《学制系统草案》，在此基础上，北洋政府于1922年公布了《学校系统改革案》，这就是近代影响深远的《壬戌学制》。

总之，在清末民初这个社会急剧变革之时代，发展新教育是人们挽救国运、振兴民族寄予的一剂良方，在教育前进的道路上，政府、民间都贡献了自己的力量，教育团体亦是其中一个极为重要的角色。它们凭借自身有利的平台，为教育发展凝聚力量，重视中外教育交流，引进西方先进的教育理论，促进人们教育思想观念的更新及教学方法的改良推广，推动学制改革和各项教育事业的发展，从而加快了中国教育近代化的进程。当然，这一时期的教育团体并非完美无缺，也存在着自身的局限性。例如限于当时的主客观条件，部分团体的活动存在着宣传主张多而具体实践不足的缺憾；它们关于教育的各种设计也多因时局的制约而被搁置；在具体的教育实践过程中由于受急于求成心态的支配，也犯过全盘接受、照抄照搬外国教育模式，未能很好与中国教育实际相结合的错误。但瑕不掩瑜，清

---

① 《学部奏酌拟变通初等小学堂章程折（并单）》，转引自张伟平《教育会社与中国教育近代化》，第181页。

② 朱有瓛主编：《中国近代学制史料》第3辑（上册），华东师范大学出版社1990年版，第54页。

末民初教育团体的历史作用是值得我们充分肯定的。

第二节　中华职业教育社与中国近代职业教育的发展

中华职业教育社（以下简称职教社），是近代中国第一个以研究、提倡、实验、推广职业教育为职志的民间教育团体。[①] 1917 年 5 月，为解决教育与社会脱节、求学与服务脱节的矛盾，沟通教育与职业的联系，使教育与经济发展和社会需要相适应，黄炎培联络教育界、实业界著名人士蔡元培、蒋梦麟、陈嘉庚、张謇、宋汉章等 48 人发起成立了中华职业教育社，社员主要由"办理职业教育者、有志研究职业教育者和热心提倡职业教育者"组成。该社成立后，通过开展职业教育调查与研究、创办中华职业学校、试办职业指导、刊行《教育与职业》杂志、出版书籍等方式，有力地推动了中国近代职业教育的发展，并在长期的教育实践中，逐步形成了以职业学校教育、职业补习教育、职业教育理论研究、职业指导、职业介绍等为主要内容的职业教育体系，为中国近现代职业教育体系的建立做出了巨大贡献。

一　开展职业教育调查与研究

开展职业教育的调查与研究是职教社一贯秉持的良好传统，也是职教社办理职业教育的一大特色。职教社的创始人深知教育与社会实际脱离造成的弊害，因此始终把社会调查与研究作为办理职业教育之首要任务。黄炎培等在中华职业教育社成立宣言中书引美瑟娄博士的话说："苟与我六十万金办中国职业教育，我必以二十万金充调查费。"黄氏等认为："夫职业教育之目的，一方为人计，曰以供青年谋生之所急也；一方又为事计，曰以供社会分业之所需也。然则今时之社会，所需者何业？某地之社

[①] 教育团体是指对教育有着共同趣向的人们以一定的形式结集而成的组织，其以从事教育活动、开展教育学术研究等为核心工作。一般认为，中国近代教育团体肇始于 20 世纪初，盛行于二三十年代。1902 年 4 月，由蔡元培、蒋智由、叶翰、王季同等发起的、成立于上海的中国教育会是中国近现代教育团体正式产生的标志。此后，各级各类教育团体相继出现，其中最具影响力的当属全国教育会联合会、中华职业教育社、中华教育改进社、中华平民教育促进会、江苏省教育会等。各级各类教育团体既是教育先驱者实践自己教育主张以促进教育现代化的重要依托，又是他们聚ർ各种社会力量共图教育之振兴的主要阵地，在推动我国近代以来教育水平的提高和教育事业的发展以及使教育逐渐成为社会共同关心的事业等方面发挥了重要作用。

会，所需者何业？必一一加以调查，然后立一校，无不当其位置；设一科，无不给其要求；而所养人才，自无见弃之患。"①

职教社的调查工作以通信和实地访问两种方式进行。调查的内容包括调查现行教育之状况，调查职业界之状况，调查社会百业供求之状况，调查学校毕业生之状况，调查各地已办职业教育之状况等。②

据统计，职教社成立的第二年，就实施调查计49次：其中调查公司厂店21次，已办职业教育之各学校12次，小学校学生父兄职业3次，物价、工价13次。成绩报告书22通（分载丛刊、杂志及《申报》、本社通信），最近十年间上海物价、工价表各一纸，上海西南区小学校学生父兄职业表一纸。③职教社成立后的五年间，先后派若干人员前往马来群岛考察；派章慰高分赴江苏、浙江、安徽和江西四省调查职业学校，历时59天，所至地19处，所观校74所。受上海商业补习教育会之委托，由黄君炎培偕杨瑞生、刘树梅赴镇江、扬州、南京三处，调查商业教育。此外，职教社还派人调查全国职业学校概况、全国职业学校毕业生状况，全国职业教育图书等。④

职教社在进行社会调查与实地考察的同时，还特别注重对调查所得的信息加以分析、研究。职教社成立的第二年，即1918年7月就成立了研究部，职员15人，均为社员中有志研究职业教育者，公推顾树森为研究部主任。研究部之主旨是"研究关于职业教育上种种问题以及实施之办法"，具体内容包括职业教育的理论研究与实施方法的探讨两方面。其中，理论研究以"职业教育正确之解释""职业教育设施之范围""职业教育上疑难问题"等为中心；实施方法的探讨则包括"实施职业教育前各种调查之方法""职业陶冶实施之方法""职业教科材料之调查与支配"以及"其他关于职业教育实施之事项"。⑤ 研究方法主要采用通信研究和集会研究。"研究的工作虽不像实验工作那样有规模，但亦都有具体的结果，特别是与编辑结合起来。"⑥

---

① 《中华职业教育社创立宣言书》，《教育与职业》1917年第1期。
② 《中华职业教育社章程》，《教育与职业》1917年第1期。
③ 《本社第一年度办事概况》，载《教育与职业》1918年第7期。
④ 《中华职业教育社第五年度社务报告》，《教育与职业》1923年第36期。
⑤ 《中华职业教育社研究部简章》，《教育与研究》1918年2月第4期。
⑥ 何清儒：《历年来的研究和编辑》，《教育与职业》1947年第202期。

据上述可知，职教社的调研活动并不是拘囿于上海一隅，而是关注到了整个中国的职教领域，通过对全国职教事业的调查，对所搜集、征集到的各种信息、数据资料进行分析与研究，从而将一系列来自实践的感性经验加以理论化、系统化，复归于实践之中，以达到指导规范全国职教事业发展的目的。

不仅如此，职教社还主动担负全国职业教育事业的联络之责。职教社成立后的第一年，就在北京及江苏之靖江、金坛三处设立了通信处，济南与南昌也在议设中。全年度计收到函件450件，发出7434件。① 自1921年起，职教社"在国内通都大邑暨南洋华侨众多地方与其重要新闻纸一家，举办特约通讯"，"已确定者有二十七处"②。1921年8月17日职教社利用召开年会之机，发起成立全国职业学校联合会，中华职业学校为值年主席，先后加入共计48校。从1922年起，每年举行一次的年会与职教社年会合并召开，职教社成为当时"公认的职教司令部"。③

1922年2月1—7日由职教社与全国职教联合会筹办，在上海组织了第一届（东部）职业学校出品展览会，有8省50校参展，共分12个陈列室，分别有金工部、木工部、藤竹工部、农林水产部、农产染织与商业化学工艺部、女子工艺部、儿童保育部、家庭卫生与家庭参考书部、家庭衣食住部等，展出品3039件，参观者达10468人。此次展览会称得上是"中国破天荒之职校出品展览会"。时人评述其意义曰："一有教育的价值：有创作精神；有美术观念；技术上之改良。二应社会之需要：增裕生计，有益社会。"④

1923年8月，职教社联合全国职业学校联合会又在北京举行了第二届（北部）职业学校出品展览会，1924年7月举行了第三届（西部）职业学校出品展览会。此后，职教社与全国职校联合会之年会及职教展览会均同步进行，成为当时职教领域中全国性的一项重要内容，对扩大职业教育的社会影响，推进全国职业教育的发展起了积极作用。诚如黄炎培所说："本社成立之初年，仅有社员七百八十六人。至第二年而约增一半，至第三第四年而又约增一半，至第五年终，共得四千八百十二人。占籍殆

---

① 《本社第一年度办事概况》，载《教育与职业》1918年第7期。
② 《中华职业教育社第五年度社务报告》，《教育与职业》1923年第36期。
③ 黄嘉树：《中华职业教育社史稿》，陕西人民教育出版社1987年版，第44页。
④ 黄炎培：《第一届职业学校出品展览会之所得》，《教育与职业》1922年第34期。

遍于全国各省区，而又远及于我国商人所侨寓之南洋群岛，留学生所在之英美德法日本，可知赞成研究职业教育之日众。"①

二 创办中华职业学校

职业学校是职业教育的主要载体。近代以来，但凡经济发达的工业国家，无不投以巨大的财力人力创办专门的职业学校，中华职业教育社创始人深谙此理。为大力推广、实施职业教育及实地研究起见，由议事部议决，职教社于1918年在上海创办了中国第一所正规的全日制职业学校——中华职业学校。该校将提倡职业教育、沟通教育与职业作为其办学宗旨。其《设立之旨趣》曰："鉴于我国今日教育之弊病在为学不足以致用，而学生之积习尤在鄙视劳动而不屑为，致毕业于学校而失业于社会者比比。根本解决，惟有提倡职业教育，以沟通教育与职业。……故特设此职业学校。"该校之办学主旨在于"一方面在使无力升学之学生得受适切之教育，以为职业之预备；一方面在辅助各种实业，以增进其生产能力。"是故，职教社为其制定的教育方针即是：注意知识教学的"精密正确"，以能"达于应用"；"注重实习"以训练"纯熟之技能"；注重学生自治以期有"善良的品行"；注重"创设新业、增进生产之能力"的养成，以培养"各种工厂职工或技师和能以一艺之长自谋生活之善良之公民"②。

考虑职业学校的人才培养必须与经济社会挂钩，职教社创始人将职业学校设在上海也是独具用心的。职教社创始人认为："现今世界各国，各种工艺之进步，实业之发达，恒视职工程度之高下为比例。上海为通商大埠，工厂林立，实业机关需材孔亟，苟无相当学校为之特别训练，恐难得适宜之人才，即实业亦未易有发达之希望。"又因为"一地之治安恒与其居民之恒业有密切之关系。上海市西南一带贫苦无业者多，苟无相当学校预为培养其子弟，恐失业者将接踵而至。故特设此学校于上海市之西南区"。至于学校拟开设的科目，亦经过慎重的调查与研究。"就其邻近国民学校调查其学生父兄之职业，凡学校六，学生九百三十六人。统计结

---

① 黄炎培：《中华职业教育社成立后五年间概况》（1922年），《教育与职业》第3卷第11册。
② 《中华职业学校设立之旨趣》，中华职业教育社编：《社史资料选辑》第3辑（内部资料），1982年，第9—10页。

果，重要而最多者为铁工，次为木工。故职业学校即以铁工木工为主科，而附以其他职业科。"① 其后，为适应市场需求，满足社会的实际需要，学校又先后开设了珐琅（即搪瓷）和纽扣等学科，且附设相应的珐琅工场和纽扣工场，以培养相应的职业技术人才。从1919年起，学校又设置了留法勤工俭学科、职业教员科、职业师范科、文书科及机械制图科、商科、土木科等学科，还举办了多种形式与各种类型的职业补习学校（夜校、晨校、日班、午班学校、星期日班与函授等）以及艺徒训练班所学科目如打字、簿记、速记、会计、珠算、保险、书法、新闻、制图等各种职业知识与技能的成人补习教育。

针对学生鄙视生产劳动的实际情况，学校在课程的具体设置上特别注重劳动和实习。学生入学后一律要填写誓约书，第一条就是"尊重劳动"。学校将"劳工神圣""双手万能""手脑并用"作为办学方针，以"双手万能"的符号为校徽、校旗以及学校工场产品的商标，校歌中即以"用我手，用我脑"作为中华职业学校的金科玉律。学校的创始人黄炎培还亲书"劳工神圣"匾额悬挂于中华职业学校的礼堂。同时，学校章程明文规定："学生除半日工作外，凡校内一切洒扫清洁招待等事，均由全体学生轮值担任。"② 学校不用一名校役，而是采用学生自治的办法管理学生生活，以培养学生的社会活动能力和自治、自律的能力，养成良好的劳动观念和劳动习惯。在教学中，"生徒半日授课，半日工作，务期各种技能达于熟练"③。各种课程每周所安排的实习时间与授课时间相等，均为24小时。所聘用的教师则注重选拔教授与经验并重者，如若不能得，则毋宁聘有职业经验者。此外，学校还开设银行、商店、实习工场供学生用，同时与社会相关单位建立固定的联系。在招生方面，主张尽量招收家长有某方面职业经历的学生入相应学科。对于学生学业考核，学校还有一条特别的规定：学生修业期满后只发修业证书，必须在工作单位实习一年并考察合格后，再发给毕业证书。学校在注重培养学生职业知识技能的同时，还强调学生优良职业道德的养成，要求学生具有"金的人格，铁的

---

① 《中华职业学校设立之旨趣》，中华职业教育社编：《社史资料选辑》第3辑（内部资料），1982年，第9—10页。
② 黄炎培：《学生自治号发行的旨趣》，《教育与职业》第16期。
③ 《中华职业学校设立之旨趣》，中华职业教育社编：《社史资料选辑》第3辑（内部资料），1982年，第9—10页。

纪律"。

中华职业教育社通过举办职业学校，既能以此实践职业教育理论，又可在实践中检验和进一步完善、发展职业教育理论，实为推行、改善职业教育的一项重要措施。而中华职业学校则在办学方针、教学原则乃至课程构架诸方面为近代各种职业学校的运作提供了可资借鉴的范例，为后来各种职业学校处理其与社会需要的关系、书本知识学习与技能技巧培养的关系等问题提供了宝贵的经验。

三 刊行《教育与职业》杂志与出版书籍

为了宣传、推广职业教育，职教社通过刊行杂志、出版书籍等方式，让世人了解、接受职业教育，使得"职业教育一时成为新的风尚"①。

1917年10月职教社创办了《教育与职业》刊物，其以"研究及沟通教育与职业之关系"为宗旨，编辑旨趣包括五大类：征集专家对于职业教育各问题之意见言论；博采国内外各种职业教育状况与农村问题、劳工问题、合作事业及派员实地调查之报告；辑译西方科学新发明学说；注意平民经济问题之调查研究以期对平民职教之参考；沟通社员之声气以资事业之联络。《教育与职业》是当时国内唯一的负有专门讨论职业教育之责的刊物，因而"所负的使命，极为重大"。截至1949年12月，该杂志共发刊208期，合203册（其中133—135期、187—188期、189—190期、205—206期合期发行），刊载各类文章3139篇②，涉及的内容有专题的讨论，有研究的报告，有外文的译述，有教材的供给，有人物的叙述，有书报的介绍，有职教的消息。其中，介绍国外职业教育的文章有685篇，约占总数的22%。涉及41个国家，18个门类。③ 除了译介国外有关职业教育的文章外，《教育与职业》更多的是刊载职教社成员的文章，如邹恩润《职业教育范围之研究》（第86期），黄炎培《怎样办理职业教育》（第107期），刘湛恩《美国职业教育之原则》（第87期），程时煃、钟道赞《职业教育之理论与实施》和黄炎培《我来整理职业教育的理论与实施》

---

① 黄炎培：《中华职业教育社奋斗三十二年发见的新生命》，《黄炎培教育文集》第4卷，中国文史出版社1995年版，第224页。

② 罗银科、曲铁华：《〈教育与职业〉杂志与国外职业教育介绍》，《四川师范大学学报》（社会科学版）2012年第1期。

③ 同上。

(第100期)、陈选善《心理测验与职业指导》(第106期)、陈选善译《职业指导的趋势》(第112期)等颇具影响力。所有这些文章,"对于提倡、推进、研究、实施职业教育,贡献极大"①。由是观之,《教育与职业》不仅是职教社引入、介绍西方发达国家职业教育理论与经验的重要阵地,而且也是职教社热衷于职业教育人士探讨中国特色职业教育理论的一方园地。正是通过这些研究文章,职教社成员各抒己见,逐渐形成了对职业教育的目的、方法等理论方面的共识,为建构近现代中国特色的职业教育体系打下了扎实的基础。

编辑出版也是职教社的一大贡献。编辑工作最初由邹恩润先生负责,出版的著作不下数百种。先是译述并征集多种关于职业指导、职业心理和职业教育的专著,影响较广者有邹思润编译的《职业教育研究》,廖世承等编的《中国职业教育问题》以及顾树森的《德美英法四国职业教育》,陆规亮的《职业实验谈》,邹恩润的《职业知能测验法》和《职业心理学》,吴友孝的《职业性能测验说明》,高祖武《工业心理学浅讲》,熊子容《职业教育》等。先后选编刊行的《实施职业教育要览》《职业教育之理论与实际》《职业教育名词简释》等著作,所有的出版物,最终由商务印书馆刊为职业教育丛书,"对于国内的参考,贡献极大"②。后来,为职业指导的应用,职教社又编辑职业概况丛书三十余种,每册叙述一种职业,供青年择业和就业的参考。③ 其中,邹恩润的《职业指导》,庄泽宣的《职业指导实验第一辑》,郎擎霄的《职业指导大纲》,潘文安等编辑的《职业指导实施要览》《职业指导ABC》等在当时实施职业指导发挥了重要作用。

职教社成员们的著书立说,对于消除当时社会普遍存在的对职业教育的偏见,帮助人们树立对职业教育的正确认识,进而提高职业教育的社会地位,扩大职业教育的影响,推进职业教育的发展,无疑都具有深远的影响。

四 试办职业指导

中华职业教育社从其成立之日起,本着"使人人有业,使人人乐业"

---

① 何清儒:《历年来的研究和编辑》,《教育与职业》第202期,第6—7页。
② 同上。
③ 同上。

的宗旨，就对职业指导工作倾注了大量的精力，将职业指导视为沟通教育与社会，实践职业教育的一个主要途径。在中华职业教育社看来，职业指导不仅是职业教育的重要组成部分，甚至是"职业教育的先决问题"。黄炎培认为："大多数青年不论男女，到了十四五岁，自然会想到将来的生活寄托，就是择业问题。教育在这个时候，就应该用种种方法明示或者暗示各种职业的意义价值和从业的准备等等，使得每个青年不要走向和他天性或者天才不相近的道路。这就是就业指导。"① 为此，职教社于1919年10月于《教育与职业》第15期特辟"职业指导专号"，刊登了邹恩润、顾树森、王志莘、廖世承等人的文章，对职业指导的目的、内容、意义、作用以及实施方法等进行了介绍和探讨。同时，又组织人员编译了国外职业指导方面的许多著作②，如《职业指导》《职业陶冶》《职业智能测验法》《职业自审表》等，向世人介绍世界各国对在校中小学生进行职业指导的基本情况相关经验，以此唤起社会对职业指导的重视，对当时的职业指导的具体实施也提供了一定的参照。

1920年职教社正式创办职业指导部。黄炎培在《创设职业指导部宣言》中进一步强调了职业指导的重要性。他认为：职业教育的最终成效体现在社会能否"量才用人"，择业者能否找到理想的职业。如果"社会上各种职业需要的人才和各人的体力、学业、品性、能力不相谋合，非但两方面都感不便，都受损失，就是于社会生计、国民经济，也要受到很大的影响"。因此，"实施职业教育的人，应该想一个法子，预先去指导他；凡是关于社会的生活，职业的种类，职业界需用人才的标准，以及学徒自己的体力、学业、品性、能力各方面，都应该使他们注意做他们将来选择职业时候的参考资料。那么，他们决不会误选了职业，以致常常要想改变，也不会用非所学，枉费精神了"③。

由此可见，黄炎培的职业指导的依据是立足于"职业心理"和"社会状况"两方面的。在黄炎培看来，职业具有"外适于社会分工制度之需要，内应天生人类不齐才性之特征"，职业教育不仅需要供求相济，而

---

① 田正平、李笑贤编：《黄炎培教育论著选》，人民教育出版社1993年版，第378页。
② 职业指导（包括职业心理）方面的书籍，是职教社成员在译介国外职业教育方面的书籍比例最大的，共计176篇，占27.5%。参见罗银科、曲铁华《〈教育与职业〉杂志与国外职业教育介绍》，《四川师范大学学报》（社会科学版），2012年1月。
③ 中华职业教育社编：《社史资料选辑》第3辑（内部资料），1982年，第11—12页。

且要求才性相近，一个人如能选择与其才性相当的职业，就社会经济而言"不晓得增加多少效能"，就个人生活而言"不晓得有多少快乐"。① 因此，"苟社会分工制度一日不废，而人类天生才性一日不齐，职业指导虽永远存在可也"②。为了使每个人的个性与职业相匹配，黄炎培对职业心理进行了研究和测试，1922年8月17日，职业指导部委员会在开会之际试演中华职业学校仿制德国职业心理测验器，包括有目力测验、手力测验、手眼测验、速率辨别等器，运用于当年暑假招生。通过职业心理测试器，测出"一种与他最相当的职业，然后给他入那种学科"，指导学生分科择业，从而使职业指导更具科学性。

基于上述认识，职教社于1927年9月在上海成立了中国第一个职业指导所，就学生的升学、择业等具体问题开展了大量的指导工作。据统计，仅在其成立至1929年年初这一年多时间内，负责该所事务的中华职业教育社人员就组织进行了各种职业谈话1521人次；向学校、机关、工厂、商店等机构介绍203人次。至1931年，该所共接待了26740人次。与此同时，职教社还与南京、重庆等地青年会联合设立职业指导所，在当地展开了大量的职业指导活动。③

中华职业教育社通过上述种种职业指导活动，扩大了职业指导在社会上的影响，在帮助广大青年选定修学的方向，尤其是指导职业学校学生选择专业、适应未来职业需求方面发挥了较好作用，所积累的职业指导的经验，为教育界的职业指导工作提供范例，对今天的职业教育也有借鉴意义。

五　结语

中华职业教育社在其成立后的几十年实践中，通过不遗余力地宣传和倡导、身体力行地试验和推行，直接推进了中国近代职业教育的发展和中国特色的近现代职业教育体系的建立。据1925年12月职教社发表全国职教机关统计，职业学校包括旧制甲乙种实业学校1006所，职业传习所176所。设有职业科之中学校42所。设有职业准备科之小学校41所，设

---

① 中华职业教育社编：《黄炎培教育文选》，上海教育出版社1985年版，第86页。
② 同上书，第81页。
③ 参见张伟平《我国近代职业教育发展探讨：教育社团的角色》，杭州师范学院学报（社会科学版），2002年7月。

有职业专修科之大学及专门学校77所,职业补习学校及补习科86所,职业教师养成机关8所,实业机关附设之职业教育机构18所,慈善感化机关所办之职业教育机构99个,军队职业教育机关4个,共1548所。① "全国职业教育机关的发达,非他种教育机关所能及。"② 与此同时,职教社成员在对职业教育的内涵、本质、原则、实施方法等方面进行的研究与实践中,逐渐形成了由职业学校教育、职业补习教育、职业指导等构成的较完整的职业教育体系。1922年11月,民国政府颁布的"新学制"——《壬戌学制》将职业教育正式列入学制系统。20世纪30年代,南京国民政府颁行了专门的《职业学校法》《职业学校规程》《职业学校补习规程》等。所有这些,都与职教社的努力分不开。

---

① 转引自王媛《近代中国职业教育的初期发展》,《成都大学学报》(社会科学版)2003年第2期,第85页。

② 舒新城编:《近代中国教育思想史》,吉林人民出版社2013年版,第153页。

第五章

清末民初女子职业教育

清末民初是中国女子职业教育滥觞与初步发展时期。在中国封建社会中,女子不享有受教育的权利。然而,自清末西学东渐、传教士在中国开办教会女学以来,尤其是甲午战争后,受西方教育的影响,以康梁为代表的维新派等迫于形势的发展,对女子教育进行了一定倡导。此后,女子受教育的呼声日益高涨,而要使女子完全解放,使她们摆脱昔日依附男子的桎梏,取得经济上的独立,就必须使她们学得一技之长。因此,设立女子职业学校最终成为女子解放的重要前提,女子职业教育体系得以初步建立,为以后女子职业教育发展铺平了道路,提供了可供借鉴的经验。

第一节 女子职业教育的历史发展

近代中国女子职业教育发轫于20世纪初,是在教会女学和清末女子教育的发展的基础上产生的。清末民初是中国近代女子职业教育发展的重要时期,女子职业教育经历了产生、初步发展到女子职业教育体系的正式确立的过程。

一 教会女学

在中国两千多年的封建社会里,女性处于社会底层,接受教育是男子的特权,广大妇女被排除在学校教育的大门之外,经济上无以自立,人格上无法独立,处于"伏子人也"的从属地位。在"男尊女卑""女子无才便是德"的封建礼教束缚下,女子被禁锢在家庭闺阁中,也就无所谓真正的女子教育。近代意义上的中国女子学校教育是以传教士开办女学为发端的。西方传教士认为，要使基督教进入中国家庭，使中国家庭基督教化，必须引导妇女皈依上帝，开展女子教育便是最好的手段。西方传教士们从在上帝面前人人平等和人道主义观念出发，谴责中国"不令妇女读书"是使全中国大半之人"尽成废物"，他们甚至认为妇女地位是衡量一个国家文明程度的标准，与国家的兴衰息息相关。① 在西方传教士的倡导和努力下，中国近代女子教育呈现勃兴势头。

学术界普遍认为，1844 年，英国伦敦"东方妇女教育促进会"传教士阿尔德赛女士（Miss Aldersay）在宁波创办的女塾是中国近代第一所女子学校，标志着中国女子学校教育的开端。② 其后，又有 11 所女子学校先后在福州、上海、香港等地开设。③ 著名的有 1850 年美国公理会传教士裨治文夫人于上海设立的裨文女塾、1851 年美国琼司女士在上海设立的文纪女塾（圣玛利亚女学校的前身，1881 年改为后名）、1853 年天津设立的淑贞女子小学、福州设立的福州女书院、1859 年福州设立的育英女书院等。第二次鸦片战争以后，随着口岸城市的增辟和教会势力的扩展，教会女校又从沿海发展到内地，数目急剧增加。截至 1877 年，在华基督教（不包括天主教）传教士共开办女子寄宿学校 38 所，学生 777 人；女子日校 82 所，学生 1307 人。④

教会女校为极少数中国妇女提供了难得的受教育机会。入学的女子十分珍惜这一不可多得的机会，勤奋学习，学成毕业后，或创办医院，或参与其他社会工作，为中国的近代化做出了不可磨灭的贡献。教会女校学生以其卓越超群的才智打击了当时中国社会普遍存在着的"女子不必受教育，并且以为不配受教育"的陈腐观念，这不仅为后来更多的中国妇女走出阁门、接受新式教育起了典型示范的作用，也为戊戌时期维新派宣传发展女子教育提供了现实基础和理论依据。

教会兴办女子教育，首开中国女子受教育之先河，在中国历史上是破天荒的事，在中国教育史上也是一大创举。它改变了中国传统的男尊女卑

---

① 王立新：《美国传教士——晚清中国现代化》，天津人民出版社 1997 年版，第 258 页。
② 1825 年在马六甲创设的英华书院虽然已经开始招收中国女生，但其"设在境外，充其量只能算是为华侨女子创办的学校"。（黄新宪：《中国近现代女子教育》，福建教育出版社 1982 年版，第 132 页）
③ 顾长声：《传教士与近代中国》，上海人民出版社 1981 年版，第 226 页。
④ 王立新：《美国传教士——晚清中国现代化》，天津人民出版社 1997 年版，第 226 页。

和禁止女子受教育的传统，冲击着中国传统女教，荡涤着几千年中国独有的残害妇女的陈规陋习，唤醒了女子自强自立的意识，促使部分妇女打破闺门禁锢，走进学堂，走上社会，从事文化、教育工作，投身于社会变革运动之中，成为新一代觉醒的自强、自立的女性。教会开办女子教育，催生了近代中国自办的女子学校教育。国人自办的女子学堂肇始于维新运动时期。

二 早期女子实业教育

1. 维新派创立的经正女学

教会女学的创办，在很大程度上冲击着中国传统女教，国内部分进步人士"鉴于泰西女学堂造就人材之盛""堂堂之中国，而无一女学堂"，他们开始探索创办中国人自己的女学。戊戌变法时期，维新派出于强国保种的目的而大力宣传兴办女学。康有为主张妇女不仅是受教育者，同时应是教育重任的担当者，他认为在小学院里，"司理及教者皆为女子，号曰女傅。所以用女子而不用男子者，以女子静细慈和、爱抚婴儿，而有耐性，有恒心，有弄心，而男子粗强好动，抚婴之性不如女子，又耐性弄性皆不如女子也"[①]；康有为赞美欧美各国"自由之风渐昌，平等之义渐出，女权日达，女学日明"[②]。梁启超也尤为重视妇女教育问题，指出："女学最盛者，其国最强，不战而屈人之兵，美是也。女学次盛者，其国次强，英法德日是也。女学衰，母教失，无业众，智民少，国之所存者幸矣，印度、波斯、土耳其是也。"[③] 他在著作《变法通议》中特地写《论女学》一章，提出"治天下之大本二：曰正人心，广人才。而二者之本，必自蒙养始；蒙养之本，必自母教始；母教之本，必自妇学始。故妇学实天下存亡强弱之大原也"。兴女学，乃中国当务之急！[④] 在极力鼓吹兴女学的同时，维新派还以"自强之图"为由，先后发起成立"不缠足会"、中国女学会，并积极筹办中国女学堂。

1897年，经元善夫人和女学会董事出面宴请"足以匡扶女学"的中外女士集议草拟女学堂章程事宜，并由梁启超为女学堂起草《倡设女学

---

① 康有为：《大同书》，邝柏林选注，辽宁人民出版社1994年版，第248页。
② 同上书，第239页。
③ 梁启超：《饮冰室合集·文集一》，中华书局1989年版，第43页。
④ 同上书，第37页。

堂启》和《女学堂试办略章》。1898年经康广仁、梁启超、郑观应等人积极筹备，由经元善主持的女学堂在上海城南（一说在上海龙华附近）落成。因为实际主持开办女学堂工作的是经元善，所以女学堂开办后也被称作"经正女学"或"经氏女学"。这是近代中国人自办的第一所女子学校，标志着中国近代新式女子教育的开始。

1898年4月12日，经正女学正式开学。初办时，只有邓宝莲、金兰贞、盛静英、经玉娟等学生16人，到第二学期增至20人。9月17日，经正女学又在上海城内淘沙场陈公祠内时化堂设立分校，到年终有20余名学生就读。由此之后，经正女学"声名鹊起，远方男女，亦愿担登负笈而来"，"海内贤士哲女闻风嘉许不乏其人"。1899年年初，学生增加至70余人。①

据《中国女学会书塾章程》载：经正女学以"专教吾华女子中西书史与一切有关实用医算乐律等学，采仿泰西、东瀛师范，以开风气之先，而复上古妇学宏观……以造就其将来为贤母、为贤妇之始基"为办学宗旨。在招生方面，招收8—15岁的良家少女入学。《女学堂章程》规定："立学之意义，力主平等，虽不必严分流品，然此堂之设，为风气之先，为他日师范所自出，故必择良家闺秀始足仪行海内，凡奴婢娼一切不收。"《章程》还规定：女学堂提倡放足，但因创办之始，风气未开，所以暂时凡有志来学的，无论已缠足和未缠足的，都可收下，几年后，凡是缠足的一概不收。② 在课程设置上，经正女学吸取教会女学课程中的精华，洋为中用。同时参照以培养"亦中亦西"人才为主的上海中西女塾的课程（主要有英文、数学、地理、天文、化学植物、动物、圣经，尤为重视英语及西方自然科学的学习）和以培养贤妻良母为宗旨的上海圣玛利亚女校的课程（主要有国文、女修身、历史、论语、孟子、地理、数学、圣经、琴学、纺织、园艺、缝纫、烹调等，优秀女生允许稍习英文）③，经正女学的课程设置则偏重于华文功课和中国传统教育内容，主要有女孝经、女四书、幼学须知句解、内则演义、十三经、唐诗、古文、

---

① 朱有瓛主编：《中国近代学制史料》第1辑（下册），华东师范大学出版社1986年版，第908页。
② 《中国女学会书塾章程》，《湘报》第64号。
③ 陈学恂：《中国近代教育史教学参考资料》（下册），人民出版社1980年版，第222—229页。

女红、针黹的基础上，添加英文、算术、地理、图画、医学、绘事、体操、琴学等。具体安排为：女红、绘事、医学，日习之；每旬逢三、八日，则由教习试课论说西学功课。于读书写字之暇，兼习体操、针黹、琴学等。在师资配置上，经正女学初聘教师四人，提调一人总管校务，中文教习二人，西文教习一人，都是女性。聘请美国监礼会教士林乐知的女儿林梅蕊为外文总教习，兼授英语、算术、地理、图画等课程。英国浸礼会教士李提摩太夫人被邀每月访问女校一次，查看学校情况。在管理体制上，经正女学"凡堂中执事，上自教习提调，下至服役人等，一切皆用妇人，严别内外，自堂门以内，永远不准男子闯入"，严防男女之嫌；同时借鉴教会女学的管理方法，如"秉贞母之赋""行端表正""防微杜渐"。①

为传播女学情况，中国女学会还创办了中国第一份女报——《女学报》。刊登了康同薇的《女学利弊说》、裘毓芳的《论中国创兴女学实有裨于大局》、刘纫兰的《劝兴女学启》等十余篇文章，从不同角度宣传"男女平等""施教劝学"。经正女学即以《女学报》为中文校刊，又创办英文月刊《中国女孩的进步》（The Chinese Girls Progress），并组织成立"中国妇女知识传播社"，以提高成年妇女的知识水平。

在理论的宣传和实践的影响下，苏州、松江、广东以及南洋新加坡华侨陆续兴起了中国自办女学堂。然而，维新派种下的这棵幼苗尚未来得及延根生叶，便被顽固派的血雨腥风所摧残。1898年9月的"戊戌政变"，"六君子"喋血都门，康、梁逃匿海外，光绪幽禁瀛台，维新呐喊顿时偃旗息鼓。一些女学的赞助者也都"噤若寒蝉"，"避如鼢鼠"。1900年中秋前后，经正女学因"力乏难支"② 而终止。至此，中国自办的第一所女学堂结束了两年多的步履蹒跚的历程。

经正女学虽然只开办两年，但是，作为中国人自办的近代中国第一所女学堂，经正女学打破了教会女学一统天下的局面，实践了维新派的开民智、图国强的女学思想，首开中国近代女子教育风气之先。从此，女子与男子一样享有受教育权，越来越多的中国女子走出家庭，走向社会，通过学习西方自然科学和社会科学，逐渐发展成为具有独立意识的职业妇女，

---

① 《中国女学会书塾章程》，《湘报》第64号。
② 《万国公报》光绪二十五年五月号。

成为有能力服务社会的有用之才。不仅如此,经正女学及后来中国人的自办女学都提倡禁止缠足,这对于动摇封建伦常观念、移风易俗进而推动妇女解放都具有极其重要的意义。可以说,经正女学在中国近代女子教育史上起到了筚路蓝缕的先锋作用,在我国妇女解放运动史上也是功不可没。

香港《循环报》称经正女学的开办为"善法",号召"合志筹款,设立女义学";《新闻报》也称经正女学为"中国二百兆坐食无能之妇女特开风气,诚善举也"。林乐知撰文高度评价经元善等人坚定不移地创办女学之举的同时,强调兴办女学于国于家的益处,"幸有诸君者起,毅然决然,独为其创。先就上海闺阁中著想,并为之筹措资斧。厘定章程,日夕不遑;苦心若揭。他日办有成效,各行省闻风兴起,十年乃字女学大成,相夫以齐家则贤妻而良友,训子以明德而慈母而严师;上之佐国家以育英才,下之式闺阃以端风化,凡此明效大验,悉原本于片念之肫诚,诸君之功垂不朽矣"。

当然,经正女学的局限性也是显而易见的。譬如:在教育目标和教学内容上,经正女学仍保留了大量的封建残余,并没有实现真正的"男女平权"。其教育目的是"启其智慧,养其德性,健其身体,以造就其将来为贤母为贤妇之始基",但出了校门,仍旧是相夫教子。课程中开设宣扬"三从四德"的《女孝经》《女四书》,而且是必修课。教学管理上,女学生入学,父兄须填写保单,保证该生"实系身家清白"。所聘请的教习,均为女性。女学校门仍是"男女授受不亲"的"仪门"。学生来源亦局限在"良家闺秀""高等闺媛"的范围,下层妇女则无权入校受教育。

尽管如此,维新派倡导的兴女学思潮以及经正女学的示范作用使得越来越多的开明人士认识到兴女学的重要性,他们把兴女学看成是改造社会、振兴中华的重要手段。一时间兴办女学之风蔚然成势,开明绅士、官商人士、归国留学生、达官的妻女等纷纷投入开办女学的事业中。1902年吴怀疚在上海开办了"务本女校",著名教育家蔡元培亦在上海主办了"爱国女校"。在各方面的努力下,"女学堂倍增,京师与各直省,日有新焉,月有异焉"①。在社会形势的压力下,清政府不得不于1907年颁布《女子小学堂章程》《女子师范学堂章程》。尽管这些章程对于女子教育

---

① 《顺天时报》,光绪二十三年(1897)二月十五日。

仍有种种清规戒律，但它毕竟承认了女子学校的合法地位，在一定程度上推动了女子教育的发展。据统计，截至1907年全国共有女学堂428所，女学生15498人。① 凡此种种，推动了近代中国早期女子实业教育的发展。

2. 清末女子实业学堂的创办

清末女子实业学堂的出现，约比女子普通学堂稍晚，且以东南地区为多。1904年，娄县人史家修创办的上海女子蚕丝学校，则是我国女子专科职业教育的开端。同年9月，张竹君女士在蔡元培等人的支持下，在上海创办的爱国女校中附设了女子手工传习所。该传习所以"为同胞女子谋自立之基础"为宗旨，教授手工、编制等内容，教材分"手工编织""机械缝衣之初级"和"机械扣法"三级。此后女子职业学校逐渐增多。不过，直到1904年，女子学校教育一直处于民间自发的状态，中国的职业教育体系中也没有女子职业教育。如清政府1904年颁布的《奏定学堂章程》中的《奏定蒙养院章程及家庭教育法章程》规定："以蒙养院辅助家庭教育，以家庭教育包括女学"，并认为"三代以来，女子亦皆有教，备见经典。所谓教者，教以为女、为妇、为母之道也。惟中国男女之辨甚谨，少年女子，断不宜令其结队入学，游行街市；且不宜多读西书，误学外国习俗，致开自行择配之渐，长蔑视父母夫婿之风。故女子只可于家庭教之，或受母教，或受保姆之教，令其能识应用之文字，通解家庭应用之书算物理，及妇职应尽之道，女工应为之事，足以持家、教子而已。其无益文辞概不必教；其干预外事、妄发关系重大之议论，更不可教"。因此，"女学之无弊者，惟有家庭教育"，而"中国此时情形，若设女学，其间流弊甚多，断不相宜"②。按照张之洞的说法是"中西礼俗不同，不便设立女学及女师范学堂"③。

两年后，在兴学辞浪潮的推动下，清政府不得不考虑女子受教育的问题。1907年3月，学部在公布《奏定女子学堂章程折》中承认"详征古籍，博访通人，益知开办女学，在时政为必要之图，在古制亦实有

---

① 朱有瓛主编：《中国近代学制史料》第2辑（下册），华东师范大学出版社1989年版，649—650页。

② 璩鑫圭、唐良炎主编：《中国近代教育史资料汇编·学制演变卷》，上海教育出版社2007年版，第398、400页。

③ 同上书，第497页。

吻合之据；且近来京外官商士民创立女学堂者所在多有"，并指出女子学堂"以启发知识、保存礼教两不相妨为宗旨"①。至此，女子受教育的权利以法律的形式确立下来了，这就为女子职业教育的发展提供了法律上的保障。此后女子职业学校逐渐多起来。比较有影响的女子师范学堂主要有浙江女子师范学堂（1907年）、京师女子师范学堂（1908年）、京师三城女学传习所（中城、外城、内城）（1909年）和湖南公立女子师范学堂（1911年）。蚕业、纺织类的女子职业学校也有所发展，1909年张謇在通州建立的女子职业学校，设青蚕、缫丝、纺纱、织布、造花等科。同时，湖北、江西两省也分别于1908年和1910年设立了女子蚕业学堂。②

清末女子实业学堂按职业性质可分为女子桑蚕学堂，保姆讲习所，女子师范学堂，女子医学堂，女子体育、艺术、政法类专门学堂，女子手工传习所等。③

女子蚕桑学堂以培养女桑蚕技术人员为目的，所学课程主要有栽桑、养蚕、制种、缫丝等，兼修国文、数学、生物等基础学科。这一类学堂主要集中在纺织业、蚕茧业较发达的江浙一带，如上海女子蚕业学堂（1905年）、福建蚕桑女学堂（1907年）、杭州蚕桑女学堂（1907年）、湖北女子蚕业学堂（1908年）、江西女子蚕业学堂（1910年）等均为当时较著名者。

保姆讲习所和女子师范学堂分别以培养保姆和教师为目的。其为广义上的女子职业学校。1903年，湖北幼稚园内附设女子学堂，这是中国幼儿师范最初的萌芽。④ 翌年，湖北敬节学堂内又设女子速成保育科，"讲习保育幼儿、教导幼儿之事，以备将来绅富之家雇佣乳媪之选"⑤。1907年后，中国开始出现专门培育保姆的机构，如1907年的浙江省女子师范学堂保姆科、上海公立幼稚舍保姆传习所、1910年的上海贫儿院保姆科、

---

① 璩鑫圭、唐良炎主编：《中国近代教育史资料汇编·学制演变卷》，上海教育出版社2007年版，第583页。
② 参见王秀霞《民国时期的女子职业教育》，硕士学位论文，山东师范大学，2004年。
③ 高波、庄雅玲：《二十世纪初中国女子职业学校的类型》，《石家庄职业技术学院学报》2005年第1期。
④ 唐淑、钟昭华：《中国学前教育史》，人民教育出版社1993年版，第80页。
⑤ 中国学前教育史编写组：《中国学前教育史资料选辑》，人民教育出版社1989年版，第92页。

1912年的湖南省立第一女子师范学校保姆讲习班等。此时,广东、北京等地也有了培育保姆的机构。保姆讲习所在民国后逐渐演变成幼稚师范科(院、校),是中国幼儿师范学校的前身。①

女子师范学堂一直是20世纪初颇具全国影响的女子职业学校。早在1904年,上海已经出现私立竞仁女子师范学堂和私立务本女塾师范科等女子师范教育机构。之后,南京宁恒女子师范学堂、浙江女子师范学堂、福建女子师范学堂、天津北洋女子师范学堂等相继成立。1907年学部颁布的《奏定女学堂章程折》,将女子师范教育列入学制轨道,规定"须限定每州、县必设一所","亦许民间设立";同时规定:女子师范学堂"以养成女子小学堂教习、并讲习保育幼儿方法,期于裨补家计、有益家庭教育为宗旨",修业年限为四年,所学课程为"修身、教育、国文、历史、地理、算学、格致、图画、家事、裁缝、手艺、音乐、体操"②。从此,女子师范教育有了很大发展,女子师范学堂日渐增多。此后京师女子师范学堂、武昌女子师范学堂、河南女子师范学校、湖南女子师范学堂等相继建立。据统计,到1918年,全国女子师范学校已有46所,在校人数达4537人。③

女医学堂以培养女医生和护士为主,在女子职业教育方面占有特殊的地位。办理较早、影响较大的是1905年毕业于夏葛女医学院张竹君和李平书二人"因悯中国女界疾病之苦、生产之危,创立女子中西医学院"④于上海公共租界,招收14—23岁资质聪明、身体强健、有一定文化基础的女子入学,分五年正科和六年预科两类,正科教授中医、西医、修身、国文、算学、理化、西语、音乐8门课程,预科教授除西医以外的7门课程。其后,又有北京女医学堂、北洋女医学堂、杭州产科女学堂等。根据不同性质的女子学堂设置、地理分布看,北方女学堂多系普通性质,其宗旨多与培养贤母良妻有关;而东南方却在女子教育观念上与

---

① 高波、庄雅玲:《二十世纪初中国女子职业学校的类型》,《石家庄职业技术学院学报》2005年第1期。
② 璩鑫圭、唐良炎主编:《中国近代教育史资料汇编·学制演变卷》,上海教育出版社2007年版,第584页。
③ 璩鑫圭等编:《中国近代教育史资料汇编·实业教育师范教育卷》,上海教育出版社2007年版,第931—936页。
④ 朱有瓛主编:《中国近代学制史料》第2辑(下册),华东师范大学出版社1989年版,第647页。

北方差异颇大，更多的是养成女子独立资格、谋生本领，更强调授予女子的技能。①

女子专门学堂主要有体育、艺术、政法等。体育学堂的宗旨是"养成女子健全之体格，除现有之流弊"，1908年徐一冰在上海西门外创办中国女子体操学堂是中国女子体育师范学校的前身，课程除体操外，还兼设伦理、国文、教育、生理、体育等科。②艺术学堂在当时并不多见，主要有1906年的北洋女子师范学堂美术科、1909年南京女子美术专修学校以及1909年的上海女子高等艺术学校。法政学堂多集中于民国前后创办，较为著名的有女子参政同盟会创办的中央女校和南洋女子法政大学以及闵兰言等创立的上海女子法政学堂等。据统计，仅在南京一地，民国初期的女子法政类学堂就有女子法政专门学校、民国女子法政大学、女子法律学校、女子监狱法政学校等。③

女子手工传习所设置时间与蚕业女学堂基本同步，主要是为培养女子技术工人、提高女子技艺而设，比女子职业学堂办学层次稍低，主要教授刺绣、机织、手工、编织等技艺。规模宏大、效益较好的首推姚义门于1904年在上海创办的上海速成女工师范传习所。该所以教授针织、织造、机器造中西服装、手帕、机器镶花为主，工作之余，教授国文、算学、琴歌等普通各科。之后，张竹君在蔡元培主办的爱国女校中也附设了女子手工传习所，教授女子手工编织、基本机械缝衣技术、机械扣法。当时此类女职校还有扬州女工传习所（1906年）、四川女工师范讲习所（1906年）、奉天八旗女工传习所（1907年）、上海女子手工传习所（1906年）、四川女工师范讲习所（1906年）、奉天八旗女工传习所（1907年）、上海女子手工传习所（1913年）、直隶女子职业传习所（1919年）等，女工传习所后来逐渐演变为女子职业学校和职业补习学校。④

清末女子实业学堂的学校管理较规范，各项制度较为健全。⑤具体表

---

① 参见王秀霞《民国时期的女子职业教育》，硕士学位论文，山东师范大学，2004年。
② 朱有瓛主编：《中国近代学制史料》第2辑（下册），华东师范大学出版社1989年版，第719页。
③ 杜学元：《中国女子教育通史》，贵州教育出版社1995年版，第394页。
④ 高波、庄雅玲：《二十世纪初中国女子职业学校的类型》，《石家庄职业技术学院学报》2005年第1期。
⑤ 参见王秀霞《民国时期的女子职业教育》，硕士学位论文，山东师范大学，2004年。

现在：第一，办学宗旨明确。1905年，《女子世界》刊登了《上海女子蚕业学校章程》，该章程规定其宗旨为："注重栽桑、养蚕、制种、缫丝等实验，并改良旧法，兼授普通及专门学理，以扩充女子职业，挽回我国权利。"① 上海速成女工师范传习所的宗旨则是："采东西各国工艺成法传授，限以时日，课程更求速成，以期吾国之女子人人能精工艺，俾得自立于文明世界。"② 上海女子中西医学校将其宗旨明确为："贯通中西各科医学，而专重女科，使女子之病，皆由女医诊治，通悃而达病情。"③ 第二，课程安排实行分科教学。如上海女子蚕业学堂分预科、本科和选科3种，预科注重国文、数学及蚕学大意；本科为普通学已有根底者而设，授以理科及专门学理，养成实业专家；选科为曾进学堂为已有中学程度、有志实业者而设，不必全修所有课程，可选修专门科目及实习。具体课程为：预科有修身、国文、数学、蚕学、博物、习字、家政等；本科有修身、国文、数学、蚕体解剖、蚕体生理、显微镜、蚕病理、栽桑法、养蚕法、缫丝法、理科、土壤学、肥料学、经济、图画、日文，还规定体操为必修科，游戏体操及音乐为随意科。上海速成女工师范传习所也实行分科教学，手工分绒线、针黹、织造、车造4种，分别开不同课程。第三，学生管理制度健全。上海女子蚕业学堂的章程第六章规定，"每学期之考试成绩，品行优劣，及实习之勤惰，于放假时发报告纸，送家放察阅"，"凡有事告假，须有家族信据方准"，"养蚕期间，如无特别事故，不准告假"④。又要求衣服鞋帽宜朴净，不宜华丽，脂粉及贵重首饰，不准携带，学生有规定的假日等，可见其管理相当严格，制度较为健全。第四，招生范围、考试毕业制度均有所规定。扬州女工传习所明确规定其招生条件：身家清白、心性灵敏、体格强健，年在8—16岁女工，而年逾16岁，专习针黹、机械者亦可。上海速成女工师范传习所在其简章中对毕业作了详细规定："各班修业期满后，须在本所工作若干月，作为报酬本所。甲班半年；乙班四个月；丙班三个月。期满试验合格者，各给毕业证书。未及格者，酌令补习。报酬期内，不收学、膳各费。各班学生毕业后，愿充本

---

① 朱有瓛主编：《中国近代学制史料》第2辑（下册），华东师范大学出版社1989年版，第633页。
② 同上书，第639页。
③ 同上书，第647页。
④ 雷良波、陈阳凤、熊贤军：《中国女子教育史》，武汉出版社1993年版，第250页。

所教习者,按月酌给薪资。"① 上海女子中医专门学校则规定,取得毕业文凭,要经过严格的考试。考试时"聘请中东西著名医生莅院,按照科学考试,合格者给予文凭,准其行医。如院中助教需人,须留堂充当教习,薪水优给"②。

总之,清末女子实业教育处在萌芽时期,发展也较为缓慢,女子实业学堂多集中于长江以南的沿海地区及其各大中城市,学堂类型以桑蚕、纺织、教师、医生为多,所授课程以传统教育为主、西学课程为辅,女子所接受的职业教育主要是桑蚕、美工、缝纫、编制、家事等与家庭生活密切相关的内容,劳动强度较低,学科程度也不高,多为居家的、简单的手工劳动。但是,毋庸置疑的是,这些女子实业学堂在近代中国却是开风气之先,而且他们办学宗旨明确、实行分科设置、学生管理和毕业考试制度等较为健全。所有这些,都为民国初期女子职业教育的兴起与发展提供了宝贵的经验。

三 民初女子职业教育的发展

中华民国建立以后,随着资产阶级平等观念的进一步输入,越来越多的开明人士认识到女子接受教育是女子应该享有的人身权利。"天赋人权,男女本非悬殊,平等大公,心同此理"③,"女子教育应与男子教育平等"④ 等西方资产阶级的文化理念成为进步人士的共识。一系列女子教育思潮如雨后春笋般涌现,如男女平等教育思潮、相对的良妻贤母主义教育思潮和女国民教育思潮等,因此而诞生了一批女子教育家,如孙中山、蔡元培、陈独秀、李大钊、鲁迅、陶行知等。他们批判封建女子教育,倡导男女平等、开女智兴女学,并对女子教育的内容、方法等问题进行探讨。如孙中山极力主张"多设学校,使天下无不学之人,无不学之地"⑤,努力实现"人无贵贱,皆奋于学"⑥ 的全民教育。1912 年,孙中山在广东女子师范第二校讲演时说:"中国人数四万万,此四万万之人,皆应受教

---

① 朱有瓛主编:《中国近代学制史料》第 2 辑(下册),华东师范大学出版社 1989 年版,第 644 页。
② 同上书,第 647 页。
③ 《孙中山全集》第 2 卷,中华书局 1982 年版,第 358 页。
④ 梁华兰:《女子教育》,《新青年》1917 年 3 月。
⑤ 《孙中山全集》第 1 卷,中华书局 1981 年版,第 2 页。
⑥ 同上书,第 9 页。

育……因中国女子虽有二万万,惟于教育一道,向来多不注意,故有学问者正少,处于今日,自应认提倡女子教育为最要之事。"① 蔡元培认为,"女子不学则无以自立,而一切依男子以生存"②,倡导女子在权利与义务上应与男子平等。陈独秀和李大钊极力批判旧道德,提倡共通的伦理道德和男女教育机会均等。鲁迅和陶行知对女子教育的具体问题进行了探讨。鲁迅提出要发展女子的个性,肃清女子教育中的寡妇主义。陶行知针对女子教育方法提出传递先生、传递先生制和小先生制。传递先生即用家里识字的人教不识字的人;传递先生制要求每一个识字的成人,应把自己掌握的知识立即"传递"出去,即"现学现卖";小先生制强调"小孩不但教小孩,而且教大孩、教青年、教老人、教一切知识落伍的前辈"。③ 职业教育倡导的先父黄炎培提出"两个绝对主张",其中之一是绝对主张"女子职业教育",使向无"生存能力"的女子接受学校教育后,"能名一艺以自适于天演界"。④ 在这样的社会风气下,兴办女学遂成为不可逆转的时代潮流。

据教育部统计,民国元年(1912)全国女校为2389所,女生人数14130人;民国二年(1913)全国女校为3123所,女生人数为166964人;而到民国三年(1914),女校增至3632所,女生人数增至177273人,民国四年(1915),女校为3766所,女生人数为180949人。⑤ 民国初期的女子教育热潮,为女子职业教育的兴起与发展提供了一个有利的环境。

临时政府陆续出台了女子职业教育的法令法规,更从制度上确保了女子职业教育的发展。1913年8月公布的《实业学校令》中规定"女子职业学校得就地方情形与其性质所宜,参照各项实业学校规程办理"⑥。这是政府正式承认女子职业教育的开始。

中华职业教育社成立后,于1917年10月在杭州举行了全国教育会联

---

① 舒新城:《中国近代教育史资料》(下册),人民教育出版社1961年版,第1017页。
② 高平叔编:《蔡元培全集》第1卷,中华书局1984年版,第150页。
③ 陶行知:《教育的新生》,中华职业教育社安徽省分社、安徽省陶行知教育思想研究会编:《陶行知 黄炎培 徐特立 陈鹤琴教育文选》,安徽教育出版社1992年版,第50页。
④ 余子侠:《近代中国职教思潮的形成演进与意义》,《华中师范大学学报》(哲学社会科学版)1995年第3期。
⑤ 雷良波、陈阳风、熊贤军:《中国女子教育史》,武汉出版社1993年版,第291页。
⑥ 《教育杂志》第5卷第6号,1913年9月。

合会第三届年会，决意在全国推行职业教育计划，在通过的《职业教育进行计划案》中的第四条即为"促进女子职业学校"，其中规定："女子小学校可附设家事及其他职业补习科"①，并号召各省据《实业学校令》的规定，从速筹设女子职业学校。1918年6月，教育部抄发了全国教育会联合会的《职业教育进行计划案》，令各地参照办理。1918年年底，全国中学校长会议又通过《女子中学应附设简易职业科并须扩充女子职业案》，其中提出应借鉴日本高等女学校中附设实科的方法，在中学校中设立简易技艺科、蚕业科、园艺科、商业科等。1919年第五次全国教育联合会议决了《普通教育注重职业科目及实施方案》，主张女生学习家事、园艺、手工、缝纫等科，关于设备、教授、练习各方面都有规定，而教育当局对职业教育特别是女子职业教育较以前更为关注。同年5月，教育部训令各女子中学谓"查上年全国中学校校长会议议决女子中学校应附设简易职业科，并须扩充女子职业案。……查原案所称各节，不为无见。各女子中学校自可酌量地方情形附设女子简易职业科，以资实用"②。1922年7月，全国职业学校联合会在济南召开了第一届年会。会议决定"女子职业学校学科设置标准"，为女子职业教育的发展奠定了基础。

教育部还训令各省女子中学校注重家事实习。1919年的训令说："《大学》言治国平天下，必以齐家为先。盖家为国家社会之根本，其良窳如何，影响至巨。然欲求良善之家庭，必自研究家事始。……窃谓家事为女子中学校最重要之科目，应增加对数，注重实习。"③ 1924年10月，教育部再次训令各女子中学校，自本年秋季开始，加设家事科，实行练习。次年9月北京临时政府教育部又通令各省教育厅：女子学校应斟酌地方情形速加课职业科，选择职业科目之一种，定为必修科，以增进生活能力，并应特别注重烹饪、缝纫、洗濯、家庭卫生、簿记等家事实习。④ 一系列法令、法规的颁布推动了近代中国女子职业教育体系的初步确立。

正是在民间的宣传和政府的提倡下，民国初年女子职业教育获得了一定的发展，女子职业学校和学生的数量均有较快增长。1914年，江苏、

---

① 谢长法：《民国初年女子职业学校的发展》，《教育与职业》1998年第3期。
② 《教育公报》1919年第7期。
③ 同上。
④ 杜学元：《中国女子教育通史》，贵州教育出版社1995年版，第447页。

湖北、四川、云南等地率先创设女子职业学校、女子工艺传习所、女子蚕业讲习所等，共6所。1915年，山东、福建等省也创办了女子职业学校，而且有许多不同的科，如蚕业讲习所、蚕丝科、家政科等，女子职业学校增至17所，学生1418人。1916年达21所，学生1719人。[1] 此期开始设立了不同的科目，如江苏省在南昌设立的省立女子职业学校，内有蚕丝科、家政科和美术预科；福建省在福州所设的省立女子职业学校则分本科、预科和别科。据教育部第五次统计，1916年8月—1917年7月全国女子职业学校学生数为1866人（甲、乙两种合计）。其分布情况为江苏207人，福建97人，黑龙江70人，山东91人，浙江136人，湖南1005人，云南260人。当时实业学校男生数全国为28223人，女生占学生总数的6.20%，男生数大于女生数15倍。[2] 进入20世纪20年代后，女子职业教育发展更快，1921年达到44所，至1922年发展到76所。[3] 详见下表[4]：

省别＼校别	农业	工业	商业	职业	补习	师范职业	合计
苏	1	1		14	4		20
浙	1			2	1		4
皖	1			1	2	2	6
赣				2			2
鄂				3			3
湘	1		1	16			18
直	1	1		3			5
鲁	2			1	1		4
秦				1			1
粤		1		1			2
闽	1			4			5
桂				1	1		2

---

[1] 谢长法：《民国初年女子职业学校的发展》，《教育与职业》1998年第3期。
[2] 程谪凡：《中国现代女子教育史》，中华书局1936年版，第215页。
[3] 杨鄂联：《中国女子职业教育之经过及现状》，《教育与职业》第35期，1922年4月20日。
[4] 璩鑫圭等编：《中国近代教育史资料汇编·实业教育师范教育卷》，上海教育出版社2007年版，第404—405页。

续表

省别\校别	农业	工业	商业	职业	补习	师范职业	合计
滇				2			2
贵				1			1
奉	1						1
统计	9	3	1	52	9	2	76

据中华教育改进社调查，1922—1923 年度全国甲种实业学校女生数为 1452 人，占学生总数的 7.13%，乙种实业学校女生数达 1757 人，占学生总数的 8.58%①，而且乙种女子实业学校较甲种女子实业学校发展为快。到 1925—1926 年，女生在实业学校的比例则上升到 18.76%。② 民国初年的女子职业教育顺应了历史发展的潮流，推动了社会的进步，为此后的女子职业教育发展奠定了坚实的基础。

第二节 清末民初女子职业教育思想之嬗变

清末民初是中国由传统的农业社会向现代工业社会全面转型的时期，也是我国女子职业教育从贤妻良母主义向女子个性主义转变、由家庭教育向社会教育转型的重要时期。其间，资产阶级维新派、革命派以及女权派代表从不同的角度、不同的层面对兴办女子职业教育的重要性著书立说，逐渐确立起了现代女子职业教育思想体系。③ 这些思想对中国的妇女解放

---

① 中华教育改进社编：《中国教育统计概览》，商务印书馆 1924 年版，第 35、53 页。
② 《教育杂志》1927 年 19 卷 10 号。
③ 女子职业教育思想是近代以来中国职业教育思想史、中国教育思想史的重要组成部分。作为女子教育与职业教育的结合点，女子职业教育思想的嬗变既折射出女子教育与职业教育的发展水平，也体现了女性自我意识觉醒、解放的程度。自 20 世纪 80 年代中叶以来，学术界对中国的职业教育、女子教育、职业教育思想、职业教育家等相关研究已取得可喜成果。然，众多成果中却鲜见女子职业教育思想的研究，唯有龙凤娇的《清末民初女子职业教育思想研究》（硕士学位论文，湖南农业大学，2007）对女子职业教育思想产生的背景、内容作了较为详细的介绍，对此期女子职业教育思想亦给予了中肯的评价。本文从中获得不少启发，尝试将女子职业教育思想置于清末民初这一中国由传统的农业社会向现代工业社会全面转型的历史时期，动态地揭示出女子职业教育思想在经历发轫、曲折发展之后，其内涵最终实现了由以"贤妻良母"为培养目标的"母职"教育观向以谋个性发展之"完全人格"为旨归教育理念的转化，进而促进了现代女子职业教育思想体系的基本确立。

和社会观念的改变,以及女子职业教育事业的发展有着重要的指导意义,进而推动了中国女性由"分利"之人向"生利"之人、由"待养之人"向"自养之人"的个性转变。

一 女子职业教育思想的发轫

中国女子职业教育思想发轫于维新变法时期。这一时期是中国女学的初创时期,维新派是倡导兴女学的最力者。他们一方面极力宣传女子职业教育的重要性和迫切性,将女学包括女子职业教育的地位提到实现"强国富民"、救亡图存的高度;另一方面又强调女性乃为人母,唯有"端母范"才能培养优良的后代,达到"保种""智民""强国"的目的,从而将女子的职业教育定位在培养女性"佐子相夫"、成为"贤妻良母"的目标上。

郑观应是我国提倡女子职业教育的第一人,他在1892年撰写的《女教》一文中,明确指出女学不兴,政化必衰;主张发展女学,对女子进行生活技能的培训,以期"纺绣精妙,书算通明"而"为贤女,为贤妇,为贤母","复能相子佐夫,不致虚縻坐食"①。

康有为是维新运动的领袖,他在致力于社会政治、经济变革的同时,极力倡导兴女学,强调女性无论在生理还是智力上均"与男子无异"。他认为:"妇女之中,奇才甚多,且性静质沈,尤善深思;以之为专业之门,制器尚象,利用前民,其功大矣",将女子弃于校门之外,"是率二万万人有用之才而置之无用之地"。因此,他主张女性应该享有与男子一样受教育的权利。他甚至从传种的层面强调女性比男人更需要接受教育的理由,他说:"妇女之需学,比男子为尤甚;盖生人之始本于胎教,成于母训为多。女不知学,则性情不能陶冶,胸襟不能开拓,以故嫉妒褊狭,乖戾愚蠢。"② 毋庸置疑,康有为之倡导女学一如郑观应,是从"妻职""母职"教育观出发,其目的与郑氏同出一辙。

梁启超亦然。1897年,梁氏发表的《论女学》一文指出:"妇学实天下存亡强弱之大原也。"他认为:"治天下之大本二:曰正人心,广人才。而二者之本,必自蒙养始;蒙养之本,必自母教始;母教之本,必自妇学

---

① 郑观应:《女教》,《中国近代教育文选》,人民教育出版社1984年版,第58页。
② 杜学元:《中国女子教育通史》,贵州教育出版社1996年版,第290页。

始。"是故,"妇学为保种之权舆也","欲强国必由女学始"。① 他从"生利"与"分利"的角度阐述其女学盛则国强的观点,认为中国的积贫积弱是因为女学不昌,由此导致女子无一技之长而只能成为"分利"之人和"待养"之人。正因此,唯有开办女子教育,让女子习得一技之长,方可成为"生利"之人、"自养"之人,最终达到"上可相夫,下可教子,近可宜家,远可保种,妇道既昌,千室良善"②之目的。

贤妻良母主义作为维新时期女子职业教育之主潮,是清末兴办女子职业教育的指导思想,直到民国初年,其影响依然存在。1898年国人自办的第一所近代新式女子学校——经正女学尤重"家事教育"和对女子"温诚简朴,端敬贞淑"治家之德的培养,其办学宗旨即为"以彝伦为本……以造就其将来为贤母为贤妇之始基"③。中文课程中主要教授《仪礼》《诗》《书》《论语》《女孝经》《女诫》《女训》《烈女传》《闺范》等含有贤妻良母性质的内容。④ 其中家事(家政)教育是所谓职业训练的核心,女子职业教育仍被拘囿于家庭范围之内。

从历史上看,贤妻良母是父权制社会的产物,是中国女性传统形象和生活的基本范式,其以男性为中心界定女性的身份和价值,女性是依附男性而存在,并无独立的价值和人格。正如叶绍钧1922年在《新潮》上发表的《女子人格问题》中所说的"'良母贤妻'这四个字做施教的主旨,这岂不是说,女子只应做某某的妻、某某的母,除此之外,没有别的可做了……这种人生不是同'阿黑'、'阿黄'一样的没有价值么?"⑤ 更遑论人格!由此表明,维新派作为倡导女学之先驱,在接触西方文化、学习西方的过程中,充分意识到兴办女学之重要性与迫切性。但是,由于时代的局限,其思想认识水平仍未脱离封建社会男尊女卑、男强女弱、"男主外、女主内"之传统观念的窠臼。

---

① 梁启超:《变法通议·论女学》,《饮冰室合集·文集一》,中华书局1989年版,第40—41页。
② 梁启超:《倡设女学堂启》,《饮冰室合集·文集二》,中华书局1989年版,第19页。
③ 转引自阎广芬《中国女子教育的近代化历程、特点及启示》,《华东师范大学学报》(教育科学版)1996年第2期。
④ 参见朱有瓛主编《中国近代学制史料》第2辑(下册),华东师范大学出版社1989年版,第904页。
⑤ 转引自中华全国妇女联合会妇女运动历史研究室《五四时期妇女问题文选》,生活·读书·新知三联书店1981年版,第127页。

二　女子职业教育思想的曲折发展

戊戌变法失败后至1917年以前，中国女子职业教育进入曲折发展时期。这一时期，女子职业教育呈跌宕起伏的发展态势，体现在教育思想上则是新旧观念交织，复古与启蒙思潮并存。

戊戌变法失败后，资产阶级维新派所提出的有关中国政治的改革方案大多被废止，但是关涉教育改革包括女子职业教育的思想却随着19世纪末20世纪初中国民族资本主义的发展和实业教育救国思潮的出现而日益深入人心。

张謇是近代中国著名的实业家、教育家，其一生极力倡导实业教育救国，女子职业教育是其教育思想的重要内容。"女子有学邦家之隆"可以说是张謇女子教育之总纲。张謇认为中国女性长期遭受压迫之根本原因在于女学"不明"，"欲救其弊，唯有兴学"。[1] 他除了强调对女子进行传统的"妇德"教育，即所谓"家政者，女子有益于世莫大之事业也"[2]；还看到了女性教育对整个国家的重要意义。在张謇看来，女性唯有具备学识，掌握技能，谋得职业，解决生计，方可不再依赖男子，不再衣食仰仗丈夫，方可为国家创造效益。这样一来，其"女子有学邦家之隆"的教育思想不仅赋予女子"家"的职责，而且还赋予女子"国"的职责；将女子职业教育的目标从"小家"拓展到了"大家"，从"自养"延伸至"养家"的层面。较之康梁等维新派，张謇的女子职业教育思想无疑进步了很多。

不仅如此，这一时期女性自身的觉醒和女权意识的兴起亦为推动女子职业教育思想进一步成长不可忽视的因素。

秋瑾作为近代中国女权运动的代表在倡导女子职业教育方面功不可没。她曾留学日本，在对中日两国的女子生活进行对比后指出："欲脱男子之范围，非自立不可；欲自立，非求学艺不可。东洋女学之兴，日见其盛，人人皆执一艺以谋生，上可以帮扶父母，下可以助夫教子，使男女无坐食之人，其国焉能不强也？"[3] 她号召女性要靠自己"求学艺"，"学习

---

[1]《张謇全集》第4卷，江苏古籍出版社1994年版，第64页。
[2] 同上书，第98页。
[3] 秋瑾：《秋瑾集》，上海古籍出版社1979年版，第32—33页。

女红"以"自立、自活"。她说:"如今女学堂也多了,女工艺也兴了,但学得科学工艺、做教习、开工厂,何尝不可自己养活自己呢?"① 在这里,秋瑾将女子职业教育的目的提到了女性"自立"的高度,不能不说是对女子职业教育思想的升华。

在实业救国思潮、女权思潮的影响下,各类女子实业学堂如雨后春笋般成长,据1907年学部总务司所编《光绪三十三年份第一次教育统计图表》显示,截至1907年全国共有女学堂428所,女学生15498人。② 兴办女学的热潮推动了女子走出家门,走向社会,走进职业培训场所,为她们学习谋生的技能和本领创造了有利条件。女性开始接受以"实业教育"为主要内容、以"谋生计""帮家之隆""自立、自活"为目的的职业训练,以培养"贤妻良母"为目标的母职教育观逐渐被以"实用主义""经济强国"为主旨的新式教育思想所替代,女子职业教育思想在其影响下进一步成熟、发展。

但是,我们也应该看到,实业派的倡导者多为旧时学者,传统的伦理道德观念根深蒂固,在提倡女子职业教育以"实业"为中心的同时,仍然强调中国传统女教的重要性,家政教育仍然是其教育的主要内容。当时的女子学堂主要有栽桑、养蚕、制种、缫丝等桑丝类,刺绣、织造等手工技艺类,医疗、医护等医学卫生三大类。

清政府作为封建旧势力的代言人,在1904年的《奏定蒙养院章程及家庭教育法章程》、1907年的《学部奏定女子小学校章程》和《学部奏定女子师范学堂章程》中均强调女子教育"以为女为妇为母"的"女德"教育为宗旨,所谓"中国女德,历代崇重。今教育女儿,首当注重于此,总期不悖中国懿徽之礼教,不染末俗放纵之僻习"③。女教之目的唯在"念其能识应用之文字,通解家庭应用之书算物理,及妇职应尽之道,女工应为之事,足以持家教子而已。"至于"一切放纵自由之僻说(如不谨男女之辨及自行择配,或为政治上之集会演说等事),务须严加屏除,以维风化。"④ 在这一思想的指导下,女校除开设历史、地理、算学、格致、

---

① 秋瑾:《秋瑾集》,上海古籍出版社1979年版,第15页。
② 刘巨才:《中国近代妇女运动史》,中国妇女出版社1989年版,第221页。
③ 朱有瓛主编:《中国近代学制史料》第2辑(下册),华东师范大学出版社1989年版,第658页。
④ 同上书,第573页。

图画、国文等课程外，又以灌输三从四德之观念，传授治家、持家之本领如修身、家事、裁缝、手艺等课程为核心课程。

辛亥革命之后，社会风气大开，在西方资产阶级民主自由、男女平权思潮的冲击下，贤妻良母主义的教育观念日益落后于时代的发展而受到资产阶级革命派的质疑和抨击，"不取贤妻良母主义"、养成女性的独立人格和男女平等意识成为革命派兴办女学的一致呼声。早在1902年上海爱国女校成立伊始，蔡元培即发表演讲，指出该校以"教育女子增进其普通知识，激发其权利义务之观念"为办学宗旨[①]。孙中山则认为"天赋人权，男女本非悬殊，平等大公，心同此理"[②]。他于1922年在广东女子师范第二校发表《女子教育之重要》的演讲时指出"提倡女子教育为最要之事"[③]。革命派颁布的教育法令中，不仅女校与男校教育宗旨大体相同，即为培养学生"对社会对国家之责任，以激发进取之志气，养成爱群爱国之精神"[④]，甚至有人主张将女校"造成一个革命的制造厂和女子革命的速成所"[⑤]；而且开设的课程亦与男校大致相当，除了缝纫及家政课外，尤重科学技术以及与生产、生活密切相关知识的教授。1912年12月2日教育部关于《中学校令施行规则》第七条规定："数学宜授以算术、代数、几何及三角法，女子中学可减去三角法。"[⑥]可见，单从教育宗旨和所开设的课程来看，民国初年的女子教育比清末前进了一大步，摒弃了此前将女子教育仅仅作为服务家庭生计的一种手段，转到服务社会、实现妇女解放的方向上来，由此也表明了资产阶级革命派希冀通过女子教育的革命达到社会、政治革命的目的，真可谓是中国女子教育乃至近代教育史上的第一次飞跃。

然而，好景不长，新的事物、先进的事物在发展过程中难免遇到旧势力的阻挠而表现为曲折向前的趋势。1913年袁世凯掌权后，在文化教育领域大搞"尊孔读经"、男尊女卑的复古运动，在女子教育的问题上，对已经成长起来的女子教育采取压制、否定的态度，摒弃此前已经确立的教

---

① 《爱国女学校开办章程》，转引自陈学恂《中国近代教育史教学参考资料》（中册），人民教育出版社1987年版，第239—240页。
② 《孙中山全集》第2卷，中华书局1982年版，第358页。
③ 舒新城：《中国近代教育史资料》，人民教育出版社1961年版，第1017页。
④ 《教育部制定小学校教则及课程表》，《教育杂志》第4卷第10号。
⑤ 《柳亚子文集·自传年谱日记》，上海人民出版社1986年版，第184页。
⑥ 宋恩荣、章威主编：《中华民国教育法规选编》，江苏教育出版社1990年版，第340页。

育方针中进步的成分，重新强调所谓的"女德"和"礼仪"，主张恢复旧的伦理制度，女子重新回到家庭，做回"贤妻良母"，鼓吹贞女烈女的培养，将妇女重新拘于家庭。1914年当时的教育总长汤化龙发表讲演，主张禁止设立女子法政学堂，解散妇女参政团体，提倡以贤妻良母主义为目的的教育内容。他说："余对于女子教育方针，则务在使其将来足为贤妻良母，可以维持家庭而已。"① 根据这一教育方针，教育部于1914年发布《整理教育方案草案》，明确规定女子教育"注重师范及职业，并保持严肃之风纪；今且勿骛高远之谈，标示育成贤妻良母主义，以挽其委琐龌龊或放任不羁之陋习"。② 在他们看来，"所谓职业者，以家政为重，兼及手工图画、刺绣、造花各科，养优美之本能，知劳动为神圣，一扫从前隘褊恬嬉之弊，庶家庭社会两受其益"③。袁世凯在1915年颁定的《教育宗旨》也宣称"女子则勉为贤妻良母，以竞争于家政。……舍家政而谈国政，徒事纷扰，无补治安"④，企图以此剥夺妇女刚刚获得的社会政治权利，这是女子职业教育发展过程中出现的复古倒退逆流，严重违背了民初发展女子教育的民主本意，扼制了女子教育的发展，使得家政教育重新成为女子职业教育的主要内容。1912年11月教育部颁布《小学校教则及课程表》规定女子所用读本宜加入家事要项；同年12月颁布的《中学校令施行规则》和《师范学校规程》，1915年出台的《预备学校令》《国民学校令》和《高等学校令》以及1919年的《女子高等师范学校规程》都规定女子教育须增加家事、缝纫等课程。于1912年颁布《普通教育暂行办法》亦规定"对于女生尤须注意于贞淑之德"⑤。将家政教育融汇于各级各类女子学校教育之中，归根结底就是将家务等同于女性的传统的社会价值观在女子教育上的映照，是中国社会女性家庭化、家务女性化的必然结果。

但是，女子教育已经深入人心，提倡、扶持女子教育的发展并使之日趋民主化亦是势所必然。1916年6月袁世凯死后，资产阶级民主主义者

---

① 熊贤君编：《中国女子教育史》，山西教育出版社2006年版，第264页。
② 《教育公报》第8册，1915年第1期。
③ 宋恩荣、章威主编：《中华民国教育法规选编》，江苏教育出版社1990年版，第16页。
④ 中国第二历史档案馆：《袁世凯颁布教育宗旨令》，《中华民国史档案资料汇编》第3辑，江苏古籍出版社1991年版，第465页。
⑤ 宋恩荣、章威主编：《中华民国教育法规选编》，江苏教育出版社1990年版，第196页。

秉承民国初年女子教育改革精神，高举"民主""科学"大纛，宣扬个性解放、自由平等的民主主义思想，对封建的旧思想、旧道德、旧文化进行全面清算。随着女性意识的觉醒，要求改变贤妻良母的教育方针、实现男女教育平等、男女职业平等成为先进人士的共识，女子职业教育进入了以健全女性独立人格、增进生产技能、实现经济独立为特征的新阶段，推动了女子职业教育思想体系的初步确立。

总体上看，这一阶段的女子职业教育思想以"实用主义"为宗旨，家政教育虽然仍然是此期女子职业教育思想的重要内容，但是，女子学校的类型更多样化，通过开办女子师范学校、农业及工业类女子职业学校，使妇女成为具备一定文化知识基础，同时又掌握某种劳动技能的人，为之后的妇女解放和实现男女平等奠定了基础。

三　女子职业教育思想的成熟

1917年中华职业教育社在上海正式成立，中国女子职业教育进入繁荣发展时期，女子职业教育思想随之走向成熟。随着男女平等、教育平等、职业平等思潮的勃兴，独立人格、"完全人格"的个性主义教育日渐成为女子职业教育的核心理念，标志着现代女子职业教育思想体系基本确立。

在中华职业教育社的宣传、推动下，职业教育包括女子职业教育越来越受到政府和社会各界的关注。各种有关女子职业教育的规章、法令相继出台：1917年全国教育联合会颁布《职业教育进行计划案》及《普通教育应重视职业科目及实施方法案》；1918年全国中学校长会议议决《女子中学应附设简易职业科并须扩充女子职业案》；1919年5月教育部明确规定"酌量地方情形，附设女子简易职业科，以资实用"[①]；1922年8月，又公布了《学制系统改革草案》，即《壬戌学制》，真正在学制上明确规定了男女受同等教育的权利。所有这些规章、法令为女性修习职业知识提供了便利，亦为女子职业教育的发展提供了法律保障，女子职业教育获得空前发展。根据中华职业教育社在1922年的调查显示，全国一共有女子职业教育学校76所，涵盖21个省市（地区）[②]，有农、工、商、职、补、

---

① 中央教育科学研究所编：《中国现代教育大事记》，教育科学出版社1998年版，第3页。
② 璩鑫圭等编：《中国近代教育史资料汇编·实业教育师范教育卷》，上海教育出版社2007年版，第404—405页。

师范等多个职业培训种类,走上社会自谋职业的女性日益增多。教育实践的活跃大大促进了女子职业教育思想的发展与成熟。

这一时期,教育思想家开始站在"人"的角度来研究女子职业教育的宗旨,将女子职业教育发展的出发点从"国"转至女"人"自身,女人也是"人"日益成为先进知识分子的共识,倡导女性解放、男女平等的进步教育思想家如蔡元培、黄炎培、胡适等人在教育宗旨、内容、方法等各个方面对女子职业教育发展提出了新主张,促进了女子职业教育思想的本质性变革,传统的妇女观、教育观发生了翻天覆地的变化,女子职业教育思想产生了质的飞跃。

程谪凡早在民国初年就指出:"在未确定的女子教育宗旨之前,我们须把女子之'人'的观念先行确定。'人'的观念没有确定,真正的女子职业教育是不会有的。"① 这一认识超出了家庭的范围,打破了性别禁锢,将女性视作与男性一样的"人"那样具有独立的、完整的人格和自身的价值,有着和男子一样的做人的目标和担负社会改进的责任。李达在《妇女解放论》中亦指出:"女子也是'人',就当为生产者,这是社会所必需的经济要素,是左右个人的重要问题",而一旦女性拥有了经济独立的能力,"男女间一切不平等的道德与条件,也可以无形消失了"②。既然女子也是"国民之一","是完全人格者",那么,她既非宗族所有,亦非男子私有,"故所受教育当为自身计,当为国家前途计"③。

基于上述认识,女子接受职业教育便不再是单纯地成为"贤妻良母",女子接受职业训练的价值也不再是只为变成"生利"之人,而是要成为社会的人,成为具有独立人格的、完整的人。"这种'超于良妻贤母的人生观',换而言之,便是'自立'的观念。""'自立'的意义,只是要发展个人的才性,可以不依赖别人,自己能独立生活,自己能替社会做事。……男女同是'人类',都该努力做一个自由独立的'人',没有什么内外的区别的。……男女同有在社会谋自由独立的生活的天职……"④

---

① 程谪凡:《中国近代女子教育史》,中华书局1936年版,第28页。
② 《解放与改造》第1卷3号,1919年10月。
③ 高素素:《女子问题之大解决》,《新青年》1917年第3卷第3号。
④ 瞿葆奎、郑金洲主编:《二十世纪中国教育名著丛编》,福建教育出版社2007年版,第293页。

何以"自立"？蔡元培提出"女子不学则无以自立"。[①] 唯有发展女子职业教育，才能达到女子自立的目的，求得与男子平等之权利。他于1917年1月15日在《在爱国女学校之演说》中进一步指出，女子获得自立的核心在于塑造其完全人格。要具备完全之人格，就在于养成独立自主之个性，强身健体的体育；在于经世致用，培养精细思考之智育；在于养成女子高尚情操，摒除依赖之特性的德育。蔡元培从德智体三方面阐述对女性完全人格的培养在今天仍具有指导意义。

要培养女性"自立"的精神和独立之"完全人格"，就要实现男女教育平等、职业平等和女性经济上的独立。其中，男女教育平等又是实现男女职业平等、女性经济独立乃至真正意义上男女平等的前提。正所谓"教育平等者，非教育种类之平等，乃教育人格之平等"[②]。唯有实现男女教育平等，女性才能拥有与男子同等的知识与技能，通过职业平等，才能与男子在经济上平等竞争。否则，女性就不能在社会上得到和男子一样的社会地位，不能谋取一样的职位，"自立"就是空谈。

中国近代职业教育的奠基者、中华职业教育社的创始人黄炎培依据进化论的理论极力倡导女子职业教育，主张"男女教育机会应该均等"[③]。他指出：随着社会的进化与文明程度的提高，女性的觉醒势在必然。女子接受学校教育并不是目的，仅仅是一种手段、方法。女子职业教育则是从根本上培养妇女独立自立之道。女子只有接受一定的职业教育，才能获得谋生技能最终实现经济的独立，所谓"解放必先自立，必先能治生"[④]；只有自谋其生，女性才有了与男子平权的必要条件和家庭稳固、幸福的基础，进而才可以谋国家生存，世界幸福。

值得注意的是，这一时期大多数女权运动者将经济独立看作实现妇女解放的重要前提，将男女职业平等看作女性取得经济独立的重要途径。一般而言，职业平等主要包括就业机会平等和同工同酬两个方面。五四运动前，女性主要争取的是就业机会的平等，认为"妇女运动者，首以开辟

---

① 高平叔编：《蔡元培全集》第1卷，中华书局1984年版，第150页。
② 梁华兰：《女子教育》，《新青年》1917年第3卷第1号。
③ 中华职业教育社编：《黄炎培教育文选》，上海教育出版社1985年版，第309页。
④ 同上书，第104页。

女子职业为要务，盖不如是，女子绝无独立之机会也"①，其根本目的是获得就业机会，实现经济独立。五四运动后，妇女不再满足于有工作，而要求工作中在相同的岗位上能获得和男人一样的报酬。

在教育思想家与女权运动者的努力下，一方面女性自我意识逐渐觉醒，促使教育愈加公平公正，女子职业教育思想不断调整、深化而趋于完善；另一方面，女性职业教育快速发展，女性走向社会，加入各行各业，成为社会发展一支不可忽视的力量。据1926年《生活》杂志的一项调查显示："民国以来，时局扰攘，生活程度日见增高，而妇女之谋事业者日众，妇女职业为潮流所趋，亦随之膨胀。于最高之政党领袖，次如大中小学之教员，又次如农工商各界之职工，几莫不有妇女侧身其间。种类之繁，指不胜屈。"②

从以上女子职业教育思想的内容看，这个阶段的女子职业教育思想彻底跳出了封建主义的窠臼，摆脱了为"国"为"家"谋利的桎梏，传统的贤妻良母教育被谋个性发展之完全人格教育所替代，传统的男女关系、女性与社会的关系被完全否定，传统女子教育的根基被彻底动摇。教育思想家们立足于天赋人权、妇女解放、男女平权的角度来认识女子职业教育的价值，从实现男女真正的平等、服务社会、增进经济发展、养成妇女良好品格等方面探讨女子职业教育的重要性和作用，将培养女性独立人格作为女子职业教育的宗旨，希望通过教育将广大女子培养成既具有独立个性又具有女性气质、既具有健康体魄又具有宽广知识和道德艺术修养、在生产生活中发挥一定作用的新一代女性。至此，女性第一次作为一个独立的、完整的个体被认识、被认可，标志着现代女子职业教育思想走向成熟以及职业教育体系的基本确立。

第三节 清末民初女子职业教育的历史评价

清末民初女子职业教育取得了一定的发展，在一定程度上解决了妇女就业，唤醒了女性独立自主意识，推动了女权运动和妇女解放运动的开

---

① 乔素玲：《教育与女性》，林家有主编：《近代中国政治与社会变迁》，天津古籍出版社2005年版，第157页。
② 转引自阮珍珍《1912—1937年知识女性职业状况考察》，硕士学位论文，河南大学，2008年。

展，在当时具有进步的意义。但是，由于传统观念的影响、社会经济的落后和战乱的频繁等原因，这一时期女子职业教育的发展呈现出极不平衡的趋势，如地区分布不平衡、学科设置不平衡、男女比例不平衡等等，尤其是，所取得成果也未得到有效巩固，导致这一时期女子职业教育发展较为缓慢，女性亦未能获得完全的解放和真正的平等。

一 清末民初女子职业教育发展的进步性[①]

1. 促进了妇女就业

在20世纪以前，妇女就业主要集中在体力劳动范围，就业领域很窄。或在外资、官办和民办的缫丝、棉纺等轻工企业做女工，或从事女教师、女医生、女护士等妇女职业，局限于工厂、手工业、教育、医学等领域。至民初，随着女子职业教育的兴起，接受职业教育、具备一定专业技能的女子越来越多，从而具备了进入较高层次的职业领域的专业技能，造就了中国第一代职业女性。她们进入工厂，导致近代产业女工人数急剧增加。民国《生活》杂志1927年第1期载：以广东省为例，广东全省有缫丝厂160余处，每场平均雇用女工600人左右；有生丝织机厂1000余所，蚕绸织机厂1700余所，职工亦以女性居多；广州全市有各种熟药店百余个，各雇女工百数十人；广东共有火柴厂十余所，各雇女工数百人；洋袜厂规模亦在百人以上；其他还有车衣、机器织布、松纱、松头发、装纸烟、制树胶底、制化妆品、汽水、香皂、草帽、印刷、玻璃等业，也以女工为主。从全国范围看，女工也已占据相当的比例。1915年，全国工人总数643524人，其中女工为245026人；1918年，全国职工（除粤、湘、滇、黔四省外）共有488605人，其中女工为181285人，均占到1/3以上。[②]

不仅如此，随着女子职业教育科类的增多，女性所具备的专业技能范围日益广泛，女性职业领域迅速拓展。1921年，企业开始录用女职员。同年，广三铁路首先采用考试的办法吸纳了40名女子，分任售票、售货、收票、书记、购料、稽核等职。继之，银行、商店也录用了会计、女书记、

[①] 参见王秀霞《民国时期的女子职业教育》，硕士学位论文，山东师范大学，2004年。
[②] 王建国、郝平：《近代女子职业发展与妇女解放》，《山西大学学报》（哲学社会科学版）2000年第1期。

女店员等。至20世纪20年代末,服务性行业为女性开辟了许多新的职位,女招待迅速发展。1924年一份杂志描述当时女性职业时写道:"十年前,除了教师及医生,只有少数从事卑微的不熟练的劳动,现在却已有男子职业的一部分向女子开放了,如银行员、铁路事务员、商店的店伙以及公司会计……就是大学的教授里,以及官署的官吏等,也颇有女子的事情,这都是十年前所没有的。"[1] 1927年《生活》杂志的一项调查亦描述道:"民国以来,时局扰攘,生活程度日见增高,而妇女之谋事业者日众,妇女职业为潮流所趋,亦随之膨胀。于最高之政党领袖,次如大中小学之教员,又次如农工商各界之职工,几莫不有妇女厕身其间。种类之繁,指不胜屈"[2]。20世纪20年代末都市妇女就业情况从下表中可窥见一斑[3]:

1929年广州市各业女职工人数表

业别	女职工人数	占全市妇女人数(%)	业别	女职工人数	占全市妇女人数(%)
商业	3298	0.977	医界	509	0.151
航业	3000	0.888	农业	3598	1.065
教员	659	0.195	劳工	44324	13.126
警界	6	0.008	学生	12895	3.819
政界	28	0.022	其他	11340	3.358
律师	2	0.001	无业	258030	76.411
报界	1	0.0005	总计	337690	100

据上表可知,女性除在劳工方面有所突破外,已进入较高层次的职业领域。虽然只具有象征性的意义,但这毕竟拓展了妇女的职业空间,女子走出家门,走向社会,在所从事的各种职业生活中找到了新的角色,谋求经济独立与自我价值的实现。更重要的是,女性职业领域的拓展,冲击并瓦解了封建社会种种抑制女子才智的陈规陋习和传统观念,突破了传统的职业分工和职业的结构,男女平等的观念深入人心,有利于妇女意识的觉醒和妇女运动的开展,进而有力地推动了妇女自身的解放和社会的变革。

---

[1] 瑟庐:《最近十年内妇女界的回顾》,《妇女杂志》10卷1号。
[2] 王建国、郝平:《近代女子职业发展与妇女解放》,《山西大学学报》(哲学社会科学版) 2000年第1期。
[3] 罗苏文:《女性与近代中国社会》,上海人民出版社1996年版,第356—357页。

诚如恩格斯指出："妇女解放的一个先决条件，就是一切女性重新回到公共的劳动中去"①。

2. 促进了女权运动和妇女解放

随着女子职业教育的发展，具备一定职业技能的女子越来越多，女子就业范围和就业人数均有所改善，但总体上妇女就业仍处于较低水平，据民国元年第一次农商部统计，各省工厂职工中的女工，除江苏省人数稍多，为 6.7 万余人，浙江、湖南各两万余人，江西、福建 8000 余人，广东、湖北 4000 余人，直隶 2000 余人，河南、云南 1000 余人，其他省均不及 1000 人。② 尤其是，女子就业压力大，就业机会不均等，男女同工不同酬等社会问题十分严重。为了改变这种状况，女权主义者组织了维护妇女权益的各种团体，全浙女界联合会、湖南女界联合会、女权运动同盟会、妇女同志会等，领导开展了争取妇女职业平等权的斗争。斗争的目标从谋求妇女就业机会均等到争取女子同工同酬和劳动保护等问题。1922年，女权运动同盟会向交通部上书，要求邮电各机关任用女职员。1924年，天津女界国民会议促成会也就妇女职业平等问题明确提出：女子有选择职业的自由和机会，保障母权，在工厂女工有受教育权利，妊娠期间，应停止其工作，照发工资等。斗争方式从罢工走向立法。1926 年 3 月，省港女工大会通过决议案提出：为制定新工厂法，政府应于 3 个月内组织调查委员会，女工代表得参加调查委员会；由广州工人代表大会向政府转交所拟女工要求，督促在 3 个月内规定并颁布女工保护法，女工代表应参加起草工作。③ 随着妇女谋求职业平等权斗争的不断深入，1931 年 2 月，南京政府终于颁布新的《工厂法》《中华民国民法》，正式确认了女工的 8 小时工作制、男女同工同酬、保护妇女劳动权益及妇女从事社会职业和实业活动的权利。这些成果促使妇女职业迎来一个向多种行业拓展的新局面，也为新中国女子职业教育的发展奠定了良好的基础。

二 女子职业教育的局限性

民国时期的女子职业教育虽取得了一定的成就，但毕竟处在半殖民地

---

① 《马克思恩格斯选集》第 4 卷，人民出版社 1972 年版，第 70 页。
② 谢长法：《民国初年女子职业学校的发展》，《教育与职业》1998 年第 3 期。
③ 《省港女工大会开会及议决案》（1926 年 3 月 30 日），中华全国妇联妇运史研究室编：《中国妇女运动历史资料》（1921—1927 年），人民出版社 1986 年版，第 513 页。

半封建社会的旧中国，由于历史的原因，又不可避免的带有一定的局限性。

首先，女子职业教育发展的不平衡，导致女性职业的发展与分布极不平衡。

这一时期，女子职业教育发展的不平衡主要表现在地域的分布与科目的设置上。据1922年中华职业教育社调查统计，全国女子职业学校主要集中在长江以南的东南沿海一带，以苏、湘为最多，江苏20所，湖南18所，而川、晋、豫、甘、吉、黑等省则一所也没有。科目设置以职业（主要指家事）为最多，共计52所，占68%，商业和工业则极少，仅有4所，占0.05%。[①]"十校之中仿佛有九校是刺绣、缝纫，间或有养蚕、花边等科。"[②]

虽然通过女子职业教育，在一定程度上推动了妇女就业，但是，女子受教育的人数比例很低，据统计，1915年，二万万妇女中受教育者不过20万，只有千分之一[③]，直到1922年，全国女子职业学校总数也不过是76所，因此，职业女性的人数在整个女性中比例很小，与男性相比更是少得可怜。据1928年的调查，南京市社会局发表了一个首都户籍统计，内列有职业的共22834人，其中女子仅有18910人，占全部有职业人数的8.70%；又如宁波市社会科调查，男子有职业的占95%，无职业的仅5%，女子有职业的占19%，无职业的竟有81%。[④]这对于一个拥有2亿女同胞的泱泱大国来说无疑是杯水车薪，远远不能满足女子通过受教育学技能来改变自身地位的愿望和需求。同时，女性职业的范围狭窄，发展与分布极不平衡。女性中能够从事高层次职业的人数很少，多数为身份低微的产业女工和家庭佣工，纺织行业的女工达59.6%。[⑤]从地域分布看，全国不足百所的女子职业学校主要分布在东南沿海地区和各大中城市，因此，职业女性多集中在上海、南京、广州、北京、天津等一些大城市，总体看，南方多于北方，沿海多于内地，大城市多于小城镇，偏僻地方则很

[①] 璩鑫圭等编：《中国近代教育史资料汇编·实业教育师范教育卷》，上海教育出版社2007年版，第405页。

[②] 杨鄂联：《中国女子职业教育之经过及现状》，《教育与职业》第35期，1922年4月20日。

[③] 陈保光：《要求女学校开放的讨论》，《新生活》，1920年。

[④] 庄泽宣编：《职业教育通论》，商务印书馆1934年版，第133页。

[⑤] 罗苏文：《女性与中国近代社会》，上海人民出版社1996年版，第288页。

少甚至没有。因此，清末民初的女子职业教育并没有从根本上改变女子就业的状况，也没有真正实现女子职业教育的解决女子生计的目的。

其次，与男子教育相比，女子职业教育的发展明显滞后且成果未能巩固。

如前述，清朝末年，女学堂数目、女学生人数在全国的比例都偏低。1907年，全国办有学堂约35000所，而女学堂仅有428所，占总数的1.2%。同期，女生在全国学生总人数中的比例仅为0.67%。[①] 经过多年的发展，至民国初年，女子入学状况仍差强人意。据不完全统计，1918—1919学年度，全国1819个县（设治局）中，有1810县没有开设女子学校；全国430余万在校生中，男、女生人数分别为411万余和18万余，比率约为20∶1。从职业学校的女生数及所占的比例来看，1916—1917年度，全国实业学校男生数为28223人，女生占学生总数的6.20%，男生数大于女生数15倍。[②] 1922—1923年度全国甲种实业学校女生数为1452人，占学生总数的7.13%，乙种实业学校女生数达1757人，占学生总数的8.58%[③]，女子职业学校人数远远落后于男子职业学校人数。此外，绝大部分女子职业学校的课程设置单一，教材使用随意性很大。绝大部分课程集中于文教、卫生、轻纺工业等类，而与科技类、政治及理工科偏离，这样就限定了女子职业教育的结构和类型，使得女子职业教育拘于一端，不能有长足发展。教材或用外国的，或自编，或干脆用普通课教材，均不适用。如家事教育的"一切教材教法几乎完全自西洋抄袭来的，谈到衣便是西式衣服的裁剪，谈到食便是西式食物的烹调"等[④]，尤其是师资的缺乏，在很大程度上制约了女子职业学校的发展。《职业教育报告书》中载"今日职业教育，各种繁复问题中之最急要者，当莫若师资问题。若良师可得，则其他问题，悉可迎刃而解也"[⑤]。张謇在南通兴办女子职业学校中体察了师资的难得。其所办的女工传习所缺一名技艺良好的织袜女教习，张謇百求而难得，"教员竭蹶，不足应求"[⑥]。

[①] 朱有瓛主编：《中国近代学制史料》第2辑（下册），华东师大出版社1989年版，第649—650页。

[②] 程谪凡：《中国现代女子教育史》，中华书局1936年版，第215页。

[③] 中华教育改进社编：《中国教育统计概览》，商务印书馆1924年版，第35、53页。

[④] 庄泽宣编：《职业教育通论》，商务印书馆1934年版，第128页。

[⑤] 李熙谋：《职业教育报告书》，教育部1933年版，第160页。

[⑥] 《复储铸农函》，杨立强等编：《张謇存稿》，上海人民出版社1987年版，第86页。

不仅如此，清末民初在女子职业教育方面所取得的一些成就并未得到巩固。"中华民国"成立初期，资产阶级革命派掌握着政权，他们以较高的热情，真诚地关心和帮助女子教育，使其得较快发展，成果昭然。然而，资产阶级革命没有能力巩固政权，"中华民国"的政权很快落入袁世凯手中，政局的骤然逆转使女子教育迅速跌入低谷。1913年袁世凯掌权后，在文化教育领域大搞"尊孔读经""男尊女卑"的复古运动，对男女平权运动采取否定的态度。在女子教育的问题上，对正在成长着的女子教育采取压制态度，对女子教育方针进行修改，摒弃此前已经确立的教育方针中进步的成分，重新强调所谓的"女德"和"礼仪"，主张恢复旧的伦理制度，女子重新回到家庭，做回"贤妻良母"，鼓吹贞女烈女的培养，将妇女重新拘于家庭。1914年当时的教育总长汤化龙发表讲演，主张禁止设立女子法政学堂，解散妇女参政团体，提倡以贤妻良母主义为目的的教育内容。他说："余对于女子教育方针，则务在使其将来足为贤妻良母，可以维持家庭而已。"① 根据这一教育方针，教育部于1914年12月颁布的《整理教育方案草案》明确规定女子教育"注重师范及职业，并保持严肃之风纪；今且勿骛高远之谈，标示育成贤妻良母主义，以挽其委琐龌龊或放任不羁之陋习"。② 袁世凯在1915年颁定的《教育宗旨》也宣称"女子则勉为贤妻良母，以竞争于家政。……舍家政而谈国政，徒事纷扰，无补治安"③，洪宪帝制垮台后，接踵而至的是张勋复辟，尊孔复古的论调更是甚嚣尘上，对女校的限制和禁锢越来越严。如1917年教育部饬令各地女校，严行禁止女生剪发、自由恋爱和结婚、结伴游行，违者轻则记过、重则勒令退学。山东某女校则公然检查女生的贞操，若非处女，立即开除。正是在这种黑暗的政治局面中，女子教育的发展才举步维艰，一直呈现着孱弱苍白的病态。④

总之，清末民初女子职业教育兴起和发展过程，充满了艰难险阻，陈旧的传统积习、落后的社会经济、频仍的战争动乱以及新生事物本身的不成熟性等等，影响了这一时期女子职业教育的成效。但是，女子职业教育

---

① 熊贤君编：《中国女子教育史》，山西教育出版社2006年版，第264页。
② 《教育公报》第8册，1915年第1期。
③ 中国第二历史档案馆：《袁世凯颁布教育宗旨令》，《中华民国史档案资料汇编》第3辑，江苏古籍出版社1991年版，第465页。
④ 刘阳：《清末民初女子教育发展嬗变》，《鄂州大学学报》2002年第2期。

的兴起，代表了中国新式教育的发展趋向，顺应了时代对教育发展的要求。它的发展不仅促进广大妇女的觉醒，也促进了社会的进步。女子职业教育的发展，使得深受封建思想禁锢的女性，终于可以脱离男尊女卑的思想束缚，不再依附男子做终日忙于家务的家庭主妇，可以寻求经济上和人格上的独立。不少女性勇敢地参加了政治活动，或参加爱国救亡活动，投身社会变革的洪流，如1903年，在上海宗孟女学校成立上海对俄同志女会，参加者近200人；1907年成立的上海女界保路会，其发起人及成员多为上海10多所学校的女学生，或参加反清革命活动，清末参加同盟会的232名女性，绝大部分是接受了新式教育的知识女性。爱国女校的女学"多有从事于南京之役者，不可谓非教育之成效也"[①]。

---

① 高叔平编：《蔡元培教育论集》，湖南教育出版社1987年版，第155页。

结　　语

清末民初是中国近代职业教育发展的重要时期，也是近代中国职业教育发展的一个缩影，以小见大，一斑窥豹，通过对清末民初职业教育发展的研究，我们也可尝试对中国近代职业教育作一粗浅检视。

一　中国近代职业教育的特点

近代意义上的职业教育虽然在很大程度上是一种舶来品，有着浓厚的西方色彩，但是从某种程度上说，这种西方色彩只是中国近代职业教育的一个外部因素。在中国这样一个有着古老的传统和历史积淀的国家中发展起来的职业教育，不能不深深烙上这块土地的印记。中国近代职业教育中的中国传统和中国特色是研究中国近代职业教育这个课题不能忽视的一方面。

1. 中国近代职业教育中的中国特色

众所周知，职业教育的核心是实业教育，而实业教育作为培养是有一定的文化水平、掌握本行业特殊技能的教育，从某种程度上说其源头可以上溯至中国古代学徒制。这种古老的培养技术工人的教育在中国历史上为中国科技和手工业等方面的发展都起到了相当大的历史作用。到了近代，随着西方近代科技的传入，如何培养近代意义上的职业技术工人的课题被提上历史议程。虽然西方式的职业教育同中国传统的学徒制教育有着本质上的区别，但是作为一种传统，学徒制在中国近代职业教育制度诞生的过程中仍然扮演了重要角色，使得中国近代职业教育在哪一个方面都带着浓厚的中国色彩。

第一，中国近代职业教育的兴起和发展，其政治色彩远大于经济色彩。众所周知，中国教育近代化的兴起，主要是由于中国近代所遭受到西方侵略而产生的严重的民族危机和政治危机。这种严重的危机促使中国人开始反思自己和西方的差距究竟在哪里。首先受到重视的是中外在军事科技上的差距，才有了林则徐和魏源"开眼看世界"的呼喊。在镇压太平天国的运动中，以曾国藩、李鸿章等为代表的一批早期近代军阀通过亲身的体验，领会到了西方军事、科技、工业等方面的先进性，进而发动洋务运动，希望通过"中体西用"这条道路，发展中国的近代化经济和军事。这也成为当时大部分中国人公认的救亡图存之路。"实业救国"思想正是在这种大环境下产生的。然而要发展实业，就必须培养出中国自己的、拥有西方近代科技知识和工业技术以及近代管理技术的实业人才。人才的短缺使得人们又开始将救亡的目光从实业转向了教育。早在19世纪60年代，早期资产阶级维新派的代表郑观应就提出了兵战不如商战、商战不如学战的理念，首次将教育摆在了救亡图存的高度。实业救国理论催生了教育救国理论，甚至可以说是催生了实业教育救国理论。因此，在中国，实业教育首先并不以教育的形象引起国人的注意，而是以救亡图存的政治形象引起国人的狂热的。1904年颁布的《奏定实业学堂通则》第一句就是"实业学堂所以振兴农工商各项实业，为富国裕民之本计"。在实业教育后来的发展历程中，也时时可以看到政治因素对实业教育发展的影响超过了经济因素对实业教育发展的实际需要和要求。而这一特点几乎从根本上决定了中国的实业教育乃至整个近代职业教育都带着浓厚的政治色彩，决定了它自身所具有的所有特色，乃至它无法克服的种种缺陷和局限。

第二，中国近代职业教育早于其他近代教育出现，这是中国职业教育发展史上一个很独特的地方。作为职业教育的核心之一的晚清实业教育，早在中国兴起向西方学习的运动之初就诞生了，可以说对西方实业教育的学习正是中国教育近代化的初始动力之一。因此，从中国教育发展史来看，中国的实业教育整体上来说要早于中国的普通基础教育和高等教育。这种发展历史虽然导致了中国近代职业教育缺乏基础教育和高等教育的支持，而在诞生之初步履维艰的状况，但是同时也折射出中国近代职业教育在整个中国教育近代化过程中的重要地位。从某种程度上说这是为中国新的教育制度的产生起到了奠基的作用，具有很大的历史意义。[①]

---

① 李蔺田、王萍副主编：《中国职业技术教育史》，高等教育出版社1994年版，第15页。

第三，中国的近代职业教育，尤其是洋务运动时期的职业教育，虽然其重点是放在对西方的科技和技术的学习上，但是却始终强调不能放弃对中国文化的学习。与之相对的是，职业素质和职业道德的培养，却没有引起晚清实业教育界的重视。不论是在中央制定的学制还是各个实业学堂自己所制定的章程或开设的课程中，都规定了中国文化的学习，这有利于学生的文化和道德素质的提高。1903年张之洞在《奏定学堂章程折》中就明确表示："至于立学宗旨，无论何等学堂，均以忠孝为本，以中国经史之学为基。俾学生心术一归于纯正，而后以西学论其智识，练其艺能，务使他日成才，各适实用，以仰付国家造就通才，慎防流弊之意。"在1906年学部所制定的"忠君、尊孔、尚公、尚武、尚实"五项教育宗旨中，排在第一位的就是"忠君、尊孔"。实业学堂作为新学制的一个组成部分，自然也要遵循这个宗旨。[①] 传统文化在职业教育中能够占有如此重要的地位，使得中国的近代职业教育带有很浓厚的传统中国色彩。这种对中华文化的学习的强调是晚清职业教育以"中体西用"为指导思想的最好体现，也保证了中国近代职业教育始终不脱离中华文化的大环境，更有利于接受职业教育的学生培养起必要的国家文化认同感和民族自豪感，同时也使自己将来毕业后能够更好地融入社会，避免了诸如容闳的留美幼童那样由于西化太深而无法融入当时社会的尴尬。这一点对以就业为最终目标的职业教育尤其重要。

同时这也是与当时中国特殊的教育结构相适应的。由于在建设实业教育之前，中国并没有建立起坚实的近代基础教育，因此当时中国实业教育不能从基础教育中得到符合近代文化素质要求的合格的生源。实业学堂所招收的学生在入学前接受的大多是旧式的传统封建教育，甚至已经取得了某种功名，因此他们大部分都缺乏必要的近代科学基础知识。而且当时中国的实业教育尚未形成独立的系统，无序而分散，因此在整个中国教育体系中还没有找到自己的位置，也没有得到整个社会的肯定，因而生源的质量也就得不到保证。

与重视中国文化的教育相对的是，晚清的实业教育并没有重视职业意识、职业素质和职业道德的教育。经典的职业教育理论认为，职业教育的目的在使受教育者加深对劳动对象和劳动手段的理解，掌握相应的技术与

---

① 李蔺田、王萍副主编：《中国职业技术教育史》，高等教育出版社1994年版，第19页。

技能的同时,还要培养一定的职业意识和形成一定的世界观。① 如果从这个意义上说来,清末的实业教育并没有涉及,至少是没有把关于职业意识的教育放在很重要的地位。至于世界观的培养,清末的实业教育也没有完成它应有的任务。一方面它还在提倡和要求学生遵守已经落后的,以维护封建统治为主要目的的所谓"中学";另一方面,它也仅仅空泛地要求学生们重视近代的科学技术,提倡发展近代工商业经济,但是没有重视对学生们的劳动价值观的培养,并没有真正培养学生们对劳动意义的真正理解,反而由于又捡起科举教育封官晋爵的那一套激励制度,给学生们造成了新的认识上的错误,使得学生们又把职业教育理解为升官发财的另一途径,这就扭曲了中国近代职业教育的意义。换句话说,中国近代的职业学校只教授了近代的职业技术和职业技能,而没有培养近代的职业意识和职业道德。这也是与清末实业教育相比较之下薄弱的方面。

第四,晚清实业教育拥有自己独立和独特的行政管理体系。1905年12月,清政府设立学部作为统辖全国的中央教育行政机构。学部内设实业司作为全国实业教育的主管机关,具体事务由该司下设实业教务科和实业庶务科分别办理。该司作为全国实业教育的主管机关,其主要职责包括全国实业教育学校的统筹部署和宏观管理,调查各省实业教育概况,筹措分配教育经费等方面。在地方上,各地实业教育的具体事宜则由各省提学使司下设的实业课管理。由此可见,清末实业教育的管理机构已经从实现了从中央到地方,上下贯通,自成一体的行政管理体系,这也充分证明了清末实业教育在整个清末新式教育体系中的重要地位。

第五,中国近代职业教育在设置自己的学科、课程和教学方法的时候,并没有完全照搬西方近代职业教育的所有经验,而是结合了中国的实际,做出了适当的调整,给予地方很大的自主权和灵活性,保证了中国近代职业教育的发展同中国社会发展的实际相适应。

例如在学堂设置上,晚清的实业学堂比较重视农牧林业类学堂的设置,这是同中国近代社会仍然以农业为主的社会实际是相符合的。农业一直以来都是中国经济的基础,然而到了近代,曾经引以为豪的中国农业技术已经远远落后于西方。尽管在洋务运动兴起后中国兴起了学习西方的热

---

① 顾明远、梁忠义主编:《世界教育大系·职业教育》,吉林教育出版社2000年版,第9页。

潮，但是这种热潮主要集中在军事、工业、商业等行业，甚少有人注意到要用西方的技术来改进中国的传统农业。对此孙中山就曾经指出："我国家自欲引西法以来，惟农政一事，未闻仿效，派往外洋肄业学生，亦未闻有入农政学堂者，而所聘西儒，亦未见有一农学之师"。① 1898年，康有为就奏请设立各省农务学堂，光绪帝也曾在诏书中要求各省各地都要设立农务学堂。戊戌变法期间，教授近代西方农业技术的农业学堂开始大量出现，具有代表性的有1897年杭州太守林启创设的杭州"浙江蚕学馆"、1897年浙江孙诒让创办的"永嘉蚕学馆"、湖北农务学堂（1898年）、广西农学堂（1899年）、福建蚕桑公学（1900年）、山西农林学堂（1902年）、四川蚕桑公社（1902年）、湖南农务工艺学堂（1902年）等等。②大量的农林副业学堂的建立无疑是中国传统的重农主义和当时中国传统农业经济仍占主导地位的一种体现。

又如在学科和课程的设置上不要求机械的整齐划一，而是允许各地方各学堂按照当地的需求和自身实力的限度，灵活设置，自主规划。他们可以自主决定开办整个或全部专门科。同时在职业教育的形式上也丰富多彩，既有正规系统的实业教育，也有培训性质的实业补习教育，乃至在普通和高等教育中开设的职业课程；既有拥有完整教学力量和硬件设施的独立学堂，也有附设于普通教育学堂和企业内部的附属学堂，乃至临时短期培训班性质的实业补习学堂。这些都体现了中国在移植西方的职业教育体制时令人称道的灵活性和创新性。

第六，中国近代职业教育的发展存在着不平衡性，这是同中国近代经济发展的不平衡性相联系的。这种不平衡性表现在以下两个方面。实业教育发展的地区不平衡性。中国近代实业教育的发展同中国近代经济的布局有着惊人的类似。总体上来说，东部沿海、沿江地区等经济较发达地区以及作为政治中心的华北地区，近代职业产生比较早，发展的也较快，成效比较明显。而在经济落后交通不便的中西部地区，职业教育起步较晚，发展较慢，对当地发展所起的作用也不如东部的实业教育那样明显。这种情况从实业教育诞生之初一直延续到清末，乃至新中国建成以前，沿海和内地、东部和西部职业教育的巨大反差一直都没有本质的变

---

① 《孙中山选集》第1卷，人民出版社1981年版，第34页。
② 李蔺田、王萍副主编：《中国职业技术教育史》，高等教育出版社1994年版，第9页。

化，甚至还在不断的拉大差距。这可以在中国近代职业学校的地域分布上得到很好的诠释。1909年学校数在10所以上的省份有浙江、湖北、湖南、四川、河北、山东、河南、广东、云南、上海等10个省市，总计有163所学堂，占全国学堂总数的67.36%，而西部省份大多只有两三所学堂。从学生数量来看，1909年，仅湖北、湖南和河南三省职业学校学生就占全国的30.09%。[①]

实业教育的发展存在着行业不平衡性。在职业教育发展的初期，由于洋务运动倡导对西方军事和工业等工程技术的学习，工矿、电报等能够直接产生经济利益，直接为军事等方面服务的职业学堂首先涌现，得到了极大的发展。农业类的职业教育则随着江南地区对近代丝织业的需求而后来居上，并一直是职业教育的一个重点教育方向。商业类的职业学校情况尚属乐观，而医学、交通、家政类职业学校的发展却远不如工矿业职业学校。这种情况的出现，一方面是中国当时国民经济整体结构的一个反应；另一方面也反映了中国的教育结合实业界对中国经济的发展道路和发展重心的一种认识。同时这也反映出社会事业在当时的中国尚未被人们所重视，中国的职业教育还未摆脱单纯的生产观念，尚未注意到服务行业和其他行业所蕴含的巨大的就业潜力。

应该说中国色彩在中国近代职业教育的发展过程中起到了相当大的影响，调整了近代职业教育的发展，是应当肯定的。但是，中国色彩中也掺杂着中国旧式思想和旧式教育的糟粕，在一定程度上对于近代职业教育的发展造成了阻碍。总而言之，中国的近代职业教育带有相当浓厚的中国传统色彩，也适应了当时中国的社会发展实际，因而使得近代职业教育能够在中国近代史上发挥出自己的作用。

2. 中国近代职业教育中的西方因素

由于近代职业教育是随着西方近代工业和科技的发展而兴起的，因此对于中国来说，近代职业教育本身就是一个舶来品。一些研究者认为中国的实业教育实际上是外来文明冲击的产物，而非中国社会内生的教育结果。[②] 中国的近代职业教育的一个主要源头就是向西方学习的成果，因此

[①] 徐东、郭道端：《我国近代职业教育的变革与发展》，《国家教育行政学院学报》2006年第8期。

[②] 赵成、陈通：《超稳定结构与中国实业教育的产生》，《职业教育研究》2006年第3期。

中国的近代职业教育不可避免地受到从欧美传入的西方近代职业教育的影响。这些影响基本上就构成了中国近代职业教育的基调。

中国近代职业教育中的欧美因素从中国近代职业教育的教育指导思想、学制设计、实习制度等各个方面都有明显的体现。

首先，中国近代职业教育的教育指导思想的主旨和精髓就来自西方。中国近代职业教育思想最早的源头可以上溯到洋务派的"中体西用"思想。中国因为与世界全方位的巨大差距而在近代陷入了亡国的危险境地，这一观点即便是在当时，也已经被人们所接受，而其中经济和科技实力的落后的现实又是最容易被人们所看到，也最容易被传统社会所承认的，因此发展中国的经济和科技实力就成为中国近代化的一个最早和最主要的内容。基于这种需要，近代的洋务派提出了"中体西用"的思想。中体西用思想提倡在维护中国旧有的封建统治体制的前提下，引进西方先进的科技和工业技术，希冀以此来使中国在维持社会平稳的同时摆脱落后挨打的境地。

应当说，中体西用思想不仅仅是洋务派的救国思想，同时也是晚清一个指导性的教育思想。要引进西方的经济和科技成果，并建立中国自己的近代经济和科技体制，将之转化为中国的生产力和综合国力，如果没有自己的经济和科技人才的话，这一切就是空中楼阁，镜花水月。因此，在培养中国自己的近代人才方面，中国走的也是借鉴西方的路子。

其次，中国近代职业教育的学制设计也大量参考借鉴西方的体制，这其中日本的因素又是一个相当有趣的论题。

中日甲午战争以后，中国掀起了出洋考察外国先进的新式教育制度的风潮。在众多的西方国家中，日本由于存在着地理、费用上的便利以及文化、国情上的共同之处，成为出洋考察风潮中最受青睐的目的地。大批热衷教育改革的人士纷纷前往日本考察新式的教育体制，这其中有不少人是官方的特派官员，他们对日本的教育制度的考察对日后中国的教育改革的影响尤为重要。他们考察回国后撰写了大量的考察报告或个人的考察心得，例如姚锡光的《东瀛学校举概》，李宗棠的《考察日本学校记》，罗振玉的《扶桑两月记》，胡景桂的《日游笔记》等。除了留学考察以外，还有不少热衷教育改革的人士通过翻译日本教育文件资料，为中国的教育改革提供参考和建议，例如罗振玉的《日本教育大旨》，陈毅翻译的《师范教育令》等。其中1901年10月《教育世界》第十一期上刊载的日本实业教育章程《实业学校令》对于中国参考日本制度制定中国自己的实业教育体制的意义尤为重大。

3. 职业教育与就业

中国近代职业教育与中国的旧式教育相比较,有着诸多的特点,其中最为人们所瞩目的就是学校教育和毕业就业之间的矛盾。这甚至成为中国职业教育史划分阶段的一个依据。

顾名思义,既然名为"职业教育",必然要将教育与就业相结合,名为"实业教育",就应当将教育与企业相结合。但是对中国晚清的实业教育来说,这种结合却做得很不令人满意。

首先,实业教育与就业之间没有产生紧密的联系。清末实业教育举办之初,中国的实业界的规模尚小,能够容纳的毕业生有限。但是与此同时,受当时"实业救国"思想汹涌潮流的影响,中国社会投入了大量的热情和力量来建设中国的实业教育,实业学堂的设立和学堂招生都无计划地盲目膨胀起来,中国实业教育表面上看起来一片繁荣。但是这种急功近利的做法却隐含着一个十分严重的错误。实业教育的初衷是培养中国的实业人才,而实业人才只有在毕业后真正投入实业中去,才能发挥自己的效用,达到实业教育的根本目的。但是在当时那样一个实业教育的狂热年代里,实业教育界显然忽视了当时中国整个实业发展的大环境。其时中国的实业仍处在起步阶段,虽然急需人才,但是实业界规模很小,所能提供的实业岗位有限,面对潮水般拥出校门的实业学生,中国的实业界无法接受如此规模的毕业生。这导致了部分学生无法投身实业界。更糟糕的是,由于实业教育举办之初缺乏规划,导致专业的设置在一定程度上同中国发展中的实业企业相脱节,培养出来的人才不一定适用于当时中国正在发展的行业,而不少行业又缺乏受过教育的技术工人,这进一步恶化了实业教育供求关系。因此当时有人戏称"实业学堂"为"失业学堂",学生毕业也就意味着失业。这也是后来黄炎培创办中华职业教育社,力图将当时的"实业教育"改造为"职业教育"的一个重要原因。

其次,"学而优则仕""以学干禄"这一旧式传统教育的影响在清末实业教育中始终阴魂不散,也严重影响了实业教育的实际成效。在中国传统文化和教育理念当中,教育同政治的结合是如此的紧密,以致到晚清时期尽管"中体西用""实业救国"等新思潮不断兴起,但是社会上的科举教育和读书入仕的观念仍然具有很强的影响，多数有一定文化水准的知识分子仍然将科举作为自己接受教育的目标。这就造成科举教育同实业教育之间争夺生源的问题。而且清政府制定的实业教育宗旨本身也将所谓"忠君、爱国"等旧式教育观念置于首位，因此清末实业教育的毕业生中相当一部分人或者出于传统的科举和入仕观念，或者由于就业无门，而转入法政学校就读，甚至重新投入科举教育怀抱。

面对这种情况，中国的职业教育也做出了一些努力，希图最大限度上弱化科举教育对职业教育的影响。这些措施包括改良并最终废止科举，同时也在实业教育中引进功名和官衔制度，希图以此来激励人们重视实业。光绪二十九年（1903）张之洞、张百熙、荣庆等人所制定的《各学堂奖励章程》中，就规定对各级各类学堂毕业生，按考试成绩等级分别授以相应的功名与官衔，以鼓励学生进学堂学习。其中就规定高等实业学堂毕业生授以举人衔，可以出任知州、知县等职；中等实业学堂毕业生授以贡生衔，可以出任州判、主簿等职。当然，这种办法只是一种不得已的临时性措施，实际上非但不能抵制科举教育的影响，甚至还可能增加实业教育的虚假繁荣，加剧教育资源的浪费。因此到了宣统二年（1910）左右，教育法令研究会和各省教育总会联合会就主张废止这种功名奖励办法，但是直到民国元年，这一饱受非议的章程才被废除。

即便是投身于实业界的毕业生，大多数人的就业最终是由政府包分配的。这也是同当时中国大型的实业企业和实业学堂都主要是官办或官督商办的实际情况相适应的。尤其是在洋务运动时期，大量的学堂毕业生是由政府录用或授以官职的。

对此，徐东和郭道端在《我国近代职业教育的变革与发展》一文中作了一个相当精辟的分析："在中国近代的职业教育理论中，职业教育似乎应该是遵循着这样的发展过程：职业教育发展——促进实业发达——解决社会生计问题——职业救国。但是，当学生不能顺利进入实业界时，这一过程在第一环节处就中断了，解决社会生计和职业救国便成了幻想。尽管他们也在不断地改进办学方法，却不断地感到失望，改进教育理论，结果与理想总是相距甚远。"[①] 这段分析可以看作对清末职业教育中教育与

---

① 徐东、郭道端：《我国近代职业教育的变革与发展》，《国家教育行政学院学报》2006年第8期。

职业相脱节的一个总结。

二 中国近代职业教育的功能

中国晚清的职业教育功能众多,大致上可以分为经济、文化、社会等几个方面。这些功能突出地反映了晚清职业教育的特色所在。

1. 经济功能

经济功能是中国近代职业教育最主要的功能,也是中国发展职业教育的初衷和最终目的。当然,我们看待中国近代职业教育的经济功能,不能仅仅将目光局限于职业教育对于中国近代经济的支持和促进,也应当看到中国近代经济对职业教育的发展的影响,二者之间是相互制约、相互影响的。

(1) 中国发展近代经济的需要是中国近代职业教育产生的原动力。随着中国近代经济的发展,人才的缺乏开始对近代经济产生越来越大的制约。不论是洋务企业,还是民族资本主义企业,甚至是亟待改进的传统农业,都需要大批人才。这种人才需求固然要求懂得西方先进科技的高级人才,但是就当时中国近代经济刚刚走上发展之路的实际情况来看,懂得西方科技基础知识,同时拥有专业知识的中低级管理人员和一定熟练技能的熟练工人才是当时中国经济最急需的人才。

早期中国的近代企业解决这个问题的办法是聘用大批的外国技师和熟练工人。他们一方面作为生产管理的主力和骨干,另一方面也担负起教导中国工人的职责。但是这种方法被历史证明不是根本的解决办法,它在带来短期的经济效益的同时,也暴露了许多它无法解决的问题。例如外聘成本高昂,对于起步中的中国近代企业是一个不小的经济负担。再如管理困难,外聘的技术人员由于管理理念、文化传统等方面的不同,经常同中国企业的旧式管理模式发生冲突,甚至有一些技术人员本身就存在素质和职业道德上的问题。同时由于当时中国半殖民地半封建社会的环境,外聘人员的招聘、管理、解雇还不时受到外国政治势力的影响。这方面福建船政就是一个很好的例子。还有一个问题就是外聘技术人员由于存在语言文化上的差异,加之中国工人的近代科学素养基础薄弱,使得外聘人员在技术指导上的作用在一定程度上被弱化,影响了中国近代企业技术和管理的真正提升。

凡此种种,才使得培养中国自己的熟练工人和中低级管理人员的任务提到了历史的议程上来。由于针对性和技术性极强，因此这些人才不论是旧式的科举教育还是新式的高等教育抑或普通教育都没有办法培养出来。洋务运动时期的外聘人员曾经培养了一部分的中国职业工人，但是由于这种培养并没有一个长远系统的体系，从某种程度上说甚至只能算是一种类似于学徒制的临时性技术培训，这种方法培养的职业技术人员或许可以应付一时之需，但是无法从根本上提升中国工人的职业技术和职业素质，也就无法从实质上提升中国近代企业的竞争力。因此这个历史的重任自然就落到了近代职业教育的身上。

（2）中国近代职业教育对于中国的近代经济不断提供支持。这种支持是多方面的。首先，中国近代职业教育的发展提高了近代工商业在整个中国经济结构，乃至整个中国社会中的地位。工商业是职业教育最重要和最主要的领域，职业教育的发展实质上就是在不断提升人们对于工商业在近代经济中的作用和地位的认识。通过职业教育对劳动者，尤其是青年的熏陶，实际上也就在整个社会普及了工商业的基本知识，是社会进一步认识到工商业在发展近代经济中的巨大能量，从而有利于吸引更多的社会资金和社会力量投入工商业的建设和发展中去。这种效应也许不是爆炸式的，但却是潜移默化的，日积月累的，假以时日的话，就能最终显示出它帮助资本主义的工商业抢占传统的封建自然经济在整个社会经济体系中的份额和地位，最终成为国家经济的支柱的力量。最后，这种支持表现在为近代企业提供合格的技术人才、促进企业的发展上。可以这样认为，没有第一代职业教育，就没有中国第一代军事工业。而当民用工业发展起来时，职业教育也走出了军工职业教育的圈子。在新式教育体制，尤其是技术教育体制还没有完善的情况下，近代工业发展所需要的技术人才在国内的主要来源就是各种职业技术学校。①

2. 社会功能

职业教育虽然是以经济为最终的依归，但是职业教育本身也存在着强大的社会功能，能够为社会的稳定和发展做出巨大的贡献。中国近代职业教育的社会功能尤其突出。

首先，中国近代职业教育促进了中国近代社会的整体近代化。中国近

---

① 徐东、郭道端：《我国近代职业教育的变革与发展》，《国家教育行政学院学报》2006年第8期。

代化的过程从某种程度上来说是以中国教育的近代化为标尺的。一个国家要想真正摆脱愚昧落后的状态，通过教育提高国民的文化科学素质，既是前提条件又是重要的手段和标尺。但是要使一个国家从根本上实现教育的近代化，如果将目光仅仅局限在高等教育上，提高整个国家的教育水平就只能是没有根基的空中楼阁，绚烂夺目却不能长久。只有在普通民众当中普及基本的文化科学知识，提高中下层民众的文化水平和思想意识水平，增强普通大众摆脱封建愚昧和同保守落后势力作斗争的能力，才能够为整个国家的国民素质的提高提供坚实的基础，加快中国社会的近代化进程。而近代职业教育则视为中国广大中下层人民提供这种教育的最重要的途径。换而言之，中国近代化进程是否有大批近代化的民众作为坚实的基础，近代职业教育的发展程度是一个重要的风向标。而职业教育的这一社会作用，只有在中国近代的特殊社会环境下才变得十分突出，这显然已经超出了职业教育本身的作用范围，使中国近代的职业教育具有了更重要的社会政治历史意义。①

其次，中国近代职业教育为中国社会的稳定和和谐提供了保障。职业教育一个很重要的成果就是提升了占人口比例相当大的职业人员的技术和教育水平，从而保证了他们能够有足够的水准和资质投身实业界（这其中相当大的部分为适龄青年），从而有效地缓解了中国近代的失业问题。中国近代，尤其是晚清时期，中国的失业问题是相当严重的。随着封建自然经济在西方资本主义冲击下逐步解体，大量的破产农民涌入城市，成为无业游民。这使得中国本来就已经很严重的城市失业现象雪上加霜，社会生计已经成为"吾中国至重要至困难问题"。大量的城市失业人员由于缺乏基础的专业技术和一定的职业素质，无法进入新兴的民族资本主义经济和社会事业的新行业中。如此大规模的失业人群在城市中躁动不安，对于任何一个社会来说都是严重的威胁。不论任何一个统治者，任何一个社会，保持社会安定都是基本的追求。而解决这一问题的最重要手段就是发展职业教育，对这些失业人员进行一定的职业培训，使他们能够适应社会新兴职业最基本的要求，同时缓解失业严重和人才缺乏之间的矛盾。虽然晚清的职业教育对于教育和就业之间的关系不够重视，以致二者之间出现

---

① 徐东、郭道端：《我国近代职业教育的变革与发展》，《国家教育行政学院学报》2006年第8期。

了比较严重的脱节，但是不可否认的是，晚清的职业教育对于缓解晚清的失业问题还是做出了应有的贡献，从而为近代中国保持社会稳定和谐提供了一定的保障。

当然，中国的历史发展证明了中国的社会并没有因为职业教育而实现真正的社会稳定和和谐，动荡和革命仍然是中国近代的主旋律。这其中的原因是多方面的，而就职业教育来说，一方面，中国近代的职业教育始终没有得到真正科学的、健康的发展，始终没能发挥出它在解决这个问题方面的潜力。但是最根本的原因还是在于旧中国所处的时代环境和其自身的半殖民地和半封建性。换言之，本质上的原因仍在于民族的解放和独立上，不解决这个问题，中国社会解决任何问题的尝试都将因为其半殖民地半封建性的性质而失败。所以我们要重视职业教育在稳定社会和促进和谐方面的功能，但是在当时的时代环境下，不能指望职业教育能够从根本上解决中国的问题。这也就是后来中国职业教育界提倡的"职业教育救国论"最终破产的根本原因所在。

最后，中国近代职业教育为中国的革命提供了强大的动力。中国革命最强大的动力和领导阶级就是中国的工人阶级。工人阶级最早出现在外资企业当中，但是当时的工人阶级所能掌握的科技和文化知识有限，技术水平不高，同近代大工业生产之间的联系还有待加强。而中国近代的实业教育就是解决这一个问题的重要手段。实业教育培养出的实业技术工人同单纯从农村直接进入工厂的工人相比较，在许多方面都有了很大的提高。第一，经过实业教育的工人科技和技术水平较高，掌握着地位相对较高的技术岗位，从而有利于领导其他工人的斗争。第二，经过实业教育的工人文化水平较高，更容易吸收先进的革命思想，学习先进的革命理论，从而提高工人阶级革命斗争的理论水平和斗争技巧。第三，经过实业教育的工人同学生界和知识界之间存在着天然的联系，也就有利于工人阶级领导学生界和知识界的革命斗争。

3. 文化功能

中国近代职业教育的文化功能也是它对近代中国做出的贡献中一个不能忽视的方面。众所周知，中国近代职业教育的发轫，以及它的主要学习内容就是来自西方的近代科技。这就不难理解为何中国近代职业教育大大提高了中国的科技文化水平。当然，就主要的受惠者来说，中国的近代职业教育主要提高的是中下层人民的科技文化水平，它的主要功绩在于将近代的科技和文化在中国进行了普及。这种普及才在最大程度上提高了中国科技文化的整体水平,因此中国近代职业教育的文化功能虽然不算高端,也不显赫,但却是最扎实,影响面最广的。中国职业教育的文化功能体现在提高中国人的科学意识,有利于破除中国封建保守思想对中国社会的不利影响。

中国传统教育主要向学生传授儒家思想和封建伦理道德,学生读的是"四书五经",科举考试考的是"四书五经",且不许任意发挥,文体必须是单一、枯燥的八股文。在这种教育的长期影响下,中国人的知识结构几乎没有自然科学位置,这是一种不健全的、畸形的知识结构。它使得人的思维模式也变得极端保守和主观化,失去了正确认识事物的能力。要改变这种思维模式,使中国人摆脱保守思想的束缚,具有奋发向上、勇于开拓的朝气,就必须改变中国传统教育内容的结构,从根本上改变中国人的文化知识结构。职业教育就是最先把自然科学知识引入教育,充当了改变中国教育内容结构,进而以教育这种最迅速最有效的方式改变中国文化知识畸形结构和思维模式的先行者。[1]

近代职业教育的传播还破除了中国旧的封建价值观,树立了新的资产阶级近代价值观。中国悠久的封建历史所孕育出的封建主义价值观是中国的工商业长久以来得不到发展的根本原因所在。在中国传统的封建价值观中,士、农、工、商四大职业,工商业总是被排在最后,在整个社会和经济中基本上总是处于被排斥被抑制的地位,这就不利于中国传统工商业技术的传承发展,更遑论发展近代工商业。而与此同时读书入仕的思想被读书人奉为圭臬,而保护自给自足的封建小农自然经济,又被统治者视为治国的不二法门。由此一来,整个社会的价值观同中国近代所处的世界发展的趋势背道而驰,自然无法适应近代的社会和文化发展。而近代职业教育的发展正是解决这一问题的良方。

近代职业教育由于其自身的针对性和特殊性,决定了它的文化意义核心就在于改变中国近代的价值观。首先,近代职业教育的发展改善了中国社会对于劳动和劳动人民的认识,促进了近代劳动价值观的形成。职业教育重要的特征就是它与劳动和劳动人民的紧密联系。在招生中,它将主要

---

[1] 徐东、郭道端:《我国近代职业教育的变革与发展》,《国家教育行政学院学报》2006年第8期。

对象锁定在中下层的劳动者，尤其是青年劳动者身上，这就改善了劳动人民的文化素质，提高了劳动者的社会地位。在教育过程中，他注重实践和实习，在将学校教育和实地操作结合，在潜移默化中培养了职业学生的劳动意识，改变人们头脑中"劳心者治人，劳力者治于人"鄙视劳动的旧观念。在结束学校教育后，这些毕业生们能够投入工商业界，通过自己的努力，获得不菲的物质收入，提高自己的社会地位，也改变了人们对于农工商等劳动阶层的看法。

三 中国近代职业教育在晚清社会的地位

清末职业教育在晚清社会有着重要的历史地位。晚清的历史就是一部中国从封建社会向近代化社会演变的历史。而一个落后社会的近代化进程前提在于这个社会的教育近代化。因此在这个历史进程中，教育的作用受到了空前的重视。为此郑观应提出兵战不如商战、商战不如学战的教育救国思想。教育革新在晚清社会所受的重视和所占的历史地位之重由此可见一斑。

晚清教育的近代化可以归结为两个方面：教育宗旨和思想的近代化、教育内容方式的近代化。

在教育宗旨和思想方面，晚清教育的近代化进程经历了一个从培养为封建制度效力的旧式儒家知识分子，到培养为国家的富强振兴的实用人才的转化；经历了一个从培养封建官吏，到培养科学技术人才的转化。在教育内容和方式方面，晚清教育的近代化进程经历了一个从单纯重视伦理道德，蔑视科技和技术，到两者并行，以科技和技术为核心和重点的转化；经历了一个从单纯重视文科教育，轻视理工科技到文理并重，以理为主的转化；经历了一个从只重书本理论，到重视实践操作的转化。这些转化从根本上改变着中国教育的本质，改变着教育在清末的发展方向，也改变着整个晚清社会的历史进程。清末的职业教育又是晚清教育重大变革中改革力度最大，最有特色，同实际联系最紧密的一个方面。

首先，清末的职业教育是晚清新式教育的源头之一。清末的教育改革自然是源于对西方先进的科技和技术的学习。但是这种学习本身又是源于生产的实际需要的。洋务运动时期是清末职业教育发展的第一个黄金期，在这个时期内洋务主持开办了大批的洋务企业，为了支持洋务企业的运作和发展，洋务派需要大量通晓西方近代科技知识的人才，尤其是中国自己培养的人才。为此洋务派开办了大批的实业学堂。这些实业学堂基本上已经可以看作初级形态的职业教育学校。它的学生除了学习近代西方科技的基础知识以外，更为重要的就是学习真正在工厂和企业生产中所必须具备的专门的职业技能。他们中的大多数人毕业后直接进入洋务派的企业，立刻投入生产的第一线，操作机器，指挥生产，甚至还要担负起培养工厂和企业的初级技术工人的任务。

同时，为了弥补初级技术工人的不足，还有为数不少的洋务派企业在企业内部开办补习班和培训班性质的临时教育，通过这种补救措施，力求在短期内使工人的技术水平达到近代企业生产经营的基本要求。生产和经营的实际需求催生了中国近代第一批的实业学堂和职业补习班，他们最终成为注入清末原本已经腐朽僵化的旧式教育体系的新鲜血液，开始一点点地改变着晚清教育的肌体。

尔后在实业学堂的进一步发展过程中，人们开始面对诸如生源质量低下、师资来源匮乏、教材和资料缺乏、技术理论水平难以保持同世界同步等方面的问题。为了解决这些困扰晚清职业教育的问题，人们又将教育变革的目光转向了解决这些问题的其他方面，诸如发展普通教育以提供合格生源，发展师范教育以提供充足的师资，发展语言学校和翻译教育以提供教材和资料，发展留学教育以保持同世界先进水平的同步。由此，晚清的旧式教育体系开始了一系列的质变。从这个意义上来说，晚清的职业教育应该可以看作中国教育近代化的一个源头和先行者。它为晚清的教育改革，乃至后世中国的教育改革提供了动力和经验。

其次，清末的职业教育是晚清新式教育体系的一个重要的和独立的组成部分。正如前文所述，在清末的教育改革迈出第一步的时候，以实业教育为核心的晚清职业教育，几乎就是当时所谓"新式教育"的主要内容，甚至是全部内容。随着实业教育的进一步发展，晚清的新式教育也逐渐产生更多的分支和更丰富的内容。普通教育、高等教育、师范教育等教育体系开始建立。到了1902年张百熙主持制定《壬寅学制》的时候，中国的新式教育体系已经初具规模，内容渐趋完备，结构渐趋合理。

但遗憾的是张百熙似乎对于职业教育的重要性并没有很深刻的认识，在他制定的《壬寅学制》中，职业教育被作为普通教育和高等教育的附属品，融合在二者之内，并没有成为独立的体系。当然，《壬寅学制》本身就是一个短命的学制，次年就被《癸卯学制》所替代。作为《癸卯学制》的实际制定者，曾经身处洋务运动第一线的张之洞显然对于职业教育对中国近代化的意义比文士出身的张百熙更有体会。因此，在他所制定的《癸卯学制》中，坚定地把职业教育从普通教育和高等教育中划分出来，使之形成一个与前二者并列的教育体系，并参照西方的学制，对职业教育体系进行了比较合理、严谨又不失灵活性的整合。同时在教育机构的设置上也充分考虑了职业教育发展的需要，设置了从中央到地方一套完整的管理机构，从行政上实现了职业教育的独立管理。这些措施都真正使职业教育成为一个科学的独立的教育体系。

最后，清末的职业教育在中国职业教育发展的整个历史中占有重要的历史地位，它既是真正意义上的中国职业教育的开端，又对后世中国职业教育的发展产生了深远的影响。

中国的职业教育发展史源远流长，在不少关于中国职业教育发展史的学术著作中，往往将中国职业教育的源头上溯到封建社会乃至原始社会，从中探求中国职业教育萌芽的内在因素。但是有一点不能否认的是，这种上溯探源所得出的职业教育历史，对于真正近代意义上的职业教育来说更像是雾里看花。所谓封建时代的职业教育，乃至原始时期的职业教育因素，都与我们现在所言的职业教育相去甚远，存在着本质上的差别。这些学术著作也承认，真正意义上的近代职业教育，其发端应在晚清时期。从本质上说，近代中国的职业教育在很大程度上是一种舶来品和中国化的产物，它更多地受到西方近代科技和近代职业教育理念的影响。中国传统的学徒制式的职业教育，虽然曾在历史上也起过重大的作用，但是到了清末的时候已经式微，根本无法同近代西方职业教育竞争，最后只能消失在历史的长河中。

由此可见，清末的职业教育同旧式的学徒制教育之间存在着本质上的巨变，它才是真正意义上的中国职业教育的开端。

晚清的职业教育同时也对后世中国职业教育的发展产生了重大的影响。晚清的职业教育首先为中国职业教育的发展奠定了基本理念和结构。不论是培养实用人才的教育理念，还是重视理论与实践相结合的教学观，抑或是学科设置、学制安排，晚清的职业教育都已经为中国职业教育留下了一个比较完整的范本。此后中国的职业教育发展虽然起起落落，但大都没有跳出清末职业教育的大体框架。晚清的职业教育同时还为后世中国职业教育的发展留下了宝贵的经验和深刻的教训。后世的中国职业教育，尤其是黄炎培等人提倡的"大职业教育"和"职业教育救国"理论，无不是针对晚清中国职业教育中所存在的种种弊端和不足，进行了与时俱进的改革以后的产物，这些对后世产生重大影响的教育理论和实践，都是站在晚清职业教育的肩膀上的。

参考文献

一、古籍

1. （汉）司马迁撰：《史记》，中华书局1999年版。
2. （唐）李延寿撰：《南史》，中华书局1999年版。
3. （宋）欧阳修等撰：《新唐书》，中华书局1999年版。
4. （清）陈立撰：《白虎通疏证》，中华书局1994年版。
5. （清）贾桢等纂：《筹办夷务始末》，同治朝卷46，中华书局1979年版。
6. （清）《船政奏议汇编》，光绪戊子年（1888年）刻本。
7. （清）盛康编：《经世文续编》，光绪二十三（1897）年武进盛氏思刊楼刊本。
8. （清）吴汝纶编：《李文忠公全集》，光绪三十一（1905）年金陵刊本。
9. （清）周尔润：《直隶工艺志初编》，工艺总局1907年版。
10. （清）朱寿朋：《光绪朝东华录》，中华书局1958年版。
11. （清）赵尔巽等撰：《清史稿》，中华书局1976年版。
12. （清）陈宝琛：《清实录》（第六〇卷），中华书局1987年版。
13. （清）盛宣怀：《愚斋存稿初刊》（100卷本）。
14. 陆费逵：《教育文存》，中华书局1922年版。
15. 国史馆编：《清史列传·张百熙》第61卷，中华书局铅印1928年版。
16. 汤志钧编：《康有为政论集》，中华书局1981年版。
17. 王栻主编：《严复集》，中华书局1986年版。
18. 左宗棠：《左宗棠全集诗文·家书》，岳麓书社1987年版。
19. 左宗棠：《左宗棠全集·奏稿3》，岳麓书社2009年版。
20. 左宗棠：《左宗棠全集·札件》，岳麓书社2009年版。
21. 左宗棠：《左文襄公全集·书信二》，岳麓书社2009年版。

22. 夏东元编：《郑观应集》（上册），上海人民出版社1982年版。
23. 苑书义、孙华峰、李秉新主编：《张之洞全集》第2册，河北人民出版社1998年版。
24. 黄兴涛编：《辜鸿铭文集》（二），海南出版社1996年版。
25. 康有为撰，楼宇烈整理：《康南海自编年谱（外二种）》，中华书局1992年版。
26. 康有为撰，姜义华、张荣华编校：《康有为全集》第2集，上海古籍出版社1990年版。
27. 康有为撰，姜义华、张荣华编校：《康有为全集》第3集，上海古籍出版社1992年版。
28. 康有为撰，姜义华、张荣华编校：《康有为全集》第4集，中国人民大学出版社2007年版。
29. 康有为：《大同书》，邝柏林选注，辽宁人民出版社1994年版。
30. 梁启超：《饮冰室合集·文集一》，中华书局1989年版。
31. 梁启超：《饮冰室合集·文集二》，中华书局1989年版。
32. 梁启超：《饮冰室合集·文集三十九》，中华书局1989年版。
33. 梁启超：《中国四十年大事记》，岳麓书社2010年版。
34. 张謇：《张季子九录·政闻录》（卷一），中华书局1931年版。
35. 张謇：《近代中国史料丛刊续辑 第13辑 愚斋存稿》，文海出版社1975年版。
36. 张謇研究中心、南通市图书馆编：《张謇全集》第1、3、4卷，江苏古籍出版社1994年版。
37. 沈云龙主编：《近代中国史料丛刊·第七十六辑》，文海出版社1973年版。
38. 沈云龙主编：《近代中国史料丛刊·第九十五辑》，文海出版社1982年版。
39. 沈云龙主编：《近代中国史料丛刊续编·第十三辑》，文海出版社1966年版。
40. 沈云龙主编：《近代中国史料丛刊续编·第六十六辑》，文海出版社1979年版。
41. 秋瑾：《秋瑾集》，上海古籍出版社1979年版。
42. 陈永正编：《康有为诗文选》，广东人民出版社1983年版。

43. 顾廷龙校阅：《汪康年师友书札》，上海古籍出版社1986年版。
44. 《二十二子》，上海古籍出版社1986年版。
45. 杨立强等编：《张謇存稿》，上海人民出版社1987年版。
46. 杨伯峻译注：《孟子译注》，中华书局1988年版。
47. 吴元炳：《沈文肃公政书》，文海出版社1997年版。
48. 虞和平：《周学熙集》，华中师范大学出版社1999年版。
49. 陈戍国：《礼记校注》，岳麓书社2004年版。
50. 陈山榜编：《张之洞教育文存》，人民教育出版社2008年版。

二、资料汇编、报纸杂志

1. 江苏教育总会编辑部：《江苏教育总会文牍》四编丙，中国图书公司1909年版。
2. 福建教育总会编：《福建教育总会一览》，福州利福有限公司1910年版。
3. 中华教育改进社：《中国教育统计概览》，商务印书馆1924年版。
4. 江苏省教育会编：《江苏省教育会二十年概况》，江苏教育出版社1925年版。
5. 李熙谋：《职业教育报告书》，教育部1933年版。
6. 王兴杰：《第一次中国教育年鉴·丙编》，开明书店1934年版。
7. 王兴杰：《第一次中国教育年鉴·丁编》，开明书店1934年版。
8. 邰爽秋：《历届教育会议议决案汇编》，教育编译馆1936年版。
9. 严中平等：《中国近代经济史统计资料选辑》，科学出版社1955年版。
10. 中国史学会主编：《中国近代史资料丛刊·戊戌变法》（四），上海人民出版社1957年版。
11. 汪敬虞：《中国近代工业史资料》第2辑（下册），科学出版社1957年版。
12. 孙毓棠：《中国近代工业史资料（1840—1895年）》第1辑（下册），科学出版社1957年版。
13. 国家档案局、明清档案馆编：《戊戌变法（丛刊）》第2册，中华书局1958年版。
14. 国家档案局、明清档案馆编：《戊戌变法档案史料》，中华书局1958年版。

15. 中国科学院近代史研究所史料编译组编：《辛亥革命资料》，中华书局1961年版。
16. 中国史学会主编：《中国近代史资料丛刊·洋务运动》（五），上海人民出版社1961年版。
17. 彭泽益编：《中国近代手工业史资料》，中华书局1962年版。
18. 中国人民政治协商会议天津市委员会文史资料研究委员会编：《天津文史资料选辑》第1辑，天津人民出版社1978年版。
19. 故宫博物院明清档案部编：《清末筹备立宪档案史料》，中华书局1979年版。
20. 舒新城编：《中国近代教育史资料》（上册），人民教育出版社1981年版。
21. 舒新城编：《中国近代教育史资料》（中册），人民教育出版社1981年版。
22. 陈旭麓等主编：《湖北开采煤铁总局荆门矿务总局》（盛宣怀档案资料选辑之二），上海人民出版社1981年版。
23. 中国人民政治协商会议河北省委员会文史资料研究委员会：《河北文史资料选辑》第11辑，河北人民出版社1983年版。
24. 朱有瓛主编：《中国近代学制史料》第1辑（上册），华东师范大学出版社1983年版。
25. 朱有瓛主编：《中国近代学制史料》第1辑（下册），华东师范大学出版社1986年版。
26. 朱有瓛主编：《中国近代学制史料》第2辑（上册），华东师范大学出版社1987年版。
27. 朱有瓛主编：《中国近代学制史料》第2辑（下册），华东师范大学出版社1989年版。
28. 朱有瓛主编：《中国近代学制史料》第3辑（上册），华东师范大学出版社1990年版。
29. 中华全国妇联妇运史研究室编：《中国妇女运动历史资料》（1921—1927年），人民出版社1986年版。
30. 陈学恂：《中国近代教育史教学参考资料》（上），人民教育出版社1986年版。
31. 陈学恂：《中国近代教育史教学参考资料》（中），人民教育出版社

1987年版。

32. 陈学恂：《中国近代教育史教学参考资料》（下），人民教育出版社1987年版。

33. 福州市工商业联合会：《福州工商史料》第3辑，内部资料1987年版。

34. 中国民主建国会中央委员会、中华职业教育社编：《黄炎培职业教育思想研讨会专刊》，内部资料1987年版。

35. 中华职业教育社编：《社史资料选辑》第3辑，内部资料1982年版。

36. 中华职业教育社编：《社史资料选辑》第4辑，内部资料1988年版。

37. 中国学前教育史编写组：《中国学前教育史资料选辑》，人民教育出版社1989年版。

38. 宋恩荣、章威主编：《中华民国教育法规选编》，江苏教育出版社1990年版。

39. 朱有瓛等编：《中国近代教育史资料汇编·教育行政机构及教育团体》，上海教育出版社1993年版。

40. 高时良等编：《中国近代教育史资料汇编·洋务运动时期教育》，上海教育出版社1993年版。

41. 中国第二历史档案馆编：《中华民国史档案资料汇编》第3辑，江苏古籍出版社1991年版。

42. 吴伦霓霞、王尔敏合编：《盛宣怀实业函电稿》（上），香港中文大学中国文化研究所1993年版。

43. 中国第二历史档案馆编：《中华民国史档案资料汇编·教育》，江苏古籍出版社1994年版。

44. 璩鑫圭等编：《中国近代教育史资料汇编·教育思想卷》，上海教育出版社2007年版。

45. 璩鑫圭、唐良炎主编：《中国近代教育史资料汇编·学制演变卷》，上海教育出版社2007年版。

46. 璩鑫圭等编：《中国近代教育史资料汇编·实业教育师范教育卷》，上海教育出版社2007年版。

47. 陈学恂、田正平编：《中国近代教育史资料汇编·留学教育卷》，上海教育出版社2007年版。

48. 舒新城：《近代中国教育史料》第四册，中国人民大学出版社2012

年版。

49. 盛宣怀：代李鸿章拟《请开办矿务学堂折》，盛档 012201。
50. 《申报》
51. 《选报》
52. 《豫报》
53. 《湘报》
54. 《大公报》
55. 《新青年》
56. 《新教育》
57. 《教育杂志》
58. 《新民丛报》
59. 《学部官报》
60. 《女子世界》
61. 《妇女杂志》
62. 《万国公报》
63. 《顺天时报》
64. 《警钟日报》
65. 《教育公报》
66. 《政府公报》
67. 《教育与职业》
68. 《教育与研究》
69. 《新教育评论》
70. 《解放与改造》

三、著作

1. 黄炎培：《中国教育史要》，商务印书馆 1930 年版。
2. 周予同：《中国学校制度》，上海书店出版社 1933 年版。
3. 中华职业教育社编：《职业教育之理论与实际》，中华职业教育出版社 1933 年版。
4. 庄泽宣编：《职业教育通论》，商务印书馆 1934 年版。
5. 黄炎培：《断肠集》，生活书店 1936 年版。
6. 程谪凡：《中国现代女子教育史》，中华书局 1936 年版。

7. 吴承明：《帝国主义在旧中国的投资》，人民出版社 1955 年版。
8. 《马克思恩格斯选集》第 1 卷，人民出版社 1972 年版。
9. 《马克思恩格斯选集》第 2 卷，人民出版社 1972 年版。
10. 《马克思恩格斯选集》第 4 卷，人民出版社 1972 年版。
11. 章开沅等：《辛亥革命史》，人民出版社 1980 年版。
12. 中华全国妇女联合会妇女运动历史研究室：《五四时期妇女问题文选》，生活·读书·新知三联书店 1981 年版。
13. 顾长声：《传教士与近代中国》，上海人民出版社 1981 年版。
14. 孙中山：《孙中山全集》第 1 卷，中华书局 1981 年版。
15. 孙中山：《孙中山全集》第 2 卷，中华书局 1982 年版。
16. 孙中山：《孙中山全集》第 3 卷，中华书局 1985 年版。
17. 黄新宪：《中国近现代女子教育》，福建教育出版社 1982 年版。
18. 陈学恂编：《中国近代教育文选》，人民教育出版社 1983 年版。
19. 罗正钧：《左宗棠年谱》，岳麓书社 1983 年版。
20. 陈绍闻、郭库林主编：《中国近代经济简史》，上海人民出版社 1983 年版。
21. 陈景磐编著：《中国近代教育史》，人民教育出版社 1983 年版。
22. 陈独秀：《陈独秀文章选编》，生活·读书·新知三联书店 1984 年版。
23. 高平叔编：《蔡元培全集》第 2、3 卷，中华书局 1984 年版。
24. 华中师范学院教育科学研究室主编：《陶行知全集》卷 1，湖南教育出版社 1984 年版。
25. 华中师范学院教育科学研究室主编：《陶行知全集》卷 2、卷 3，湖南教育出版社 1985 年版。
26. 中华职业教育社：《黄炎培教育文选》，上海教育出版社 1985 年版。
27. 毛礼锐、沈灌群主编：《中国教育通史》第 1 卷，山东教育出版社 1985 年版。
28. 许汉三编：《黄炎培年谱》，文史资料出版社 1985 年版。
29. 《柳亚子文集·自传年谱日记》，上海人民出版社 1986 年版。
30. 宫明编：《中国近代史研究述评选》，中国人民大学出版社 1986 年版。
31. 黄嘉树：《中华职业教育社史稿》，陕西人民教育出版社 1987 年版。
32. 蒋贵麟主编：《康南海先生遗著 15》，宏业书局 1987 年版。
33. 高平叔编：《蔡元培教育论集》，湖南教育出版社 1987 年版。

34. 龚书铎主编：《近代中国与近代文化》，湖南人民出版社1988年版。
35. 萧超然等：《北京大学校史》（增订本），北京大学出版社1988年版。
36. 《清代轶闻·京师大学堂沿革略》第5卷，中华书局1989年版。
37. 张恒寿：《中国社会与思想文化》，人民出版社1989年版。
38. 祝慈恩：《中国近代工业史》，重庆出版社1989年版。
39. 张光忠主编：《社会科学学科辞典》，中国青年出版社1990年版。
40. 刘德华主编：《中国教育管理史》，河南教育出版社1990年版。
41. 董宝良：《中国教育史纲·近代之部》，人民教育出版社1990年版。
42. 杜恂诚：《民族资本主义与旧中国政府》，上海社会科学出版社1991年版。
43. 郝庆元：《周学熙传》，天津人民出版社1991年版。
44. 陆仰渊、方庆秋：《民国社会经济史》，中国经济出版社1991年版。
45. 顾明远主编：《教育大辞典》，上海教育出版社1991年版。
46. 孙培青主编：《中国教育史》，华东师范大学出版社1992年版。
47. 黄逸平：《近代中国经济变迁》，上海人民出版社1992年版。
48. 中华职业教育社安徽省分社、安徽省陶行知教育恩怨研究会编：《陶行知　黄炎培　徐特立　陈鹤琴教育文选》，安徽教育出版社1992年版。
49. 唐淑、钟昭华：《中国学前教育史》，人民教育出版社1993年版。
50. 雷良波、陈阳凤、熊贤军：《中国女子教育史》，武汉出版社1993年版。
51. 田正平、李笑贤编：《黄炎培教育论著选》，人民教育出版社1993年版。
52. 中华职业教育社编：《黄炎培教育文集》第1、2、3卷，中国文史出版社1994年版。
53. 王炳照、田正平主编：《中国教育思想通史》第6卷，湖南教育出版社1994年版。
54. 王炳照、郭齐家等编：《简明中国教育史》，北京师范大学出版社1994年版。
55. 李蔺田主编：《中国职业技术教育史》，高等教育出版社1994年版。
56. 吕达：《中国近代课程史论》，人民教育出版社1994年版。
57. 郑登云编著：《中国近代教育史》，华东师范大学出版社1994年版。

58. 宋仲福、徐世华：《中国现代史》（上），中国档案出版社1995年版。
59. 张兰馨：《张謇教育思想研究》，辽宁教育出版社1995年版。
60. 戚谢美、邵祖德：《陈独秀教育论著选》，人民教育出版社1995年版。
61. 杜学元：《中国女子教育通史》，贵州教育出版社1995年版。
62. 桑兵：《清末新知识界的社团与活动》，生活·读书·新知三联书店1995年版。
63. 罗苏文：《女性与中国近代社会》，上海人民出版社1996年版。
64. 梁启超：《清代学术概论》，东方出版社1996年版。
65. 钱曼倩、金林祥：《中国近代学制比较研究》，广东教育出版社1996年版。
66. 李华兴：《民国教育史》，上海教育出版社1997年版。
67. 王立新：《美国传教士——晚清中国现代化》，天津人民出版社1997年版。
68. 刘桂林：《中国近代职业教育思想研究》，高等教育出版社1997年版。
69. 董宝良、周洪宇：《中国近现代教育思潮与流派》，人民教育出版社1997年版。
70. 欧阳哲生编：《胡适文集》第2卷，北京大学出版社1998年版。
71. 中央教育科学研究所编：《中国现代教育大事记》，教育科学出版社1998年版。
72. 邹渊主编：《教育执法全书》，民主与法制出版社1998年版。
73. 林庆元：《福建船政局史稿》（增订本），福建人民出版社1999年版。
74. 金林祥：《中国教育制度通史》第6卷，山东教育出版社2000年版。
75. 吕达：《陆费逵教育论著选》，人民教育出版社2000年版。
76. 顾明远、梁忠义主编：《世界教育大系·职业教育》，吉林教育出版社2000年版。
77. 刘英杰主编：《中国教育大事典（1840—1949）》，浙江教育出版社2001年版。
78. 张惠芬、金忠明编：《中国教育简史》，华东师范大学出版社2001年版。
79. 田正平编：《中国教育史研究·近代分卷》，华东师范大学出版社2001年版。
80. 刘正伟：《督抚与士绅：江苏教育近代化研究》，河北教育出版社

2001年版。

81. 张伟平：《教育会社与中国教育近代化》，杭州大学出版社2002年版。
82. 皮后锋：《严复大传》，福建人民出版社2003年版。
83. 彭南生：《行会制度的近代命运》，人民出版社2003年版。
84. 陈科美主编：《上海近代教育史》，上海教育出版社2003年版。
85. 谢国桢：《明清之际党社运动考》，上海书店出版社2004年版。
86. 王豫生：《福建教育史》，福建教育出版社2004年版。
87. 王芸主编：《北京档案史料2005.2》，新华出版社2005年版。
88. 林家有主编：《近代中国政治与社会变迁》，天津古籍出版社2005年版。
89. 王芸生编：《六十年来中国与日本》，生活·读书·新知三联书店2005年版。
90. 成思危主编：《黄炎培职业教育思想文萃》，红旗出版社2006年版。
91. 熊贤君编：《中国女子教育史》，山西教育出版社2006年版。
92. 陈旭麓：《中国近代社会的新陈代谢》，上海社会科学院出版社2006年版。
93. 石伟平、徐国庆：《职业教育课程开发技术》，上海教育出版社2006年版。
94. 苏云峰：《中国新教育的萌芽与成长（1860—1928）》，北京大学出版社2007年版。
95. 《上海中华职业教育社志》编辑组：《上海中华职业教育社志》，上海古籍出版社2007年版。
96. 瞿葆奎、郑金洲主编：《二十世纪中国教育名著丛编》，福建教育出版社2007年版。
97. 沈岩：《船政学堂》，科学出版社2007年版。
98. 陈青之：《中国教育史》，东方出版社2008年版。
99. 谷秀青：《清末民初江苏省教育会研究》，广西师范大学出版社2009年版。
100. 陈学恂主编：《中国教育史研究·近代分卷》，华东师范大学出版社2009年版。
101. 汪征鲁：《闽文化新论》，中国社会科学出版社2011年版。
102. 高平叔编：《蔡元培教育论著选》，人民教育出版社2011年版。

103. 蔡元培：《美育人生　蔡元培自传》，江苏文艺出版社 2011 年版。
104. 梁启超：《梁启超自述 1873—1929》，人民日报出版社 2011 年版。
105. 舒新城编：《近代中国教育思想史》，吉林人民出版社 2013 年版。

四、论文

1. 陈保光：《要求女学校开放的讨论》，《新生活》1920 年。
2. 杨鄂联：《中国女子职业教育之经过及现状》，《教育与职业》1922 年第 35 期。
3. 齐思和：《魏源与晚清学风》，《燕京学报》1950 年第 39 期。
4. 唐文起：《略论张謇的实业活动及其实业家精神》，《社会科学战线》1988 年第 2 期。
5. 栾炳文：《清末工艺局对学徒制的改革》，《山西师大学报》（社会科学版）1989 年第 4 期，第 42 页。
6. 宋美云：《北洋时期官僚私人投资与天津近代工业》，《历史研究》1989 年第 2 期。
7. 俞子夷：《一九二七年前几个教育社团》，《华东师范大学学报》（教育科学版）1989 年第 2 期。
8. 洪宇：《谁在近代中国最早使用"职业教育"一词》，《教育与职业》1990 年第 9 期。
9. 闾小波：《李端棻〈请推广学校折〉为梁启超代拟》，《近代史研究》1993 年第 6 期。
10. 熊贤君：《清末职业教育述评》，《教育研究与实验》1994 年第 4 期。
11. 余子侠：《近代中国职教思潮的形成演进与意义》，《华中师范大学学报》（哲学社会科学版）1995 年第 3 期。
12. 余子侠：《近代中国职教思潮的形成演进与意义》，《华中师范大学学报》（哲学社会科学版）1995 年第 3 期。
13. 阎广芬：《中国女子教育的近代化历程、特点及启示》，《华东师范大学学报》（科学教育版）1996 年第 2 期。
14. 朱晓斌：《西方国家早期职业教育课程的演变》，《教育与职业》1998 年第 1 期。
15. 谢长法：《民国初年女子职业学校的发展》，《教育与职业》1998 年第 3 期。

16. 李露：《论"全国教育会联合会"对民初教育立法的影响》，《学术论坛》2000 年第 3 期。
17. 王建国、郝平：《近代女子职业发展与妇女解放》，《山西大学学报》（哲学社会科学版）2000 年第 1 期。
18. 谢长法：《中国近代普通中学职业科施设的历史考察》，《教育与职业》2000 年第 10 期。
19. 谢长法：《实业教育的传入及其在中国的萌芽》，《教育与职业》2001 年第 10 期。
20. 彭平一：《张百熙与晚清教育改革》，《船山学刊》2002 年第 1 期。
21. 金顺明：《近代中国教育团体的发展历程》，《华东师范大学学报》（教育科学版）2002 年第 1 期。
22. 李建求：《张謇职业教育思想》，《华东师范大学学报》（教育科学版）2002 年 02 期。
23. 刘阳：《清末民初女子教育发展嬗变》，《鄂州大学学报》2002 年第 2 期。
24. 王媛：《近代中国职业教育的初期发展》，《成都大学学报》（社会科学版）2003 年第 2 期
25. 孙越：《中国近代职业教育制度的确立》，《河北师范大学学报》2003 年第 5 期。
26. 吴祖鲲、刘小新：《中国近代农业教育的兴起及其特点》，《长白学刊》2003 年第 6 期。
27. 王鲁英：《张謇经济思想与实践浅析》，《山东师范大学学报》（人文社会科学版）2004 年第 5 期。
28. 高波、庄雅玲：《二十世纪初中国女子职业学校的类型》，《石家庄职业技术学院学报》2005 年第 1 期。
29. 鲍嵘：《课程与权力——以京师大学堂（1898—1911）课程运营为个案》，《浙江师范大学学报》（社会科学版）2005 年第 4 期。
30. 徐东、郭道端：《我国近代职业教育的变革与发展》，《国家教育行政学院学报》2006 年第 8 期。
31. 赵成、陈通：《超稳定结构与中国实业教育的产生》，《职业教育研究》2006 年第 3 期。
32. 潘懋元：《船政学堂的历史地位与中西文化交流　福建船政学堂创办

140 周年纪念》,《中国大学教学》2006 年第 7 期。
33. 谢广山:《中国古代职业与技术教育范式》,《教育与职业》2007 年第 8 期。
34. 罗银科、曲铁华:《〈教育与职业〉杂志与国外职业教育介绍》,《四川师范大学学报》(社会科学版) 2012 年 1 月。
35. 李惠玉:《清末实业教育述论》,硕士学位论文,山东师范大学,2003 年。
36. 王秀霞:《民国时期的女子职业教育》,硕士学位论文,山东师范大学,2004 年。
37. 龙凤娇:《清末民初女子职业教育思想研究》,硕士学位论文,湖南农业大学,2007 年。
38. 阮珍珍:《1912—1937 年知识女性职业状况考察》,硕士学位论文,河南大学,2008 年。
39. 孙广勇:《社会变迁中的中国近代教育会研究》,博士学位论文,华中师范大学,2006 年。
40. 王为东:《中国近代职业教育法制研究》,博士学位论文,中国政法大学,2006 年。
41. 吴玉伦:《清末实业教育制度研究》,博士学位论文,华中师范大学,2006 年。
42. 欧七斤:《盛宣怀与中国教育早期现代化——兼论晚清绅商办学》,博士学位论文,华东师范大学,2012 年。